上海理工大学“精品本科”系列教材

线性代数

第二版

刘锡平 宇振盛 何常香 魏连鑫 编

中国教育出版传媒集团
高等教育出版社·北京

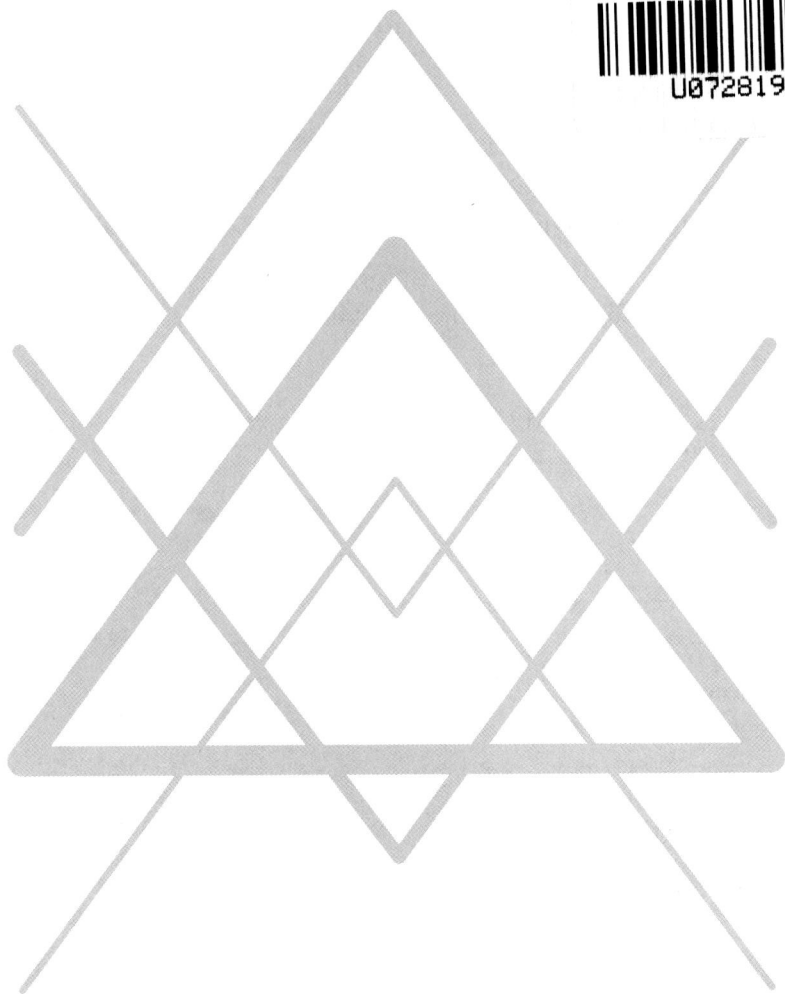

内容提要

本书依据教育部高等学校大学数学课程教学指导委员会制订的“工科类本科数学基础课程教学基本要求”编写而成，简明精要、论述清晰、实用性强，便于自学。全书共分六章，前五章涵盖了线性代数的基本内容，包括：行列式、矩阵及其运算、向量组及其线性相关性、相似矩阵与二次型、线性空间与线性变换，此外，为了适应应用型人才培养的需要，本书十分注重运用现代技术求解线性代数问题的方法，将“线性代数问题的 Mathematica 求解方法”作为第六章，供学时数较多的专业选学或读者自学。每章均配有习题供读者练习，书后附有部分习题参考答案与提示。本次修订主要在内容取舍、例习题配置上做了改进。

本书可作为高等学校线性代数课程的教材和教学参考书，也可供相关科技工作者自学和参考。

图书在版编目（CIP）数据

线性代数 / 刘锡平等编. --2 版. --北京：高等教育出版社，2025. 7. -- ISBN 978-7-04-064694-8

Ⅰ. O151.2

中国国家版本馆 CIP 数据核字第 2025ZP8561 号

Xianxing Daishu

策划编辑　张彦云　　责任编辑　张彦云　　封面设计　张　楠　　版式设计　李彩丽
责任绘图　黄云燕　　责任校对　胡美萍　　责任印制　耿　轩

出版发行	高等教育出版社	网　　址	http://www.hep.edu.cn
社　　址	北京市西城区德外大街 4 号		http://www.hep.com.cn
邮政编码	100120	网上订购	http://www.hepmall.com.cn
印　　刷	河北信瑞彩印刷有限公司		http://www.hepmall.com
开　　本	787mm×960mm　1/16		http://www.hepmall.cn
印　　张	14	版　　次	2018 年 9 月第 1 版
字　　数	260 千字		2025 年 7 月第 2 版
购书热线	010-58581118	印　　次	2025 年 7 月第 1 次印刷
咨询电话	400-810-0598	定　　价	28.00 元

物 料 号　64694-00

第二版前言

本书自2018年出版以来，经历六年教学实践，受到了读者的广泛好评与认可，同时，师生们也对本书提出了一些中肯的意见与建议。编者谨向关心支持本书的读者以及对本书提出宝贵意见的师生表示衷心的感谢。

本次修订是在广泛听取反馈意见，结合多年教学实践经验的基础上进行的。我们对原书中存在的一些不妥之处进行了修正，并有针对性地细化了习题设置。除第六章以外，在每一小节后加入了一套练习题，使读者对本节所讲授的知识和技能更有针对性地练习，以便读者巩固所学内容，也便于教师在教学中布置作业。同时，将第一版各章后的习题进行了重新编写，综合性更强，更有利于读者复习与提高。

虽经再次修订，本书的缺点和不足之处在所难免，敬请同行和读者不吝指出。

编　者

2025年元旦

第一版前言

线性代数是以有限维线性空间的线性理论与方法为主要研究对象的数学分支,它不仅是数学学科的基础,而且也是自然科学和社会科学中许多问题研究的重要理论工具,在计算机得到广泛应用的今天,计算机图形学、计算机辅助设计、密码学、虚拟现实、信号处理等无一不是建立在线性代数的理论和算法的基础上。线性代数所体现的几何观念与代数方法之间的联系、从具体概念抽象出来的公理化方法以及严谨的逻辑推证、巧妙的归纳综合等对于强化数学意识、增益科学智能是非常有用的。

随着科学的发展和社会需求的不断提高,我们所要研究和解决的问题,不仅有线性的,也有非线性的。解决非线性问题往往是非常困难的,而线性理论是少数可以被研究得非常透彻的数学基础性框架之一。幸运的是,很多实际问题通过线性化或近似线性化,最终可以归结为线性问题。计算机技术的发展使得解决线性问题变得简单而快捷。线性代数的理论和方法正是处理这些问题的有力工具,学好线性代数,我们就拿到了解决诸多实际问题的钥匙。

线性代数课程是大学数学的一门重要基础课,对于培养学生的逻辑推理和抽象思维能力、空间直观和想象能力具有重要的作用。通过本课程的学习,能使学生获得科学问题中常用的矩阵、线性方程组、线性空间等理论及其相关的基础知识,以及运用线性代数方法解决一些实际问题的能力。

本书论述简洁,便于教学,适于 30~50 学时的各专业线性代数课程教学使用。编者将线性方程组的内容有机地融合到相关章节中,较好地解决了线性代数内容相互交叉的问题;将相似矩阵与二次型合为一章,既便于教师讲解,也使得学生更容易接受;此外,为了适应应用型人才培养的需要、贴近工程应用实际,本书还介绍了用数学软件 Mathematica 解决线性代数问题的相关内容。

全书共分六章。前五章涵盖了“工科类本科数学基础课程教学基本要求”中线性代数部分的基本内容,包括:行列式、矩阵及其运算、向量组及其线性相关性、相似矩阵与二次型、线性空间与线性变换等,第六章“线性代数问题的 Mathematica 求解方法”是为学时较充足的专业准备的,也可在教学过程中简单介绍或留给学生自学。

本书第一、二、六章由刘锡平编写,第三章由宇振盛编写,第四章由何常香编写，第五章由魏连鑫编写，全书由刘锡平统稿。

本书的编写得到了上海理工大学"精品本科"系列教材建设项目的支持。上海理工大学应用数学教研室的全体老师以及理学院和教务处的领导对本书的出版给予了大力支持，在此一并表示衷心的感谢！

由于作者水平有限，书中不当和疏漏之处在所难免，恳请广大读者和选用本书的师生批评指正。

编　者

2018 年 6 月

目　　录

第一章　行　列　式

行列式是线性代数中最基本的概念之一,是学习线性代数各种问题的重要基础,在研究矩阵、线性方程组、向量组的线性相关性等问题中有着广泛的应用. 本章我们将系统学习行列式的概念、性质、计算以及克拉默(Cramer)法则.

§1.1　行列式的概念

为了给出行列式的定义,我们首先介绍全排列与逆序数的概念及性质.

一、全排列及其逆序数

将 n 个不同的元素排成一排,称为这 n 个元素的**全排列**. n 个不同元素的所有全排列共有 $n!$ 个. 例如,1,2,3 三个数的所有全排列为 123,132,213,231,312,321,共有 3! $(=1\times2\times3=6)$个.

在全排列中,事先规定元素之间的一个顺序,称为**标准顺序**,按标准顺序排的全排列称为**标准排列**. 在一个全排列中,当某两个元素的先后顺序与标准顺序不同时,我们称这两个元素构成一个**逆序**,全排列 $p_1p_2\cdots p_n$ 中所有逆序的总数称为这个全排列的**逆序数**,记作 $\tau(p_1p_2\cdots p_n)$. 当 $\tau(p_1p_2\cdots p_n)$ 为奇(偶)数时,称 $p_1p_2\cdots p_n$ 为**奇(偶)排列**.

在本书中,对 $1,2,\cdots,n$ 这 n 个自然数,我们把按从小到大顺序排列的全排列 $12\cdots n$ 规定为标准排列. 设 $p_1p_2\cdots p_n$ 是这 n 个自然数的一个全排列,若元素 p_i 前面有 t_i 个比它大的数,就说 p_i 的逆序数为 t_i. 容易看出,全排列 $p_1p_2\cdots p_n$ 的逆序数即为这个全排列中的所有元素的逆序数之和,即

$$\tau(p_1p_2\cdots p_n)=t_1+t_2+\cdots+t_n=\sum_{i=1}^{n}t_i.$$

例 1.1.1　分别求全排列 24351,53214 和 25341 的逆序数,并确定其奇偶性.

解　对于全排列 24351,我们从左到右,逐一计算每个数的逆序数. 数 2 排在首位,其前面没有比它大的数,故其逆序数为 0;数 4 的前面没有大于它的数,逆序数也为 0;数 3 的前面有一个大于它的数,故其逆序数为 1;数 5 是全排列中

最大的数,逆序数为 0;数 1 的前面有 4 个大于它的数,故其逆序数为 4. 于是,全排列 24351 的逆序数为 $\tau(24351)=0+0+1+0+4=5$,该全排列为奇排列.

类似地,容易计算 $\tau(53214)=0+1+2+3+1=7$,全排列 53214 为奇排列;$\tau(25341)=0+0+1+1+4=6$,全排列 25341 为偶排列.

在一个全排列中,将某两个元素的位置互换,其余元素不动,称对全排列做了一次**对换**,互换相邻两个元素的对换称为**相邻对换**.

定理 1.1.1 对全排列做一次对换,其奇偶性发生改变.

证 首先考虑相邻对换的情况. 设全排列为 $p_1p_2\cdots p_{i-1}p_ip_{i+1}p_{i+2}\cdots p_n$,对换 p_i 和 p_{i+1},排列变为 $p_1p_2\cdots p_{i-1}p_{i+1}p_ip_{i+2}\cdots p_n$. 显然,经过这样的对换,元素 $p_1,p_2,\cdots,p_{i-1}$ 及 $p_{i+2},\cdots,p_n$ 的逆序数都没有改变,只需考虑 p_i 和 p_{i+1} 的逆序数改变的情况:当 $p_i>p_{i+1}$ 时,对换后 p_i 的逆序数不变,p_{i+1} 的逆序数减少 1,故全排列的逆序数减少 1,奇偶性发生改变;当 $p_i<p_{i+1}$ 时,对换后 p_i 的逆序数增加 1,而 p_{i+1} 的逆序数不变,故全排列的逆序数增加 1,奇偶性发生改变. 因此,做相邻对换后排列的奇偶性发生改变.

再考虑一般对换的情况. 设对换全排列 $p_1p_2\cdots p_ip_{i+1}\cdots p_{i+k-1}p_{i+k}\cdots p_n$ 中的 p_i 和 p_{i+k},全排列变为 $p_1p_2\cdots p_{i+k}\,p_{i+1}\cdots\,p_{i+k-1}\,p_i\cdots p_n$. 为了观察其逆序数的变化情况,将这样的对换分为两步进行:

(1) 先将 p_i 与其后面 $k-1$ 个数 $p_{i+1},\cdots,p_{i+k-1}$ 依次做相邻对换,将排列化为 $p_1p_2\cdots p_{i+1}\cdots\,p_{i+k-1}\,p_i\,p_{i+k}\cdots p_n$,这样的相邻对换进行了 $k-1$ 次,奇偶性改变了 $k-1$ 次;

(2) 再将 p_{i+k} 与其前面 k 个数 $p_i,p_{i+k-1},\cdots,p_{i+1}$ 依次做 k 次相邻对换,这样,全排列就化为 $p_1p_2\cdots p_{i+k}\,p_{i+1}\cdots\,p_{i+k-1}\,p_i\cdots p_n$,此时全排列的奇偶性又改变了 k 次.

因此,从全排列 $p_1p_2\cdots p_i\,p_{i+1}\cdots p_{i+k-1}\,p_{i+k}\cdots p_n$ 到 $p_1p_2\cdots p_{i+k}\,p_{i+1}\cdots\,p_{i+k-1}\,p_i\cdots p_n$,共进行了 $2k-1$ 次相邻对换,其奇偶性改变了 $2k-1$ 次. 于是,排列的奇偶性发生了改变.

综上所述,对全排列做一次对换,其奇偶性发生改变. □

在例 1.1.1 中,全排列 25341 是 24351 经过一次对换(对换 5 和 4)得到的. 因此,这两个全排列的奇偶性不同.

利用定理 1.1.1 不难得到如下推论:

推论 将奇(偶)排列变成标准排列需要做奇(偶)数次对换.

二、行列式的定义

下面我们给出 n 阶行列式的定义.

定义 1.1.1 将 n^2 个数 $a_{ij}(i,j=1,2,\cdots,n)$ 构成一个 n 行 n 列的方形数表,

用于表示算式

$$\begin{vmatrix} a_{11} & a_{12} & \cdots & a_{1n} \\ a_{21} & a_{22} & \cdots & a_{2n} \\ \vdots & \vdots & & \vdots \\ a_{n1} & a_{n2} & \cdots & a_{nn} \end{vmatrix} = \sum_{p_1p_2\cdots p_n} (-1)^{\tau(p_1p_2\cdots p_n)} a_{1p_1}a_{2p_2}\cdots a_{np_n}, \qquad (1.1.1)$$

则上式称为 n **阶行列式**,简称为**行列式**,记为 $\det(a_{ij})$. 其中,组成行列式的数 $a_{ij}(i,j=1,2,\cdots,n)$称为行列式的**元素**. a_{ij}中的第一个角标 i 表示它所在的行,称为行标,第二个角标 j 表示它所在的列,称为列标. 行标与列标相等的元素 a_{11}, $a_{22},\cdots,a_{nn}$称为行列式的**对角元**. 对角元所在的对角线称为行列式的**主对角线**,另一条对角线称为**副对角线**.

n 阶行列式定义为 $n!$项的代数和,其每一项都是位于行列式中不同行不同列的 n 个数的乘积 $a_{1p_1}a_{2p_2}\cdots a_{np_n}$再冠以符号$(-1)^{\tau(p_1p_2\cdots p_n)}$,其中 $p_1p_2\cdots p_n$为 $1,2,\cdots,n$ 这 n 个自然数的全排列.

从行列式的定义不难看出,n 阶行列式的取值是数. 行列式所表示的算式虽然比较复杂,但规律性很强. 我们可分四步来确定:第一步,将行标取为标准排列 $12\cdots n$;第二步,将列标 $p_1p_2\cdots p_n$ 取遍 $1,2,\cdots,n$ 这 n 个自然数的所有全排列,共有 $n!$项;第三步,将所得的每一项 $a_{1p_1}a_{2p_2}\cdots a_{np_n}$ 乘 $(-1)^{\tau(p_1p_2\cdots p_n)}$,得到其一般项 $(-1)^{\tau(p_1p_2\cdots p_n)}a_{1p_1}a_{2p_2}\cdots a_{np_n}$;第四步,计算代数和$\sum\limits_{p_1p_2\cdots p_n}(-1)^{\tau(p_1p_2\cdots p_n)}a_{1p_1}a_{2p_2}\cdots a_{np_n}$.

例 1.1.2 用定义计算二阶和三阶行列式

$$D_2=\begin{vmatrix} a_{11} & a_{12} \\ a_{21} & a_{22} \end{vmatrix}, \quad D_3=\begin{vmatrix} a_{11} & a_{12} & a_{13} \\ a_{21} & a_{22} & a_{23} \\ a_{31} & a_{32} & a_{33} \end{vmatrix}.$$

解 按照定义 1.1.1,二阶行列式

$$D_2=\begin{vmatrix} a_{11} & a_{12} \\ a_{21} & a_{22} \end{vmatrix}=(-1)^{\tau(12)}a_{11}a_{22}+(-1)^{\tau(21)}a_{12}a_{21}$$

$$=(-1)^0a_{11}a_{22}+(-1)^1a_{12}a_{21}=a_{11}a_{22}-a_{12}a_{21}.$$

类似地,三阶行列式

$$\begin{aligned} D_3 &= \sum_{p_1p_2p_3}(-1)^{\tau(p_1p_2p_3)}a_{1p_1}a_{2p_2}a_{3p_3} \\ &=(-1)^{\tau(123)}a_{11}a_{22}a_{33}+(-1)^{\tau(132)}a_{11}a_{23}a_{32}+(-1)^{\tau(213)}a_{12}a_{21}a_{33}+ \end{aligned}$$

$$(-1)^{\tau(231)}a_{12}a_{23}a_{31}+(-1)^{\tau(312)}a_{13}a_{21}a_{32}+(-1)^{\tau(321)}a_{13}a_{22}a_{31}$$

$$=(-1)^{0}a_{11}a_{22}a_{33}+(-1)^{1}a_{11}a_{23}a_{32}+(-1)^{1}a_{12}a_{21}a_{33}+$$

$$(-1)^{2}a_{12}a_{23}a_{31}+(-1)^{2}a_{13}a_{21}a_{32}+(-1)^{3}a_{13}a_{22}a_{31}$$

$$=a_{11}a_{22}a_{33}+a_{12}a_{23}a_{31}+a_{13}a_{21}a_{32}-a_{13}a_{22}a_{31}-a_{12}a_{21}a_{33}-a_{11}a_{23}a_{32}.$$

下面我们来讨论几类特殊的行列式:

(1) **下三角形行列式**:主对角线上方的元素全为零的行列式(即当 $i<j$ 时,$a_{ij}=0$)

$$\begin{vmatrix} a_{11} & 0 & \cdots & 0 \\ a_{21} & a_{22} & \cdots & 0 \\ \vdots & \vdots & & \vdots \\ a_{n1} & a_{n2} & \cdots & a_{nn} \end{vmatrix},\text{简记为}\begin{vmatrix} a_{11} & & & \\ a_{21} & a_{22} & & \\ \vdots & \vdots & \ddots & \\ a_{n1} & a_{n2} & \cdots & a_{nn} \end{vmatrix}.$$

例 1.1.3 证明:下三角形行列式等于对角元的乘积,即

$$D=\begin{vmatrix} a_{11} & & & \\ a_{21} & a_{22} & & \\ \vdots & \vdots & \ddots & \\ a_{n1} & a_{n2} & \cdots & a_{nn} \end{vmatrix}=a_{11}a_{22}\cdots a_{nn}. \tag{1.1.2}$$

证 根据行列式的定义,$D=\sum\limits_{p_1p_2\cdots p_n}(-1)^{\tau(p_1p_2\cdots p_n)}a_{1p_1}a_{2p_2}\cdots a_{np_n}$. 由于当 $i<j$ 时,$a_{ij}=0$,故若使乘积 $a_{1p_1}a_{2p_2}\cdots a_{np_n}$ 不为零,需各因子 a_{ip_i} 的下标都满足 $p_i\leqslant i$. 由 $p_1\leqslant 1$,得 $p_1=1$;由 $p_2\leqslant 2$,且 $p_2\neq p_1=1$,得 $p_2=2$;以此类推,可得 $p_3=3,\cdots,p_n=n$. 因此,$a_{11}a_{22}\cdots a_{nn}$ 是 D 中唯一可能不为零的项. 于是

$$D=(-1)^{\tau(12\cdots n)}a_{11}a_{22}\cdots a_{nn}=a_{11}a_{22}\cdots a_{nn}.$$

一般地,乘积 $a_{11}a_{22}\cdots a_{nn}$ 可记作 $\prod\limits_{i=1}^{n}a_{ii}$,即 $a_{11}a_{22}\cdots a_{nn}=\prod\limits_{i=1}^{n}a_{ii}$.

(2) **上三角形行列式**:主对角线下方的元素全为零的行列式(即当 $i>j$ 时,$a_{ij}=0$)

$$\begin{vmatrix} a_{11} & a_{12} & \cdots & a_{1n} \\ 0 & a_{22} & \cdots & a_{2n} \\ \vdots & \vdots & & \vdots \\ 0 & 0 & \cdots & a_{nn} \end{vmatrix},\text{简记为}\begin{vmatrix} a_{11} & a_{12} & \cdots & a_{1n} \\ & a_{22} & \cdots & a_{2n} \\ & & \ddots & \vdots \\ & & & a_{nn} \end{vmatrix}.$$

与例 1.1.3 类似,容易证明:上三角形行列式也等于对角元的乘积,即

$$\begin{vmatrix} a_{11} & a_{12} & \cdots & a_{1n} \\ & a_{22} & \cdots & a_{2n} \\ & & \ddots & \vdots \\ & & & a_{nn} \end{vmatrix} = \prod_{i=1}^{n} a_{ii}. \tag{1.1.3}$$

（3）**对角行列式**：非对角元全为零的行列式（即当 $i \neq j$ 时，$a_{ij}=0$），简记为

$$\begin{vmatrix} a_{11} & & & \\ & a_{22} & & \\ & & \ddots & \\ & & & a_{nn} \end{vmatrix}.$$

显然，对角行列式既是上三角形行列式，也是下三角形行列式，所以对角行列式等于其对角元的乘积，即

$$\begin{vmatrix} a_{11} & & & \\ & a_{22} & & \\ & & \ddots & \\ & & & a_{nn} \end{vmatrix} = \prod_{i=1}^{n} a_{ii}. \tag{1.1.4}$$

（4）类似地，有下面几个结论：

$$\begin{vmatrix} & & & a_{1n} \\ & & a_{2,n-1} & \\ & \iddots & & \\ a_{n1} & & & \end{vmatrix} = (-1)^{\frac{n(n-1)}{2}} a_{1n} a_{2,n-1} \cdots a_{n1} = (-1)^{\frac{n(n-1)}{2}} \prod_{i=1}^{n} a_{i,n-i+1}; \tag{1.1.5}$$

$$\begin{vmatrix} a_{11} & \cdots & a_{1,n-1} & a_{1n} \\ a_{21} & \cdots & a_{2,n-1} & \\ \vdots & \iddots & & \\ a_{n1} & & & \end{vmatrix} = (-1)^{\frac{n(n-1)}{2}} a_{1n} a_{2,n-1} \cdots a_{n1}; \tag{1.1.6}$$

$$\begin{vmatrix} & & & a_{1n} \\ & & a_{2,n-1} & a_{2n} \\ & \iddots & \vdots & \vdots \\ a_{n1} & \cdots & a_{n,n-1} & a_{nn} \end{vmatrix} = (-1)^{\frac{n(n-1)}{2}} a_{1n} a_{2,n-1} \cdots a_{n1}. \tag{1.1.7}$$

以上结论的证明留给读者完成.

对于常见的二阶、三阶行列式，我们介绍一种**对角线法则**.

由例 1.1.2 不难发现，二阶行列式等于对角元之积 $a_{11}a_{22}$ 减去副对角线上的

两个元素之积 $a_{12}a_{21}$ 所得的差：

$$\begin{vmatrix} a_{11} & a_{12} \\ a_{21} & a_{22} \end{vmatrix} = a_{11}a_{22} - a_{12}a_{21}, \tag{1.1.8}$$

即二阶行列式等于位于实线（主对角线）上的元素之积减去位于虚线（副对角线）上的元素之积，如图 1.1.1 所示.

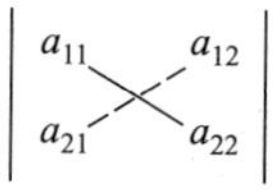

图 1.1.1

三阶行列式的对角线法则如图 1.1.2 所示，图中将三条实线看成平行于主对角线的连线，虚线看成平行于副对角线的连线. 位于每条实线上三个元素的积冠以正号，位于每条虚线上三个元素的积冠以负号，三阶行列式等于它们的代数和，即

$$\begin{vmatrix} a_{11} & a_{12} & a_{13} \\ a_{21} & a_{22} & a_{23} \\ a_{31} & a_{32} & a_{33} \end{vmatrix} = a_{11}a_{22}a_{33} + a_{12}a_{23}a_{31} + a_{13}a_{21}a_{32} - a_{13}a_{22}a_{31} - a_{12}a_{21}a_{33} - a_{11}a_{23}a_{32}. \tag{1.1.9}$$

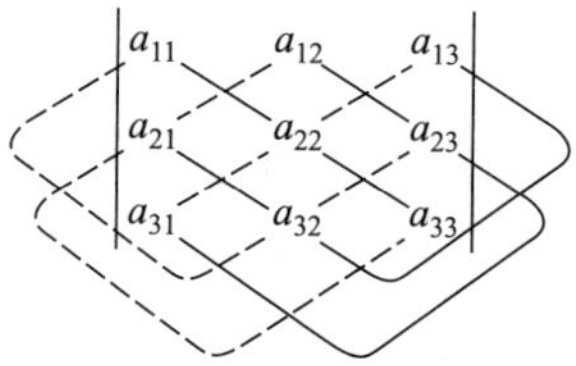

图 1.1.2

值得注意的是，这种对角线法则只适用于二阶和三阶行列式，对于四阶及四阶以上的行列式不再适用.

例 1.1.4　计算三阶行列式

$$D = \begin{vmatrix} 1 & 0 & -1 \\ -2 & -2 & 2 \\ 3 & 1 & 0 \end{vmatrix}.$$

解　由三阶行列式的对角线法则，

$$\begin{aligned} D &= a_{11}a_{22}a_{33} + a_{12}a_{23}a_{31} + a_{13}a_{21}a_{32} - a_{13}a_{22}a_{31} - a_{12}a_{21}a_{33} - a_{11}a_{23}a_{32} \\ &= 1\times(-2)\times0 + 0\times2\times3 + (-1)\times(-2)\times1 - \\ &\quad (-1)\times(-2)\times3 - 0\times(-2)\times0 - 1\times2\times1 \\ &= -6. \end{aligned}$$

根据行列式定义，n 阶行列式中的一般项是 $(-1)^{\tau(p_1p_2\cdots p_n)}a_{1p_1}a_{2p_2}\cdots a_{np_n}$，其行标 $12\cdots n$ 是 $1,2,\cdots,n$ 这 n 个自然数的标准排列，列标 $p_1p_2\cdots p_n$ 为 $1,2,\cdots,n$ 这 n 个自然数的某个全排列. 如果我们对乘积 $a_{1p_1}a_{2p_2}\cdots a_{np_n}$ 中的因子做对换，将列标排列 $p_1p_2\cdots p_n$ 对换为标准排列，此时行标可能不再是标准排列，不妨设为 $q_1q_2\cdots q_n$. 如果这样的对换次数为 r，根据定理 1.1.1 的推论，r 的奇偶性与 $\tau(p_1p_2\cdots p_n)$ 以及 $\tau(q_1q_2\cdots q_n)$ 的奇偶性是相同的，即

$$D=(-1)^{\tau(q_1q_2\cdots q_n)}a_{q_11}a_{q_22}\cdots a_{q_nn}=(-1)^{\tau(p_1p_2\cdots p_n)}a_{1p_1}a_{2p_2}\cdots a_{np_n}.$$

于是，我们可以得到 n 阶行列式定义的另一种等价形式.

定理 1.1.2　n 阶行列式

$$\begin{vmatrix} a_{11} & a_{12} & \cdots & a_{1n} \\ a_{21} & a_{22} & \cdots & a_{2n} \\ \vdots & \vdots & & \vdots \\ a_{n1} & a_{n2} & \cdots & a_{nn} \end{vmatrix}=\sum_{q_1q_2\cdots q_n}(-1)^{\tau(q_1q_2\cdots q_n)}a_{q_11}a_{q_22}\cdots a_{q_nn}, \qquad (1.1.10)$$

其中行标排列 $q_1q_2\cdots q_n$ 取遍 $1,2,\cdots,n$ 这 n 个自然数的所有全排列.

练习 1.1

1. 计算下列行列式：

(1) $\begin{vmatrix} 1 & 2 \\ 3 & 4 \end{vmatrix}$；　　(2) $\begin{vmatrix} \cos\varphi & -\sin\varphi \\ \sin\varphi & \cos\varphi \end{vmatrix}$；

(3) $\begin{vmatrix} 1 & 2 & 3 \\ 4 & 5 & 6 \\ 7 & 8 & 9 \end{vmatrix}$；　　(4) $\begin{vmatrix} i & j & k \\ 2 & 1 & 0 \\ -1 & 1 & 3 \end{vmatrix}$；

(5) $\begin{vmatrix} 1 & -2 & 3 & -1 \\ -2 & 4 & -3 & 1 \\ 0 & 1 & 2 & 0 \\ 1 & -3 & 1 & 0 \end{vmatrix}$.

2. 求下列各全排列的逆序数，并确定其奇偶性：

(1) 1234；　(2) 3421；　(3) 135246.

3. 写出四阶行列式 $\det(a_{ij})$ 中含有因子 $a_{12}a_{23}a_{41}$ 的项.

4. 利用对角线法则计算下列二阶、三阶行列式：

(1) $\begin{vmatrix} a+b & a-b \\ a-b & a+b \end{vmatrix}$；　　(2) $\begin{vmatrix} 1 & 1 & 1 \\ a & b & c \\ a^2 & b^2 & c^2 \end{vmatrix}$.

5. 证明：

(1) $$\begin{vmatrix} a_{11} & & & \\ & a_{22} & & \\ & & \ddots & \\ & & & a_{nn} \end{vmatrix} = a_{11}a_{22}\cdots a_{nn};$$

(2) $$\begin{vmatrix} & & & a_{1n} \\ & & a_{2,n-1} & \\ & ⋰ & & \\ a_{n1} & & & \end{vmatrix} = (-1)^{\frac{n(n-1)}{2}} a_{1n}a_{2,n-1}\cdots a_{n1}.$$

§1.2　行列式的性质

从§1.1的讨论不难看出,用定义计算一个 n 阶行列式至少需要做 $(n-1)\times n!$ 次乘法运算,高阶行列式的计算量非常大. 比如,按定义计算一个50阶的行列式就需要进行 $(50-1)\times 50! \approx 1.49029\times 10^{66}$ 次乘法运算. 而在工程技术以及经济领域,往往需要计算更高阶的行列式,对于这样的计算量,即使使用计算机也不容易完成. 所以,在计算行列式时,往往根据行列式的性质进行适当的变换,将其化为特殊的行列式(如上、下三角形行列式)来简化计算. 因此,行列式的性质在行列式计算中起着重要的作用.

设 $D=\begin{vmatrix} a_{11} & a_{12} & \cdots & a_{1n} \\ a_{21} & a_{22} & \cdots & a_{2n} \\ \vdots & \vdots & & \vdots \\ a_{n1} & a_{n2} & \cdots & a_{nn} \end{vmatrix}$,则称 $\begin{vmatrix} a_{11} & a_{21} & \cdots & a_{n1} \\ a_{12} & a_{22} & \cdots & a_{n2} \\ \vdots & \vdots & & \vdots \\ a_{1n} & a_{2n} & \cdots & a_{nn} \end{vmatrix}$ 为 D 的**转置行列式**,

记作 D^{T},即 $D^{\mathrm{T}}=\begin{vmatrix} a_{11} & a_{21} & \cdots & a_{n1} \\ a_{12} & a_{22} & \cdots & a_{n2} \\ \vdots & \vdots & & \vdots \\ a_{1n} & a_{2n} & \cdots & a_{nn} \end{vmatrix}$.

事实上,D^{T} 是将 D 的第 i 行 $(i=1,2,\cdots,n)$ 变成第 i 列而得到的行列式. 显然,

$$(D^{\mathrm{T}})^{\mathrm{T}}=D.$$

性质 1.2.1　行列式转置后,其值不变,即 $D^{\mathrm{T}}=D$.

证　设 $D=\begin{vmatrix} a_{11} & a_{12} & \cdots & a_{1n} \\ a_{21} & a_{22} & \cdots & a_{2n} \\ \vdots & \vdots & & \vdots \\ a_{n1} & a_{n2} & \cdots & a_{nn} \end{vmatrix}$，记 $D^{\mathrm{T}}=\begin{vmatrix} b_{11} & b_{12} & \cdots & b_{1n} \\ b_{21} & b_{22} & \cdots & b_{2n} \\ \vdots & \vdots & & \vdots \\ b_{n1} & b_{n2} & \cdots & b_{nn} \end{vmatrix}$，其中 $b_{ij}=a_{ji}(i,j=1,2,\cdots,n)$. 根据 n 阶行列式的定义，有

$$D^{\mathrm{T}}=\sum_{p_1p_2\cdots p_n}(-1)^{\tau(p_1p_2\cdots p_n)}b_{1p_1}b_{2p_2}\cdots b_{np_n}=\sum_{p_1p_2\cdots p_n}(-1)^{\tau(p_1p_2\cdots p_n)}a_{p_11}a_{p_22}\cdots a_{p_nn},$$

由定理 1.1.2，有

$$D=\sum_{p_1p_2\cdots p_n}(-1)^{\tau(p_1p_2\cdots p_n)}a_{p_11}a_{p_22}\cdots a_{p_nn},$$

于是 $D^{\mathrm{T}}=D$. □

由定理 1.1.2 及性质 1.2.1 不难看出，行列式的行与列具有同等的地位. 因此，在行列式中，对行成立的性质对列也一样成立.

在行列式计算的过程中，常用 r_i 表示行列式的第 i 行，c_i 表示行列式的第 i 列，并用如下记号表示所做的变换：

（1）$r_i\leftrightarrow r_j(c_i\leftrightarrow c_j)$ 表示对换第 i 行（列）与第 j 行（列）的位置；

（2）$k\times r_i(k\times c_i)$ 表示第 i 行（列）的所有元素同时乘数 k（以后简称数 k 乘第 i 行（列））；

（3）r_i+kr_j 表示第 i 行所有元素加上第 j 行对应元素的 k 倍（以后简称第 i 行加上第 j 行的 k 倍），c_i+kc_j 表示第 i 列所有元素加上第 j 列对应元素的 k 倍.

性质 1.2.2　互换行列式的两行（列），行列式变号，即

$$\begin{matrix} \\ \\ \text{第 } i \text{ 行} \\ \\ \text{第 } j \text{ 行} \\ \\ \\ \end{matrix}\begin{vmatrix} a_{11} & a_{12} & \cdots & a_{1n} \\ \vdots & \vdots & & \vdots \\ a_{i1} & a_{i2} & \cdots & a_{in} \\ \vdots & \vdots & & \vdots \\ a_{j1} & a_{j2} & \cdots & a_{jn} \\ \vdots & \vdots & & \vdots \\ a_{n1} & a_{n2} & \cdots & a_{nn} \end{vmatrix}\overset{r_i\leftrightarrow r_j}{=\!=\!=}-\begin{vmatrix} a_{11} & a_{12} & \cdots & a_{1n} \\ \vdots & \vdots & & \vdots \\ a_{j1} & a_{j2} & \cdots & a_{jn} \\ \vdots & \vdots & & \vdots \\ a_{i1} & a_{i2} & \cdots & a_{in} \\ \vdots & \vdots & & \vdots \\ a_{n1} & a_{n2} & \cdots & a_{nn} \end{vmatrix}\begin{matrix} \\ \\ \text{第 } i \text{ 行} \\ \\ \text{第 } j \text{ 行} \\ \\ \\ \end{matrix}.$$

证　不妨设 $i<j$，记

$$D_1=\begin{vmatrix} a_{11} & a_{12} & \cdots & a_{1n} \\ \vdots & \vdots & & \vdots \\ a_{j1} & a_{j2} & \cdots & a_{jn} \\ \vdots & \vdots & & \vdots \\ a_{i1} & a_{i2} & \cdots & a_{in} \\ \vdots & \vdots & & \vdots \\ a_{n1} & a_{n2} & \cdots & a_{nn} \end{vmatrix}=\begin{vmatrix} b_{11} & b_{12} & \cdots & b_{1n} \\ \vdots & \vdots & & \vdots \\ b_{i1} & b_{i2} & \cdots & b_{in} \\ \vdots & \vdots & & \vdots \\ b_{j1} & b_{j2} & \cdots & b_{jn} \\ \vdots & \vdots & & \vdots \\ b_{n1} & b_{n2} & \cdots & b_{nn} \end{vmatrix},$$

其中 $b_{ik}=a_{jk},b_{jk}=a_{ik}(k=1,2,\cdots,n)$，当 $l\neq i,j$ 时，$b_{lk}=a_{lk}(k=1,2,\cdots,n)$. 根据行列式的定义，

$$\begin{aligned} D_1 &= \sum_{p_1\cdots p_i\cdots p_j\cdots p_n}(-1)^{\tau(p_1\cdots p_i\cdots p_j\cdots p_n)}b_{1p_1}\cdots b_{ip_i}\cdots b_{jp_j}\cdots b_{np_n} \\ &= \sum_{p_1\cdots p_i\cdots p_j\cdots p_n}(-1)^{\tau(p_1\cdots p_i\cdots p_j\cdots p_n)}a_{1p_1}\cdots a_{jp_i}\cdots a_{ip_j}\cdots a_{np_n} \\ &= \sum_{p_1\cdots p_j\cdots p_i\cdots p_n}(-1)^{\tau(p_1\cdots p_j\cdots p_i\cdots p_n)}(-1)a_{1p_1}\cdots a_{ip_j}\cdots a_{jp_i}\cdots a_{np_n} \\ &= (-1)\sum_{p_1\cdots p_j\cdots p_i\cdots p_n}(-1)^{\tau(p_1\cdots p_j\cdots p_i\cdots p_n)}a_{1p_1}\cdots a_{ip_j}\cdots a_{jp_i}\cdots a_{np_n} \\ &= -D. \end{aligned}$$

□

推论　若行列式有两行(列)对应元素完全相同,则此行列式等于零.

证　不妨设行列式的第 i 行与第 j 行的元素对应相等,于是

$$D=\begin{matrix} \\ \\ 第\,i\,行 \\ \\ 第\,j\,行 \\ \\ \\ \end{matrix}\begin{vmatrix} a_{11} & a_{12} & \cdots & a_{1n} \\ \vdots & \vdots & & \vdots \\ a_{i1} & a_{i2} & \cdots & a_{in} \\ \vdots & \vdots & & \vdots \\ a_{i1} & a_{i2} & \cdots & a_{in} \\ \vdots & \vdots & & \vdots \\ a_{n1} & a_{n2} & \cdots & a_{nn} \end{vmatrix}\xlongequal{r_i\leftrightarrow r_j}-\begin{vmatrix} a_{11} & a_{12} & \cdots & a_{1n} \\ \vdots & \vdots & & \vdots \\ a_{i1} & a_{i2} & \cdots & a_{in} \\ \vdots & \vdots & & \vdots \\ a_{i1} & a_{i2} & \cdots & a_{in} \\ \vdots & \vdots & & \vdots \\ a_{n1} & a_{n2} & \cdots & a_{nn} \end{vmatrix}\begin{matrix} \\ \\ 第\,i\,行 \\ \\ 第\,j\,行 \\ \\ \\ \end{matrix}=-D,$$

则 $D=0$.

□

性质 1.2.3　数 k 乘行列式的某一行(列),等于用数 k 乘此行列式, 即

$$\begin{vmatrix} a_{11} & a_{12} & \cdots & a_{1n} \\ \vdots & \vdots & & \vdots \\ ka_{i1} & ka_{i2} & \cdots & ka_{in} \\ \vdots & \vdots & & \vdots \\ a_{n1} & a_{n2} & \cdots & a_{nn} \end{vmatrix}=k\begin{vmatrix} a_{11} & a_{12} & \cdots & a_{1n} \\ \vdots & \vdots & & \vdots \\ a_{i1} & a_{i2} & \cdots & a_{in} \\ \vdots & \vdots & & \vdots \\ a_{n1} & a_{n2} & \cdots & a_{nn} \end{vmatrix}.$$

性质 1.2.3 可直接用行列式的定义证明,不再赘述.

上面这个性质表明,行列式的某一行(列)中所有元素的公因子可以提到行列式符号的外面.

推论　若行列式的某行(列)的所有元素均为零,则此行列式等于零.

性质 1.2.4　若行列式中有两行(列)元素对应成比例,则此行列式为零.

证　由性质 1.2.3,以及性质 1.2.2 的推论可得

$$\begin{vmatrix} a_{11} & a_{12} & \cdots & a_{1n} \\ \vdots & \vdots & & \vdots \\ a_{i1} & a_{i2} & \cdots & a_{in} \\ \vdots & \vdots & & \vdots \\ ka_{i1} & ka_{i2} & \cdots & ka_{in} \\ \vdots & \vdots & & \vdots \\ a_{n1} & a_{n2} & \cdots & a_{nn} \end{vmatrix} = k\begin{vmatrix} a_{11} & a_{12} & \cdots & a_{1n} \\ \vdots & \vdots & & \vdots \\ a_{i1} & a_{i2} & \cdots & a_{in} \\ \vdots & \vdots & & \vdots \\ a_{i1} & a_{i2} & \cdots & a_{in} \\ \vdots & \vdots & & \vdots \\ a_{n1} & a_{n2} & \cdots & a_{nn} \end{vmatrix} = 0.$$

□

性质 1.2.5　若行列式的某一行(列)的元素都是两数之和,则该行列式可以拆分为两个行列式之和,即

$$D = \begin{vmatrix} a_{11} & a_{12} & \cdots & a_{1n} \\ \vdots & \vdots & & \vdots \\ a_{i1}+a'_{i1} & a_{i2}+a'_{i2} & \cdots & a_{in}+a'_{in} \\ \vdots & \vdots & & \vdots \\ a_{n1} & a_{n2} & \cdots & a_{nn} \end{vmatrix}$$

$$= \begin{vmatrix} a_{11} & a_{12} & \cdots & a_{1n} \\ \vdots & \vdots & & \vdots \\ a_{i1} & a_{i2} & \cdots & a_{in} \\ \vdots & \vdots & & \vdots \\ a_{n1} & a_{n2} & \cdots & a_{nn} \end{vmatrix} + \begin{vmatrix} a_{11} & a_{12} & \cdots & a_{1n} \\ \vdots & \vdots & & \vdots \\ a'_{i1} & a'_{i2} & \cdots & a'_{in} \\ \vdots & \vdots & & \vdots \\ a_{n1} & a_{n2} & \cdots & a_{nn} \end{vmatrix}.$$

证　由行列式的定义,可得

$$\begin{aligned} D &= \sum_{p_1p_2\cdots p_n}(-1)^{\tau(p_1p_2\cdots p_n)}a_{1p_1}\cdots(a_{ip_i}+a'_{ip_i})\cdots a_{np_n} \\ &= \sum_{p_1p_2\cdots p_n}(-1)^{\tau(p_1p_2\cdots p_n)}a_{1p_1}\cdots a_{ip_i}\cdots a_{np_n}+ \\ &\quad \sum_{p_1p_2\cdots p_n}(-1)^{\tau(p_1p_2\cdots p_n)}a_{1p_1}\cdots a'_{ip_i}\cdots a_{np_n}=\text{右式}. \end{aligned}$$

□

性质 1.2.5 称为**行列式的按行(列)可加性**.

性质 1.2.6 行列式的某一行(列)加上另一行(列)的 k 倍,行列式的值不变,即

$$\begin{vmatrix} a_{11} & a_{12} & \cdots & a_{1n} \\ \vdots & \vdots & & \vdots \\ a_{i1} & a_{i2} & \cdots & a_{in} \\ \vdots & \vdots & & \vdots \\ a_{j1} & a_{j2} & \cdots & a_{jn} \\ \vdots & \vdots & & \vdots \\ a_{n1} & a_{n2} & \cdots & a_{nn} \end{vmatrix} = \begin{vmatrix} a_{11} & a_{12} & \cdots & a_{1n} \\ \vdots & \vdots & & \vdots \\ a_{i1} & a_{i2} & \cdots & a_{in} \\ \vdots & \vdots & & \vdots \\ a_{j1}+ka_{i1} & a_{j2}+ka_{i2} & \cdots & a_{jn}+ka_{in} \\ \vdots & \vdots & & \vdots \\ a_{n1} & a_{n2} & \cdots & a_{nn} \end{vmatrix}.$$

性质 1.2.6 可由性质 1.2.4 与性质 1.2.5 证明,证明从略.

运用该性质,适当选取常数 k,可在保持行列式的值不变的情况下,把其中的某些元素化为零,从而起到消去一些元素的目的. 因此,该性质所涉及的变换通常称为**行列式的行(列)消去变换**.

运用行列式的性质,可将行列式化为上三角形行列式计算,其步骤如下:

(1) 首先,检查 a_{11} 是否为零. 若 $a_{11}\neq 0$,依次实施变换 $r_j-\dfrac{a_{j1}}{a_{11}}r_1(j=2,3,\cdots,n)$;当 $a_{11}=0$ 时,检查第一列位于 a_{11} 下方的其他元素,若 $a_{j1}\neq 0$,实施变换 $r_1\leftrightarrow r_j$ 使 a_{j1} 位于第一行第一列,不妨仍记为 $a_{11}\neq 0$,然后再实施前面的变换. 这样,可以将第一列中主对角线下方的元素均化为零;

(2) 对于经过步骤(1)得到的行列式,检查位于第二行第二列的元素,不妨仍记为 a_{22}. 若 $a_{22}\neq 0$,依次实施变换 $r_j-\dfrac{a_{j2}}{a_{22}}r_2(j=3,4,\cdots,n)$;当 $a_{22}=0$ 时,检查第二列位于 a_{22} 下面的其他元素,若 $a_{j2}\neq 0(j>2)$,实施变换 $r_2\leftrightarrow r_j$ 使得 $a_{22}\neq 0$,然后再实施前面的变换. 这样,可以将第二列中主对角线下方的元素均化为零;

(3) 依次进行下去,可以把行列式化为上三角形行列式;

(4) 最后根据(1.1.3)计算对角元的乘积得行列式的值.

类似地,我们也可以把行列式化为下三角形行列式,再运用(1.1.2)求得行列式的值.

这里我们只是提供了一种可行的算法,在计算行列式时,要灵活运用行列式的性质,将其化为我们所熟悉的特殊行列式,而不用拘泥于模式化的算法.

例 1.2.1　计算行列式 $D=\begin{vmatrix}0&2&3&-1\\2&1&-1&2\\3&2&-1&-1\\1&1&2&1\end{vmatrix}$.

解　利用行列式性质,将行列式化为上三角形行列式.

$$D=\begin{vmatrix}0&2&3&-1\\2&1&-1&2\\3&2&-1&-1\\1&1&2&1\end{vmatrix}\xlongequal{r_1\leftrightarrow r_4}-\begin{vmatrix}1&1&2&1\\2&1&-1&2\\3&2&-1&-1\\0&2&3&-1\end{vmatrix}$$

$$\xlongequal[r_3-3r_1]{r_2-2r_1}-\begin{vmatrix}1&1&2&1\\0&-1&-5&0\\0&-1&-7&-4\\0&2&3&-1\end{vmatrix}\xlongequal[r_4+2r_2]{r_3-r_2}-\begin{vmatrix}1&1&2&1\\0&-1&-5&0\\0&0&-2&-4\\0&0&-7&-1\end{vmatrix}$$

$$\xlongequal{\left(-\frac{1}{2}\right)\times r_3}2\begin{vmatrix}1&1&2&1\\0&-1&-5&0\\0&0&1&2\\0&0&-7&-1\end{vmatrix}\xlongequal{r_4+7r_3}2\begin{vmatrix}1&1&2&1\\0&-1&-5&0\\0&0&1&2\\0&0&0&13\end{vmatrix}.$$

上式中最后一个行列式为上三角形行列式,按照(1.1.3),可得

$$D=2\times1\times(-1)\times1\times13=-26.$$

例 1.2.2　证明

$$D=\begin{vmatrix}a_{11}&\cdots&a_{1k}&0&\cdots&0\\ \vdots&&\vdots&\vdots&&\\ a_{k1}&\cdots&a_{kk}&0&\cdots&0\\ c_{11}&\cdots&c_{1k}&b_{11}&\cdots&b_{1n}\\ \vdots&&\vdots&\vdots&&\vdots\\ c_{n1}&\cdots&c_{nk}&b_{n1}&\cdots&b_{nn}\end{vmatrix}=\begin{vmatrix}a_{11}&\cdots&a_{1k}\\ \vdots&&\vdots\\ a_{k1}&\cdots&a_{kk}\end{vmatrix}\begin{vmatrix}b_{11}&\cdots&b_{1n}\\ \vdots&&\vdots\\ b_{n1}&\cdots&b_{nn}\end{vmatrix}.$$

证　记 $D_1=\begin{vmatrix}a_{11}&\cdots&a_{1k}\\ \vdots&&\vdots\\ a_{k1}&\cdots&a_{kk}\end{vmatrix}$, $D_2=\begin{vmatrix}b_{11}&\cdots&b_{1n}\\ \vdots&&\vdots\\ b_{n1}&\cdots&b_{nn}\end{vmatrix}$.

对 D_1 实施若干次行消去变换,将其化为下三角形行列式

$$D_1=\begin{vmatrix}p_{11}&&\\ \vdots&\ddots&\\ p_{k1}&\cdots&p_{kk}\end{vmatrix}=p_{11}p_{22}\cdots p_{kk},$$

对 D_2 实施若干次列消去变换，将其化为下三角形行列式

$$D_2=\begin{vmatrix} q_{11} & & \\ \vdots & \ddots & \\ q_{n1} & \cdots & q_{nn} \end{vmatrix}=q_{11}q_{22}\cdots q_{nn}.$$

另一方面，由于行列式 D 中位于前 k 行后 n 列的元素全为零，若对 D 的前 k 行实施与 D_1 相同的行消去变换，再对其后 n 列实施与 D_2 相同的列消去变换，则有

$$D=\begin{vmatrix} p_{11} & & & & & \\ \vdots & \ddots & & & & \\ p_{k1} & \cdots & p_{kk} & & & \\ c_{11} & \cdots & c_{1k} & q_{11} & & \\ \vdots & & \vdots & \vdots & \ddots & \\ c_{n1} & \cdots & c_{nk} & q_{n1} & \cdots & q_{nn} \end{vmatrix}=p_{11}\cdots p_{kk}\cdot q_{11}\cdots q_{nn}.$$

于是，$D=p_{11}\cdots p_{kk}\cdot q_{11}\cdots q_{nn}=D_1D_2$. 原式成立.

例 1.2.3 计算行列式 $D=\begin{vmatrix} a & b & c & 1 \\ b & c & a & 1 \\ c & a & b & 1 \\ \dfrac{b+c}{2} & \dfrac{a+c}{2} & \dfrac{a+b}{2} & 1 \end{vmatrix}$.

解 利用行列式的性质，有

$$D\xlongequal{c_1+(c_2+c_3)}\begin{vmatrix} a+b+c & b & c & 1 \\ a+b+c & c & a & 1 \\ a+b+c & a & b & 1 \\ a+b+c & \dfrac{a+c}{2} & \dfrac{a+b}{2} & 1 \end{vmatrix}=(a+b+c)\begin{vmatrix} 1 & b & c & 1 \\ 1 & c & a & 1 \\ 1 & a & b & 1 \\ 1 & \dfrac{a+c}{2} & \dfrac{a+b}{2} & 1 \end{vmatrix}=0.$$

例 1.2.4 计算行列式 $D_n=\begin{vmatrix} x_1 & y_2 & y_3 & \cdots & y_n \\ z_2 & x_2 & 0 & \cdots & 0 \\ z_3 & 0 & x_3 & \cdots & 0 \\ \vdots & \vdots & \vdots & & \vdots \\ z_n & 0 & 0 & \cdots & x_n \end{vmatrix}$（其中，$x_2x_3\cdots x_n\neq 0$）.

解 由于 $x_2x_3\cdots x_n\neq 0$，所以 $x_i\neq 0(i=2,3,\cdots,n)$. 对 D_n 实施行消去变换，于是

$$D_n=\begin{vmatrix} x_1 & y_2 & y_3 & \cdots & y_n \\ z_2 & x_2 & 0 & \cdots & 0 \\ z_3 & 0 & x_3 & \cdots & 0 \\ \vdots & \vdots & \vdots & & \vdots \\ z_n & 0 & 0 & \cdots & x_n \end{vmatrix} \xlongequal[i=2,3,\cdots,n]{r_1-\frac{y_i}{x_i}r_i} \begin{vmatrix} x_1-\sum\limits_{i=2}^{n}\dfrac{y_i}{x_i}z_i & 0 & 0 & \cdots & 0 \\ z_2 & x_2 & 0 & \cdots & 0 \\ z_3 & 0 & x_3 & \cdots & 0 \\ \vdots & \vdots & \vdots & & \vdots \\ z_n & 0 & 0 & \cdots & x_n \end{vmatrix}$$

$$=\left(x_1-\sum_{i=2}^{n}\frac{y_i}{x_i}z_i\right)x_2x_3\cdots x_n.$$

例 1.2.5　解方程 $\begin{vmatrix} 1 & 1 & 1 & \cdots & 1 \\ 1 & 1-x & 1 & \cdots & 1 \\ 1 & 1 & 2-x & \cdots & 1 \\ \vdots & \vdots & \vdots & & \vdots \\ 1 & 1 & 1 & \cdots & n-x \end{vmatrix}=0.$

解　方程左端的 $n+1$ 阶行列式

$$\begin{vmatrix} 1 & 1 & 1 & \cdots & 1 \\ 1 & 1-x & 1 & \cdots & 1 \\ 1 & 1 & 2-x & \cdots & 1 \\ \vdots & \vdots & \vdots & & \vdots \\ 1 & 1 & 1 & \cdots & n-x \end{vmatrix} \xlongequal[i=2,3,\cdots,n]{r_i-r_1} \begin{vmatrix} 1 & 1 & 1 & \cdots & 1 \\ 0 & -x & 0 & \cdots & 0 \\ 0 & 0 & 1-x & \cdots & 0 \\ \vdots & \vdots & \vdots & & \vdots \\ 0 & 0 & 0 & \cdots & n-1-x \end{vmatrix}$$

$$=-x(1-x)(2-x)\cdots(n-1-x).$$

于是,原方程即为 $-x(1-x)(2-x)\cdots(n-1-x)=0$,解得 $x_1=0, x_2=1, x_3=2, \cdots, x_n=n-1$.

练习 1.2

1. 计算下列各行列式:

(1) $\begin{vmatrix} -ab & ac & ae \\ bd & -cd & de \\ bf & cf & -ef \end{vmatrix}$;　　(2) $\begin{vmatrix} 2 & 1 & 3 & 1 \\ 1 & 2 & 0 & 2 \\ 2 & 3 & 2 & 0 \\ 0 & 1 & 1 & 2 \end{vmatrix}$;

(3) $\begin{vmatrix} 2 & 1 & 1 & 1 \\ 1 & 2 & 1 & 1 \\ 1 & 1 & 2 & 1 \\ 1 & 1 & 1 & 2 \end{vmatrix}$;　　(4) $\begin{vmatrix} x & y & x+y \\ y & x+y & x \\ x+y & x & y \end{vmatrix}$.

2. 计算 n 阶行列式：

(1) $\begin{vmatrix} 1 & 1 & 1 & \cdots & 1 \\ 1 & 2 & 1 & \cdots & 1 \\ \vdots & \vdots & \vdots & & \vdots \\ 1 & 1 & 1 & \cdots & n \end{vmatrix}$；　(2) $\begin{vmatrix} x & y & y & \cdots & y \\ y & x & y & \cdots & y \\ \vdots & \vdots & \vdots & & \vdots \\ y & y & y & \cdots & x \end{vmatrix}$.

§1.3 行列式的展开式

从行列式的定义不难看出，求行列式的计算量随着阶数的提高而迅速增大，所以，我们常利用行列式的展开式将高阶行列式用低阶行列式表示出来，从而将高阶行列式的计算转化为低阶行列式的计算. 这种方法对于零元素较多的行列式能够有效地减少计算量.

为了研究行列式的展开式，我们先给出余子式与代数余子式的概念.

在 n 阶行列式 $\det(a_{ij})$ 中，划去元素 a_{ij} 所在的第 i 行和第 j 列，余下的元素按原来位置构成的 $n-1$ 阶行列式称为元素 a_{ij} 的**余子式**，记作 M_{ij}，并称 $(-1)^{i+j}M_{ij}$ 为 a_{ij} 的**代数余子式**，记作 A_{ij}，即 $A_{ij}=(-1)^{i+j}M_{ij}$.

例如，在四阶行列式 $D=\begin{vmatrix} a_{11} & a_{12} & a_{13} & a_{14} \\ a_{21} & a_{22} & a_{23} & a_{24} \\ a_{31} & a_{32} & a_{33} & a_{34} \\ a_{41} & a_{42} & a_{43} & a_{44} \end{vmatrix}$ 中，元素 a_{23} 的余子式是将行列式 D 中的第 2 行和第 3 列划去所得的三阶行列式，即

$$M_{23}=\begin{vmatrix} a_{11} & a_{12} & a_{14} \\ a_{31} & a_{32} & a_{34} \\ a_{41} & a_{42} & a_{44} \end{vmatrix},$$

而 a_{23} 的代数余子式则为

$$A_{23}=(-1)^{2+3}M_{23}=-M_{23}=-\begin{vmatrix} a_{11} & a_{12} & a_{14} \\ a_{31} & a_{32} & a_{34} \\ a_{41} & a_{42} & a_{44} \end{vmatrix}.$$

下面我们给出行列式的按行(列)展开定理.

定理 1.3.1(行列式展开定理) 行列式等于它的任一行(列)的各元素与其对应的代数余子式乘积之和，即，设 $\det(a_{ij})$ 为一个 n 阶行列式，则

$$\det(a_{ij})=a_{i1}A_{i1}+a_{i2}A_{i2}+\cdots+a_{in}A_{in}=\sum_{k=1}^{n}a_{ik}A_{ik}\quad(i=1,2,\cdots,n) \tag{1.3.1}$$

或

$$\det(a_{ij}) = a_{1j}A_{1j} + a_{2j}A_{2j} + \cdots + a_{nj}A_{nj} = \sum_{k=1}^{n} a_{kj}A_{kj} \quad (j=1,2,\cdots,n). \tag{1.3.2}$$

证　由行列式的按行可加性(性质 1.2.5),有

$$\det(a_{ij}) = \begin{vmatrix} a_{11} & a_{12} & \cdots & a_{1n} \\ \vdots & \vdots & & \vdots \\ a_{i1} & a_{i2} & \cdots & a_{in} \\ \vdots & \vdots & & \vdots \\ a_{n1} & a_{n2} & \cdots & a_{nn} \end{vmatrix}$$

$$= \begin{vmatrix} a_{11} & a_{12} & \cdots & a_{1n} \\ \vdots & \vdots & & \vdots \\ a_{i1}+0+\cdots+0 & 0+a_{i2}+\cdots+0 & \cdots & 0+\cdots+0+a_{in} \\ \vdots & \vdots & & \vdots \\ a_{n1} & a_{n2} & \cdots & a_{nn} \end{vmatrix}$$

$$= \begin{vmatrix} a_{11} & a_{12} & \cdots & a_{1n} \\ \vdots & \vdots & & \vdots \\ a_{i1} & 0 & \cdots & 0 \\ \vdots & \vdots & & \vdots \\ a_{n1} & a_{n2} & \cdots & a_{nn} \end{vmatrix} + \begin{vmatrix} a_{11} & a_{12} & \cdots & a_{1n} \\ \vdots & \vdots & & \vdots \\ 0 & a_{i2} & \cdots & 0 \\ \vdots & \vdots & & \vdots \\ a_{n1} & a_{n2} & \cdots & a_{nn} \end{vmatrix} + \cdots + \begin{vmatrix} a_{11} & a_{12} & \cdots & a_{1n} \\ \vdots & \vdots & & \vdots \\ 0 & 0 & \cdots & a_{in} \\ \vdots & \vdots & & \vdots \\ a_{n1} & a_{n2} & \cdots & a_{nn} \end{vmatrix}.$$

记 $D_j = \begin{vmatrix} a_{11} & \cdots & a_{1j} & \cdots & a_{1n} \\ \vdots & & \vdots & & \vdots \\ 0 & \cdots & a_{ij} & \cdots & 0 \\ \vdots & & \vdots & & \vdots \\ a_{n1} & \cdots & a_{nj} & \cdots & a_{nn} \end{vmatrix}$ $(j=1,2,\cdots,n)$. 我们逐一考虑 D_j,经过$i-1$ 次相邻行对换 $r_k \leftrightarrow r_{k-1}$ $(k=i,i-1,\cdots,2)$,得

$$D_j = (-1)^{i-1} \begin{vmatrix} 0 & \cdots & a_{ij} & \cdots & 0 \\ a_{11} & \cdots & a_{1j} & \cdots & a_{1n} \\ \vdots & & \vdots & & \vdots \\ a_{i-1,1} & \cdots & a_{i-1,j} & \cdots & a_{i-1,n} \\ a_{i+1,1} & \cdots & a_{i+1,j} & \cdots & a_{i+1,n} \\ \vdots & & \vdots & & \vdots \\ a_{n1} & \cdots & a_{nj} & \cdots & a_{nn} \end{vmatrix},$$

再经过 $j-1$ 次相邻列对换 $c_k \leftrightarrow c_{k-1}(k=j,j-1,\cdots,2)$，得

$$D_j=(-1)^{i+j-2}\begin{vmatrix} a_{ij} & 0 & \cdots & 0 & 0 & \cdots & 0 \\ a_{1j} & a_{11} & \cdots & a_{1,j-1} & a_{1,j+1} & \cdots & a_{1n} \\ \vdots & \vdots & & \vdots & \vdots & & \vdots \\ a_{i-1,j} & a_{i-1,1} & \cdots & a_{i-1,j-1} & a_{i-1,j+1} & \cdots & a_{i-1,n} \\ a_{i+1,j} & a_{i+1,1} & \cdots & a_{i+1,j-1} & a_{i+1,j+1} & \cdots & a_{i+1,n} \\ \vdots & \vdots & & \vdots & \vdots & & \vdots \\ a_{nj} & a_{n1} & \cdots & a_{n,j-1} & a_{n,j+1} & \cdots & a_{nn} \end{vmatrix},$$

根据例 1.2.2，可得

$$D_j=(-1)^{i+j-2}a_{ij}M_{ij}=(-1)^{i+j}a_{ij}M_{ij}=a_{ij}A_{ij}\quad (j=1,2,\cdots,n),$$

于是

$$D=D_1+D_2+\cdots+D_n=a_{i1}A_{i1}+a_{i2}A_{i2}+\cdots+a_{in}A_{in}\quad (i=1,2,\cdots,n).$$

类似地，可得

$$D=a_{1j}A_{1j}+a_{2j}A_{2j}+\cdots+a_{nj}A_{nj}\quad (j=1,2,\cdots,n).$$

□

行列式展开定理的意义在于将 n 阶行列式化为 n 个 $n-1$ 阶行列式进行计算. 在计算行列式时，若发现行列式中的某行(列)有较多的元素为零，那么，将行列式按此行(列)展开降阶，可有效减少计算量.

例 1.3.1 计算行列式 $D=\begin{vmatrix} a & b & g & 0 \\ c & d & 0 & h \\ 0 & 0 & 0 & e \\ 0 & 0 & f & 0 \end{vmatrix}$.

解 利用行列式展开定理，

$$D=\begin{vmatrix} a & b & g & 0 \\ c & d & 0 & h \\ 0 & 0 & 0 & e \\ 0 & 0 & f & 0 \end{vmatrix} \xlongequal{\text{按}r_4\text{展开}} (-1)^7 f\begin{vmatrix} a & b & 0 \\ c & d & h \\ 0 & 0 & e \end{vmatrix} \xlongequal{\text{按}r_3\text{展开}} (-1)^7(-1)^6 fe\begin{vmatrix} a & b \\ c & d \end{vmatrix}$$

$$=(bc-ad)ef.$$

在计算行列式时要根据行列式的特点，灵活地运用行列式的性质与展开定理.

例 1.3.2 计算行列式 $D=\begin{vmatrix} 2 & 3 & 1 & 5 \\ 3 & 2 & 2 & 3 \\ 3 & 1 & 2 & -2 \\ 2 & 3 & 1 & 4 \end{vmatrix}$.

解 $D=\begin{vmatrix}2&3&1&5\\3&2&2&3\\3&1&2&-2\\2&3&1&4\end{vmatrix}\xlongequal{r_1-r_4}\begin{vmatrix}0&0&0&1\\3&2&2&3\\3&1&2&-2\\2&3&1&4\end{vmatrix}\xlongequal{\text{按}r_1\text{展开}}-\begin{vmatrix}3&2&2\\3&1&2\\2&3&1\end{vmatrix}$

$$\xlongequal{r_2-r_1}-\begin{vmatrix}3&2&2\\0&-1&0\\2&3&1\end{vmatrix}\xlongequal{\text{按}r_2\text{展开}}\begin{vmatrix}3&2\\2&1\end{vmatrix}=-1.$$

例 1.3.3 设 $n\geqslant 2$,证明 n 阶范德蒙德(Vandermonde)行列式

$$D_n=\begin{vmatrix}1&1&\cdots&1\\x_1&x_2&\cdots&x_n\\x_1^2&x_2^2&\cdots&x_n^2\\\vdots&\vdots&&\vdots\\x_1^{n-1}&x_2^{n-1}&\cdots&x_n^{n-1}\end{vmatrix}=\prod_{1\leqslant j<i\leqslant n}(x_i-x_j).$$

证 对阶数 n 用数学归纳法.

因为 $D_2=\begin{vmatrix}1&1\\x_1&x_2\end{vmatrix}=x_2-x_1=\prod\limits_{1\leqslant j<i\leqslant 2}(x_i-x_j)$,所以 $n=2$ 时结论成立.

假设结论对于阶数为 $n-1$ 的范德蒙德行列式成立. 下面考虑阶数为 n 时的情况. 从第 n 行开始,后一行减前一行的 x_1 倍,得

$$D_n\xlongequal[i=n,n-1,\cdots,2]{r_i-x_1r_{i-1}}\begin{vmatrix}1&1&1&\cdots&1\\0&x_2-x_1&x_3-x_1&\cdots&x_n-x_1\\0&x_2(x_2-x_1)&x_3(x_3-x_1)&\cdots&x_n(x_n-x_1)\\\vdots&\vdots&\vdots&&\vdots\\0&x_2^{n-2}(x_2-x_1)&x_3^{n-2}(x_3-x_1)&\cdots&x_n^{n-2}(x_n-x_1)\end{vmatrix},$$

按第一列展开,并把每一列的公因式(x_i-x_1)提出,则

$$D_n=(x_2-x_1)(x_3-x_1)\cdots(x_n-x_1)\begin{vmatrix}1&1&\cdots&1\\x_2&x_3&\cdots&x_n\\\vdots&\vdots&&\vdots\\x_2^{n-2}&x_3^{n-2}&\cdots&x_n^{n-2}\end{vmatrix}.$$

上面等式右边的行列式为 $n-1$ 阶范德蒙德行列式,根据归纳假设,其值等于 $\prod\limits_{2\leqslant j<i\leqslant n}(x_i-x_j)$,故

$$D_n=(x_2-x_1)(x_3-x_1)\cdots(x_n-x_1)\prod_{2\leqslant j<i\leqslant n}(x_i-x_j)=\prod_{1\leqslant j<i\leqslant n}(x_i-x_j).$$

例 1.3.4 证明 $D_n=\begin{vmatrix}\cos\alpha & 1 & 0 & \cdots & 0 & 0\\ 1 & 2\cos\alpha & 1 & \cdots & 0 & 0\\ 0 & 1 & 2\cos\alpha & \cdots & 0 & 0\\ \vdots & \vdots & \vdots & & \vdots & \vdots\\ 0 & 0 & 0 & \cdots & 2\cos\alpha & 1\\ 0 & 0 & 0 & \cdots & 1 & 2\cos\alpha\end{vmatrix}=\cos n\alpha.$

证 对阶数 n 用数学归纳法.

显然 $D_1=\cos\alpha, D_2=\begin{vmatrix}\cos\alpha & 1\\ 1 & 2\cos\alpha\end{vmatrix}=2\cos^2\alpha-1=\cos 2\alpha$，即当 $n=1,2$ 时，结论成立.

假设阶数小于 n 时，结论成立，以下证明阶数等于 n 时，结论也成立. 对 D_n 按最后一行展开，得

$$D_n=2\cos\alpha D_{n-1}-D_{n-2}.$$

由归纳假设，$D_{n-1}=\cos(n-1)\alpha, D_{n-2}=\cos(n-2)\alpha$，于是

$$\begin{aligned}D_n&=2\cos\alpha\cos(n-1)\alpha-\cos(n-2)\alpha\\&=[\cos n\alpha+\cos(n-2)\alpha]-\cos(n-2)\alpha=\cos n\alpha.\end{aligned}$$

从而，对任意的正整数 n，结论成立.

推论 行列式某一行(列)的各个元素与另一行(列)的对应元素的代数余子式乘积之和等于零，即

$$a_{i1}A_{j1}+a_{i2}A_{j2}+\cdots+a_{in}A_{jn}=0,\quad i\neq j$$

或

$$a_{1i}A_{1j}+a_{2i}A_{2j}+\cdots+a_{ni}A_{nj}=0,\quad i\neq j.$$

证 根据行列式展开定理，行列式

$$\begin{vmatrix}a_{11} & \cdots & a_{1n}\\ \vdots & & \vdots\\ a_{i1} & \cdots & a_{in}\\ \vdots & & \vdots\\ a_{j1} & \cdots & a_{jn}\\ \vdots & & \vdots\\ a_{n1} & \cdots & a_{nn}\end{vmatrix}=a_{j1}A_{j1}+a_{j2}A_{j2}+\cdots+a_{jn}A_{jn},$$

由于 $A_{j1},A_{j2},\cdots,A_{jn}$ 的取值与 $a_{j1},a_{j2},\cdots,a_{jn}$ 无关，现把等式两端的 a_{jk} 换成 a_{ik} ($k=1,2,\cdots,n$)，可得

$$a_{i1}A_{j1}+a_{i2}A_{j2}+\cdots+a_{in}A_{jn}=\begin{vmatrix} a_{11} & \cdots & a_{1n} \\ \vdots & & \vdots \\ a_{i1} & \cdots & a_{in} \\ \vdots & & \vdots \\ a_{i1} & \cdots & a_{in} \\ \vdots & & \vdots \\ a_{n1} & \cdots & a_{nn} \end{vmatrix}=0\ (i\neq j).$$

同理有，$a_{1i}A_{1j}+a_{2i}A_{2j}+\cdots+a_{ni}A_{nj}=0\quad(i\neq j)$. □

结合行列式展开定理及其推论可得如下结论：

设 $D=\det(a_{ij})$，则

$$\sum_{k=1}^{n}a_{ik}A_{jk}=\begin{cases}D, & 当\ i=j\ 时,\\ 0, & 当\ i\neq j\ 时\end{cases}\tag{1.3.3}$$

或

$$\sum_{k=1}^{n}a_{ki}A_{kj}=\begin{cases}D, & 当\ i=j\ 时,\\ 0, & 当\ i\neq j\ 时.\end{cases}\tag{1.3.4}$$

例 1.3.5　设

$$D=\begin{vmatrix} a_{11} & a_{12} & a_{13} & a_{14} & a_{15} \\ 2 & -1 & 1 & 3 & 1 \\ a_{31} & a_{32} & a_{33} & a_{34} & a_{35} \\ -3 & 0 & 1 & 2 & 0 \\ a_{51} & a_{52} & a_{53} & a_{54} & a_{55} \end{vmatrix},$$

A_{ij} 为 a_{ij} 的代数余子式，已知 $A_{21}=-2$，$A_{22}=3$，$A_{23}=x$，$A_{24}=2$，$A_{25}=-1$. 试求常数 x 和行列式 D.

解　根据行列式展开定理及其推论，

$$\sum_{k=1}^{5}a_{ik}A_{2k}=\begin{cases}D, & 当\ i=2\ 时,\\ 0, & 当\ i=4\ 时.\end{cases}$$

于是，$\begin{cases}x-2=D,\\ x+10=0.\end{cases}$ 解之可得 $x=-10$，$D=-12$.

练习 1.3

1. 设行列式 $D=\begin{vmatrix} a & b & 0 \\ 2 & 0 & -1 \\ -1 & 2 & 1 \end{vmatrix}$，试写出 D 中第一行元素的代数余子式 A_{11}，

A_{12}, A_{13},并求 D.

2. 计算下列各行列式:

(1) $\begin{vmatrix} 1 & x & x \\ x & 1 & 0 \\ x & 0 & 1 \end{vmatrix}$;　　(2) $\begin{vmatrix} 2 & 1 & 1 & 2 \\ 3 & 2 & 2 & 1 \\ 4 & 3 & 2 & 1 \\ 5 & 3 & 2 & 1 \end{vmatrix}$.

3. 计算下列行列式:

(1) $D_4 = \begin{vmatrix} a_1 & 0 & 0 & b_1 \\ 0 & a_2 & b_2 & 0 \\ 0 & b_3 & a_3 & 0 \\ b_4 & 0 & 0 & a_4 \end{vmatrix}$;　　(2) $D_n = \begin{vmatrix} x & 0 & 0 & \cdots & 1 \\ 0 & x & 0 & \cdots & 0 \\ \vdots & \vdots & \vdots & & \vdots \\ 1 & 0 & 0 & \cdots & x \end{vmatrix}$.

4. 已知行列式 $\begin{vmatrix} a_{11} & a_{12} & a_{13} & a_{14} \\ a_{21} & a_{22} & a_{23} & a_{24} \\ 1 & 1 & 1 & 1 \\ 1 & 2 & 3 & 4 \end{vmatrix} = x$, $A_{41}, A_{42}, A_{43}, A_{44}$是其第四行元素的代数余子式,计算:

(1) $A_{41}+A_{42}+A_{43}+A_{44}$;　　(2) $A_{41}+2A_{42}+3A_{43}+4A_{44}$.

§1.4　克拉默法则

在初等数学中,我们学习过二元一次方程组

$$\begin{cases} a_{11}x_1 + a_{12}x_2 = b_1, \\ a_{21}x_1 + a_{22}x_2 = b_2 \end{cases} \tag{1.4.1}$$

的求解方法. 当 $a_{11}a_{22}-a_{12}a_{21} \neq 0$ 时,方程组(1.4.1)的解可用公式表示为

$$x_1 = \frac{b_1a_{22}-a_{12}b_2}{a_{11}a_{22}-a_{12}a_{21}}, \quad x_2 = \frac{a_{11}b_2-b_1a_{21}}{a_{11}a_{22}-a_{12}a_{21}}. \tag{1.4.2}$$

若记 $D = \begin{vmatrix} a_{11} & a_{12} \\ a_{21} & a_{22} \end{vmatrix}$, $D_1 = \begin{vmatrix} b_1 & a_{12} \\ b_2 & a_{22} \end{vmatrix}$, $D_2 = \begin{vmatrix} a_{11} & b_1 \\ a_{21} & b_2 \end{vmatrix}$. 那么,当 $D \neq 0$ 时,方程组(1.4.1)的求解公式(1.4.2)可表示为

$$x_1 = \frac{\begin{vmatrix} b_1 & a_{12} \\ b_2 & a_{22} \end{vmatrix}}{\begin{vmatrix} a_{11} & a_{12} \\ a_{21} & a_{22} \end{vmatrix}} = \frac{D_1}{D}, \quad x_2 = \frac{\begin{vmatrix} a_{11} & b_1 \\ a_{21} & b_2 \end{vmatrix}}{\begin{vmatrix} a_{11} & a_{12} \\ a_{21} & a_{22} \end{vmatrix}} = \frac{D_2}{D},$$

其中,$D_j(j=1,2)$是将 D 中第 j 列元素 a_{1j},a_{2j}分别用 b_1,b_2替换后得到的行列式.

求解二元线性方程组的这种方法,可以推广到求解 n 元线性方程组.

设 n 元线性方程组

$$\begin{cases} a_{11}x_1+a_{12}x_2+\cdots+a_{1n}x_n=b_1, \\ a_{21}x_1+a_{22}x_2+\cdots+a_{2n}x_n=b_2, \\ \cdots\cdots\cdots\cdots \\ a_{n1}x_1+a_{n2}x_2+\cdots+a_{nn}x_n=b_n. \end{cases} \tag{1.4.3}$$

以其系数为元素的行列式 $D=\begin{vmatrix} a_{11} & a_{12} & \cdots & a_{1n} \\ a_{21} & a_{22} & \cdots & a_{2n} \\ \vdots & \vdots & & \vdots \\ a_{n1} & a_{n2} & \cdots & a_{nn} \end{vmatrix}$称为线性方程组(1.4.3)的**系数行列式**.

定理 1.4.1(克拉默法则)　设 n 元线性方程组(1.4.3)的系数行列式 $D\neq 0$,那么线性方程组(1.4.3)有唯一解,并且解为

$$x_1=\frac{D_1}{D},x_2=\frac{D_2}{D},\cdots,x_n=\frac{D_n}{D}, \tag{1.4.4}$$

其中 $D_j(j=1,2,\cdots,n)$是把系数行列式 D 中第 j 列元素 $a_{1j},a_{2j},\cdots,a_{nj}$分别用 $b_1,b_2,\cdots,b_n$替换后得到的 n 阶行列式,即

$$D_j=\begin{vmatrix} a_{11} & \cdots & a_{1,j-1} & b_1 & a_{1,j+1} & \cdots & a_{1n} \\ a_{21} & \cdots & a_{2,j-1} & b_2 & a_{2,j+1} & \cdots & a_{2n} \\ \vdots & & \vdots & \vdots & \vdots & & \vdots \\ a_{n1} & \cdots & a_{n,j-1} & b_n & a_{n,j+1} & \cdots & a_{nn} \end{vmatrix}(j=1,2,\cdots,n). \tag{1.4.5}$$

证　将方程组(1.4.3)的各方程的两端依次乘系数行列式 D 中第 j 列元素的代数余子式 $A_{1j},A_{2j},\cdots,A_{nj}$,可得

$$\begin{cases} (a_{11}x_1+\cdots+a_{1j}x_j+\cdots+a_{1n}x_n)A_{1j}=b_1A_{1j}, \\ (a_{21}x_1+\cdots+a_{2j}x_j+\cdots+a_{2n}x_n)A_{2j}=b_2A_{2j}, \\ \cdots\cdots\cdots\cdots \\ (a_{n1}x_1+\cdots+a_{nj}x_j+\cdots+a_{nn}x_n)A_{nj}=b_nA_{nj}. \end{cases}$$

再把 n 个方程两端分别相加,可得

$$\left(\sum_{k=1}^{n}a_{k1}A_{kj}\right)x_1+\cdots+\left(\sum_{k=1}^{n}a_{kj}A_{kj}\right)x_j+\cdots+\left(\sum_{k=1}^{n}a_{kn}A_{kj}\right)x_n=\sum_{k=1}^{n}b_kA_{kj}. \tag{1.4.6}$$

由(1.3.4)式知,当 $i\neq j$ 时,x_i 的系数 $\sum_{k=1}^{n} a_{ki}A_{kj}=0$,而 x_j 的系数 $\sum_{k=1}^{n} a_{kj}A_{kj}=D$. 故等式(1.4.6)的左端为 $\left(\sum_{k=1}^{n} a_{kj}A_{kj}\right)x_j=Dx_j$,而右端恰为行列式 D_j 按第 j 列的展开式. 于是等式(1.4.6)为

$$Dx_j=D_j \quad (j=1,2,\cdots,n).$$

因此,当 $D\neq 0$ 时,线性方程组有唯一解

$$x_j=\frac{D_j}{D} \quad (j=1,2,\cdots,n).$$ □

当 $D\neq 0$ 时,克拉默法则包含三个结论:(1) 线性方程组(1.4.3)有解;(2) 方程组的解是唯一的;(3) 解可由公式(1.4.4)给出.

例 1.4.1 解二元一次方程组

$$\begin{cases}2x_1-3x_2=12,\\ x_1+4x_2=1.\end{cases}$$

解 首先,系数行列式 $D=\begin{vmatrix}2 & -3\\ 1 & 4\end{vmatrix}=2\times 4-(-3)\times 1=11\neq 0$,线性方程组有唯一解. 再计算 $D_1=\begin{vmatrix}12 & -3\\ 1 & 4\end{vmatrix}=12\times 4-(-3)\times 1=51$, $D_2=\begin{vmatrix}2 & 12\\ 1 & 1\end{vmatrix}=2\times 1-12\times 1=-10$. 于是

$$x_1=\frac{D_1}{D}=\frac{51}{11}, x_2=\frac{D_2}{D}=-\frac{10}{11}.$$

例 1.4.2 解方程组

$$\begin{cases}3x_1-x_2+2x_3=3,\\ 2x_2+2x_3+3x_4=3,\\ x_1+x_3-2x_4=-6,\\ 2x_1+2x_2+3x_4=7.\end{cases}$$

解 方程组的系数行列式 $D=\begin{vmatrix}3 & -1 & 2 & 0\\ 0 & 2 & 2 & 3\\ 1 & 0 & 1 & -2\\ 2 & 2 & 0 & 3\end{vmatrix}=-60\neq 0$,方程组有唯一解. 又

$$D_1=\begin{vmatrix}3 & -1 & 2 & 0\\ 3 & 2 & 2 & 3\\ -6 & 0 & 1 & -2\\ 7 & 2 & 0 & 3\end{vmatrix}=-60,\quad D_2=\begin{vmatrix}3 & 3 & 2 & 0\\ 0 & 3 & 2 & 3\\ 1 & -6 & 1 & -2\\ 2 & 7 & 0 & 3\end{vmatrix}=120,$$

$$D_3=\begin{vmatrix}3&-1&3&0\\0&2&3&3\\1&0&-6&-2\\2&2&7&3\end{vmatrix}=60,\quad D_4=\begin{vmatrix}3&-1&2&3\\0&2&2&3\\1&0&1&-6\\2&2&0&7\end{vmatrix}=-180.$$

由克拉默法则可得方程组的解为

$$x_1=\frac{D_1}{D}=1,\quad x_2=\frac{D_2}{D}=-2,\quad x_3=\frac{D_3}{D}=-1,\quad x_4=\frac{D_4}{D}=3.$$

推论　如果线性方程组(1.4.3)无解,或解不唯一,那么它的系数行列式 $D=0$.

对于线性方程组(1.4.3),若方程组右端的常数 $b_1,b_2,\cdots,b_n$ 不全为零,则称为**非齐次线性方程组**;若方程组右端的常数全为零,即 $b_1=b_2=\cdots=b_n=0$,则称为**齐次线性方程组**,其一般形式为

$$\begin{cases}a_{11}x_1+a_{12}x_2+\cdots+a_{1n}x_n=0,\\a_{21}x_1+a_{22}x_2+\cdots+a_{2n}x_n=0,\\\qquad\cdots\cdots\cdots\cdots\\a_{n1}x_1+a_{n2}x_2+\cdots+a_{nn}x_n=0.\end{cases}\tag{1.4.7}$$

显然,$x_1=x_2=\cdots=x_n=0$ 是齐次线性方程组的解,称之为齐次线性方程组的**零解**. 因此,齐次线性方程组总是有解的. 对于齐次线性方程组,我们关心的是,它除了零解以外还有没有其他解,或者说,它有没有非零解. 由此,结合克拉默法则可得下面的结论.

定理 1.4.2　齐次线性方程组(1.4.7)只有零解的充要条件是系数行列式 $D\neq0$.

推论　齐次线性方程组(1.4.7)有非零解的充要条件是 $D=0$.

例 1.4.3　试确定当 a,b 取何值时,方程组 $\begin{cases}ax_1+x_2+x_3=0,\\x_1+bx_2+x_3=0,\\x_1+2bx_2+x_3=0\end{cases}$ 有非零解.

解　该方程组为齐次线性方程组,考虑其系数行列式

$$D=\begin{vmatrix}a&1&1\\1&b&1\\1&2b&1\end{vmatrix}=b(1-a).$$

根据定理 1.4.2,当 $D=0$ 时,即 $a=1$ 或 $b=0$ 时,方程组有非零解.

克拉默法则给出了线性方程组的解存在且唯一的充要条件,具有很重要的理论意义. 但是,运用克拉默法则求解 n 元线性方程组有其局限性. 首先,要求方程个数与未知量个数相同;其次,要求系数行列式不为零;另外,需要计算 $n+1$ 个 n 阶行列式,对于线性方程组的未知量个数 n 较小的情况较为方便,而对于 n 较大的情况,运用克拉默法则的计算量是非常大的. 因此,克拉默法则往往被用来判定线性方程组解的存在唯一性,以及未知量个数较少时线性方程组的求解. 而对于一些未知量个数较多的线性方程组的求解问题,一般使用后面将要学习的方法.

练习 1.4

1. 用克拉默法则解下列方程组:

(1) $\begin{cases} x_1+2x_2+2x_3=2, \\ 2x_1-x_2+x_3=-2, \\ 2x_1+x_2-2x_3=-1; \end{cases}$ (2) $\begin{cases} x_1+2x_2=1, \\ x_1+x_2+2x_3=0, \\ x_2+x_3+2x_4=0, \\ x_3+x_4+2x_5=0, \\ x_4+x_5=1. \end{cases}$

2. 试问常数 λ 为何值时,齐次线性方程组 $\begin{cases} x_1+\lambda x_2+x_3=0, \\ x_1-x_2+x_3=0, \\ \lambda x_1+x_2+2x_3=0 \end{cases}$ 只有零解?

3. 证明对于任意实数 a,b,c,线性方程组 $\begin{cases} ax_1+x_2-x_3=b, \\ x_1+x_2+ax_3=1, \\ x_1+ax_3=c \end{cases}$ 都有唯一解.

习 题 一

1. 计算下列各全排列的逆序数:

(1) $13\cdots(2n-1)24\cdots(2n)$; (2) $24\cdots(2n)13\cdots(2n-1)$.

2. 分别写出 5 阶行列式 $\det(a_{ij})$ 中含有 $a_{21}a_{32}a_{44}a_{53}$ 和 $a_{11}a_{32}a_{53}$ 的项.

3. 确定下列行列式中 x 的最高次项:

(1) $\begin{vmatrix} 1 & 3 & x & 1 \\ x & 2 & -1 & 3 \\ -1 & 1 & 2 & x \\ 5 & x & -1 & 2 \end{vmatrix}$; (2) $\begin{vmatrix} x & 4x & 1 & 2 \\ 1 & 1 & x & 1 \\ x & x & 1 & 1 \\ 1 & 1 & 1 & x \end{vmatrix}$.

4. 计算下列行列式：

(1) $\begin{vmatrix} 0 & 0 & a & 0 \\ b & 0 & 0 & 0 \\ 0 & c & 0 & 0 \\ 0 & 0 & 0 & d \end{vmatrix}$；

(2) $\begin{vmatrix} 1-a & a & 0 & 0 & 0 \\ -1 & 1-a & a & 0 & 0 \\ 0 & -1 & 1-a & a & 0 \\ 0 & 0 & -1 & 1-a & a \\ 0 & 0 & 0 & -1 & 1-a \end{vmatrix}$；

(3) $D_{2n}=\begin{vmatrix} a & & & & & c \\ & \ddots & & & \unicode{x22F0} & \\ & & a & c & & \\ & & b & d & & \\ & \unicode{x22F0} & & & \ddots & \\ b & & & & & d \end{vmatrix}$.

5. 证明：

(1) $\begin{vmatrix} a_{11} & a_{12} & \cdots & a_{1n} \\ & a_{22} & \cdots & a_{2n} \\ & & \ddots & \vdots \\ & & & a_{nn} \end{vmatrix}=\prod\limits_{i=1}^{n} a_{ii}$；

(2) $\begin{vmatrix} & & & a_{1n} \\ & & a_{2,n-1} & a_{2n} \\ & \unicode{x22F0} & \vdots & \vdots \\ a_{n1} & \cdots & a_{n,n-1} & a_{nn} \end{vmatrix}=(-1)^{\frac{n(n-1)}{2}}a_{1n}a_{2,n-1}\cdots a_{n1}$；

(3) $\begin{vmatrix} a_{11} & \cdots & a_{1,n-1} & a_{1n} \\ a_{21} & \cdots & a_{2,n-1} & \\ \vdots & \unicode{x22F0} & & \\ a_{n1} & & & \end{vmatrix}=(-1)^{\frac{n(n-1)}{2}}a_{1n}a_{2,n-1}\cdots a_{n1}$；

(4) $D_n=\begin{vmatrix} 2a & 1 & & \\ a^2 & 2a & \ddots & \\ & \ddots & \ddots & 1 \\ & & a^2 & 2a \end{vmatrix}=(n+1)a^n$.

6. 证明：

(1) $\begin{vmatrix} 0 & 0 & b_{11} & b_{12} & b_{13} \\ 0 & 0 & b_{21} & b_{22} & b_{23} \\ 0 & 0 & b_{31} & b_{32} & b_{33} \\ a_{11} & a_{12} & c_{11} & c_{12} & c_{13} \\ a_{21} & a_{22} & c_{21} & c_{22} & c_{23} \end{vmatrix} = \begin{vmatrix} a_{11} & a_{12} \\ a_{21} & a_{22} \end{vmatrix} \begin{vmatrix} b_{11} & b_{12} & b_{13} \\ b_{21} & b_{22} & b_{23} \\ b_{31} & b_{32} & b_{33} \end{vmatrix}$；

(2) $\begin{vmatrix} 0 & 0 & 0 & b_{11} & b_{12} & b_{13} \\ 0 & 0 & 0 & b_{21} & b_{22} & b_{23} \\ 0 & 0 & 0 & b_{31} & b_{32} & b_{33} \\ a_{11} & a_{12} & a_{13} & c_{11} & c_{12} & c_{13} \\ a_{21} & a_{22} & a_{23} & c_{21} & c_{22} & c_{23} \\ a_{31} & a_{32} & a_{33} & c_{31} & c_{32} & c_{33} \end{vmatrix} = -\begin{vmatrix} a_{11} & a_{12} & a_{13} \\ a_{21} & a_{22} & a_{23} \\ a_{31} & a_{32} & a_{33} \end{vmatrix} \begin{vmatrix} b_{11} & b_{12} & b_{13} \\ b_{21} & b_{22} & b_{23} \\ b_{31} & b_{32} & b_{33} \end{vmatrix}$.

7. 证明：$D_{n+1} = \begin{vmatrix} a^n & (a-1)^n & \cdots & (a-n)^n \\ a^{n-1} & (a-1)^{n-1} & \cdots & (a-n)^{n-1} \\ \vdots & \vdots & & \vdots \\ a & a-1 & & a-n \\ 1 & 1 & & 1 \end{vmatrix} = (-1)^{\frac{n(n-1)}{2}} \prod_{k=1}^{n} k!$.

8. 证明：对于任意自然数 $n \geqslant 2$，n 次多项式 $p_n(x) = a_0x^n + a_1x^{n-1} + \cdots + a_{n-1}x + a_n$ 都可以写为

$$p_n(x) = \begin{vmatrix} x & -1 & 0 & \cdots & 0 & 0 \\ 0 & x & -1 & \cdots & 0 & 0 \\ \vdots & \vdots & \vdots & & \vdots & \vdots \\ 0 & 0 & 0 & \cdots & x & -1 \\ a_n & a_{n-1} & a_{n-2} & \cdots & a_2 & a_1 + a_0x \end{vmatrix}.$$

9. 设 $f(x) = \begin{vmatrix} x-2 & x-1 & x-2 & x-3 \\ 2x-2 & 2x-1 & 2x-2 & 2x-3 \\ 3x-3 & 3x-2 & 3x-5 & 3x-5 \\ 4x & 4x-3 & 5x-7 & 4x-3 \end{vmatrix}$，试确定方程 $f(x) = 0$ 的根的个数.

10. 设 $D = \begin{vmatrix} 3 & -2 & 0 & 1 \\ 7 & -3 & 1 & 5 \\ 2 & 2 & 2 & 2 \\ -5 & 3 & -4 & 1 \end{vmatrix}$，$M_{ij}$ 和 A_{ij} 分别为 a_{ij} 的余子式和代数余子式，试

计算 $A_{21}+A_{22}+A_{23}+A_{24}$ 和 $M_{21}+M_{22}+M_{23}+M_{24}$.

11. 设 n 阶行列式 $D_n=\begin{vmatrix}1&0&\cdots&0\\1&2&\cdots&0\\\vdots&\vdots&&\vdots\\1&2&\cdots&n\end{vmatrix}$，试计算 D_n 的所有元素的代数余子式之和.

12. 计算下列 n 阶行列式：

(1) $D_n=\begin{vmatrix}x&1&\cdots&1&1\\1&x&\cdots&1&1\\\vdots&\vdots&&\vdots&\vdots\\1&1&\cdots&x&1\\1&1&\cdots&1&x\end{vmatrix}$；

(2) $D_n=\begin{vmatrix}x&y&0&\cdots&0&0\\0&x&y&\cdots&0&0\\0&0&x&\cdots&0&0\\\vdots&\vdots&\vdots&&\vdots&\vdots\\0&0&0&\cdots&x&y\\y&0&0&\cdots&0&x\end{vmatrix}$；

(3) $D_n=\begin{vmatrix}0&1&1&\cdots&1&1\\1&0&1&\cdots&1&1\\1&1&0&\cdots&1&1\\\vdots&\vdots&\vdots&&\vdots&\vdots\\1&1&1&\cdots&0&1\\1&1&1&\cdots&1&0\end{vmatrix}$.

13. 设 $\begin{vmatrix}1&x&x&x\\x&1&0&0\\x&0&1&0\\x&0&0&1\end{vmatrix}=-2$，求 x.

14. 证明下列等式：

(1) $\begin{vmatrix}1&1&1\\2a&a+b&2b\\a^2&ab&b^2\end{vmatrix}=(b-a)^3$；　(2) $\begin{vmatrix}0&a_{12}&a_{13}&0&0\\a_{21}&a_{22}&a_{23}&a_{24}&a_{25}\\a_{31}&a_{32}&a_{33}&a_{34}&a_{35}\\0&a_{42}&a_{43}&0&0\\0&a_{52}&a_{53}&0&0\end{vmatrix}=0$；

(3) $\begin{vmatrix} x & -1 & 0 & \cdots & 0 & 0 \\ 0 & x & -1 & \cdots & 0 & 0 \\ \vdots & \vdots & \vdots & & \vdots & \vdots \\ 0 & 0 & 0 & \cdots & x & -1 \\ a_n & a_{n-1} & a_{n-2} & \cdots & a_2 & x+a_1 \end{vmatrix} = x^n + a_1 x^{n-1} + \cdots + a_{n-1}x + a_n.$

15. 设 $f(x) = a_0 + a_1 x + a_2 x^2 + \cdots + a_n x^n$，证明：若方程 $f(x) = 0$ 有 $n+1$ 个互不相等的根，则 $f(x)$ 是零多项式.

16. 已知 y 是 x 的函数，现通过试验获得 y 在 x 的 $n+1$ 个不同点 x_i 处的值 y_i：

x	x_0	x_1	$\cdots$	x_n
y	y_0	y_1	$\cdots$	y_n

证明：有且仅有一个次数不超过 n 的多项式 $p(x) = a_0 + a_1 x + \cdots + a_n x^n$ 满足 $p(x_i) = y_i (i = 0, 1, 2, \cdots, n)$.

17. 求常数 a_0, a_1, a_2, a_3，使得三次多项式 $f(x) = a_0 + a_1 x + a_2 x^2 + a_3 x^3$ 满足 $f(1) = 1$，$f(2) = -3$，$f(3) = -3$，$f(4) = 7$.

18. 用克拉默法则解下列方程组：

(1) $\begin{cases} x_1 - 2x_2 - 4x_4 = 5, \\ x_2 - x_3 + x_4 = 1, \\ x_1 + 3x_2 - 3x_4 = 15, \\ x_1 - 4x_2 + 3x_3 - 2x_4 = -6; \end{cases}$ (2) $\begin{cases} 2x_1 + x_2 = 1, \\ x_1 + 2x_2 + x_3 = 1, \\ x_2 + 2x_3 + x_4 = 4, \\ x_3 + 2x_4 + x_5 = 2, \\ x_4 + 2x_5 = -3. \end{cases}$

19. 设 $a_i \neq a_j (i \neq j, i, j = 1, 2, \cdots, n)$，求解线性方程组

$$\begin{cases} x_1 + a_1 x_2 + a_1^2 x_3 + \cdots + a_1^{n-1} x_n = 1, \\ x_1 + a_2 x_2 + a_2^2 x_3 + \cdots + a_2^{n-1} x_n = 1, \\ \cdots\cdots\cdots\cdots \\ x_1 + a_n x_2 + a_n^2 x_3 + \cdots + a_n^{n-1} x_n = 1. \end{cases}$$

20. 当常数 k 为何值时，方程组 $\begin{cases} x_1 - kx_2 - 2x_3 = -1, \\ x_1 - x_2 + kx_3 = 1, \\ 3x_1 - 3x_2 - 2x_3 = 1 \end{cases}$ 有唯一解？在有唯一解的情况下，求出该解.

第二章　矩阵及其运算

矩阵作为处理有限维线性空间上各类问题的重要理论基础，在统计分析、运筹学与控制论、系统科学、图像处理、密码学、光学、电路学以及量子物理等众多领域都有着广泛的应用. 矩阵理论有力地推动了科学技术的进步，同时，科学技术的进步也极大地促进了矩阵理论的发展，使其发展成为一个内容丰富的数学分支，在现代科学与技术中发挥着越来越重要的作用. 本章主要讨论矩阵的基本概念、性质及相关基础理论.

§2.1　矩阵的基本概念与运算

一、矩阵的基本概念

在一些实际问题中，为了描述各因素之间的数量关系，常常使用一些表格. 表格可以清楚地表示各因素之间的关系，但具有不便于进行数学运算的缺陷. 若按照一定的规则，将表格中的关键数字抽象出来用矩阵处理，则可两者兼顾.

例 2.1.1　某家庭早餐准备了面包、牛奶、鸡蛋和苹果 4 种食物，已知每 100 g 食物的主要营养成分如表 2.1.1 所示：

表 2.1.1　每 100 g 食物的主要营养成分表

	面包	牛奶	鸡蛋	苹果
能量/kJ	1 092	295	156	57
蛋白质/g	6.8	3.4	12.8	0.1
脂肪/g	5.5	4.1	11.1	0.3
碳水化合物/g	45.3	5.0	1.3	13.4

若指定行（横排）分别对应 4 种营养成分，列（纵排）分别对应 4 种食物，则上表可简单地记为

$$
\boldsymbol{A}=\begin{bmatrix} 1\ 092 & 295 & 156 & 57 \\ 6.8 & 3.4 & 12.8 & 0.1 \\ 5.5 & 4.1 & 11.1 & 0.3 \\ 45.3 & 5.0 & 1.3 & 13.4 \end{bmatrix}.
$$

若该家庭在某天早餐中，爸爸、妈妈和女儿的食用量如表 2.1.2 所示：

表 2.1.2　爸爸、妈妈和女儿的早餐食用量

	爸爸	妈妈	女儿
面包/100 g	1.5	0.8	0.6
牛奶/100 g	2.5	1.5	1.0
鸡蛋/100 g	0.5	0.5	0.5
苹果/100 g	0.0	1.5	2.0

则这天早餐每人的食用量可抽象记为

$$
\boldsymbol{B}=\begin{bmatrix} 1.5 & 0.8 & 0.6 \\ 2.5 & 1.5 & 1.0 \\ 0.5 & 0.5 & 0.5 \\ 0.0 & 1.5 & 2.0 \end{bmatrix}.
$$

在后面我们将看到，若要统计进一步的信息，比如，该餐中各家庭成员所摄入的各种营养成分的数量等，利用 $\boldsymbol{A},\boldsymbol{B}$ 来表示是非常方便的，从而，更有利于对事物进行深入的研究.

定义 2.1.1　由 $m\times n$ 个数 $a_{ij}(i=1,2,\cdots,m;j=1,2,\cdots,n)$ 排成的 m 行 n 列的矩形数表

$$
\begin{bmatrix} a_{11} & a_{12} & \cdots & a_{1n} \\ a_{21} & a_{22} & \cdots & a_{2n} \\ \vdots & \vdots & & \vdots \\ a_{m1} & a_{m2} & \cdots & a_{mn} \end{bmatrix} \tag{2.1.1}
$$

称为一个 $m\times n$ **矩阵**，简称为**矩阵**. 构成矩阵的这 $m\times n$ 个数称为矩阵的**元素**. 矩阵中位于第 i 行、第 j 列的元素用 a_{ij} 表示（$i=1,2,\cdots,m;j=1,2,\cdots,n$）. 矩阵一般用大写字母 $\boldsymbol{A},\boldsymbol{B},\boldsymbol{C}$ 等表示. 矩阵(2.1.1)可简记为 $\boldsymbol{A}_{m\times n}$，$[a_{ij}]_{m\times n}$ 或 $[a_{ij}]$.

当矩阵中的元素都是实数时，称为**实矩阵**；当元素是复数时，称为**复矩阵**. 若矩阵中的所有元素都是 0 时，称为**零矩阵**，记作 $\boldsymbol{O}_{m\times n}$，在不致混淆的情况下，可简记为 $\boldsymbol{O}$.

只有一行的矩阵

$$[a_1, a_2, \cdots, a_n]$$

称为**行矩阵**;只有一列的矩阵

$$\begin{bmatrix} b_1 \\ b_2 \\ \vdots \\ b_m \end{bmatrix}$$

称为**列矩阵**;对于只有一行且只有一列的矩阵,则将其视作数,即规定$[a]=a$.

当 $m=n$ 时,即行数与列数相等的矩阵

$$\begin{bmatrix} a_{11} & a_{12} & \cdots & a_{1n} \\ a_{21} & a_{22} & \cdots & a_{2n} \\ \vdots & \vdots & & \vdots \\ a_{n1} & a_{n2} & \cdots & a_{nn} \end{bmatrix}$$

称为 n 阶**方阵**,可简记为$[a_{ij}]_n$.

在 n 阶方阵中,从左上角到右下角的对角线称为**主对角线**,主对角线上的元素 a_{ii}称为**对角元**.

若方阵中位于主对角线下方的元素均为 0,即 $a_{ij}=0(i>j; i,j=1,2,\cdots,n)$,则

$$\begin{bmatrix} a_{11} & a_{12} & \cdots & a_{1n} \\ 0 & a_{22} & \cdots & a_{2n} \\ \vdots & \vdots & & \vdots \\ 0 & 0 & \cdots & a_{nn} \end{bmatrix}$$

称为**上三角形矩阵**;若方阵中位于主对角线上方的元素均为 0,即 $a_{ij}=0(i<j; i,j=1,2,\cdots,n)$,则

$$\begin{bmatrix} a_{11} & 0 & \cdots & 0 \\ a_{21} & a_{22} & \cdots & 0 \\ \vdots & \vdots & & \vdots \\ a_{n1} & a_{n2} & \cdots & a_{nn} \end{bmatrix}$$

称为**下三角形矩阵**,若方阵中对角元以外的元素均为 0,即 $a_{ij}=0(i\neq j; i,j=1,2,\cdots,n)$,则

$$\begin{bmatrix} a_{11} & 0 & \cdots & 0 \\ 0 & a_{22} & \cdots & 0 \\ \vdots & \vdots & & \vdots \\ 0 & 0 & \cdots & a_{nn} \end{bmatrix}$$

称为**对角矩阵**，上面的对角矩阵常常记为 $\mathrm{diag}[a_{11},a_{22},\cdots,a_{nn}]$. 特殊地，若对角矩阵的对角元均为 1，即 $a_{ij}=\begin{cases}1, & i=j,\\ 0, & i\neq j\end{cases}$ $(i,j=1,2,\cdots,n)$，则称其为 n 阶**单位矩阵**，记为 $\boldsymbol{E}_n$ 或 $\boldsymbol{E}$，即

$$\boldsymbol{E}=\begin{bmatrix}1 & 0 & \cdots & 0\\ 0 & 1 & \cdots & 0\\ \vdots & \vdots & & \vdots\\ 0 & 0 & \cdots & 1\end{bmatrix}.$$

二、矩阵的线性运算

当矩阵 $\boldsymbol{A}$ 和 $\boldsymbol{B}$ 的行数与列数分别对应相等，即 $\boldsymbol{A}$ 与 $\boldsymbol{B}$ 同为 $m\times n$ 矩阵时，称矩阵 $\boldsymbol{A}$ 与 $\boldsymbol{B}$ 为**同型矩阵**.

定义 2.1.2（矩阵相等）　设 $\boldsymbol{A}=[a_{ij}]_{m\times n}$ 与 $\boldsymbol{B}=[b_{ij}]_{m\times n}$ 为同型矩阵，若满足 $a_{ij}=b_{ij}(i=1,2,\cdots,m;j=1,2,\cdots,n)$，则称矩阵 $\boldsymbol{A}$ 与 $\boldsymbol{B}$ **相等**，记作 $\boldsymbol{A}=\boldsymbol{B}$.

定义 2.1.3（矩阵的加法运算）　设 $\boldsymbol{A}=[a_{ij}]_{m\times n}$ 与 $\boldsymbol{B}=[b_{ij}]_{m\times n}$ 为同型矩阵，则称矩阵

$$\boldsymbol{C}=[a_{ij}+b_{ij}]_{m\times n}=\begin{bmatrix}a_{11}+b_{11} & a_{12}+b_{12} & \cdots & a_{1n}+b_{1n}\\ a_{21}+b_{21} & a_{22}+b_{22} & \cdots & a_{2n}+b_{2n}\\ \vdots & \vdots & & \vdots\\ a_{m1}+b_{m1} & a_{m2}+b_{m2} & \cdots & a_{mn}+b_{mn}\end{bmatrix}$$

为 $\boldsymbol{A}$ 与 $\boldsymbol{B}$ 的和，记为 $\boldsymbol{C}=\boldsymbol{A}+\boldsymbol{B}$. 矩阵的这种运算称为**矩阵的加法运算**.

由定义不难看出，矩阵的和是将矩阵中的对应元素相加所得到的矩阵. 值得注意的是，只有当两个矩阵是同型矩阵时，加法运算才有意义.

矩阵的加法满足下列运算律：

设 $\boldsymbol{A},\boldsymbol{B},\boldsymbol{C}$ 为同型矩阵，则

(1) 交换律　$\boldsymbol{A}+\boldsymbol{B}=\boldsymbol{B}+\boldsymbol{A}$；

(2) 结合律　$\boldsymbol{A}+(\boldsymbol{B}+\boldsymbol{C})=(\boldsymbol{A}+\boldsymbol{B})+\boldsymbol{C}$.

设 $\boldsymbol{A}=[a_{ij}]_{m\times n}$，称矩阵 $[-a_{ij}]_{m\times n}$ 为 $\boldsymbol{A}$ 的负矩阵，记作 $-\boldsymbol{A}$，即

$$-\boldsymbol{A}=[-a_{ij}]_{m\times n}.$$

由负矩阵和矩阵的加法可以定义矩阵的**减法运算**：

设 $\boldsymbol{A}=[a_{ij}]_{m\times n}$ 和 $\boldsymbol{B}=[b_{ij}]_{m\times n}$ 为同型矩阵，规定

$$\boldsymbol{A}-\boldsymbol{B}=\boldsymbol{A}+(-\boldsymbol{B})=[a_{ij}-b_{ij}]_{m\times n}.$$

显然，

$$A_{m\times n}-A_{m\times n}=O_{m\times n};A_{m\times n}+O_{m\times n}=A_{m\times n};A_{m\times n}-O_{m\times n}=A_{m\times n}.$$

定义 2.1.4(矩阵的数乘运算) 设 k 是一个数,$\boldsymbol{A}=[a_{ij}]_{m\times n}$,$k$ 乘矩阵 $\boldsymbol{A}$ 定义为

$$k\boldsymbol{A}=[ka_{ij}]_{m\times n}.$$

矩阵的数乘运算满足下列运算律:

设 $\boldsymbol{A},\boldsymbol{B}$ 为同型矩阵,k,l 为数,则

(1) 结合律 $k(l\boldsymbol{A})=(kl)\boldsymbol{A}$;

(2) 分配律 $k(\boldsymbol{A}+\boldsymbol{B})=k\boldsymbol{A}+k\boldsymbol{B}$;$(k+l)\boldsymbol{A}=k\boldsymbol{A}+l\boldsymbol{A}$.

矩阵的加法和数乘运算统称为**矩阵的线性运算**.

三、矩阵的乘法运算

定义 2.1.5(矩阵的乘法运算) 设矩阵 $\boldsymbol{A}=[a_{ij}]_{m\times s}$,$\boldsymbol{B}=[b_{ij}]_{s\times n}$,定义 $\boldsymbol{A}$ 与 $\boldsymbol{B}$ 的乘积为一个 $m\times n$ 矩阵 $\boldsymbol{C}=[c_{ij}]_{m\times n}$,其中 $c_{ij}=\sum\limits_{k=1}^{s}a_{ik}b_{kj}$,记为 $\boldsymbol{C}=\boldsymbol{AB}$,即

$$\boldsymbol{AB}=[a_{ij}]_{m\times s}[b_{ij}]_{s\times n}=\left[\sum_{k=1}^{s}a_{ik}b_{kj}\right]_{m\times n}.$$

值得注意的是,只有当左边矩阵 $\boldsymbol{A}$ 的列数与右边矩阵 $\boldsymbol{B}$ 的行数相等时,乘积 $\boldsymbol{AB}$ 才有意义,并且位于矩阵 $\boldsymbol{AB}$ 的第 i 行第 j 列的元素 c_{ij} 等于 $\boldsymbol{A}$ 的第 i 行与 $\boldsymbol{B}$ 的第 j 列对应元素乘积之和.

例 2.1.2 设矩阵 $\boldsymbol{A}=\begin{bmatrix}1&0\\-2&1\\1&-3\end{bmatrix}$,$\boldsymbol{B}=\begin{bmatrix}2&-3&1&5\\1&4&-2&1\end{bmatrix}$,计算矩阵 $\boldsymbol{AB}$.

解 由矩阵乘积的定义可得

$$\begin{aligned}\boldsymbol{AB}&=\begin{bmatrix}1&0\\-2&1\\1&-3\end{bmatrix}\begin{bmatrix}2&-3&1&5\\1&4&-2&1\end{bmatrix}\\&=\begin{bmatrix}1\times2+0\times1&1\times(-3)+0\times4&1\times1+0\times(-2)&1\times5+0\times1\\(-2)\times2+1\times1&(-2)\times(-3)+1\times4&(-2)\times1+1\times(-2)&(-2)\times5+1\times1\\1\times2+(-3)\times1&1\times(-3)+(-3)\times4&1\times1+(-3)\times(-2)&1\times5+(-3)\times1\end{bmatrix}\\&=\begin{bmatrix}2&-3&1&5\\-3&10&-4&-9\\-1&-15&7&2\end{bmatrix}.\end{aligned}$$

例 2.1.3 在例 2.1.1 中,计算每个家庭成员在该餐中所摄入的各种主要营养成分的数量.

解 若将例 2.1.1 中所得的矩阵 $\boldsymbol{A}$ 与 $\boldsymbol{B}$ 相乘,令 $\boldsymbol{C}=\boldsymbol{AB}$,则矩阵 $\boldsymbol{C}$ 表示每个家庭成员在该餐中摄取的主要营养成分,即

$$\boldsymbol{C}=\boldsymbol{AB}=\begin{bmatrix}1\,092 & 295 & 156 & 57\\ 6.8 & 3.4 & 12.8 & 0.1\\ 5.5 & 4.1 & 11.1 & 0.3\\ 45.3 & 5.0 & 1.3 & 13.4\end{bmatrix}\begin{bmatrix}1.5 & 0.8 & 0.6\\ 2.5 & 1.5 & 1.0\\ 0.5 & 0.5 & 0.5\\ 0.0 & 1.5 & 2.0\end{bmatrix}$$

$$=\begin{bmatrix}2\,453.5 & 1\,479.6 & 1\,142.2\\ 25.1 & 17.09 & 14.08\\ 24.05 & 16.55 & 13.55\\ 81.1 & 64.49 & 59.63\end{bmatrix}.$$

于是,该餐中每人摄入的主要营养成分数量如表 2.1.3 所示。

表 2.1.3 该餐中每人摄入的主要营养成分数量

	爸爸	妈妈	女儿
能量/kJ	2 453.5	1 479.6	1 142.2
蛋白质/g	25.1	17.09	14.08
脂肪/g	24.05	16.55	13.55
碳水化合物/g	81.1	64.49	59.63

例 2.1.4 设矩阵 $\boldsymbol{A}=[1,2,-1,0]$,$\boldsymbol{B}=\begin{bmatrix}0\\1\\1\\-1\end{bmatrix}$,计算矩阵乘积 $\boldsymbol{AB}$ 与 $\boldsymbol{BA}$.

解 由矩阵乘积的定义易得

$$\boldsymbol{AB}=[1,2,-1,0]\begin{bmatrix}0\\1\\1\\-1\end{bmatrix}=1;\quad \boldsymbol{BA}=\begin{bmatrix}0\\1\\1\\-1\end{bmatrix}[1,2,-1,0]=\begin{bmatrix}0 & 0 & 0 & 0\\ 1 & 2 & -1 & 0\\ 1 & 2 & -1 & 0\\ -1 & -2 & 1 & 0\end{bmatrix}.$$

设 $\boldsymbol{A}$ 为 $m\times s$ 矩阵,$\boldsymbol{B}$ 为 $t\times n$ 矩阵,根据矩阵乘积的定义,只有当 $s=t$ 时,矩阵乘积 $\boldsymbol{AB}$ 才有意义,且 $\boldsymbol{AB}$ 为 $m\times n$ 矩阵;而当矩阵 $\boldsymbol{A}$ 的列数与 $\boldsymbol{B}$ 的行数不相等时,乘积 $\boldsymbol{AB}$ 是无意义的. 当 $m=n$ 时,矩阵乘积 $\boldsymbol{BA}$ 有意义,且 $\boldsymbol{BA}$ 为 $t\times s$ 矩阵. 由上面的例子不难看出,即使 $\boldsymbol{AB}$ 和 $\boldsymbol{BA}$ 都有意义,它们也未必相等. 因此,一般来说,矩阵乘积 $\boldsymbol{AB}$ 和 $\boldsymbol{BA}$ 是不相同的,即矩阵乘积不满足交换律. 特殊地,设矩阵 $\boldsymbol{A}$ 和 $\boldsymbol{B}$ 都是 n 阶方阵,若有 $\boldsymbol{AB}=\boldsymbol{BA}$,则称矩阵 $\boldsymbol{A}$ 和 $\boldsymbol{B}$ 是**可交换的**.

例 2.1.5　设矩阵 $\boldsymbol{A}=\begin{bmatrix}1&2&3\\2&1&-1\\3&-1&1\end{bmatrix}$，$\boldsymbol{B}=\begin{bmatrix}0&5&5\\5&8&-7\\5&-7&3\end{bmatrix}$. 证明矩阵 $\boldsymbol{A}$ 和 $\boldsymbol{B}$ 是可交换的.

证

$$\boldsymbol{AB}=\begin{bmatrix}1&2&3\\2&1&-1\\3&-1&1\end{bmatrix}\begin{bmatrix}0&5&5\\5&8&-7\\5&-7&3\end{bmatrix}=\begin{bmatrix}25&0&0\\0&25&0\\0&0&25\end{bmatrix}=25\boldsymbol{E};$$

$$\boldsymbol{BA}=\begin{bmatrix}0&5&5\\5&8&-7\\5&-7&3\end{bmatrix}\begin{bmatrix}1&2&3\\2&1&-1\\3&-1&1\end{bmatrix}=\begin{bmatrix}25&0&0\\0&25&0\\0&0&25\end{bmatrix}=25\boldsymbol{E}=\boldsymbol{AB}.$$

所以矩阵 $\boldsymbol{A}$ 和 $\boldsymbol{B}$ 是可交换的.

矩阵乘法满足下列运算律：

设矩阵 $\boldsymbol{A},\boldsymbol{B},\boldsymbol{C}$ 使下列运算都有意义，则

（1）结合律　$(\boldsymbol{AB})\boldsymbol{C}=\boldsymbol{A}(\boldsymbol{BC})$；

（2）分配律　$\boldsymbol{A}(\boldsymbol{B}+\boldsymbol{C})=\boldsymbol{AB}+\boldsymbol{AC}$，$(\boldsymbol{A}+\boldsymbol{B})\boldsymbol{C}=\boldsymbol{AC}+\boldsymbol{BC}$；

（3）设 k 为数，则 $k(\boldsymbol{AB})=(k\boldsymbol{A})\boldsymbol{B}=\boldsymbol{A}(k\boldsymbol{B})$.

例 2.1.6　设矩阵 $\boldsymbol{A}=\begin{bmatrix}-1&0&3\\2&5&-6\end{bmatrix}$，$\boldsymbol{E}_2=\begin{bmatrix}1&0\\0&1\end{bmatrix}$，$\boldsymbol{E}_3=\begin{bmatrix}1&0&0\\0&1&0\\0&0&1\end{bmatrix}$，计算 $\boldsymbol{E}_2\boldsymbol{A}$，$\boldsymbol{AE}_3$.

解　由矩阵乘积的定义易得

$$\boldsymbol{E}_2\boldsymbol{A}=\begin{bmatrix}1&0\\0&1\end{bmatrix}\begin{bmatrix}-1&0&3\\2&5&-6\end{bmatrix}=\begin{bmatrix}-1&0&3\\2&5&-6\end{bmatrix}=\boldsymbol{A};$$

$$\boldsymbol{AE}_3=\begin{bmatrix}-1&0&3\\2&5&-6\end{bmatrix}\begin{bmatrix}1&0&0\\0&1&0\\0&0&1\end{bmatrix}=\begin{bmatrix}-1&0&3\\2&5&-6\end{bmatrix}=\boldsymbol{A}.$$

事实上，单位矩阵在矩阵乘法运算中的作用与 1 在数的乘法运算中的作用是相同的：设 $\boldsymbol{A}$ 为 $m\times n$ 矩阵，则有

$$\boldsymbol{A}_{m\times n}\boldsymbol{E}_n=\boldsymbol{A}_{m\times n}\text{，且 }\boldsymbol{E}_m\boldsymbol{A}_{m\times n}=\boldsymbol{A}_{m\times n}.$$

显然，对于方阵 $\boldsymbol{A}$，若干个 $\boldsymbol{A}$ 相乘也是有意义的. 我们引入方阵幂的概念.

设 $\boldsymbol{A}$ 为方阵，k 为非负整数，定义

$$\boldsymbol{A}^0=\boldsymbol{E},\boldsymbol{A}^1=\boldsymbol{A},\boldsymbol{A}^2=\boldsymbol{AA},\cdots,\boldsymbol{A}^{k+1}=\boldsymbol{AA}^k=\boldsymbol{A}^k\boldsymbol{A}.$$

容易证明，设 k,l 为非负整数，方阵的幂满足如下运算律：

$$\boldsymbol{A}^k\boldsymbol{A}^l=\boldsymbol{A}^{k+l},\quad (\boldsymbol{A}^k)^l=\boldsymbol{A}^{kl}.$$

由于矩阵乘法运算不满足交换律,一般地,$(\boldsymbol{AB})^k \neq \boldsymbol{A}^k\boldsymbol{B}^k$.

例 2.1.7 设矩阵 $\boldsymbol{A}$ 与 $\boldsymbol{B}$ 是可交换的,试证明$(\boldsymbol{AB})^k=\boldsymbol{A}^k\boldsymbol{B}^k$.

证 用数学归纳法. 显然,当 $k=1$ 时,有 $\boldsymbol{AB}=\boldsymbol{AB}$,即$(\boldsymbol{AB})^k=\boldsymbol{A}^k\boldsymbol{B}^k$成立. 假设对 $k-1$ 结论成立,即$(\boldsymbol{AB})^{k-1}=\boldsymbol{A}^{k-1}\boldsymbol{B}^{k-1}$. 考虑 k 时的情况,因为矩阵 $\boldsymbol{A}$ 与 $\boldsymbol{B}$ 是可交换的,所以

$$\begin{aligned}(\boldsymbol{AB})^k&=(\boldsymbol{AB})^{k-1}(\boldsymbol{AB})=\boldsymbol{A}^{k-1}\boldsymbol{B}^{k-1}(\boldsymbol{AB})=\boldsymbol{A}^{k-1}(\boldsymbol{B}^{k-1}\boldsymbol{A})\boldsymbol{B}\\&=\boldsymbol{A}^{k-1}(\boldsymbol{B}^{k-2}\boldsymbol{AB})\boldsymbol{B}=\cdots=\boldsymbol{A}^{k-1}(\boldsymbol{AB}^{k-1})\boldsymbol{B}=\boldsymbol{A}^k\boldsymbol{B}^k.\end{aligned}$$

于是结论成立.

已知多项式$f(x)=\sum\limits_{i=0}^{m}a_ix^i$,对于方阵 $\boldsymbol{A}$,定义

$$f(\boldsymbol{A})=a_m\boldsymbol{A}^m+a_{m-1}\boldsymbol{A}^{m-1}+\cdots+a_0\boldsymbol{A}^0=a_m\boldsymbol{A}^m+a_{m-1}\boldsymbol{A}^{m-1}+\cdots+a_0\boldsymbol{E},$$

则 $f(\boldsymbol{A})$也是一个方阵,称为**方阵 $\boldsymbol{A}$ 的多项式**.

例 2.1.8 设$f(x)=x^2+3x-2$,$\boldsymbol{A}=\begin{bmatrix}1&2&3\\2&1&-1\\3&-1&1\end{bmatrix}$,求矩阵 $\boldsymbol{A}$ 的多项式 $f(\boldsymbol{A})$.

解 容易计算

$$\boldsymbol{A}^2=\begin{bmatrix}1&2&3\\2&1&-1\\3&-1&1\end{bmatrix}\begin{bmatrix}1&2&3\\2&1&-1\\3&-1&1\end{bmatrix}=\begin{bmatrix}14&1&4\\1&6&4\\4&4&11\end{bmatrix},$$

于是

$$\begin{aligned}f(\boldsymbol{A})=\boldsymbol{A}^2+3\boldsymbol{A}-2\boldsymbol{E}&=\begin{bmatrix}14&1&4\\1&6&4\\4&4&11\end{bmatrix}+3\begin{bmatrix}1&2&3\\2&1&-1\\3&-1&1\end{bmatrix}-2\begin{bmatrix}1&0&0\\0&1&0\\0&0&1\end{bmatrix}\\&=\begin{bmatrix}15&7&13\\7&7&1\\13&1&12\end{bmatrix}.\end{aligned}$$

矩阵的乘法运算在科学研究和工程技术等领域有着广泛的应用,是数学学科尤其是线性代数中的重要运算. 许多问题都可以用矩阵乘积来表示.

对于线性方程组

$$\begin{cases}a_{11}x_1+a_{12}x_2+\cdots+a_{1n}x_n=b_1,\\a_{21}x_1+a_{22}x_2+\cdots+a_{2n}x_n=b_2,\\\cdots\cdots\cdots\cdots\\a_{m1}x_1+a_{m2}x_2+\cdots+a_{mn}x_n=b_m.\end{cases}\tag{2.1.2}$$

容易看出,在(2.1.2)中,起关键作用的是各方程中未知量的系数 a_{ij}及右端的常

数 b_i,而未知量用什么符号表示是无关紧要的. 因此,我们对线性方程组的系数及右端的常数特别关注. 由线性方程组中未知量的系数组成的矩阵

$$\boldsymbol{A}=\begin{bmatrix} a_{11} & a_{12} & \cdots & a_{1n} \\ a_{21} & a_{22} & \cdots & a_{2n} \\ \vdots & \vdots & & \vdots \\ a_{m1} & a_{m2} & \cdots & a_{mn} \end{bmatrix}$$

称为线性方程组(2.1.2)的**系数矩阵**;矩阵

$$\boldsymbol{B}=[\boldsymbol{A} \mid \boldsymbol{b}]=\left[\begin{array}{cccc:c} a_{11} & a_{12} & \cdots & a_{1n} & b_1 \\ a_{21} & a_{22} & \cdots & a_{2n} & b_2 \\ \vdots & \vdots & & \vdots & \vdots \\ a_{m1} & a_{m2} & \cdots & a_{mn} & b_m \end{array}\right]$$

称为线性方程组(2.1.2)的**增广矩阵**.

显然,线性方程组与其增广矩阵是一一对应的,因此,我们可以通过对其增广矩阵的研究来获得线性方程组的一些重要结论.

若再设列矩阵 $\boldsymbol{x}=\begin{bmatrix} x_1 \\ x_2 \\ \vdots \\ x_n \end{bmatrix}$,$\boldsymbol{b}=\begin{bmatrix} b_1 \\ b_2 \\ \vdots \\ b_m \end{bmatrix}$,则线性方程组(2.1.2)可表示为

$$\begin{bmatrix} a_{11} & a_{12} & \cdots & a_{1n} \\ a_{21} & a_{22} & \cdots & a_{2n} \\ \vdots & \vdots & & \vdots \\ a_{m1} & a_{m2} & \cdots & a_{mn} \end{bmatrix}\begin{bmatrix} x_1 \\ x_2 \\ \vdots \\ x_n \end{bmatrix}=\begin{bmatrix} b_1 \\ b_2 \\ \vdots \\ b_m \end{bmatrix}, \tag{2.1.3}$$

即 $\boldsymbol{Ax}=\boldsymbol{b}$. 称 $\boldsymbol{Ax}=\boldsymbol{b}$ 或(2.1.3)式为线性方程组(2.1.2)的**矩阵形式**. 将线性方程组写为矩阵形式是为了更方便地运用矩阵理论来研究线性方程组.

设 n 阶方阵 $\boldsymbol{A}=\begin{bmatrix} a_{11} & a_{12} & \cdots & a_{1n} \\ a_{21} & a_{22} & \cdots & a_{2n} \\ \vdots & \vdots & & \vdots \\ a_{n1} & a_{n2} & \cdots & a_{nn} \end{bmatrix}$,列矩阵 $\boldsymbol{x}=\begin{bmatrix} x_1 \\ x_2 \\ \vdots \\ x_n \end{bmatrix}$,$\boldsymbol{y}=\begin{bmatrix} y_1 \\ y_2 \\ \vdots \\ y_n \end{bmatrix}$,则称 $\boldsymbol{y}=\boldsymbol{Ax}$,即

$$\begin{cases} y_1=a_{11}x_1+a_{12}x_2+\cdots+a_{1n}x_n, \\ y_2=a_{21}x_1+a_{22}x_2+\cdots+a_{2n}x_n, \\ \cdots\cdots\cdots\cdots \\ y_n=a_{n1}x_1+a_{n2}x_2+\cdots+a_{nn}x_n \end{cases}$$

为从 $\boldsymbol{x}$ 到 $\boldsymbol{y}$ 的**线性变换**.

若另有从 $\boldsymbol{y}$ 到 $\boldsymbol{z}$ 的线性变换 $\boldsymbol{z}=\boldsymbol{B}\boldsymbol{y}$,其中 $\boldsymbol{B}=\begin{bmatrix} b_{11} & b_{12} & \cdots & b_{1n} \\ b_{21} & b_{22} & \cdots & b_{2n} \\ \vdots & \vdots & & \vdots \\ b_{n1} & b_{n2} & \cdots & b_{nn} \end{bmatrix}$, $\boldsymbol{z}=\begin{bmatrix} z_1 \\ z_2 \\ \vdots \\ z_n \end{bmatrix}$,

则从 $\boldsymbol{x}$ 到 $\boldsymbol{z}$ 的线性变换为

$$\boldsymbol{z}=\boldsymbol{B}\boldsymbol{y}=\boldsymbol{B}\boldsymbol{A}\boldsymbol{x}=\boldsymbol{C}\boldsymbol{x},$$

其中 $\boldsymbol{C}=\boldsymbol{B}\boldsymbol{A}=[c_{ij}]_{n\times n}$,于是有

$$z_i=c_{i1}x_1+c_{i2}x_2+\cdots+c_{in}x_n=\sum_{k=1}^{n}c_{ik}x_k,$$

其中

$$c_{ij}=b_{i1}a_{1j}+b_{i2}a_{2j}+\cdots+b_{in}a_{nj}=\sum_{k=1}^{n}b_{ik}a_{kj}.$$

当 $\boldsymbol{A}$ 为 $m\times n$ 矩阵,$\boldsymbol{x}$ 和 $\boldsymbol{y}$ 分别为 n 行和 m 行的列矩阵时,在数学上称 $\boldsymbol{y}=\boldsymbol{A}_{m\times n}\boldsymbol{x}$ 为一个从 $\boldsymbol{x}$ 到 $\boldsymbol{y}$ 的**线性映射**. 在某些领域有时也称 $\boldsymbol{y}=\boldsymbol{A}_{m\times n}\boldsymbol{x}$ 为从 $\boldsymbol{x}$ 到 $\boldsymbol{y}$ 的线性变换.

四、方阵的行列式

定义 2.1.6 设 $\boldsymbol{A}$ 为方阵,以 $\boldsymbol{A}$ 的元素按其在矩阵中的原位置构成的行列式称为**方阵 $\boldsymbol{A}$ 的行列式**,记为 $\det(\boldsymbol{A})$ 或 $|\boldsymbol{A}|$.

设 $\boldsymbol{A}$ 为方阵,若 $\det(\boldsymbol{A})=0$,则称 $\boldsymbol{A}$ 为**奇异矩阵**;若 $\det(\boldsymbol{A})\neq 0$,则称 $\boldsymbol{A}$ 为**非奇异矩阵**.

方阵的行列式有如下性质:

定理 2.1.1 设 $\boldsymbol{A}$ 和 $\boldsymbol{B}$ 都是 n 阶方阵,k 为数,则

(1) $\det(k\boldsymbol{A})=k^n\det(\boldsymbol{A})$;

(2) $\det(\boldsymbol{A}\boldsymbol{B})=\det(\boldsymbol{A})\det(\boldsymbol{B})$.

证 由行列式的性质容易证明(1). 这里我们仅证明(2),设 $\boldsymbol{A}=[a_{ij}]_n$, $\boldsymbol{B}=[b_{ij}]_n$,由例 1.2.2 可知

$$D=\begin{vmatrix} a_{11} & a_{12} & \cdots & a_{1n} & 0 & 0 & \cdots & 0 \\ a_{21} & a_{22} & \cdots & a_{2n} & 0 & 0 & \cdots & 0 \\ \vdots & \vdots & & \vdots & \vdots & \vdots & & \vdots \\ a_{n1} & a_{n2} & \cdots & a_{nn} & 0 & 0 & \cdots & 0 \\ -1 & 0 & \cdots & 0 & b_{11} & b_{12} & \cdots & b_{1n} \\ 0 & -1 & \cdots & 0 & b_{21} & b_{22} & \cdots & b_{2n} \\ \vdots & \vdots & & \vdots & \vdots & \vdots & & \vdots \\ 0 & 0 & \cdots & -1 & b_{n1} & b_{n2} & \cdots & b_{nn} \end{vmatrix}=\begin{vmatrix} a_{11} & \cdots & a_{1n} \\ \vdots & & \vdots \\ a_{n1} & \cdots & a_{nn} \end{vmatrix}\begin{vmatrix} b_{11} & \cdots & b_{1n} \\ \vdots & & \vdots \\ b_{n1} & \cdots & b_{nn} \end{vmatrix}$$

$=\det(\boldsymbol{A})\ \det(\boldsymbol{B})$.

对 D 实施列消去变换：第一列乘 b_{1j}，第二列乘 b_{2j}，…，第 n 列乘 b_{nj}，都加到第 $n+j$ 列上，即

$$D\xrightarrow[j=1,2,\cdots,n]{c_{n+j}+\sum_{k=1}^{n}b_{kj}c_k}\begin{vmatrix} a_{11} & a_{12} & \cdots & a_{1n} & x_{11} & x_{12} & \cdots & x_{1n} \\ a_{21} & a_{22} & \cdots & a_{2n} & x_{21} & x_{22} & \cdots & x_{2n} \\ \vdots & \vdots & & \vdots & \vdots & \vdots & & \vdots \\ a_{n1} & a_{n2} & \cdots & a_{nn} & x_{n1} & x_{n2} & \cdots & x_{nn} \\ -1 & 0 & \cdots & 0 & 0 & 0 & \cdots & 0 \\ 0 & -1 & \cdots & 0 & 0 & 0 & \cdots & 0 \\ \vdots & \vdots & & \vdots & \vdots & \vdots & & \vdots \\ 0 & 0 & \cdots & -1 & 0 & 0 & \cdots & 0 \end{vmatrix},$$

其中，$x_{ij}=\sum_{k=1}^{n}a_{ik}b_{kj}$. 再交换行列式的第 i 行与第 $n+i$ 行，可得

$$D\xrightarrow[i=1,2,\cdots,n]{r_i\leftrightarrow r_{n+i}}(-1)^n\begin{vmatrix} -1 & 0 & \cdots & 0 & 0 & 0 & \cdots & 0 \\ 0 & -1 & \cdots & 0 & 0 & 0 & \cdots & 0 \\ \vdots & \vdots & & \vdots & \vdots & \vdots & & \vdots \\ 0 & 0 & \cdots & -1 & 0 & 0 & \cdots & 0 \\ a_{11} & a_{12} & \cdots & a_{1n} & x_{11} & x_{12} & \cdots & x_{1n} \\ a_{21} & a_{22} & \cdots & a_{2n} & x_{21} & x_{22} & \cdots & x_{2n} \\ \vdots & \vdots & & \vdots & \vdots & \vdots & & \vdots \\ a_{n1} & a_{n2} & \cdots & a_{nn} & x_{n1} & x_{n2} & \cdots & x_{nn} \end{vmatrix}$$

$$=(-1)^n\begin{vmatrix} -1 & & & \\ & -1 & & \\ & & \ddots & \\ & & & -1 \end{vmatrix}\begin{vmatrix} x_{11} & x_{12} & \cdots & x_{1n} \\ x_{21} & x_{22} & \cdots & x_{2n} \\ \vdots & \vdots & & \vdots \\ x_{n1} & x_{n2} & \cdots & x_{nn} \end{vmatrix}$$

$$=\begin{vmatrix} x_{11} & x_{12} & \cdots & x_{1n} \\ x_{21} & x_{22} & \cdots & x_{2n} \\ \vdots & \vdots & & \vdots \\ x_{n1} & x_{n2} & \cdots & x_{nn} \end{vmatrix}=\det(\boldsymbol{AB}).$$

综上所述，$\det(\boldsymbol{AB})=\det(\boldsymbol{A})\det(\boldsymbol{B})$得证. □

两个方阵乘积的行列式的运算规律可推广到有限个方阵乘积的情况. 设 $\boldsymbol{A}_1,\boldsymbol{A}_2,\cdots,\boldsymbol{A}_k$都是同型方阵，则

$$\det(\boldsymbol{A}_1\boldsymbol{A}_2\cdots\boldsymbol{A}_k)=\det(\boldsymbol{A}_1)\det(\boldsymbol{A}_2)\cdots\det(\boldsymbol{A}_k).$$

由方阵乘积的行列式的运算规律不难得出：设 $\boldsymbol{A}$ 和 $\boldsymbol{B}$ 是同型方阵，方阵 $\boldsymbol{AB}$ 为奇异矩阵的充要条件是 $\boldsymbol{A}$ 和 $\boldsymbol{B}$ 中至少有一个是奇异矩阵.

五、转置与共轭矩阵

定义 2.1.7 设 $\boldsymbol{A}=\begin{bmatrix} a_{11} & a_{12} & \cdots & a_{1n} \\ a_{21} & a_{22} & \cdots & a_{2n} \\ \vdots & \vdots & & \vdots \\ a_{m1} & a_{m2} & \cdots & a_{mn} \end{bmatrix}$ 为 $m\times n$ 矩阵，将 $\boldsymbol{A}$ 的第 i 行变为第 i 列 $(i=1,2,\cdots,n)$ 所得到的 $n\times m$ 矩阵称为 $\boldsymbol{A}$ 的**转置矩阵**，记为 $\boldsymbol{A}^{\mathrm{T}}$，即

$$\boldsymbol{A}^{\mathrm{T}}=\begin{bmatrix} a_{11} & a_{21} & \cdots & a_{m1} \\ a_{12} & a_{22} & \cdots & a_{m2} \\ \vdots & \vdots & & \vdots \\ a_{1n} & a_{2n} & \cdots & a_{mn} \end{bmatrix}.$$

由定义不难看出，若 $\boldsymbol{A}=[a_{ij}]_{m\times n}$，$\boldsymbol{A}^{\mathrm{T}}=[b_{ij}]_{n\times m}$，则有 $b_{ij}=a_{ji}$.

特殊地，若有 $\boldsymbol{A}^{\mathrm{T}}=\boldsymbol{A}$，则称 $\boldsymbol{A}$ 为**对称矩阵**. 显然，若 $\boldsymbol{A}$ 为对称矩阵，则它一定是方阵，矩阵 $\boldsymbol{A}=[a_{ij}]$ 为对称矩阵的充要条件是 $a_{ij}=a_{ji}(i,j=1,2,\cdots,n)$. 对称矩阵在后面的二次型中有重要的应用.

当下列运算有意义时，矩阵的转置满足如下运算律：

(1) $(\boldsymbol{A}^{\mathrm{T}})^{\mathrm{T}}=\boldsymbol{A}$； (2) $(\boldsymbol{A}+\boldsymbol{B})^{\mathrm{T}}=\boldsymbol{A}^{\mathrm{T}}+\boldsymbol{B}^{\mathrm{T}}$；

(3) $(k\boldsymbol{A})^{\mathrm{T}}=k\boldsymbol{A}^{\mathrm{T}}$； (4) $(\boldsymbol{AB})^{\mathrm{T}}=\boldsymbol{B}^{\mathrm{T}}\boldsymbol{A}^{\mathrm{T}}$.

证 (1)—(3)都比较容易证明，这里只证明(4).

设 $\boldsymbol{A}=[a_{ij}]_{m\times s}$，$\boldsymbol{B}=[b_{ij}]_{s\times n}$，并设 $\boldsymbol{AB}=[c_{ij}]_{m\times n}$，则 $(\boldsymbol{AB})^{\mathrm{T}}$ 中位于第 i 行第 j 列的元素为 $\boldsymbol{A}$ 的第 j 行与 $\boldsymbol{B}$ 的第 i 列对应元素乘积之和，即 $(\boldsymbol{AB})^{\mathrm{T}}=\left[\sum\limits_{k=1}^{n}a_{jk}b_{ki}\right]$.

而 $\boldsymbol{B}^{\mathrm{T}}\boldsymbol{A}^{\mathrm{T}}$ 中位于第 i 行第 j 列的元素为 $\boldsymbol{B}^{\mathrm{T}}$ 的第 i 行与 $\boldsymbol{A}^{\mathrm{T}}$ 的第 j 列对应元素乘积之和，即 $\boldsymbol{B}$ 的第 i 列与 $\boldsymbol{A}$ 的第 j 行对应元素乘积之和，亦即 $\boldsymbol{B}^{\mathrm{T}}\boldsymbol{A}^{\mathrm{T}}=\left[\sum\limits_{k=1}^{n}a_{jk}b_{ki}\right]$，于是，

$$(\boldsymbol{AB})^{\mathrm{T}}=\boldsymbol{B}^{\mathrm{T}}\boldsymbol{A}^{\mathrm{T}}.$$ □

定义 2.1.8 设 $\boldsymbol{A}=[a_{ij}]_{m\times n}$ 为复矩阵，用 $\bar{a}_{ij}$ 表示 a_{ij} 的共轭复数，则称 $\overline{\boldsymbol{A}}=[\bar{a}_{ij}]_{m\times n}$ 为 $\boldsymbol{A}$ 的**共轭矩阵**.

显然，矩阵 $\boldsymbol{A}=[a_{ij}]_{m\times n}$ 为实矩阵的充要条件是 $\overline{\boldsymbol{A}}=\boldsymbol{A}$.

容易证明，共轭矩阵满足以下运算律：

若 $\boldsymbol{A}$ 和 $\boldsymbol{B}$ 都是复矩阵,并且下面所涉及的运算都是有意义的,则

(1) $\overline{\boldsymbol{A}+\boldsymbol{B}}=\overline{\boldsymbol{A}}+\overline{\boldsymbol{B}}$;

(2) $\overline{\boldsymbol{AB}}=\overline{\boldsymbol{A}}\,\overline{\boldsymbol{B}}$;

(3) $\overline{k\boldsymbol{A}}=\overline{k}\,\overline{\boldsymbol{A}}$(其中 k 为复数).

证明从略.

例 2.1.9　设矩阵 $\boldsymbol{A}=\begin{bmatrix}1-\mathrm{i} & 1\\ -2 & 1\end{bmatrix}$, $\boldsymbol{B}=\begin{bmatrix}1 & 2 & -3 & 1-2\mathrm{i}\\ 2+3\mathrm{i} & 0 & 1 & 3\end{bmatrix}$, 试验证 $(\boldsymbol{AB})^{\mathrm{T}}=\boldsymbol{B}^{\mathrm{T}}\boldsymbol{A}^{\mathrm{T}}$, $\overline{\boldsymbol{AB}}=\overline{\boldsymbol{A}}\,\overline{\boldsymbol{B}}$.

解　首先,

$$\boldsymbol{AB}=\begin{bmatrix}1-\mathrm{i} & 1\\ -2 & 1\end{bmatrix}\begin{bmatrix}1 & 2 & -3 & 1-2\mathrm{i}\\ 2+3\mathrm{i} & 0 & 1 & 3\end{bmatrix}=\begin{bmatrix}3+2\mathrm{i} & 2-2\mathrm{i} & -2+3\mathrm{i} & 2-3\mathrm{i}\\ 3\mathrm{i} & -4 & 7 & 1+4\mathrm{i}\end{bmatrix},$$

则

$$(\boldsymbol{AB})^{\mathrm{T}}=\begin{bmatrix}3+2\mathrm{i} & 2-2\mathrm{i} & -2+3\mathrm{i} & 2-3\mathrm{i}\\ 3\mathrm{i} & -4 & 7 & 1+4\mathrm{i}\end{bmatrix}^{\mathrm{T}}=\begin{bmatrix}3+2\mathrm{i} & 3\mathrm{i}\\ 2-2\mathrm{i} & -4\\ -2+3\mathrm{i} & 7\\ 2-3\mathrm{i} & 1+4\mathrm{i}\end{bmatrix};$$

$$\boldsymbol{B}^{\mathrm{T}}\boldsymbol{A}^{\mathrm{T}}=\begin{bmatrix}1 & 2 & -3 & 1-2\mathrm{i}\\ 2+3\mathrm{i} & 0 & 1 & 3\end{bmatrix}^{\mathrm{T}}\begin{bmatrix}1-\mathrm{i} & 1\\ -2 & 1\end{bmatrix}^{\mathrm{T}}$$

$$=\begin{bmatrix}1 & 2+3\mathrm{i}\\ 2 & 0\\ -3 & 1\\ 1-2\mathrm{i} & 3\end{bmatrix}\begin{bmatrix}1-\mathrm{i} & -2\\ 1 & 1\end{bmatrix}=\begin{bmatrix}3+2\mathrm{i} & 3\mathrm{i}\\ 2-2\mathrm{i} & -4\\ -2+3\mathrm{i} & 7\\ 2-3\mathrm{i} & 1+4\mathrm{i}\end{bmatrix}.$$

于是,$(\boldsymbol{AB})^{\mathrm{T}}=\boldsymbol{B}^{\mathrm{T}}\boldsymbol{A}^{\mathrm{T}}$.

由 $\boldsymbol{AB}$ 易得,$\overline{\boldsymbol{AB}}=\begin{bmatrix}3-2\mathrm{i} & 2+2\mathrm{i} & -2-3\mathrm{i} & 2+3\mathrm{i}\\ -3\mathrm{i} & -4 & 7 & 1-4\mathrm{i}\end{bmatrix}$,而

$$\overline{\boldsymbol{A}}\,\overline{\boldsymbol{B}}=\begin{bmatrix}1+\mathrm{i} & 1\\ -2 & 1\end{bmatrix}\begin{bmatrix}1 & 2 & -3 & 1+2\mathrm{i}\\ 2-3\mathrm{i} & 0 & 1 & 3\end{bmatrix}=\begin{bmatrix}3-2\mathrm{i} & 2+2\mathrm{i} & -2-3\mathrm{i} & 2+3\mathrm{i}\\ -3\mathrm{i} & -4 & 7 & 1-4\mathrm{i}\end{bmatrix},$$

于是,$\overline{\boldsymbol{AB}}=\overline{\boldsymbol{A}}\,\overline{\boldsymbol{B}}$.

练习 2.1

1. 设矩阵 $\boldsymbol{A}=\begin{bmatrix}2&3&2\\-1&4&5\end{bmatrix}$，$\boldsymbol{B}=\begin{bmatrix}-1&3&2\\2&1&-1\end{bmatrix}$，试计算 $\boldsymbol{A}+2\boldsymbol{B}$，$2\boldsymbol{A}-\boldsymbol{B}$，$\boldsymbol{A}\boldsymbol{B}^{\mathrm{T}}$，$\boldsymbol{A}^{\mathrm{T}}\boldsymbol{B}$.

2. 计算下列矩阵的乘积：

(1) $\begin{bmatrix}1&-1\\-1&1\end{bmatrix}\begin{bmatrix}1&2\\3&4\end{bmatrix}$；　　(2) $\begin{bmatrix}1\\-2\\1\end{bmatrix}[-1,\ 1,\ 2]$；

(3) $[-1,\ 1,\ 2]\begin{bmatrix}1\\-2\\1\end{bmatrix}$；　　(4) $\begin{bmatrix}-1&2&-1\\2&-1&1\\1&3&-1\end{bmatrix}\begin{bmatrix}2&1\\1&0\\-1&2\end{bmatrix}$.

3. 设矩阵 $\boldsymbol{A}=\begin{bmatrix}\cos\theta&-\sin\theta\\\sin\theta&\cos\theta\end{bmatrix}$，试计算 $\boldsymbol{A}^2$.

4. 设矩阵 $\boldsymbol{A}=\begin{bmatrix}1&-2&1\\3&0&2\\-2&4&-2\end{bmatrix}$，$\boldsymbol{B}=\begin{bmatrix}-3&1&5\\2&3&-2\\1&-2&3\end{bmatrix}$，试计算 $\det(\boldsymbol{AB})$ 和 $\det(\boldsymbol{B}\boldsymbol{A}^{\mathrm{T}})$.

5. 设矩阵 $\boldsymbol{A}=\begin{bmatrix}1&0\\1&1\end{bmatrix}$，试求与 $\boldsymbol{A}$ 可交换的所有矩阵.

6. 已知两个线性变换 $\begin{cases}y_1=x_1+x_2-x_3,\\y_2=2x_1-x_2-x_3,\\y_3=x_1+x_2+3x_3,\end{cases}$ $\begin{cases}z_1=y_1+y_2-3y_3,\\z_2=2y_1-3y_2+y_3,\\z_3=-y_1+y_2-y_3,\end{cases}$ 求从 $(x_1,x_2,x_3)^{\mathrm{T}}$ 到 $(z_1,z_2,z_3)^{\mathrm{T}}$ 的线性变换.

§2.2 逆 矩 阵

在初等代数中，若 $a\neq0$，求解一元一次方程 $ax=b$ 可利用性质 $a^{-1}a=1$，对方程两端同时乘 a^{-1}，则可得到方程的解为 $x=a^{-1}b$. 对于线性方程组 $\boldsymbol{Ax}=\boldsymbol{b}$，若有矩阵 $\boldsymbol{B}$ 使得 $\boldsymbol{BA}=\boldsymbol{E}$. 那么，与解一元一次方程类似，对方程组 $\boldsymbol{Ax}=\boldsymbol{b}$ 两端同时在左边乘矩阵 $\boldsymbol{B}$，便有 $\boldsymbol{BAx}=\boldsymbol{Bb}$，即可得 $\boldsymbol{x}=\boldsymbol{Bb}$. 为此，我们给出逆矩阵的概念.

定义 2.2.1 设 $\boldsymbol{A}$ 为方阵，若存在矩阵 $\boldsymbol{B}$，使 $\boldsymbol{AB}=\boldsymbol{BA}=\boldsymbol{E}$ 成立，则称 $\boldsymbol{A}$ 是**可逆矩阵**，并称矩阵 $\boldsymbol{B}$ 为 $\boldsymbol{A}$ 的**逆矩阵**.

定理 2.2.1　设矩阵 $\boldsymbol{A}$ 是可逆矩阵，则 $\boldsymbol{A}$ 的逆矩阵是唯一的.

证　设矩阵 $\boldsymbol{B}$ 和 $\boldsymbol{C}$ 都是 $\boldsymbol{A}$ 的逆矩阵，则有 $\boldsymbol{BA}=\boldsymbol{E}=\boldsymbol{AC}$ 成立，于是

$$\boldsymbol{B}=\boldsymbol{BE}=\boldsymbol{B}(\boldsymbol{AC})=(\boldsymbol{BA})\boldsymbol{C}=\boldsymbol{EC}=\boldsymbol{C},$$

即 $\boldsymbol{A}$ 的逆矩阵是唯一的. □

矩阵 $\boldsymbol{A}$ 的逆矩阵记为 $\boldsymbol{A}^{-1}$，即 $\boldsymbol{A}^{-1}\boldsymbol{A}=\boldsymbol{AA}^{-1}=\boldsymbol{E}$.

下面我们讨论矩阵 $\boldsymbol{A}$ 可逆的条件，以及求 $\boldsymbol{A}^{-1}$ 的方法.

设 $\boldsymbol{A}=[a_{ij}]$ 为 n 阶方阵，用 A_{ij} 表示 $\det(\boldsymbol{A})$ 中元素 a_{ij} 的代数余子式，矩阵

$$\boldsymbol{A}^{*}=\begin{bmatrix}A_{11} & A_{21} & \cdots & A_{n1}\\ A_{12} & A_{22} & \cdots & A_{n2}\\ \vdots & \vdots & & \vdots\\ A_{1n} & A_{2n} & \cdots & A_{nn}\end{bmatrix}$$

称为 $\boldsymbol{A}$ 的**伴随矩阵**.

例 2.2.1　求矩阵 $\boldsymbol{A}=\begin{bmatrix}1 & 2 & 3\\ 2 & -1 & 3\\ 1 & 2 & 2\end{bmatrix}$ 的伴随矩阵 $\boldsymbol{A}^{*}$，并计算 $\det(\boldsymbol{A})$，$\boldsymbol{AA}^{*}$ 及 $\boldsymbol{A}^{*}\boldsymbol{A}$.

解　计算 $\boldsymbol{A}$ 中各元素的代数余子式，

$$A_{11}=\begin{vmatrix}-1 & 3\\ 2 & 2\end{vmatrix}=-8,\quad A_{12}=-\begin{vmatrix}2 & 3\\ 1 & 2\end{vmatrix}=-1,\quad A_{13}=\begin{vmatrix}2 & -1\\ 1 & 2\end{vmatrix}=5,$$

$$A_{21}=-\begin{vmatrix}2 & 3\\ 2 & 2\end{vmatrix}=2,\quad A_{22}=\begin{vmatrix}1 & 3\\ 1 & 2\end{vmatrix}=-1,\quad A_{23}=-\begin{vmatrix}1 & 2\\ 1 & 2\end{vmatrix}=0,$$

$$A_{31}=\begin{vmatrix}2 & 3\\ -1 & 3\end{vmatrix}=9,\quad A_{32}=-\begin{vmatrix}1 & 3\\ 2 & 3\end{vmatrix}=3,\quad A_{33}=\begin{vmatrix}1 & 2\\ 2 & -1\end{vmatrix}=-5.$$

于是

$$\boldsymbol{A}^{*}=\begin{bmatrix}-8 & 2 & 9\\ -1 & -1 & 3\\ 5 & 0 & -5\end{bmatrix}.$$

容易计算 $\det(\boldsymbol{A})=5$，$\boldsymbol{AA}^{*}=\boldsymbol{A}^{*}\boldsymbol{A}=\begin{bmatrix}5 & 0 & 0\\ 0 & 5 & 0\\ 0 & 0 & 5\end{bmatrix}=5\boldsymbol{E}$.

定理 2.2.2　设 $\boldsymbol{A}^{*}$ 为方阵 $\boldsymbol{A}$ 的伴随矩阵，则 $\boldsymbol{AA}^{*}=\boldsymbol{A}^{*}\boldsymbol{A}=\det(\boldsymbol{A})\boldsymbol{E}$.

证　设 $\boldsymbol{A}=[a_{ij}]$，记 $\boldsymbol{AA}^{*}=[b_{ij}]$. 由(1.3.3)式，

$$b_{ij}=a_{i1}A_{j1}+a_{i2}A_{j2}+\cdots+a_{in}A_{jn}=\begin{cases}\det(\boldsymbol{A}), & i=j,\\ 0, & i\neq j,\end{cases}$$

故

$$AA^* = \det(A)E.$$

类似可得 $A^*A = \left[\sum_{k=1}^{n} A_{ki}a_{kj}\right] = \det(A)E.$ □

定理 2.2.3 方阵 A 可逆的充要条件是 $\det(A)\neq 0$，且

$$A^{-1} = \frac{1}{\det(A)}A^*.$$

证 首先证明必要性，设方阵 A 可逆，则 A^{-1} 存在，且 $AA^{-1}=E$. 于是 $\det(A)\det(A^{-1})=\det(AA^{-1})=\det(E)=1$，故 $\det(A)\neq 0$.

再证充分性，设 $\det(A)\neq 0$，令 $B=\frac{1}{\det(A)}A^*$. 根据定理 2.2.2 可得，$AB=BA=E$，所以 A 可逆，且

$$A^{-1}=B=\frac{1}{\det(A)}A^*.$$ □

换句话说，方阵 A 可逆的充要条件是 A 为非奇异矩阵.

推论 设 A 为方阵，若存在矩阵 B，使得 $AB=E$（或 $BA=E$）成立，则 A 是可逆矩阵，并且 $B=A^{-1}$.

证 因为 $AB=E$，所以 $\det(AB)=\det(A)\det(B)=1$，于是 $\det(A)\neq 0$，由定理 2.2.3 知 A 可逆，A^{-1} 存在. 于是 $B=EB=(A^{-1}A)B=A^{-1}(AB)=A^{-1}$. □

性质 2.2.1 设方阵 A 是可逆矩阵，则 A 具有以下性质：

(1) A 的逆矩阵 A^{-1} 也是可逆矩阵，并且 A^{-1} 的逆矩阵为 A，即 $(A^{-1})^{-1}=A$；

(2) 设常数 $k\neq 0$，则 kA 亦可逆，且 $(kA)^{-1}=\frac{1}{k}A^{-1}$；

(3) A 的转置矩阵 A^{T} 亦可逆，且 $(A^{\mathrm{T}})^{-1}=(A^{-1})^{\mathrm{T}}$；

(4) 设矩阵 B 是与 A 同型的可逆矩阵，则 AB 亦可逆，且 $(AB)^{-1}=B^{-1}A^{-1}$.

以上性质的证明比较简单，留给读者完成.

例 2.2.2 判定矩阵 $A=\begin{bmatrix}1 & 2 & 3\\ 2 & -1 & 3\\ 1 & 2 & 2\end{bmatrix}$ 是否可逆，若可逆，求其逆矩阵 A^{-1}.

解 由例 2.2.1 知 $\det(A)=5\neq 0$，A 是可逆矩阵，并且 $A^*=\begin{bmatrix}-8 & 2 & 9\\ -1 & -1 & 3\\ 5 & 0 & -5\end{bmatrix}$，

于是

$$A^{-1}=\frac{1}{\det(A)}A^{*}=\frac{1}{5}\begin{bmatrix}-8&2&9\\-1&-1&3\\5&0&-5\end{bmatrix}=\begin{bmatrix}-\frac{8}{5}&\frac{2}{5}&\frac{9}{5}\\-\frac{1}{5}&-\frac{1}{5}&\frac{3}{5}\\1&0&-1\end{bmatrix}.$$

对于线性方程组 $\boldsymbol{Ax}=\boldsymbol{b}$,系数矩阵 $\boldsymbol{A}$ 为可逆矩阵时,用 $\boldsymbol{A}^{-1}$ 同时左乘方程两端,便有 $\boldsymbol{x}=\boldsymbol{A}^{-1}\boldsymbol{b}$.

例 2.2.3　求解线性方程组 $\begin{cases}x_1+2x_2+3x_3=5,\\2x_1-x_2+3x_3=0,\\x_1+2x_2+2x_3=-5.\end{cases}$

解　将方程组写成矩阵形式 $\boldsymbol{Ax}=\boldsymbol{b}$,其中 $\boldsymbol{A}=\begin{bmatrix}1&2&3\\2&-1&3\\1&2&2\end{bmatrix}$,$\boldsymbol{b}=\begin{bmatrix}5\\0\\-5\end{bmatrix}$,$\boldsymbol{x}=\begin{bmatrix}x_1\\x_2\\x_3\end{bmatrix}$. 由例 2.2.2 有 $\boldsymbol{A}^{-1}=\begin{bmatrix}-\frac{8}{5}&\frac{2}{5}&\frac{9}{5}\\-\frac{1}{5}&-\frac{1}{5}&\frac{3}{5}\\1&0&-1\end{bmatrix}$,用 $\boldsymbol{A}^{-1}$ 同时左乘 $\boldsymbol{Ax}=\boldsymbol{b}$ 两端,可得

$$\boldsymbol{x}=\begin{bmatrix}x_1\\x_2\\x_3\end{bmatrix}=\boldsymbol{A}^{-1}\boldsymbol{b}=\begin{bmatrix}-\frac{8}{5}&\frac{2}{5}&\frac{9}{5}\\-\frac{1}{5}&-\frac{1}{5}&\frac{3}{5}\\1&0&-1\end{bmatrix}\begin{bmatrix}5\\0\\-5\end{bmatrix}=\begin{bmatrix}-17\\-4\\10\end{bmatrix},\text{即}\begin{cases}x_1=-17,\\x_2=-4,\\x_3=10.\end{cases}$$

例 2.2.4　设矩阵 $\boldsymbol{A}=\begin{bmatrix}1&3&-1\\-1&0&1\\1&1&2\end{bmatrix}$,$\boldsymbol{B}=\begin{bmatrix}2&1\\1&2\end{bmatrix}$,$\boldsymbol{C}=\begin{bmatrix}-1&0\\2&1\\1&2\end{bmatrix}$,求矩阵 $\boldsymbol{X}$ 使之满足矩阵方程 $\boldsymbol{AXB}=\boldsymbol{C}$.

解　因 $\det(\boldsymbol{A})=9\neq0$,$\det(\boldsymbol{B})=3\neq0$,故 $\boldsymbol{A}$ 和 $\boldsymbol{B}$ 都是可逆矩阵. 若分别用 $\boldsymbol{A}^{-1}$ 和 $\boldsymbol{B}^{-1}$ 同时左乘、右乘方程两端,有 $\boldsymbol{A}^{-1}\boldsymbol{AXBB}^{-1}=\boldsymbol{A}^{-1}\boldsymbol{CB}^{-1}$,即 $\boldsymbol{X}=\boldsymbol{A}^{-1}\boldsymbol{CB}^{-1}$.经计算,

$$\boldsymbol{A}^{-1}=\begin{bmatrix}-\frac{1}{9}&-\frac{7}{9}&\frac{1}{3}\\\frac{1}{3}&\frac{1}{3}&0\\-\frac{1}{9}&\frac{2}{9}&\frac{1}{3}\end{bmatrix},\quad\boldsymbol{B}^{-1}=\begin{bmatrix}\frac{2}{3}&-\frac{1}{3}\\-\frac{1}{3}&\frac{2}{3}\end{bmatrix},$$

于是

$$X=A^{-1}CB^{-1}=\begin{bmatrix}-\frac{1}{9} & -\frac{7}{9} & \frac{1}{3}\\ \frac{1}{3} & \frac{1}{3} & 0\\ -\frac{1}{9} & \frac{2}{9} & \frac{1}{3}\end{bmatrix}\begin{bmatrix}-1 & 0\\ 2 & 1\\ 1 & 2\end{bmatrix}\begin{bmatrix}\frac{2}{3} & -\frac{1}{3}\\ -\frac{1}{3} & \frac{2}{3}\end{bmatrix}=\begin{bmatrix}-\frac{19}{27} & \frac{8}{27}\\ \frac{1}{9} & \frac{1}{9}\\ \frac{8}{27} & \frac{8}{27}\end{bmatrix}.$$

练习 2.2

1. 求下列矩阵 $\boldsymbol{A}$ 的伴随矩阵 $\boldsymbol{A}^*$，并验证 $\boldsymbol{A}^*\boldsymbol{A}=\boldsymbol{A}\boldsymbol{A}^*=\det(\boldsymbol{A})\boldsymbol{E}$.

(1) $\boldsymbol{A}=\begin{bmatrix}1 & 2\\ 3 & 4\end{bmatrix}$； (2) $\boldsymbol{A}=\begin{bmatrix}1 & 0 & -1\\ 2 & 1 & 2\\ 0 & -1 & 1\end{bmatrix}$.

2. 试判断下列矩阵是否可逆，若可逆，求其逆矩阵：

(1) $\begin{bmatrix}1 & -1\\ -1 & 1\end{bmatrix}$； (2) $\begin{bmatrix}-1 & 1 & 1\\ 2 & -1 & 1\\ 1 & -1 & 2\end{bmatrix}$.

3. 求下列矩阵的逆矩阵：

(1) $\begin{bmatrix}\cos\theta & -\sin\theta\\ \sin\theta & \cos\theta\end{bmatrix}$； (2) $\begin{bmatrix}1 & 2 & 1\\ 2 & 1 & -2\\ 3 & 0 & 1\end{bmatrix}$.

4. 设 $\boldsymbol{A}$ 是可逆矩阵，试证明下列各命题：

(1) $\boldsymbol{A}$ 的逆矩阵 $\boldsymbol{A}^{-1}$ 也是可逆矩阵，并且 $\boldsymbol{A}^{-1}$ 的逆矩阵为 $\boldsymbol{A}$，即 $(\boldsymbol{A}^{-1})^{-1}=\boldsymbol{A}$；

(2) 设常数 $k\neq 0$，则 $k\boldsymbol{A}$ 亦可逆，且 $(k\boldsymbol{A})^{-1}=\frac{1}{k}\boldsymbol{A}^{-1}$；

(3) $\boldsymbol{A}$ 的转置矩阵 $\boldsymbol{A}^{\mathrm{T}}$ 亦可逆，且 $(\boldsymbol{A}^{\mathrm{T}})^{-1}=(\boldsymbol{A}^{-1})^{\mathrm{T}}$；

(4) 设矩阵 $\boldsymbol{B}$ 是与 $\boldsymbol{A}$ 同型的可逆矩阵，则 $\boldsymbol{AB}$ 亦可逆，且 $(\boldsymbol{AB})^{-1}=\boldsymbol{B}^{-1}\boldsymbol{A}^{-1}$.

5. 用逆矩阵方法求解线性方程组

$$\begin{cases}2x_1+3x_2+4x_3=1,\\ 5x_1-2x_2+x_3=1,\\ x_1+2x_2+3x_3=1.\end{cases}$$

§2.3　矩阵的初等变换与初等矩阵

在§2.1中,我们讨论了矩阵的基本概念及运算,本节主要研究矩阵的初等变换和初等矩阵. 矩阵的初等变换在解决线性代数相关问题,如求逆矩阵、解线性方程组,以及后边要学习的求向量组的秩和确定向量组的线性相关性等问题中都有重要的应用.

一、矩阵的初等变换

在初等数学中,利用加减消元法解二元一次方程组时,经常对方程组进行三种变换:交换两个方程的位置;将一个方程两端同时乘非零常数;某个方程两端同时乘一个常数后加到另一个方程上去. 很显然,这几种变换不改变方程组的解. 通过前面的学习,我们已经了解到,线性方程组与其增广矩阵是一一对应的. 于是,对线性方程组做以上同解变换相当于对其增广矩阵做以下三种相应的行变换.

定义 2.3.1　矩阵的以下三种变换称为矩阵的**初等行(列)变换**:

(1) 互换矩阵两行(列)的位置;

(2) 将矩阵某行(列)所有元素同时乘一个非零常数;

(3) 矩阵某行(列)各个元素同时加上另外一行(列)对应元素的 k 倍.

矩阵的初等行变换和初等列变换统称为矩阵的**初等变换**.

在行列式计算的过程中,我们使用了一些记号标记运算过程. 在这里,为了清楚显示对矩阵所做的初等变换,我们用类似的记号标记对矩阵所实施的初等变换:$r_i\leftrightarrow r_j$($c_i\leftrightarrow c_j$)表示交换第 i,j 两行(列)的位置;$k\times r_i$($k\times c_i$)($k\neq 0$)表示将第 i 行(列)各个元素同时乘一个不为零的数 k;r_i+kr_j(c_i+kc_j)表示第 i 行(列)各个元素加上第 j 行(列)对应元素的 k 倍.

如果矩阵 $\boldsymbol{A}$ 可经有限次初等变换化为矩阵 $\boldsymbol{B}$,就称矩阵 $\boldsymbol{A}$ 与 $\boldsymbol{B}$ **等价**,记为 $\boldsymbol{A}\to\boldsymbol{B}$.

性质 2.3.1　矩阵等价具有如下性质:

(1) 自反性　$\boldsymbol{A}\to\boldsymbol{A}$;

(2) 对称性　若 $\boldsymbol{A}\to\boldsymbol{B}$,则 $\boldsymbol{B}\to\boldsymbol{A}$;

(3) 传递性　若 $\boldsymbol{A}\to\boldsymbol{B}$,且 $\boldsymbol{B}\to\boldsymbol{C}$,则 $\boldsymbol{A}\to\boldsymbol{C}$.

例 2.3.1　证明矩阵 $\boldsymbol{A}=\begin{bmatrix}2&-1&2\\1&-2&-1\\1&-1&1\end{bmatrix}$ 与三阶单位矩阵等价.

证 对矩阵 $\boldsymbol{A}$ 实施初等变换

$$\boldsymbol{A}=\begin{bmatrix}2&-1&2\\1&-2&-1\\1&-1&1\end{bmatrix}\xrightarrow{r_1\leftrightarrow r_2}\begin{bmatrix}1&-2&-1\\2&-1&2\\1&-1&1\end{bmatrix}\xrightarrow[r_3-r_1]{r_2-2r_1}\begin{bmatrix}1&-2&-1\\0&3&4\\0&1&2\end{bmatrix}\xrightarrow[c_3+c_1]{c_2+2c_1}\begin{bmatrix}1&0&0\\0&3&4\\0&1&2\end{bmatrix}$$

$$\xrightarrow{r_2\leftrightarrow r_3}\begin{bmatrix}1&0&0\\0&1&2\\0&3&4\end{bmatrix}\xrightarrow{r_3-3r_2}\begin{bmatrix}1&0&0\\0&1&2\\0&0&-2\end{bmatrix}\xrightarrow[\left(-\frac{1}{2}\right)\times r_3]{r_2+r_3}\begin{bmatrix}1&0&0\\0&1&0\\0&0&1\end{bmatrix}=\boldsymbol{E}.$$

于是,$\boldsymbol{A}\to\boldsymbol{E}$.

例 2.3.2 设矩阵 $\boldsymbol{A}=\begin{bmatrix}2&1&3&-2\\-1&1&-2&4\\3&3&4&0\end{bmatrix}$,$\boldsymbol{B}=\begin{bmatrix}1&0&0&0\\0&1&0&0\\0&0&0&0\end{bmatrix}$,证明:$\boldsymbol{A}\to\boldsymbol{B}$.

证 $$\boldsymbol{A}=\begin{bmatrix}2&1&3&-2\\-1&1&-2&4\\3&3&4&0\end{bmatrix}\xrightarrow{c_1\leftrightarrow c_2}\begin{bmatrix}1&2&3&-2\\1&-1&-2&4\\3&3&4&0\end{bmatrix}$$

$$\xrightarrow[r_3-3r_1]{r_2-r_1}\begin{bmatrix}1&2&3&-2\\0&-3&-5&6\\0&-3&-5&6\end{bmatrix}\xrightarrow[\substack{c_2-2c_1\\c_3-3c_1\\c_4+2c_1}]{r_3-r_2}\begin{bmatrix}1&0&0&0\\0&-3&-5&6\\0&0&0&0\end{bmatrix}$$

$$\xrightarrow[\substack{c_3+5c_2\\c_4-6c_2}]{\left(-\frac{1}{3}\right)\times c_2}\begin{bmatrix}1&0&0&0\\0&1&0&0\\0&0&0&0\end{bmatrix}=\boldsymbol{B}.$$

于是 $\boldsymbol{A}\to\boldsymbol{B}$.

由前面的讨论,容易看出,任意一个 $m\times n$ 矩阵 $\boldsymbol{A}$ 都与一个形如

$$\begin{bmatrix}1&\cdots&0&0&\cdots&0\\\vdots&&\vdots&\vdots&&\vdots\\0&\cdots&1&0&\cdots&0\\0&\cdots&0&0&\cdots&0\\\vdots&&\vdots&\vdots&&\vdots\\0&\cdots&0&0&\cdots&0\end{bmatrix}_{m\times n}:=\boldsymbol{F}$$

的同型矩阵等价,其中矩阵 $\boldsymbol{F}$ 的左上角为一个 r 阶($r\leqslant\min\{m,n\}$)单位矩阵 $\boldsymbol{E}_r$,其他元素均为 0,称 $\boldsymbol{F}$ 为矩阵 $\boldsymbol{A}$ 的**标准形**. 当 $r=m$ 时,矩阵 $\boldsymbol{A}$ 的标准形 $\boldsymbol{F}$ 中没有零行(元素全为零的行);当 $r=n$ 时,$\boldsymbol{F}$ 中没有零列(元素全为零的列);当 $m=n=r$ 时,矩阵 $\boldsymbol{A}$ 的标准形 $\boldsymbol{F}=\boldsymbol{E}$.

注意记号“:=”表示“记作”.

二、初等矩阵

定义 2.3.2 对单位矩阵 $\boldsymbol{E}$ 实施一次初等变换得到的矩阵称为**初等矩阵**.

与矩阵的初等变换对应的有以下几种初等矩阵.

(1) 对 $\boldsymbol{E}$ 实施一次初等行变换 $r_i \leftrightarrow r_j$(或列变换 $c_i \leftrightarrow c_j$),所得初等矩阵

$$\boldsymbol{E}(i,j)=\begin{bmatrix}
1 &&&&&&&&&& \\
& \ddots &&&&&&&&& \\
&& 1 &&&&&&&& \\
&&& 0 && \cdots && 1 &&& \\
&&&& 1 &&&&&& \\
&&& \vdots && \ddots && \vdots &&& \\
&&&&&& 1 &&&& \\
&&& 1 && \cdots && 0 &&& \\
&&&&&&&& 1 && \\
&&&&&&&&& \ddots & \\
&&&&&&&&&& 1
\end{bmatrix}\begin{matrix} \\ \\ \\ \text{第 } i \text{ 行} \\ \\ \\ \\ \text{第 } j \text{ 行} \\ \\ \\ \\ \end{matrix};$$

(2) 对 $\boldsymbol{E}$ 实施一次初等行变换 $k\times r_i$(或列变换 $k\times c_i$,其中 $k\neq 0$),所得初等矩阵

$$\boldsymbol{E}(i(k))=\begin{bmatrix}
1 &&&&&& \\
& \ddots &&&&& \\
&& 1 &&&& \\
&&& k &&& \\
&&&& 1 && \\
&&&&& \ddots & \\
&&&&&& 1
\end{bmatrix}\begin{matrix} \\ \\ \\ \text{第 } i \text{ 行} \\ \\ \\ \\ \end{matrix};$$

(3) 对 $\boldsymbol{E}$ 实施一次初等行变换 r_i+kr_j(或列变换 c_j+kc_i),所得初等矩阵

$$\boldsymbol{E}(i,j(k))=\begin{bmatrix}
1 &&&&&& \\
& \ddots &&&&& \\
&& 1 & \cdots & k && \\
&&& \ddots & \vdots && \\
&&&& 1 && \\
&&&&& \ddots & \\
&&&&&& 1
\end{bmatrix}\begin{matrix} \\ \\ \text{第 } i \text{ 行} \\ \\ \text{第 } j \text{ 行} \\ \\ \\ \end{matrix}.$$

显然,以上三种初等矩阵的行列式分别为

$$\det(\boldsymbol{E}(i,j))=-1\neq 0,\det(\boldsymbol{E}(i(k))=k\neq 0,\det(\boldsymbol{E}(i,j(k))=1\neq 0.$$

于是,初等矩阵都是非奇异矩阵(可逆矩阵),并且容易证明其逆矩阵分别为

$$(\boldsymbol{E}(i,j))^{-1}=\boldsymbol{E}(i,j),(\boldsymbol{E}(i(k))^{-1}=\boldsymbol{E}\left(i\left(\frac{1}{k}\right)\right),(\boldsymbol{E}(i,j(k)))^{-1}=\boldsymbol{E}(i,j(-k)).$$

显然,**初等矩阵的逆矩阵仍为初等矩阵.**

下面我们讨论初等矩阵与矩阵的初等变换之间的关系.

定理 2.3.1 设 $\boldsymbol{A}$ 是 $m\times n$ 矩阵,对矩阵 $\boldsymbol{A}$ 进行一次初等行(列)变换,其结果相当于在 $\boldsymbol{A}$ 的左(右)边乘一个相应的 m 阶(n 阶)初等矩阵.

证 这里仅证明初等行变换的情况,设 $\boldsymbol{A}=[a_{ij}]_{m\times n}$.

首先考虑交换两行的位置,即对 $\boldsymbol{A}$ 实施初等行变换 $r_i\leftrightarrow r_j$:

$$\boldsymbol{A}=\begin{bmatrix} a_{11} & \cdots & a_{1n} \\ \vdots & & \vdots \\ a_{i1} & \cdots & a_{in} \\ \vdots & & \vdots \\ a_{j1} & \cdots & a_{jn} \\ \vdots & & \vdots \\ a_{m1} & \cdots & a_{mn} \end{bmatrix} \xrightarrow{r_i\leftrightarrow r_j} \begin{bmatrix} a_{11} & \cdots & a_{1n} \\ \vdots & & \vdots \\ a_{j1} & \cdots & a_{jn} \\ \vdots & & \vdots \\ a_{i1} & \cdots & a_{in} \\ \vdots & & \vdots \\ a_{m1} & \cdots & a_{mn} \end{bmatrix} :=\boldsymbol{A}_1.$$

$$\boldsymbol{E}(i,j)\boldsymbol{A}=\begin{bmatrix} 1 & & & & & & & & \\ & \ddots & & & & & & & \\ & & 1 & & & & & & \\ & & & 0 & & \cdots & & 1 & \\ & & & & 1 & & & & \\ & & & \vdots & & \ddots & & \vdots & \\ & & & & & & 1 & & \\ & & & 1 & & \cdots & & 0 & \\ & & & & & & & & 1 \\ & & & & & & & & & \ddots \\ & & & & & & & & & & 1 \end{bmatrix} \begin{bmatrix} a_{11} & \cdots & a_{1n} \\ \vdots & & \vdots \\ a_{i1} & \cdots & a_{in} \\ \vdots & & \vdots \\ a_{j1} & \cdots & a_{jn} \\ \vdots & & \vdots \\ a_{m1} & \cdots & a_{mn} \end{bmatrix}$$

$$=\begin{bmatrix} a_{11} & \cdots & a_{1n} \\ \vdots & & \vdots \\ a_{j1} & \cdots & a_{jn} \\ \vdots & & \vdots \\ a_{i1} & \cdots & a_{in} \\ \vdots & & \vdots \\ a_{m1} & \cdots & a_{mn} \end{bmatrix} :=\boldsymbol{A}_1.$$

于是有 $\boldsymbol{A}\xrightarrow{r_i\leftrightarrow r_j}\boldsymbol{A}_1$，$\boldsymbol{A}_1=\boldsymbol{E}(i,j)\boldsymbol{A}$. 同理可证

$$\boldsymbol{A}\xrightarrow{k\times r_i}\begin{bmatrix} a_{11} & \cdots & a_{1n} \\ \vdots & & \vdots \\ ka_{1i} & \cdots & ka_{in} \\ \vdots & & \vdots \\ a_{m1} & \cdots & a_{mn} \end{bmatrix}=\boldsymbol{E}(i(k))\boldsymbol{A},$$

$$\boldsymbol{A}\xrightarrow{r_i+kr_j}\begin{bmatrix} a_{11} & \cdots & a_{1n} \\ \vdots & & \vdots \\ a_{i1}+ka_{j1} & \cdots & a_{in}+ka_{jn} \\ \vdots & & \vdots \\ a_{j1} & \cdots & a_{jn} \\ \vdots & & \vdots \\ a_{m1} & \cdots & a_{mn} \end{bmatrix}=\boldsymbol{E}(i,j(k))\boldsymbol{A}.$$

□

类似可以证明初等列变换的情况.

定理 2.3.2　初等变换不改变方阵的奇异性.

证　不妨设方阵 $\boldsymbol{A}$ 经一次初等行变换化为 $\boldsymbol{B}$，即存在初等矩阵 $\boldsymbol{P}$ 使得 $\boldsymbol{B}=\boldsymbol{PA}$，故 $\det(\boldsymbol{B})=\det(\boldsymbol{P})\det(\boldsymbol{A})$. 由于 $\boldsymbol{P}$ 为初等矩阵，故 $\det(\boldsymbol{P})\neq 0$，因此，方阵 $\boldsymbol{A}$ 与 $\boldsymbol{B}$ 有相同的奇异性，即初等行变换不改变方阵的奇异性. 对于初等列变换的情况，类似可证． □

定理 2.3.3　方阵 $\boldsymbol{A}$ 可逆的充要条件是存在有限个初等矩阵 $\boldsymbol{P}_1,\boldsymbol{P}_2,\cdots,\boldsymbol{P}_s$，使得 $\boldsymbol{A}=\boldsymbol{P}_1\boldsymbol{P}_2\cdots\boldsymbol{P}_s$.

证　先证充分性. 设存在有限个初等矩阵 $\boldsymbol{P}_1,\boldsymbol{P}_2,\cdots,\boldsymbol{P}_s$，使得 $\boldsymbol{A}=\boldsymbol{P}_1\boldsymbol{P}_2\cdots\boldsymbol{P}_s$. 因为初等矩阵 $\boldsymbol{P}_i$ 都是可逆矩阵，由性质 2.2.1 中的(4)可知其乘积 $\boldsymbol{A}=\boldsymbol{P}_1\boldsymbol{P}_2\cdots\boldsymbol{P}_s$ 也可逆.

再证必要性. 设 $\boldsymbol{A}$ 为 n 阶可逆方阵. 由于 $\boldsymbol{A}$ 与其标准形 $\boldsymbol{F}$ 等价，即 $\boldsymbol{A}$ 经有限次初等变换可化为标准形

$$\boldsymbol{F}=\begin{bmatrix} 1 & \cdots & 0 & 0 & \cdots & 0 \\ \vdots & & \vdots & \vdots & & \vdots \\ 0 & \cdots & 1 & 0 & \cdots & 0 \\ 0 & \cdots & 0 & 0 & \cdots & 0 \\ \vdots & & \vdots & \vdots & & \vdots \\ 0 & \cdots & 0 & 0 & \cdots & 0 \end{bmatrix},$$

设 $\boldsymbol{F}$ 左上角的单位矩阵为 $\boldsymbol{E}_r$. 于是存在有限个初等矩阵 $\boldsymbol{P}_1,\boldsymbol{P}_2,\cdots,\boldsymbol{P}_s$,使得$\boldsymbol{A}=\boldsymbol{P}_1\boldsymbol{P}_2\cdots\boldsymbol{P}_t\boldsymbol{F}\boldsymbol{P}_{t+1}\cdots\boldsymbol{P}_s$. 由于 $\boldsymbol{A}$ 可逆,初等矩阵 $\boldsymbol{P}_1,\boldsymbol{P}_2,\cdots,\boldsymbol{P}_s$也是可逆矩阵,且

$$\det(\boldsymbol{A})=\det(\boldsymbol{F})\prod_{i=1}^{s}\det(\boldsymbol{P}_i)\neq 0.$$

故 $\boldsymbol{F}$ 也是可逆矩阵. 于是 $r=n,\boldsymbol{F}=\boldsymbol{E}_n$. 从而 $\boldsymbol{A}=\boldsymbol{P}_1\boldsymbol{P}_2\cdots\boldsymbol{P}_r\boldsymbol{E}_n\boldsymbol{P}_{r+1}\cdots\boldsymbol{P}_s=\boldsymbol{P}_1\boldsymbol{P}_2\cdots\boldsymbol{P}_s$.

□

定理 2.3.4　设 $\boldsymbol{A},\boldsymbol{B}$ 都是 $m\times n$ 矩阵,则 $\boldsymbol{A}$ 和 $\boldsymbol{B}$ 等价的充要条件是存在 m 阶可逆矩阵 $\boldsymbol{P}$ 和 n 阶可逆矩阵 $\boldsymbol{Q}$,使得 $\boldsymbol{PAQ}=\boldsymbol{B}$.

证　若 $\boldsymbol{A}\to\boldsymbol{B}$,设 $\boldsymbol{A}$ 经 s 次初等行变换和 t 次初等列变换化为 $\boldsymbol{B}$,而每进行一次初等行(列)变换相当于用一个初等矩阵左(右)乘原矩阵,于是存在初等矩阵 $\boldsymbol{P}_1,\boldsymbol{P}_2,\cdots,\boldsymbol{P}_s$ 和 $\boldsymbol{Q}_1,\boldsymbol{Q}_2,\cdots,\boldsymbol{Q}_t$,使得 $\boldsymbol{P}_s\cdots\boldsymbol{P}_2\boldsymbol{P}_1\boldsymbol{A}\boldsymbol{Q}_1\boldsymbol{Q}_2\cdots\boldsymbol{Q}_t=\boldsymbol{B}$. 现令 $\boldsymbol{P}=\boldsymbol{P}_s\cdots\boldsymbol{P}_2\boldsymbol{P}_1,\boldsymbol{Q}=\boldsymbol{Q}_1\boldsymbol{Q}_2\cdots\boldsymbol{Q}_t$,则 $\boldsymbol{P}$ 和 $\boldsymbol{Q}$ 均为可逆矩阵,并且 $\boldsymbol{PAQ}=\boldsymbol{B}$.

因为以上过程都是可逆的,所以,若存在 m 阶可逆矩阵 $\boldsymbol{P}$ 和 n 阶可逆矩阵 $\boldsymbol{Q}$,使得 $\boldsymbol{PAQ}=\boldsymbol{B}$,则 $\boldsymbol{A}$ 和 $\boldsymbol{B}$ 等价 .　□

下面我们给出用初等变换求逆矩阵的方法.

设 $\boldsymbol{A}$ 为可逆矩阵,则存在有限个初等矩阵 $\boldsymbol{P}_1,\boldsymbol{P}_2,\cdots,\boldsymbol{P}_s$,使得 $\boldsymbol{A}=\boldsymbol{P}_1\boldsymbol{P}_2\cdots\boldsymbol{P}_s$,于是

$$\boldsymbol{P}_s^{-1}\cdots\boldsymbol{P}_2^{-1}\boldsymbol{P}_1^{-1}\boldsymbol{E}=\boldsymbol{A}^{-1},\tag{2.3.1}$$

并且

$$\boldsymbol{P}_s^{-1}\cdots\boldsymbol{P}_2^{-1}\boldsymbol{P}_1^{-1}\boldsymbol{A}=\boldsymbol{E}.\tag{2.3.2}$$

因为初等矩阵 $\boldsymbol{P}_i$ 的逆矩阵 $\boldsymbol{P}_i^{-1}$ 仍为初等矩阵. 由(2.3.1)和(2.3.2),矩阵 $\boldsymbol{A}$ 经若干次初等行变换即可化为 $\boldsymbol{E}$,而 $\boldsymbol{E}$ 经过相同的初等行变换则化为 $\boldsymbol{A}^{-1}$. 若将 n 阶方阵 $\boldsymbol{A}$ 和 $\boldsymbol{E}$ 并在一起,组成一个 $n\times 2n$ 的矩阵$[\boldsymbol{A}\mid\boldsymbol{E}]$,对其实施初等行变换,使其左半部分的 $\boldsymbol{A}$ 化为单位矩阵 $\boldsymbol{E}$,则右半部分的 $\boldsymbol{E}$ 即化为 $\boldsymbol{A}^{-1}$.

例 2.3.3　用初等变换法求矩阵 $\boldsymbol{A}=\begin{bmatrix}1&2&3\\2&-1&2\\1&1&2\end{bmatrix}$的逆矩阵 $\boldsymbol{A}^{-1}$.

解　对$[\boldsymbol{A}\mid\boldsymbol{E}]$实施如下初等行变换:

$$[\boldsymbol{A}\mid\boldsymbol{E}]=\left[\begin{array}{ccc|ccc}1&2&3&1&0&0\\2&-1&2&0&1&0\\1&1&2&0&0&1\end{array}\right]\xrightarrow[r_3-r_1]{r_2-2r_1}\left[\begin{array}{ccc|ccc}1&2&3&1&0&0\\0&-5&-4&-2&1&0\\0&-1&-1&-1&0&1\end{array}\right]$$

$$\xrightarrow{r_2\leftrightarrow r_3}\left[\begin{array}{ccc|ccc}1&2&3&1&0&0\\0&-1&-1&-1&0&1\\0&-5&-4&-2&1&0\end{array}\right]\xrightarrow[r_3-5r_2]{r_1+2r_2}\left[\begin{array}{ccc|ccc}1&0&1&-1&0&2\\0&-1&-1&-1&0&1\\0&0&1&3&1&-5\end{array}\right]$$

$$\xrightarrow[r_2+r_3]{r_1-r_3}\left[\begin{array}{ccc:ccc}1&0&0&-4&-1&7\\0&-1&0&2&1&-4\\0&0&1&3&1&-5\end{array}\right]\xrightarrow{(-1)\times r_2}\left[\begin{array}{ccc:ccc}1&0&0&-4&-1&7\\0&1&0&-2&-1&4\\0&0&1&3&1&-5\end{array}\right],$$

于是 $\boldsymbol{A}^{-1}=\begin{bmatrix}-4&-1&7\\-2&-1&4\\3&1&-5\end{bmatrix}$.

当矩阵 $\boldsymbol{A}$ 可逆时,也可以用初等变换的方法求解线性方程组 $\boldsymbol{Ax}=\boldsymbol{b}$. 因为 $\boldsymbol{A}$ 可逆,所以存在若干个初等矩阵 $\boldsymbol{P}_1,\boldsymbol{P}_2,\cdots,\boldsymbol{P}_s$,使得 $\boldsymbol{A}=\boldsymbol{P}_1\boldsymbol{P}_2\cdots\boldsymbol{P}_s$. 于是

$$\boldsymbol{P}_s^{-1}\cdots\boldsymbol{P}_2^{-1}\boldsymbol{P}_1^{-1}\boldsymbol{b}=\boldsymbol{A}^{-1}\boldsymbol{Ax}=\boldsymbol{x}. \tag{2.3.3}$$

(2.3.1)和(2.3.3)表明,若线性方程组的系数矩阵 $\boldsymbol{A}$ 经若干次初等行变换可以化为 $\boldsymbol{E}$,则 $\boldsymbol{b}$ 经过相同的初等行变换化为 $\boldsymbol{x}$. 为此,当系数矩阵 $\boldsymbol{A}$ 为可逆矩阵时,对线性方程组的增广矩阵 $\boldsymbol{B}=[\boldsymbol{A}\ \vdots\ \boldsymbol{b}]$ 实施初等行变换,使 $\boldsymbol{A}$ 化为单位矩阵,则最后一列即为方程组的解 $\boldsymbol{x}$.

例 2.3.4　求解线性方程组 $\begin{cases}x_1+2x_2+3x_3=2,\\x_1+\ x_2+2x_3=1,\\2x_1-\ x_2+2x_3=-1.\end{cases}$

解　因为线性方程组的系数行列式 $D=\begin{vmatrix}1&2&3\\1&1&2\\2&-1&2\end{vmatrix}=-1\neq0$,即系数矩阵 $\boldsymbol{A}$ 可逆. 对增广矩阵实施初等行变换,有

$$\boldsymbol{B}=[\boldsymbol{A}\ \vdots\ \boldsymbol{b}]=\left[\begin{array}{ccc:c}1&2&3&2\\1&1&2&1\\2&-1&2&-1\end{array}\right]\xrightarrow[r_3-2r_1]{r_2-r_1}\left[\begin{array}{ccc:c}1&2&3&2\\0&-1&-1&-1\\0&-5&-4&-5\end{array}\right]$$

$$\xrightarrow[(-1)\times r_3]{(-1)\times r_2}\left[\begin{array}{ccc:c}1&2&3&2\\0&1&1&1\\0&5&4&5\end{array}\right]\xrightarrow[r_3-5r_2]{r_1-2r_2}\left[\begin{array}{ccc:c}1&0&1&0\\0&1&1&1\\0&0&-1&0\end{array}\right]\xrightarrow[(-1)\times r_3]{\substack{r_1+r_3\\r_2+r_3}}\left[\begin{array}{ccc:c}1&0&0&0\\0&1&0&1\\0&0&1&0\end{array}\right].$$

于是可得,方程组的解为 $\boldsymbol{x}=\begin{bmatrix}0\\1\\0\end{bmatrix}$,即 $\begin{cases}x_1=0,\\x_2=1,\\x_3=0.\end{cases}$

与例 2.3.4 类似的,当 $\boldsymbol{A}$ 为可逆矩阵时,我们可以利用初等行变换的方法求解矩阵方程 $\boldsymbol{AX}=\boldsymbol{B}$. 对矩阵 $[\boldsymbol{A}\ \vdots\ \boldsymbol{B}]$ 实施初等行变换,使 $\boldsymbol{A}$ 化为单位矩阵,则与 $\boldsymbol{B}$ 对应的列即为方程的解 $\boldsymbol{X}$.

例 2.3.5 设矩阵 $\boldsymbol{A}=\begin{bmatrix}3&1&-1\\2&4&1\\1&-1&1\end{bmatrix}$, $\boldsymbol{B}=\begin{bmatrix}2&3\\1&0\\4&-1\end{bmatrix}$,求解矩阵方程 $\boldsymbol{AX}=2\boldsymbol{X}+\boldsymbol{B}$.

解 由 $\boldsymbol{AX}=2\boldsymbol{X}+\boldsymbol{B}$ 可得,$(\boldsymbol{A}-2\boldsymbol{E})\boldsymbol{X}=\boldsymbol{B}$, $|\boldsymbol{A}-2\boldsymbol{E}|=\begin{vmatrix}1&1&-1\\2&2&1\\1&-1&-1\end{vmatrix}=6\neq 0$, $\boldsymbol{A}-2\boldsymbol{E}$ 为可逆矩阵. 于是,对$[\boldsymbol{A}-2\boldsymbol{E}\mid\boldsymbol{B}]$实施如下初等行变换:

$$[\boldsymbol{A}-2\boldsymbol{E}\mid\boldsymbol{B}]=\left[\begin{array}{ccc:cc}1&1&-1&2&3\\2&2&1&1&0\\1&-1&-1&4&-1\end{array}\right]\xrightarrow[r_3-r_1]{r_2-2r_1}\left[\begin{array}{ccc:cc}1&1&-1&2&3\\0&0&3&-3&-6\\0&-2&0&2&-4\end{array}\right]$$

$$\xrightarrow[r_2\leftrightarrow r_3]{\frac{1}{3}\times r_2,\left(-\frac{1}{2}\right)\times r_3}\left[\begin{array}{ccc:cc}1&1&-1&2&3\\0&1&0&-1&2\\0&0&1&-1&-2\end{array}\right]$$

$$\xrightarrow[r_1+r_3]{r_1-r_2}\left[\begin{array}{ccc:cc}1&0&0&2&-1\\0&1&0&-1&2\\0&0&1&-1&-2\end{array}\right].$$

于是, $\boldsymbol{X}=\begin{bmatrix}2&-1\\-1&2\\-1&-2\end{bmatrix}$.

练习 2.3

1. 用初等变换将下列矩阵化为标准形:

(1) $\begin{bmatrix}1&0&1\\2&1&-1\\3&1&0\end{bmatrix}$; (2) $\begin{bmatrix}2&1&1&1\\1&2&1&1\\1&1&2&1\\1&1&1&2\end{bmatrix}$.

2. 设 $\boldsymbol{A}$ 是一个 $m\times n$ 矩阵,证明对 $\boldsymbol{A}$ 进行一次初等列变换,其结果相当于在 $\boldsymbol{A}$ 的右边乘一个相应的 n 阶初等矩阵.

3. 用初等变换法求下列矩阵的逆矩阵:

(1) $\begin{bmatrix}1&0&2\\2&1&1\\2&0&1\end{bmatrix}$; (2) $\begin{bmatrix}2&1&1&1\\1&2&1&1\\1&1&2&1\\1&1&1&2\end{bmatrix}$; (3) $\begin{bmatrix}\cos\theta&-\sin\theta\\\sin\theta&\cos\theta\end{bmatrix}$.

4. 用初等变换法求解线性方程组$\begin{cases}2x_1+3x_2+4x_3=1,\\5x_1-2x_2+x_3=1,\\x_1+2x_2+3x_3=1.\end{cases}$

5. 已知矩阵 $\boldsymbol{A}=\begin{bmatrix}1&2&1\\2&1&1\\-1&1&2\end{bmatrix}$, $\boldsymbol{B}=\begin{bmatrix}2&1&1\\1&2&1\\1&1&2\end{bmatrix}$, 试求矩阵 $\boldsymbol{X}$, 使得等式 $2\boldsymbol{AX}-\boldsymbol{X}+\boldsymbol{B}=\boldsymbol{O}$ 成立.

§2.4　矩阵的分块

在现代工程领域中经常需要处理一些规模很大的矩阵,而且这些大型矩阵往往具有一定的规律性. 比如有的大型矩阵中很多元素均为零,只有少部分元素不为零,这就是工程中所说的大型稀疏矩阵. 本节介绍的矩阵分块方法是处理该类问题的有效方法.

用一些纵贯线和横贯线将矩阵分成若干个小矩阵,每个小矩阵称为原矩阵的一个**子块**,以子块为元素按原来位置次序构成的形式上的矩阵称为**分块矩阵**.

例如,矩阵 $\boldsymbol{A}=\begin{bmatrix}a_{11}&a_{12}&a_{13}\\a_{21}&a_{22}&a_{23}\\a_{31}&a_{32}&a_{33}\\a_{41}&a_{42}&a_{43}\end{bmatrix}$,我们可以根据不同需要对矩阵 $\boldsymbol{A}$ 进行不同的分块.

若对矩阵 $\boldsymbol{A}$ 进行分块:$\boldsymbol{A}=\left[\begin{array}{cc:c}a_{11}&a_{12}&a_{13}\\a_{21}&a_{22}&a_{23}\\ \hdashline a_{31}&a_{32}&a_{33}\\a_{41}&a_{42}&a_{43}\end{array}\right]$,则形式矩阵 $\boldsymbol{A}=\begin{bmatrix}\boldsymbol{A}_{11}&\boldsymbol{A}_{12}\\\boldsymbol{A}_{21}&\boldsymbol{A}_{22}\end{bmatrix}$为 $\boldsymbol{A}$ 的分块矩阵,其中 $\boldsymbol{A}_{11}=\begin{bmatrix}a_{11}&a_{12}\\a_{21}&a_{22}\end{bmatrix}$,$\boldsymbol{A}_{12}=\begin{bmatrix}a_{13}\\a_{23}\end{bmatrix}$,$\boldsymbol{A}_{21}=\begin{bmatrix}a_{31}&a_{32}\\a_{41}&a_{42}\end{bmatrix}$,$\boldsymbol{A}_{22}=\begin{bmatrix}a_{33}\\a_{43}\end{bmatrix}$为 $\boldsymbol{A}$ 的子块.

我们也可以按行分块,将 $\boldsymbol{A}$ 的每一行作为一个子块,即令 $\boldsymbol{\alpha}_i=[a_{i1},a_{i2},a_{i3}]$ $(i=1,2,3,4)$,按这样分块:$\boldsymbol{A}=\begin{bmatrix}\boldsymbol{\alpha}_1\\\boldsymbol{\alpha}_2\\\boldsymbol{\alpha}_3\\\boldsymbol{\alpha}_4\end{bmatrix}$. 有时也按列分块,将 $\boldsymbol{A}$ 的每一列作为一个

子块,即令 $\boldsymbol{\beta}_j=\begin{bmatrix}a_{1j}\\a_{2j}\\a_{3j}\\a_{4j}\end{bmatrix}(j=1,2,3)$,按这样分块:$\boldsymbol{A}=[\boldsymbol{\beta}_1,\boldsymbol{\beta}_2,\boldsymbol{\beta}_3]$.

当然,还可以根据需要对 $\boldsymbol{A}$ 作其他的分块.

分块矩阵的运算规则与一般矩阵类似,对矩阵进行分块的原则是使计算尽可能简便易行,但在分块矩阵的运算过程中也必须遵守相应的运算规则.

1. **分块矩阵的加法**:设 $\boldsymbol{A},\boldsymbol{B}$ 为同型矩阵,对 $\boldsymbol{A},\boldsymbol{B}$ 采用完全相同的分块方式,如

$$\boldsymbol{A}=\begin{bmatrix}\boldsymbol{A}_{11}&\cdots&\boldsymbol{A}_{1r}\\\vdots&&\vdots\\\boldsymbol{A}_{s1}&\cdots&\boldsymbol{A}_{sr}\end{bmatrix},\quad \boldsymbol{B}=\begin{bmatrix}\boldsymbol{B}_{11}&\cdots&\boldsymbol{B}_{1r}\\\vdots&&\vdots\\\boldsymbol{B}_{s1}&\cdots&\boldsymbol{B}_{sr}\end{bmatrix},$$

其中相应的 $\boldsymbol{A}_{ij}$ 与 $\boldsymbol{B}_{ij}$ 也均为同型矩阵,则 $\boldsymbol{A}$ 与 $\boldsymbol{B}$ 的和为

$$\boldsymbol{A}+\boldsymbol{B}=\begin{bmatrix}\boldsymbol{A}_{11}+\boldsymbol{B}_{11}&\cdots&\boldsymbol{A}_{1r}+\boldsymbol{B}_{1r}\\\vdots&&\vdots\\\boldsymbol{A}_{s1}+\boldsymbol{B}_{s1}&\cdots&\boldsymbol{A}_{sr}+\boldsymbol{B}_{sr}\end{bmatrix}.$$

2. **分块矩阵的数乘**:设分块矩阵 $\boldsymbol{A}=\begin{bmatrix}\boldsymbol{A}_{11}&\cdots&\boldsymbol{A}_{1r}\\\vdots&&\vdots\\\boldsymbol{A}_{s1}&\cdots&\boldsymbol{A}_{sr}\end{bmatrix}$,$k$ 为常数,则

$$k\boldsymbol{A}=k\begin{bmatrix}\boldsymbol{A}_{11}&\cdots&\boldsymbol{A}_{1r}\\\vdots&&\vdots\\\boldsymbol{A}_{s1}&\cdots&\boldsymbol{A}_{sr}\end{bmatrix}=\begin{bmatrix}k\boldsymbol{A}_{11}&\cdots&k\boldsymbol{A}_{1r}\\\vdots&&\vdots\\k\boldsymbol{A}_{s1}&\cdots&k\boldsymbol{A}_{sr}\end{bmatrix}.$$

3. **分块矩阵的乘法**:在利用分块矩阵进行乘法运算时,不仅要求左边矩阵 $\boldsymbol{A}$ 的列数等于右边矩阵 $\boldsymbol{B}$ 的行数,还要求 $\boldsymbol{A}$ 关于列的分块方式与 $\boldsymbol{B}$ 关于行的分块方式完全一致,使得 $\boldsymbol{A}$ 的分块矩阵的列数与 $\boldsymbol{B}$ 的相应分块矩阵的行数相同.

例如,$\boldsymbol{A}=\begin{bmatrix}\boldsymbol{A}_{11}&\cdots&\boldsymbol{A}_{1r}\\\vdots&&\vdots\\\boldsymbol{A}_{s1}&\cdots&\boldsymbol{A}_{sr}\end{bmatrix}$,$\boldsymbol{B}=\begin{bmatrix}\boldsymbol{B}_{11}&\cdots&\boldsymbol{B}_{1t}\\\vdots&&\vdots\\\boldsymbol{B}_{r1}&\cdots&\boldsymbol{B}_{rt}\end{bmatrix}$,其中 $\boldsymbol{A}_{i1},\boldsymbol{A}_{i2},\cdots,\boldsymbol{A}_{ir}$ 的列数分别等于 $\boldsymbol{B}_{1j},\boldsymbol{B}_{2j},\cdots,\boldsymbol{B}_{rj}$ 的行数,则 $\boldsymbol{AB}=\begin{bmatrix}\boldsymbol{C}_{11}&\cdots&\boldsymbol{C}_{1t}\\\vdots&&\vdots\\\boldsymbol{C}_{s1}&\cdots&\boldsymbol{C}_{st}\end{bmatrix}$,其中 $\boldsymbol{C}_{ij}=\sum\limits_{k=1}^{r}\boldsymbol{A}_{ik}\boldsymbol{B}_{kj}$ $(i=1,2,\cdots,s;j=1,2,\cdots,t)$.

例 2.4.1　设 $\boldsymbol{A}=\begin{bmatrix}1&0&2&0\\0&1&0&2\\0&0&-1&0\\0&0&0&-1\end{bmatrix}$，$\boldsymbol{B}=\begin{bmatrix}2&-3&-1\\-3&1&1\\1&2&0\\2&1&0\end{bmatrix}$，利用分块矩阵，计算 $\boldsymbol{AB}$.

解　对矩阵 $\boldsymbol{A}$，$\boldsymbol{B}$ 进行如下分块：

$$\boldsymbol{A}=\left[\begin{array}{cc:cc}1&0&2&0\\0&1&0&2\\\hdashline 0&0&-1&0\\0&0&0&-1\end{array}\right]=\begin{bmatrix}\boldsymbol{E}&2\boldsymbol{E}\\\boldsymbol{O}&-\boldsymbol{E}\end{bmatrix},\quad \boldsymbol{B}=\left[\begin{array}{cc:c}2&-3&-1\\-3&1&1\\\hdashline 1&2&0\\2&1&0\end{array}\right]=\begin{bmatrix}\boldsymbol{B}_{11}&\boldsymbol{B}_{12}\\\boldsymbol{B}_{21}&\boldsymbol{O}\end{bmatrix},$$

于是，
$$\boldsymbol{AB}=\begin{bmatrix}\boldsymbol{E}&2\boldsymbol{E}\\\boldsymbol{O}&-\boldsymbol{E}\end{bmatrix}\begin{bmatrix}\boldsymbol{B}_{11}&\boldsymbol{B}_{12}\\\boldsymbol{B}_{21}&\boldsymbol{O}\end{bmatrix}=\begin{bmatrix}\boldsymbol{B}_{11}+2\boldsymbol{B}_{21}&\boldsymbol{B}_{12}\\-\boldsymbol{B}_{21}&\boldsymbol{O}\end{bmatrix}=\begin{bmatrix}4&1&-1\\1&3&1\\-1&-2&0\\-2&-1&0\end{bmatrix}.$$

4. **分块矩阵的转置**：设 $\boldsymbol{A}=\begin{bmatrix}\boldsymbol{A}_{11}&\cdots&\boldsymbol{A}_{1r}\\\vdots&&\vdots\\\boldsymbol{A}_{s1}&\cdots&\boldsymbol{A}_{sr}\end{bmatrix}$，则 $\boldsymbol{A}^{\mathrm{T}}=\begin{bmatrix}\boldsymbol{A}_{11}^{\mathrm{T}}&\cdots&\boldsymbol{A}_{s1}^{\mathrm{T}}\\\vdots&&\vdots\\\boldsymbol{A}_{1r}^{\mathrm{T}}&\cdots&\boldsymbol{A}_{sr}^{\mathrm{T}}\end{bmatrix}$.

5. **分块对角矩阵**：设 $\boldsymbol{A}$ 为 n 阶方阵，并且可做如下分块：

$$\boldsymbol{A}=\begin{bmatrix}\boldsymbol{A}_{11}&&&\\&\boldsymbol{A}_{22}&&\\&&\ddots&\\&&&\boldsymbol{A}_{rr}\end{bmatrix},\tag{2.4.1}$$

即 $\boldsymbol{A}$ 的分块矩阵只有主对角线上可能有非零子块，其余子块均为零矩阵，这里子块 $\boldsymbol{A}_{ii}(i=1,2,\cdots,r)$ 都是方阵，此时称 $\boldsymbol{A}$ 为**分块对角矩阵**.

性质 2.4.1　分块对角矩阵(2.4.1)具有以下性质：

(1) 分块对角矩阵的行列式等于其主对角线上各子块的行列式之积，即

$$\det(\boldsymbol{A})=\begin{vmatrix}\boldsymbol{A}_{11}&&&\\&\boldsymbol{A}_{22}&&\\&&\ddots&\\&&&\boldsymbol{A}_{rr}\end{vmatrix}=\det(\boldsymbol{A}_{11})\det(\boldsymbol{A}_{22})\cdots\det(\boldsymbol{A}_{rr});$$

(2) 如果分块对角矩阵(2.4.1)的各子块 $\boldsymbol{A}_{ii}$ 都是可逆矩阵，则 $\boldsymbol{A}$ 也可逆，并且

$$A^{-1}=\begin{bmatrix} A_{11}^{-1} & & & \\ & A_{22}^{-1} & & \\ & & \ddots & \\ & & & A_{rr}^{-1} \end{bmatrix}.$$

以上性质的证明是容易的,在此从略.

例 2.4.2 设 $A=\begin{bmatrix} 3 & -1 & 0 & 0 \\ 2 & 1 & 0 & 0 \\ 0 & 0 & 1 & -1 \\ 0 & 0 & 1 & 2 \end{bmatrix}$,求 A 的行列式 $\det(A)$ 及逆矩阵 A^{-1}.

解 对 A 做如下分块:

$$A=\left[\begin{array}{cc:cc} 3 & -1 & 0 & 0 \\ 2 & 1 & 0 & 0 \\ \hdashline 0 & 0 & 1 & -1 \\ 0 & 0 & 1 & 2 \end{array}\right].$$

即令 $A=\begin{bmatrix} A_{11} & \\ & A_{22} \end{bmatrix}$,其中 $A_{11}=\begin{bmatrix} 3 & -1 \\ 2 & 1 \end{bmatrix}$,$A_{22}=\begin{bmatrix} 1 & -1 \\ 1 & 2 \end{bmatrix}$,则 A 为分块对角矩阵,容易计算 $\det(A_{11})=\begin{vmatrix} 3 & -1 \\ 2 & 1 \end{vmatrix}=5$,$\det(A_{22})=\begin{vmatrix} 1 & -1 \\ 1 & 2 \end{vmatrix}=3$,并且

$$A_{11}^{-1}=\begin{bmatrix} \frac{1}{5} & \frac{1}{5} \\ -\frac{2}{5} & \frac{3}{5} \end{bmatrix},\quad A_{22}^{-1}=\begin{bmatrix} \frac{2}{3} & \frac{1}{3} \\ -\frac{1}{3} & \frac{1}{3} \end{bmatrix},$$

于是,矩阵 A 的行列式 $\det(A)=\det(A_{11})\det(A_{22})=15$,$A$ 的逆矩阵

$$A^{-1}=\begin{bmatrix} \frac{1}{5} & \frac{1}{5} & 0 & 0 \\ -\frac{2}{5} & \frac{3}{5} & 0 & 0 \\ 0 & 0 & \frac{2}{3} & \frac{1}{3} \\ 0 & 0 & -\frac{1}{3} & \frac{1}{3} \end{bmatrix}.$$

练习 2.4

1. 设分块矩阵 $\boldsymbol{A}=\begin{bmatrix}\boldsymbol{A}_1 & \boldsymbol{A}_2\\ \boldsymbol{O} & \boldsymbol{A}_3\end{bmatrix}$,其中子块 $\boldsymbol{A}_i$ 都是可逆方阵($i=1,2,3$),试判断下列各式对错:

(1) $\boldsymbol{A}^{\mathrm{T}}=\begin{bmatrix}\boldsymbol{A}_1^{\mathrm{T}} & \boldsymbol{A}_2^{\mathrm{T}}\\ \boldsymbol{O} & \boldsymbol{A}_3^{\mathrm{T}}\end{bmatrix}$; (2) $\boldsymbol{A}^{-1}=\begin{bmatrix}\boldsymbol{A}_1^{-1} & \boldsymbol{A}_2^{-1}\\ \boldsymbol{O} & \boldsymbol{A}_3^{-1}\end{bmatrix}$;

(3) $\boldsymbol{A}^{-1}=\begin{bmatrix}\boldsymbol{A}_1^{-1} & \boldsymbol{O}\\ \boldsymbol{A}_2^{-1} & \boldsymbol{A}_3^{-1}\end{bmatrix}$; (4) $\det(\boldsymbol{A})=\det(\boldsymbol{A}_1)\det(\boldsymbol{A}_3)$.

2. 设矩阵 $\boldsymbol{A}=\begin{bmatrix}1&2&0&0\\2&1&0&0\\0&1&2&1\\1&0&1&2\end{bmatrix}$,$\boldsymbol{B}=\begin{bmatrix}3&2&1&0\\-1&0&0&2\\-1&0&1&0\\0&2&0&1\end{bmatrix}$,利用矩阵的分块计算 $\boldsymbol{AB}$.

3. 设矩阵 $\boldsymbol{A}=\begin{bmatrix}2&1&0&0\\-3&1&0&0\\0&0&0&1\\0&0&1&0\end{bmatrix}$,试计算 $\boldsymbol{A}^{-1}$ 和 $\det(\boldsymbol{A})$.

§2.5 矩 阵 的 秩

矩阵的秩是一个重要概念,在研究矩阵的性质、线性方程组解的情况、向量组的线性相关性等问题中都有着重要的应用. 为了定义矩阵的秩,首先给出矩阵的子式的概念.

定义 2.5.1 设 $\boldsymbol{A}$ 为 $m\times n$ 矩阵,在 $\boldsymbol{A}$ 中任取 k 行 k 列($k\leqslant\min\{m,n\}$),位于这些行列交叉位置上的 $k\times k$ 个元素按它们在矩阵中的位置次序构成的 k 阶行列式称为**矩阵 $\boldsymbol{A}$ 的**一个 k 阶**子式**.

显然,$m\times n$ 矩阵 $\boldsymbol{A}$ 的 k 阶子式共有 $\mathrm{C}_m^k\mathrm{C}_n^k$ 个.

定义 2.5.2 若 $m\times n$ 矩阵 $\boldsymbol{A}$ 有一个 r 阶子式不等于零,而它的所有 $r+1$ 阶子式(如果有)均为零,则称矩阵 $\boldsymbol{A}$ 的**秩**为 r,记为 $R(\boldsymbol{A})=r$.

规定**零矩阵的秩为零**.

由矩阵秩的定义不难看出,矩阵的秩具有如下性质:

性质 2.5.1 设 $\boldsymbol{A}$ 为 $m\times n$ 矩阵,则

(1) $0\leqslant R(\boldsymbol{A}_{m\times n})\leqslant\min\{m,n\}$;

(2) $R(\boldsymbol{A}^{\mathrm{T}})=R(\boldsymbol{A})$;

(3) 若 $R(\boldsymbol{A})=r$,则 $\boldsymbol{A}$ 的所有阶数大于 r 的子式(如果有)均为零,即若矩阵 $\boldsymbol{A}$ 的秩为 r,则 $\boldsymbol{A}$ 的最高阶非零子式(阶数最高的不等于零的子式)的阶数为 r.

以上几个结论的证明留给读者自己完成.

例 2.5.1 设矩阵 $\boldsymbol{A}=\begin{bmatrix}1&6&-1\\-2&1&-3\\3&5&2\end{bmatrix}$,求 $\boldsymbol{A}$ 的秩 $R(\boldsymbol{A})$.

解 首先,因为矩阵 $\boldsymbol{A}\neq\boldsymbol{O}$,有一阶非零子式,故 $R(\boldsymbol{A})\geqslant 1$;再考察二阶子式,容易看出 $\boldsymbol{A}$ 有一个 2 阶子式 $D_2=\begin{vmatrix}1&6\\-2&1\end{vmatrix}=13\neq 0$;而 $\boldsymbol{A}$ 的 3 阶(最高阶)子式只有一个,为 $\det(\boldsymbol{A})=\begin{vmatrix}1&6&-1\\-2&1&-3\\3&5&2\end{vmatrix}=0$,因此 $R(\boldsymbol{A})=2$.

对于一些特殊矩阵,通过观察便可看出它的最高阶非零子式,从而很容易得到其秩.

例如,对于矩阵 $\boldsymbol{A}=\begin{bmatrix}-2&3&-2&2&1\\0&2&-1&1&2\\0&0&0&0&-3\\0&0&0&0&0\end{bmatrix}$,不难看出 $\boldsymbol{A}$ 的所有 4 阶子式均为零,而有一个 3 阶子式(第 1,2,3 行与第 1,2,5 列交叉元素构成的子式)$D_3=\begin{vmatrix}-2&3&1\\0&2&2\\0&0&-3\end{vmatrix}=12\neq 0$,因此,$R(\boldsymbol{A})=3$.

定义 2.5.3 若矩阵的每一行中第一个非零元素的下方及其左下方的元素均为零,并且零行(元素全为零的行)全部位于非零行(元素不全为零的行)的下方,则称该矩阵为**行阶梯形矩阵**.

进一步,对于一个行阶梯形矩阵,若非零行中的第一个非零元素都为 1,并且该元素所在列中的其余元素均为 0,则称该矩阵为**行最简形矩阵**.

如 $\boldsymbol{A}=\begin{bmatrix}-2&3&-2&2&1\\0&2&-1&1&2\\0&0&0&0&-3\\0&0&0&0&0\end{bmatrix}$ 为行阶梯形矩阵,$\boldsymbol{B}=\begin{bmatrix}1&0&-2&2&0\\0&1&-1&1&0\\0&0&0&0&1\\0&0&0&0&0\end{bmatrix}$ 为行最简形矩阵.

事实上,任何一个矩阵都可以通过初等行变换化为行阶梯形和行最简形矩阵,若再实施初等列变换则可以化为标准形.

例 2.5.2　设 $A=\begin{bmatrix}0&1&0&1&2\\1&1&2&-1&3\\2&2&4&-2&1\end{bmatrix}$,试通过初等行变换将矩阵 A 化为行阶梯形矩阵、行最简形矩阵.

解　对 A 实施初等行变换,有

$$A=\begin{bmatrix}0&1&0&1&2\\1&1&2&-1&3\\2&2&4&-2&1\end{bmatrix}\xrightarrow{r_1\leftrightarrow r_2}\begin{bmatrix}1&1&2&-1&3\\0&1&0&1&2\\2&2&4&-2&1\end{bmatrix}$$

$$\xrightarrow{r_3-2r_1}\begin{bmatrix}1&1&2&-1&3\\0&1&0&1&2\\0&0&0&0&-5\end{bmatrix}:=B,$$

则 B 为行阶梯形矩阵.

继续对 B 实施初等行变换,有

$$B=\begin{bmatrix}1&1&2&-1&3\\0&1&0&1&2\\0&0&0&0&-5\end{bmatrix}\xrightarrow[\left(-\frac{1}{5}\right)\times r_3]{r_1-r_2}\begin{bmatrix}1&0&2&-2&1\\0&1&0&1&2\\0&0&0&0&1\end{bmatrix}$$

$$\xrightarrow[r_2-2r_3]{r_1-r_3}\begin{bmatrix}1&0&2&-2&0\\0&1&0&1&0\\0&0&0&0&1\end{bmatrix}:=U,$$

则 U 为行最简形矩阵.

若再对 U 实施初等列变换,则可将其化为标准形,即

$$U=\begin{bmatrix}1&0&2&-2&0\\0&1&0&1&0\\0&0&0&0&1\end{bmatrix}\xrightarrow[c_4-c_2]{c_3-2c_1,\,c_4+2c_1}\begin{bmatrix}1&0&0&0&0\\0&1&0&0&0\\0&0&0&0&1\end{bmatrix}$$

$$\xrightarrow{c_3\leftrightarrow c_5}\begin{bmatrix}1&0&0&0&0\\0&1&0&0&0\\0&0&1&0&0\end{bmatrix}=F.$$

容易看出,行阶梯形矩阵、行最简形矩阵,以及标准形的秩都等于其非零行的行数. 而对于一般的阶数较高的矩阵,用定义计算它的秩,需要进行大量的行列式(子式)计算,这是非常麻烦的,若能通过不改变秩的变换把矩阵化为这几种特殊形式的矩阵,就可以方便地计算矩阵的秩.

定理 2.5.1　矩阵经初等变换其秩不变,即若矩阵 A 与 B 等价,则 $R(A)=R(B)$.

证 不失一般性,我们只证明初等行变换的情况.

设 $R(\boldsymbol{A})=r$,则存在 r 阶子式 $D_r\neq 0$ 为矩阵 $\boldsymbol{A}$ 的一个最高阶非零子式.

若矩阵 $\boldsymbol{A}$ 经初等行变换 $r_i\leftrightarrow r_j$ 或 $k\times r_i$ 化为 $\boldsymbol{B}$,由行列式的性质,在 $\boldsymbol{B}$ 中容易找到一个与 D_r 相对应的 r 阶子式 $D_{r_1}\neq 0$,于是 $R(\boldsymbol{B})\geqslant r$.

若矩阵 $\boldsymbol{A}$ 经初等行变换 r_i+kr_j 化为 $\boldsymbol{B}$,如果 D_r 中不含第 i 行或同时含有第 i 行与第 j 行,则有 $D_{r_1}=D_r\neq 0$,于是 $R(\boldsymbol{B})\geqslant r$. 如果 D_r 中含第 i 行但不含第 j 行,考虑

$$D_{r_1}=\begin{vmatrix}\vdots\\ r_i+kr_j\\ \vdots\end{vmatrix}=\begin{vmatrix}\vdots\\ r_i\\ \vdots\end{vmatrix}+k\begin{vmatrix}\vdots\\ r_j\\ \vdots\end{vmatrix}=D_r+k\hat{D}_r.$$

若 $\hat{D}_r=0$,则有 $D_{r_1}=D_r\neq 0$,于是 $R(\boldsymbol{B})\geqslant r$. 若 $\hat{D}_r\neq 0$,此时,可知 $\boldsymbol{A}$ 中有一个不含第 i 行的 r 阶非零子式 $\hat{D}_r$,再结合前面的方法可得 $R(\boldsymbol{B})\geqslant r$.

综上所述,$\boldsymbol{A}$ 经过一次初等行变换化为 $\boldsymbol{B}$,有 $R(\boldsymbol{B})\geqslant R(\boldsymbol{A})$. 由于矩阵 $\boldsymbol{A}$ 与 $\boldsymbol{B}$ 等价,$\boldsymbol{B}$ 也可经过一次初等行变换化为 $\boldsymbol{A}$,于是 $R(\boldsymbol{A})\geqslant R(\boldsymbol{B})$. 故 $R(\boldsymbol{A})=R(\boldsymbol{B})$.

对于初等列变换的情况,类似地可得同样的结论. □

推论 1 设 $\boldsymbol{A}$ 为 $m\times n$ 矩阵,$\boldsymbol{P},\boldsymbol{Q}$ 分别为 m,n 阶可逆方阵,则 $R(\boldsymbol{PAQ})=R(\boldsymbol{A})$.

证 因为 $\boldsymbol{P},\boldsymbol{Q}$ 分别为 m,n 阶可逆方阵,由定理 2.3.4 知,$\boldsymbol{PAQ}$ 与 $\boldsymbol{A}$ 等价. 由定理 2.5.1 知,$R(\boldsymbol{PAQ})=R(\boldsymbol{A})$. □

一般地,常常使用初等变换的方法求矩阵的秩,即对矩阵 $\boldsymbol{A}$ 实施初等变换,将其化为行阶梯形矩阵 $\boldsymbol{B}$,则 $\boldsymbol{B}$ 的非零行的行数即为所求矩阵 $\boldsymbol{A}$ 的秩.

例 2.5.3 求矩阵 $\boldsymbol{A}=\begin{bmatrix}1&1&2&3&1\\1&2&-1&0&2\\2&2&4&6&1\\2&3&1&3&3\end{bmatrix}$ 的秩,并求 $\boldsymbol{A}$ 的一个最高阶非零子式.

解 对 $\boldsymbol{A}$ 实施初等行变换,有

$$\boldsymbol{A}=\begin{bmatrix}1&1&2&3&1\\1&2&-1&0&2\\2&2&4&6&1\\2&3&1&3&3\end{bmatrix}\xrightarrow[r_4-2r_1]{\substack{r_2-r_1\\ r_3-2r_1}}\begin{bmatrix}1&1&2&3&1\\0&1&-3&-3&1\\0&0&0&0&-1\\0&1&-3&-3&1\end{bmatrix}$$

$$\xrightarrow{r_4-r_2}\begin{bmatrix}1&1&2&3&1\\0&1&-3&-3&1\\0&0&0&0&-1\\0&0&0&0&0\end{bmatrix}:=\boldsymbol{B}.$$

于是 $R(\boldsymbol{A})=R(\boldsymbol{B})=3$.

由于矩阵 $\boldsymbol{A}$ 经初等行变换化为 $\boldsymbol{B}$,其列的相应位置并未发生改变. 因此,在与 $\boldsymbol{B}$ 中最高阶(3 阶)非零子式所在的列(第 1,2,5 列)对应的 $\boldsymbol{A}$ 的列中,必然有一个最高阶(3 阶)非零子式. 于是,求 $\boldsymbol{A}$ 的一个最高阶非零子式只需在矩阵 $\boldsymbol{A}$ 的第 1,2,5 列中找即可,不难得到子式

$$D=\begin{vmatrix}1&1&1\\1&2&2\\2&2&1\end{vmatrix}=\begin{vmatrix}1&1&1\\0&1&1\\0&0&-1\end{vmatrix}=-1\neq 0$$

为 $\boldsymbol{A}$ 的一个最高阶非零子式.

事实上,矩阵经初等行变换与初等列变换其秩都不会发生改变,若仅仅是为了计算矩阵的秩,则通过初等行变换和初等列变换都可以解决. 但是,若只对矩阵实施初等行变换将其化为行阶梯形矩阵,那么,在得到其秩的同时,还可以较为方便地得到矩阵的一个最高阶非零子式.

推论 2　矩阵相乘,其秩不会增加. 即 $R(\boldsymbol{AB})\leqslant\min\{R(\boldsymbol{A}),R(\boldsymbol{B})\}$.

证　设矩阵 $\boldsymbol{A}$ 经初等行变换化为 $\begin{bmatrix}\boldsymbol{A}_1\\\boldsymbol{O}\end{bmatrix}$,其中 $\boldsymbol{A}_1$ 的行数等于 $R(\boldsymbol{A})$. 那么,$\begin{bmatrix}\boldsymbol{A}_1\\\boldsymbol{O}\end{bmatrix}$ 可经若干次初等行变换化为 $\boldsymbol{A}$,即存在可逆矩阵 $\boldsymbol{P}$ 使得 $\boldsymbol{A}=\boldsymbol{P}\begin{bmatrix}\boldsymbol{A}_1\\\boldsymbol{O}\end{bmatrix}$. 于是,

$$R(\boldsymbol{AB})=R\left(\boldsymbol{P}\begin{bmatrix}\boldsymbol{A}_1\\\boldsymbol{O}\end{bmatrix}\boldsymbol{B}\right)=R\left(\begin{bmatrix}\boldsymbol{A}_1\\\boldsymbol{O}\end{bmatrix}\boldsymbol{B}\right)=R\left(\begin{bmatrix}\boldsymbol{A}_1\boldsymbol{B}\\\boldsymbol{O}\end{bmatrix}\right).$$

显然,$R\left(\begin{bmatrix}\boldsymbol{A}_1\boldsymbol{B}\\\boldsymbol{O}\end{bmatrix}\right)$ 不超过 $\boldsymbol{A}_1$ 的行数,即 $R\left(\begin{bmatrix}\boldsymbol{A}_1\boldsymbol{B}\\\boldsymbol{O}\end{bmatrix}\right)\leqslant R(\boldsymbol{A})$,于是 $R(\boldsymbol{AB})\leqslant R(\boldsymbol{A})$.类似可证明,$R(\boldsymbol{AB})\leqslant R(\boldsymbol{B})$. 因此,

$$R(\boldsymbol{AB})\leqslant\min\{R(\boldsymbol{A}),R(\boldsymbol{B})\}.$$

□

设 $\boldsymbol{A}$ 为 n 阶方阵,若 $R(\boldsymbol{A})=n$,则称 $\boldsymbol{A}$ 为**满秩矩阵**.

定理 2.5.2　设 $\boldsymbol{A}$ 为 n 阶方阵,那么,以下结论等价:

(1) $\boldsymbol{A}$ 为满秩矩阵;

(2) $\boldsymbol{A}$ 为非奇异矩阵;

（3）$\boldsymbol{A}$ 为可逆矩阵.

根据前面的讨论，定理 2. 5. 2 的结论是显然的，证明从略.

练习 2. 5

1. 写出矩阵 $\boldsymbol{A}=\begin{bmatrix}1 & 2 & 1 & 2\\ 1 & -1 & 1 & -3\\ 2 & 1 & 2 & -1\end{bmatrix}$ 的所有 3 阶子式，并求该矩阵的秩.

2. 求下列矩阵的秩：

（1）$\begin{bmatrix}1 & 2 & -1\\ -2 & 1 & 2\\ -1 & 3 & 1\end{bmatrix}$；（2）$\begin{bmatrix}2 & -1 & 0 & 1 & 1\\ 3 & 4 & 1 & 2 & 3\\ 0 & 3 & 4 & 1 & -2\\ 1 & 5 & 1 & 1 & 2\end{bmatrix}$.

3. 设 λ 为实数，讨论矩阵 $\boldsymbol{A}=\begin{bmatrix}\lambda & 1-2\lambda & -1\\ 1 & -\lambda & \lambda+1\\ -1 & \lambda & 2\lambda+1\end{bmatrix}$ 的秩.

§2. 6 解线性方程组的消元法

线性方程组在运筹学、系统控制、电子工程以及管理科学等众多领域都有广泛的应用，线性方程组的求解方法及解的情况是线性代数中最重要的内容之一. 在前面的学习中，我们分别用行列式（克拉默法则）和逆矩阵的方法研究了线性方程组的求解及相关问题. 首先，这两种方法都要求线性方程组的系数矩阵是可逆的，显然，当线性方程组中未知量的个数与方程个数不相等时，这个条件不可能满足；其次，这两种方法的计算量都比较大，对于未知量个数较少的方程组是可行的，但求解一些大型的线性方程组一般是比较困难的. 然而，在许多实际问题中，所涉及的线性方程组往往是大型的，并且它们不一定具备解的存在唯一性条件，这些都不便于应用克拉默法则或逆矩阵的方法解决. 本节，我们讨论一般线性方程组解的情况，并给出求解的常用方法.

考虑由 m 个方程 n 个未知量构成的一般线性方程组

$$\begin{cases}a_{11}x_1+a_{12}x_2+\cdots+a_{1n}x_n=b_1,\\ a_{21}x_1+a_{22}x_2+\cdots+a_{2n}x_n=b_2,\\ \cdots\cdots\cdots\cdots\\ a_{m1}x_1+a_{m2}x_2+\cdots+a_{mn}x_n=b_m,\end{cases}\tag{2.6.1}$$

其矩阵形式为 $\boldsymbol{A}\boldsymbol{x}=\boldsymbol{b}$. 其中, $\boldsymbol{A}=\begin{bmatrix} a_{11} & a_{12} & \cdots & a_{1n} \\ a_{21} & a_{22} & \cdots & a_{2n} \\ \vdots & \vdots & & \vdots \\ a_{m1} & a_{m2} & \cdots & a_{mn} \end{bmatrix}$, $\boldsymbol{x}=\begin{bmatrix} x_1 \\ x_2 \\ \vdots \\ x_n \end{bmatrix}$, $\boldsymbol{b}=\begin{bmatrix} b_1 \\ b_2 \\ \vdots \\ b_m \end{bmatrix}$, 增广矩阵

$$\boldsymbol{B}=[\boldsymbol{A} \mid \boldsymbol{b}]=\left[\begin{array}{cccc|c} a_{11} & a_{12} & \cdots & a_{1n} & b_1 \\ a_{21} & a_{22} & \cdots & a_{2n} & b_2 \\ \vdots & \vdots & & \vdots & \vdots \\ a_{m1} & a_{m2} & \cdots & a_{mn} & b_m \end{array}\right].$$

当线性方程组(2.6.1)右端的常数 $b_1, b_2, \cdots, b_m$ 全为零时, 方程组

$$\begin{cases} a_{11}x_1+a_{12}x_2+\cdots+a_{1n}x_n=0, \\ a_{21}x_1+a_{22}x_2+\cdots+a_{2n}x_n=0, \\ \cdots\cdots\cdots\cdots \\ a_{m1}x_1+a_{m2}x_2+\cdots+a_{mn}x_n=0 \end{cases} \tag{2.6.2}$$

为齐次线性方程组.

首先,我们讨论增广矩阵是行最简形矩阵的线性方程组解的情况. 不妨设线性方程组的增广矩阵为

$$\boldsymbol{B}=[\boldsymbol{A} \mid \boldsymbol{b}]=\left[\begin{array}{ccccccc|c} 1 & 0 & \cdots & 0 & a_{1,r+1} & \cdots & a_{1n} & b_1 \\ 0 & 1 & \cdots & 0 & a_{2,r+1} & \cdots & a_{2n} & b_2 \\ \vdots & \vdots & & \vdots & \vdots & & \vdots & \vdots \\ 0 & 0 & \cdots & 1 & a_{r,r+1} & \cdots & a_{rn} & b_r \\ 0 & 0 & \cdots & 0 & 0 & \cdots & 0 & b_{r+1} \\ 0 & 0 & \cdots & 0 & 0 & \cdots & 0 & 0 \\ \vdots & \vdots & & \vdots & \vdots & & \vdots & \vdots \\ 0 & 0 & \cdots & 0 & 0 & \cdots & 0 & 0 \end{array}\right].$$

由于零行所对应的方程是恒成立的,对未知量没有任何约束,因此不用考虑.

若 $b_{r+1}\neq 0$,则第 $r+1$ 行所对应的方程为 $0=b_{r+1}\neq 0$,这是一个矛盾方程,未知量取任意值都不可能满足这个方程,故方程组无解.

若 $b_{r+1}=0$,再分为两种情况讨论:

(1) 当 $b_{r+1}=0$,且 $r<n$ 时,方程组为

$$\begin{cases} x_1+a_{1,r+1}x_{r+1}+\cdots+a_{1n}x_n=b_1, \\ x_2+a_{2,r+1}x_{r+1}+\cdots+a_{2n}x_n=b_2, \\ \cdots\cdots\cdots\cdots \\ x_r+a_{r,r+1}x_{r+1}+\cdots+a_{rn}x_n=b_r, \end{cases}$$

称 $x_{r+1},x_{r+2},\cdots,x_n$ 为**自由未知量**. 对 $x_{r+1},x_{r+2},\cdots,x_n$ 取 $n-r$ 个独立的任意常数 c_1, $c_2,\cdots,c_{n-r}$ 时,线性方程组都有解. 因此,线性方程组有无穷多解

$$\begin{cases} x_1=b_1-a_{1,r+1}c_1-\cdots-a_{1n}c_{n-r}, \\ \cdots\cdots\cdots\cdots \\ x_r=b_r-a_{r,r+1}c_1-\cdots-a_{rn}c_{n-r}, \\ x_{r+1}=c_1, \\ \cdots\cdots\cdots\cdots \\ x_n=c_{n-r}. \end{cases}$$

(2) 当 $b_{r+1}=0$,且 $r=n$ 时,方程组为

$$\begin{cases} x_1=b_1, \\ x_2=b_2, \\ \quad\vdots \\ x_n=b_n. \end{cases}$$

此时,线性方程组有唯一解.

事实上,当线性方程组的增广矩阵为行阶梯形矩阵时,就可以方便地判定方程组解的情况. 不妨设其增广矩阵为

$$\left[\begin{array}{ccccccc:c} a_{11} & a_{12} & \cdots & a_{1r} & a_{1,r+1} & \cdots & a_{1n} & b_1 \\ 0 & a_{22} & \cdots & a_{2r} & a_{2,r+1} & \cdots & a_{2n} & b_2 \\ \vdots & \vdots & & \vdots & \vdots & & \vdots & \vdots \\ 0 & 0 & \cdots & a_{rr} & a_{r,r+1} & \cdots & a_{rn} & b_r \\ 0 & 0 & \cdots & 0 & 0 & \cdots & 0 & b_{r+1} \\ 0 & 0 & \cdots & 0 & 0 & \cdots & 0 & 0 \\ \vdots & \vdots & & \vdots & \vdots & & \vdots & \vdots \\ 0 & 0 & \cdots & 0 & 0 & \cdots & 0 & 0 \end{array}\right].$$

若 $b_{r+1}\neq 0$,等价于 $R(\boldsymbol{A})=r\neq R(\boldsymbol{B})=r+1$,此时方程组无解;若 $b_{r+1}=0$,等价于 $R(\boldsymbol{A})=R(\boldsymbol{B})$,方程组有解,若 $R(\boldsymbol{A})=R(\boldsymbol{B})=r<n$,此时将自由未知量 x_{r+1}, $x_{r+2},\cdots,x_n$ 取为 $n-r$ 个独立的任意常数 $c_1,c_2,\cdots,c_{n-r}$,可自下而上逐个解出 x_r, $x_{r-1},\cdots,x_1$,此时方程组有无穷多解;若 $R(\boldsymbol{A})=R(\boldsymbol{B})=n$,此时自由未知量个数为零,方程组有唯一解.

接下来,我们再来讨论一般的线性方程组解的情况.

不难看出,对线性方程组(2.6.1)的增广矩阵 $\boldsymbol{B}=[\boldsymbol{A} \mid \boldsymbol{b}]$ 实施初等行变换化为 $[\boldsymbol{A}_1 \mid \boldsymbol{b}_1]$,则以 $[\boldsymbol{A}_1 \mid \boldsymbol{b}_1]$ 为增广矩阵的线性方程组 $\boldsymbol{A}_1\boldsymbol{x}=\boldsymbol{b}_1$ 与原方程组 $\boldsymbol{A}\boldsymbol{x}=\boldsymbol{b}$ 同解.另一方面,由于任何矩阵都可以通过初等行变换化为行最简形矩阵,因此,每个线性方程组都与一个增广矩阵是行最简形矩阵的线性方程组同解.

综上所述,我们有如下结论.

定理 2.6.1 设线性方程组 $\boldsymbol{A}\boldsymbol{x}=\boldsymbol{b}$,增广矩阵为 $\boldsymbol{B}=[\boldsymbol{A} \mid \boldsymbol{b}]$,则

(1) 当 $R(\boldsymbol{A}) \neq R(\boldsymbol{B})$ 时,$\boldsymbol{A}\boldsymbol{x}=\boldsymbol{b}$ 无解;

(2) 当 $R(\boldsymbol{A})=R(\boldsymbol{B})=n$ 时,$\boldsymbol{A}\boldsymbol{x}=\boldsymbol{b}$ 有唯一解;

(3) 当 $R(\boldsymbol{A})=R(\boldsymbol{B})<n$ 时,$\boldsymbol{A}\boldsymbol{x}=\boldsymbol{b}$ 有无穷多解 .

根据上面的讨论,解线性方程组 $\boldsymbol{A}\boldsymbol{x}=\boldsymbol{b}$ 的基本方法和一般步骤是:

(1) 对线性方程组的增广矩阵 $\boldsymbol{B}=[\boldsymbol{A} \mid \boldsymbol{b}]$ 实施初等行变换,将其化为行阶梯形矩阵;

(2) 比较系数矩阵 $\boldsymbol{A}$ 和增广矩阵 $\boldsymbol{B}=[\boldsymbol{A} \mid \boldsymbol{b}]$ 的秩 $R(\boldsymbol{A})$ 和 $R(\boldsymbol{B})$,确定线性方程组解的情况;

(3) 在方程组有解的情况下,即 $R(\boldsymbol{A})=R(\boldsymbol{B})=r$ 时,将增广矩阵进一步化为行最简形矩阵;

(4) 当 $R(\boldsymbol{A})=R(\boldsymbol{B})=r=n$ 时,求得其唯一解;当 $R(\boldsymbol{A})=R(\boldsymbol{B})=r<n$ 时,确定自由未知量(共有 $n-r$ 个),并令其分别为 $c_1,c_2,\cdots,c_{n-r}$,求出非自由未知量,写出 $\boldsymbol{A}\boldsymbol{x}=\boldsymbol{b}$ 的带有 $n-r$ 个任意参数 $c_1,c_2,\cdots,c_{n-r}$ 的解,称其为线性方程组的**通解**.

以上这种求解线性方程组的方法称为**消元法**,消元法是解线性方程组最常用的方法.

例 2.6.1 解下列非齐次线性方程组:

$$(1)\begin{cases} x_1+2x_2+3x_3=2, \\ x_1+x_2+2x_3=1, \\ 2x_1-x_2+2x_3=-1; \end{cases} \qquad (2)\begin{cases} x_1+x_2-x_3+x_4=-1, \\ 2x_1+2x_2+2x_3-3x_4=1, \\ 3x_1+3x_2+x_3-2x_4=0. \end{cases}$$

解 (1) 对方程组的增广矩阵实施初等行变换,化为行阶梯形矩阵,即

$$\boldsymbol{B}=[\boldsymbol{A} \mid \boldsymbol{b}]=\left[\begin{array}{ccc:c} 1 & 2 & 3 & 2 \\ 1 & 1 & 2 & 1 \\ 2 & -1 & 2 & -1 \end{array}\right] \xrightarrow[r_3-2r_1]{r_2-r_1} \left[\begin{array}{ccc:c} 1 & 2 & 3 & 2 \\ 0 & -1 & -1 & -1 \\ 0 & -5 & -4 & -5 \end{array}\right]$$

$$\xrightarrow[(-1)\times r_3]{(-1)\times r_2} \left[\begin{array}{ccc:c} 1 & 2 & 3 & 2 \\ 0 & 1 & 1 & 1 \\ 0 & 5 & 4 & 5 \end{array}\right] \xrightarrow{r_3-5r_2} \left[\begin{array}{ccc:c} 1 & 2 & 3 & 2 \\ 0 & 1 & 1 & 1 \\ 0 & 0 & -1 & 0 \end{array}\right] :=\boldsymbol{B}_1.$$

因为 $R(\boldsymbol{B})=R(\boldsymbol{A})=3$,线性方程组有唯一解. 进一步,继续对 $\boldsymbol{B}_1$ 实施初等行变换,化为行最简形矩阵:

$$\boldsymbol{B}_1\xrightarrow{r_1-2r_2}\left[\begin{array}{ccc:c}1&0&1&0\\0&1&1&1\\0&0&-1&0\end{array}\right]\xrightarrow[(-1)\times r_3]{\substack{r_1+r_3\\ r_2+r_3}}\left[\begin{array}{ccc:c}1&0&0&0\\0&1&0&1\\0&0&1&0\end{array}\right],$$

解得 $\begin{cases}x_1=0,\\x_2=1,\\x_3=0.\end{cases}$ (这与例 2.3.4 的做法及结果都是一致的.)

(2) 对方程组的增广矩阵实施初等行变换,化为行阶梯形矩阵,即

$$\boldsymbol{B}=[\boldsymbol{A}\ \vdots\ \boldsymbol{b}]=\left[\begin{array}{cccc:c}1&1&-1&1&-1\\2&2&2&-3&1\\3&3&1&-2&0\end{array}\right]\xrightarrow[r_3-3r_1]{r_2-2r_1}\left[\begin{array}{cccc:c}1&1&-1&1&-1\\0&0&4&-5&3\\0&0&4&-5&3\end{array}\right]$$

$$\xrightarrow{r_3-r_2}\left[\begin{array}{cccc:c}1&1&-1&1&-1\\0&0&4&-5&3\\0&0&0&0&0\end{array}\right]:=\boldsymbol{B}_1.$$

可得 $R(\boldsymbol{B})=R(\boldsymbol{A})=2<4$,则非齐次线性方程组有无穷多解. 进一步,继续对 $\boldsymbol{B}_1$ 实施初等行变换,化为行最简形矩阵:

$$\boldsymbol{B}_1\xrightarrow[r_1+r_2]{\frac{1}{4}\times r_2}\left[\begin{array}{cccc:c}1&1&0&-\frac{1}{4}&-\frac{1}{4}\\0&0&1&-\frac{5}{4}&\frac{3}{4}\\0&0&0&0&0\end{array}\right].$$

令自由未知量 $x_2=c_1,x_4=c_2$,则方程组的通解为

$$\begin{cases}x_1=-\frac{1}{4}-c_1+\frac{1}{4}c_2,\\x_2=c_1,\\x_3=\frac{3}{4}+\frac{5}{4}c_2,\\x_4=c_2\end{cases}\quad(\text{其中 } c_1,c_2 \text{ 为任意常数}).$$

例 2.6.2 判定非齐次线性方程组 $\begin{cases}x_1-x_2+2x_3-x_4=1,\\2x_1-2x_2+6x_3-x_4=4,\\3x_1-3x_2+8x_3-2x_4=4\end{cases}$ 解的情况.

解 对方程组的增广矩阵实施初等行变换,化为行阶梯形矩阵,即

$$B=[A\mid b]=\begin{bmatrix}1&-1&2&-1&1\\2&-2&6&-1&4\\3&-3&8&-2&4\end{bmatrix}\xrightarrow[r_3-3r_1]{r_2-2r_1}\begin{bmatrix}1&-1&2&-1&1\\0&0&2&1&2\\0&0&2&1&1\end{bmatrix}$$

$$\xrightarrow{r_3-r_2}\begin{bmatrix}1&-1&2&-1&1\\0&0&2&1&2\\0&0&0&0&-1\end{bmatrix},$$

因为 $R(A)=2, R(B)=3, R(A)\neq R(B)$,所以原方程组无解.

例 2.6.3 讨论非齐次线性方程组解的情况,并在有解的情况下求解.

$$\begin{cases}x_1+x_2+2x_3=\lambda,\\ \lambda x_1+x_2+2x_3=1,\\ x_1+x_2+(\lambda^2+1)x_3=1.\end{cases}$$

解 对方程组的增广矩阵实施初等行变换,即

$$B=[A\mid b]=\begin{bmatrix}1&1&2&\lambda\\ \lambda&1&2&1\\1&1&\lambda^2+1&1\end{bmatrix}\xrightarrow[r_3-r_1]{r_2-\lambda r_1}\begin{bmatrix}1&1&2&\lambda\\0&1-\lambda&2(1-\lambda)&1-\lambda^2\\0&0&\lambda^2-1&1-\lambda\end{bmatrix}:=B_1.$$

(1) 当 $\lambda\neq 1$,且 $\lambda\neq -1$ 时,$R(A)=R(B)=3$,方程组有唯一解

$$\begin{cases}x_1=-1,\\ x_2=\dfrac{\lambda^2+2\lambda+3}{1+\lambda},\\ x_3=-\dfrac{1}{1+\lambda}.\end{cases}$$

(2) 当 $\lambda=1$ 时,$B_1=\begin{bmatrix}1&1&2&1\\0&0&0&0\\0&0&0&0\end{bmatrix}$,$R(A)=R(B)=1<3$,方程组有无穷多解,设自由未知量 $x_2=c_1, x_3=c_2$,则线性方程组的通解为

$$\begin{cases}x_1=1-c_1-2c_2,\\ x_2=c_1,\\ x_3=c_2\end{cases}\quad(\text{其中 } c_1,c_2 \text{ 为任意常数}).$$

(3) 当 $\lambda=-1$ 时,$B_1=\begin{bmatrix}1&1&2&-1\\0&2&4&0\\0&0&0&2\end{bmatrix}$,$R(A)=2\neq R(B)=3$. 故线性方程组无解.

下面讨论齐次线性方程组解的情况. 由于齐次线性方程组(2.6.2)的增广

矩阵 $\boldsymbol{B}=[\boldsymbol{A} \mid \boldsymbol{b}]=[\boldsymbol{A} \mid \boldsymbol{0}]$,其最后一列元素全为零. 因此,$R(\boldsymbol{A})=R(\boldsymbol{B})$ 总是成立的,根据定理 2.6.1,齐次线性方程组一定有解. 事实上,$x_1=x_2=\cdots=x_n=0$ 总是齐次线性方程组的解,即零解. 当 $R(\boldsymbol{A})=n$ 时,方程组(2.6.2)有唯一解,即此时只有零解;当 $R(\boldsymbol{A})<n$ 时,方程组(2.6.2)有无穷多解,即除零解以外,还有非零解. 于是有以下定理.

定理 2.6.2 设 $\boldsymbol{A}$ 为 $m\times n$ 矩阵,则齐次线性方程组 $\boldsymbol{Ax}=\boldsymbol{0}$ 有非零解的充要条件是 $R(\boldsymbol{A})<n$.

推论 若齐次线性方程组中方程的个数小于未知量的个数,即设 $\boldsymbol{A}$ 为 $m\times n$ 矩阵,当 $m<n$ 时,齐次线性方程组 $\boldsymbol{Ax}=\boldsymbol{0}$ 必有非零解.

证 $R(\boldsymbol{A})\leqslant\min\{m,n\}=m<n$,由定理 2.6.2 知方程组(2.6.2)必有非零解. □

由于对齐次线性方程组的增广矩阵实施初等行变换时,最后一列元素始终全为零. 因此,用消元法解齐次线性方程组只需对系数矩阵实施初等行变换,将其化为行阶梯形矩阵判断解的情况,在有非零解的情况下,再化为行最简形矩阵求其通解即可.

例 2.6.4 解下列齐次线性方程组:

(1) $\begin{cases} x_1+x_2+x_3=0, \\ x_1+2x_2-x_3=0, \\ 2x_1-x_2+x_3=0, \\ x_1+3x_3=0; \end{cases}$ (2) $\begin{cases} x_1-x_2+5x_3-x_4=0, \\ x_1+x_2-2x_3+3x_4=0, \\ 3x_1-x_2+8x_3+x_4=0, \\ x_1+3x_2-9x_3+7x_4=0. \end{cases}$

解 (1) 对方程组的系数矩阵实施初等行变换:

$$\boldsymbol{A}=\begin{bmatrix}1&1&1\\1&2&-1\\2&-1&1\\1&0&3\end{bmatrix}\xrightarrow[r_4-r_1]{\substack{r_2-r_1\\r_3-2r_1}}\begin{bmatrix}1&1&1\\0&1&-2\\0&-3&-1\\0&-1&2\end{bmatrix}\xrightarrow[r_4+r_2]{r_3+3r_2}\begin{bmatrix}1&1&1\\0&1&-2\\0&0&-7\\0&0&0\end{bmatrix}.$$

因 $R(\boldsymbol{A})=3$,所以齐次线性方程组只有零解,即 $x_1=x_2=x_3=0$.

(2) 对方程组的系数矩阵实施初等行变换:

$$\boldsymbol{A}=\begin{bmatrix}1&-1&5&-1\\1&1&-2&3\\3&-1&8&1\\1&3&-9&7\end{bmatrix}\xrightarrow[r_4-r_1]{\substack{r_2-r_1\\r_3-3r_1}}\begin{bmatrix}1&-1&5&-1\\0&2&-7&4\\0&2&-7&4\\0&4&-14&8\end{bmatrix}$$

$$\xrightarrow[r_4-2r_2]{r_3-r_2}\begin{bmatrix}1&-1&5&-1\\0&2&-7&4\\0&0&0&0\\0&0&0&0\end{bmatrix}:=\boldsymbol{A}_1.$$

因 $R(\boldsymbol{A})=2<4$,所以方程组有非零解,继续对系数矩阵实施初等行变换,有

$$\boldsymbol{A}_1\xrightarrow[r_1+r_2]{\frac{1}{2}\times r_2}\begin{bmatrix}1&0&\frac{3}{2}&1\\0&1&-\frac{7}{2}&2\\0&0&0&0\\0&0&0&0\end{bmatrix}.$$

令自由未知量 $x_3=c_1,x_4=c_2$,于是得到方程组的通解为

$$\begin{cases}x_1=-\frac{3}{2}c_1-c_2,\\x_2=\frac{7}{2}c_1-2c_2,\\x_3=c_1,\\x_4=c_2,\end{cases}$$

其中 c_1,c_2 为任意常数.

练习 2.6

1. 用消元法解下列方程组:

(1) $\begin{cases}x_1+2x_2+2x_3=2,\\2x_1-x_2+x_3=-2,\\2x_1+x_2-2x_3=-1.\end{cases}$
(2) $\begin{cases}x_1+2x_2=1,\\x_1+x_2+2x_3=0,\\x_2+x_3+2x_4=0,\\x_3+x_4+2x_5=0,\\x_4+x_5=1.\end{cases}$

2. 判定下列线性方程组解的情况, 并在有解的情况下解线性方程组:

(1) $\begin{cases}x_1-2x_2+3x_3=2,\\2x_1+x_2-x_3=-2,\\x_1+2x_3=3;\end{cases}$
(2) $\begin{cases}2x_1-x_2+x_3+x_4=2,\\x_1+2x_2-3x_3-2x_4=3,\\x_1-3x_2+4x_3+3x_4=1.\end{cases}$

3. 求下列线性方程组的通解:

(1) $\begin{cases}x_1+x_2+3x_3=2,\\2x_1-x_2-x_3=-1,\\4x_1+x_2+5x_3=3;\end{cases}$
(2) $\begin{cases}2x_1-x_2+x_3-x_4=2,\\x_1+2x_2-3x_3+2x_4=0,\\3x_1+x_2-2x_3-2x_4=1;\end{cases}$

(3) $\begin{cases}x_1+2x_2+3x_3=0,\\2x_1-3x_2-x_3=0,\\-x_1+2x_2+x_3=0;\end{cases}$
(4) $\begin{cases}x_1+2x_2+x_3-2x_4=0,\\x_1-3x_2-2x_3+x_4=0,\\x_1-2x_2+2x_3-3x_4=0.\end{cases}$

习 题 二

1. 求矩阵 $\boldsymbol{A}$，使得下列等式成立：

(1) $\begin{bmatrix} -1 & 0 & 3 \\ 2 & 4 & -2 \end{bmatrix}+2\boldsymbol{A}^{\mathrm{T}}=3\begin{bmatrix} -1 & 1 & 2 \\ 1 & 2 & 0 \end{bmatrix}$；

(2) $\begin{bmatrix} a & 2b+2 & c \\ b & -c & 3a \\ a+1 & b & -3b \end{bmatrix}+\boldsymbol{A}-\begin{bmatrix} a-1 & 2b & -2c \\ -b & c & a+2 \\ 1 & 0 & -c \end{bmatrix}=\begin{bmatrix} 1 & 0 & c \\ b & 2c & 2a+1 \\ a & 1 & -3b \end{bmatrix}$.

2. 计算：

(1) 设矩阵 $\boldsymbol{X}=[x_1,x_2,x_3]$，$\boldsymbol{A}=\begin{bmatrix} a_{11} & a_{12} & a_{13} \\ a_{12} & a_{22} & a_{23} \\ a_{13} & a_{23} & a_{33} \end{bmatrix}$，求矩阵乘积 $\boldsymbol{XAX}^{\mathrm{T}}$；

(2) 设矩阵 $\boldsymbol{A}=\begin{bmatrix} \lambda & 0 & 0 \\ 1 & \lambda & 0 \\ 0 & 1 & \lambda \end{bmatrix}$，求 $\boldsymbol{A}^k$，其中 k 为正整数.

3. 设 $\boldsymbol{A}$ 为 3 阶方阵，且 $\det(\boldsymbol{A})=3$，$\boldsymbol{A}^*$ 为 $\boldsymbol{A}$ 的伴随矩阵，若矩阵 $\boldsymbol{B}$ 是交换 $\boldsymbol{A}$ 的第一行与第二行元素所得的矩阵，试计算 $\det(\boldsymbol{BA}^*)$.

4. 已知矩阵 $\boldsymbol{A}=\begin{bmatrix} 1 & 1 & 0 \\ 0 & 1 & 1 \\ 0 & 0 & 1 \end{bmatrix}$，$\boldsymbol{B}=\begin{bmatrix} 1 & 0 & 0 \\ 1 & 1 & 0 \\ 0 & 1 & 1 \end{bmatrix}$，求矩阵 $\boldsymbol{C}$，使得 $(\boldsymbol{A}^{-1}\boldsymbol{B}-2\boldsymbol{E})\boldsymbol{C}=\boldsymbol{A}^{-1}$.

5. 求下列矩阵的逆矩阵：

(1) $\begin{bmatrix} 4 & 0 & 0 & 0 \\ 1 & 3 & 0 & 0 \\ 0 & 0 & 2 & 3 \\ 0 & 0 & 3 & 1 \end{bmatrix}$；　(2) $\begin{bmatrix} a_1 & & & \boldsymbol{O} \\ & a_2 & & \\ \boldsymbol{O} & & \ddots & \\ & & & a_n \end{bmatrix}$ $(a_i\neq 0, i=1,2,\cdots,n)$；

(3) $\begin{bmatrix} & & & a_1 \\ \boldsymbol{O} & & a_2 & \\ & \begin{smallmatrix} & & \cdot \\ & \cdot & \\ \cdot & & \end{smallmatrix} & & \boldsymbol{O} \\ a_n & & & \end{bmatrix}$ $(a_i\neq 0, i=1,2,\cdots,n)$.

6. 设 $\boldsymbol{A}=\begin{bmatrix} a_{11} & a_{12} & a_{13} \\ a_{21} & a_{22} & a_{23} \\ a_{31} & a_{32} & a_{33} \end{bmatrix}$ 为非零矩阵，已知 $A_{ij}+a_{ij}=0$，其中 A_{ij} 为 $\det(\boldsymbol{A})$ 中

元素 a_{ij}的代数余子式,试计算行列式 $\det(\boldsymbol{A})$的值.

7. 设 $\boldsymbol{A},\boldsymbol{B}$ 及 $\boldsymbol{A}+\boldsymbol{B}$ 均为 n 阶可逆矩阵,证明:

(1) $\boldsymbol{A}^{-1}+\boldsymbol{B}^{-1}$可逆,且$(\boldsymbol{A}^{-1}+\boldsymbol{B}^{-1})^{-1}=\boldsymbol{A}(\boldsymbol{A}+\boldsymbol{B})^{-1}\boldsymbol{B}$;

(2) $(\boldsymbol{A}+\boldsymbol{B})^{-1}=\boldsymbol{A}^{-1}-\boldsymbol{A}^{-1}(\boldsymbol{A}^{-1}+\boldsymbol{B}^{-1})^{-1}\boldsymbol{A}^{-1}$.

8. 设矩阵 $\boldsymbol{A}=\begin{bmatrix}1&1&-1\\-1&1&1\\1&-1&1\end{bmatrix}$, $\boldsymbol{A}^*$ 是 $\boldsymbol{A}$ 的伴随矩阵,试求矩阵 $\boldsymbol{X}$, 使得 $\boldsymbol{A}^*\boldsymbol{X}=\boldsymbol{A}^{-1}+2\boldsymbol{X}$.

9. 已知从$[y_1,y_2,y_3]^{\mathrm{T}}$到$[x_1,x_2,x_3]^{\mathrm{T}}$的线性变换为$\begin{cases}x_1=y_1+2y_2+y_3,\\x_2=2y_1+y_2-4y_3,\\x_3=y_1+y_2+y_3,\end{cases}$用矩阵表示从$[x_1,x_2,x_3]^{\mathrm{T}}$到$[y_1,y_2,y_3]^{\mathrm{T}}$的线性变换.

10. 已知两个线性变换$\begin{cases}x_1=3y_1-y_3,\\x_2=y_1+2y_2-2y_3,\\x_3=y_2+3y_3,\end{cases}$ $\begin{cases}y_1=2z_1-3z_2,\\y_2=z_1+2z_3,\\y_3=-z_2+3z_3,\end{cases}$求从$[z_1,z_2,z_3]^{\mathrm{T}}$到$[x_1,x_2,x_3]^{\mathrm{T}}$的线性变换,并求从$[x_1,x_2,x_3]^{\mathrm{T}}$到$[z_1,z_2,z_3]^{\mathrm{T}}$的线性变换.

11. 设矩阵 $\boldsymbol{A}=\begin{bmatrix}1&0&1\\0&2&0\\-1&0&1\end{bmatrix}$, 求矩阵 $\boldsymbol{X}$, 使得方程 $\boldsymbol{AX}+\boldsymbol{E}=\boldsymbol{A}^2+\boldsymbol{X}$ 成立.

12. 解下列矩阵方程:

(1) $\begin{bmatrix}1&1&-1\\-2&2&1\\1&0&1\end{bmatrix}\boldsymbol{X}=\begin{bmatrix}1\\0\\2\end{bmatrix}$; (2) $\boldsymbol{X}\begin{bmatrix}1&1&-1\\1&1&0\\1&-1&0\end{bmatrix}=\begin{bmatrix}1&0&3\\5&3&2\\1&1&4\end{bmatrix}$;

(3) $\boldsymbol{X}\begin{bmatrix}1&1&-1\\2&1&0\\1&1&1\end{bmatrix}=\begin{bmatrix}3&-1&2\\1&3&1\end{bmatrix}$.

13. 证明:可逆矩阵可经过初等行变换化为单位矩阵.

14. 求下列矩阵的秩,并求一个最高阶非零子式.

(1) $\begin{bmatrix}1&0&1&-1&-3\\1&2&-1&0&-1\\4&6&-2&-4&3\\2&-2&4&-7&4\end{bmatrix}$; (2) $\begin{bmatrix}1&1&3&-2&-7\\3&1&5&3&-6\\3&-2&-1&2&2\\-1&2&3&-1&-5\end{bmatrix}$.

15. 设 $\boldsymbol{A}$ 为 $m\times n$ 矩阵, 证明:

（1）$0 \leqslant R(\boldsymbol{A}_{m\times n}) \leqslant \min\{m,n\}$；

（2）$R(\boldsymbol{A}^{\mathrm{T}})=R(\boldsymbol{A})$；

（3）若 $R(\boldsymbol{A})=r$，则 $\boldsymbol{A}$ 的所有阶数大于 r 的子式（如果有的话）均为零，即若矩阵 $\boldsymbol{A}$ 的秩为 r，则不等于零的最高阶子式的阶数为 r.

16. 设 $\boldsymbol{A}=\begin{bmatrix}\lambda & 1 & 1\\ 0 & \lambda-1 & 0\\ 1 & 1 & \lambda\end{bmatrix}$，$\boldsymbol{b}=\begin{bmatrix}\mu\\ 1\\ 1\end{bmatrix}$，已知线性方程组 $\boldsymbol{Ax}=\boldsymbol{b}$ 有两个不同的解.

（1）求数 λ 与 μ；

（2）求线性方程组 $\boldsymbol{Ax}=\boldsymbol{b}$ 的通解.

17. 设 a 为实数，讨论齐次线性方程组 $\begin{cases}x_1-ax_2+2x_3=0,\\ x_1+ax_2-x_3=0,\\ x_1-x_2+2ax_3=0\end{cases}$ 解的情况，并在有非零解的情况下，求其通解.

18. 证明线性方程组 $\begin{cases}x_1-x_2=a_1,\\ x_2-x_3=a_2,\\ x_3-x_4=a_3,\\ x_4-x_1=a_4\end{cases}$ 有解的充要条件是 $a_1+a_2+a_3+a_4=0$，并在有解的情况下求其通解.

19. 设 $\boldsymbol{A}=\begin{bmatrix}1 & \lambda & 0 & 0\\ 0 & 1 & \lambda & 0\\ 0 & 0 & 1 & \lambda\\ \lambda & 0 & 0 & 1\end{bmatrix}$，$\boldsymbol{b}=\begin{bmatrix}1\\ -1\\ 0\\ 0\end{bmatrix}$.

（1）计算行列式 $\det(\boldsymbol{A})$；

（2）当 λ 为何值时，方程组 $\boldsymbol{Ax}=\boldsymbol{b}$ 有无穷多解，并求其通解.

20. 已知非齐次线性方程组 $\begin{cases}x_1+ax_2+x_3=a^2,\\ ax_1+x_2+x_3=1,\\ x_1+x_2+ax_3=1,\end{cases}$ 问 a 为何值时，方程组有解，并求其解.

21. 设 $a,b,c,d\neq 0$，利用分块矩阵求下列矩阵的行列式，并求其逆矩阵.

（1）$\boldsymbol{A}=\left[\begin{array}{cc:cc}0 & a & 0 & 0\\ a & 0 & 0 & 0\\ \hdashline 0 & 0 & 0 & b\\ 0 & 0 & b & 0\end{array}\right]$；（2）$\boldsymbol{B}=\left[\begin{array}{cc:cc}1 & 0 & c & 0\\ 0 & 1 & 0 & c\\ \hdashline d & 0 & 0 & 0\\ 0 & d & 0 & 0\end{array}\right]$.

22. 设各子块 A_{ij} 都是可逆矩阵，证明 $\boldsymbol{A}=\begin{bmatrix}\boldsymbol{A}_{11} & \boldsymbol{O}\\ \boldsymbol{A}_{21} & \boldsymbol{A}_{22}\end{bmatrix}$ 为可逆矩阵，并验证 $\begin{bmatrix}\boldsymbol{A}_{11}^{-1} & \boldsymbol{O}\\ -\boldsymbol{A}_{22}^{-1}\boldsymbol{A}_{21}\boldsymbol{A}_{11}^{-1} & \boldsymbol{A}_{22}^{-1}\end{bmatrix}$ 为 $\boldsymbol{A}$ 的逆矩阵.

23. 设 $\boldsymbol{A}$ 是 n 阶非奇异矩阵，$\boldsymbol{A}^*$ 是 $\boldsymbol{A}$ 的伴随矩阵，$\boldsymbol{\alpha}$ 是 n 阶列矩阵，b 是常数，记分块矩阵 $\boldsymbol{P}=\begin{bmatrix}\boldsymbol{E} & \boldsymbol{O}\\ -\boldsymbol{\alpha}^{\mathrm{T}}\boldsymbol{A}^* & |\boldsymbol{A}|\end{bmatrix}$，$\boldsymbol{Q}=\begin{bmatrix}\boldsymbol{A} & \boldsymbol{\alpha}\\ \boldsymbol{\alpha}^{\mathrm{T}} & b\end{bmatrix}$.

(1) 计算并化简 $\boldsymbol{PQ}$；

(2) 证明矩阵 $\boldsymbol{Q}$ 可逆的充要条件是 $\boldsymbol{\alpha}^{\mathrm{T}}\boldsymbol{A}^{-1}\boldsymbol{\alpha}\neq b$.

第三章　向量组及其线性相关性

在现代工程技术领域,许多事物都需要通过多维的有序数组来描述.例如,记录飞机的飞行状态,除其空间位置(经度、纬度、高度)以外,还要了解一些其他信息(如飞行速度、飞行方向、仰角及自身的偏转角度等).一旦约定好数据的顺序,我们便可以通过一个有序数组实时了解飞机的状态.因此,由有序数组定义的向量和向量的理论有着极其广泛的应用背景.

§3.1　向量组及其线性组合

在初等数学和高等数学中,我们在二维和三维空间讨论了向量,并将既有大小又有方向的量称为向量(或矢量).在坐标系中,向量与坐标(即有序数组)构成了一一对应.我们不考虑向量的物理和几何意义,而抽象出其“有序数组”这一数学特性,并将其推广到更高维的空间中,这就是 n 维向量的概念.

一、向量的概念及运算

定义 3.1.1　由 n 个数 $a_1,a_2,\cdots,a_n$ 组成的 n 元有序数组称为 n **维向量**,第 i 个数 a_i 称为该向量的第 i 个**分量**.一般地,向量用黑体小写希腊字母 $\boldsymbol{\alpha}$, $\boldsymbol{\beta}$ 等表示,有时也用小写拉丁字母 $\boldsymbol{x}$,$\boldsymbol{y}$ 等表示.

n 维向量可以写成一行 $[a_1,a_2,\cdots,a_n]$,也可以写成一列 $\begin{bmatrix} a_1 \\ a_2 \\ \vdots \\ a_n \end{bmatrix}$,分别称为**行向量**和**列向量**.

单从向量的定义来看,行向量与列向量都是有序数组,似乎可以不加区分,但计算时,我们把行向量和列向量分别视为行矩阵和列矩阵,并规定行向量和列向量都按矩阵的运算规则进行运算.列向量可以看成行向量的转置,即

$$\begin{bmatrix} a_1 \\ a_2 \\ \vdots \\ a_n \end{bmatrix} = [a_1, a_2, \cdots, a_n]^{\mathrm{T}}.$$

正是由于行、列向量之间存在这样的转置关系,如果我们能知道其中一个的性质,另一个的性质自然也就清楚了. 在本书中,如不做特殊说明,我们所说的向量都是指列向量.

分量全为实数的向量称为**实向量**. 分量全为 0 的向量称为**零向量**,记作 $\mathbf{0}$. 在学习过程中应该注意,向量 $\mathbf{0}$ 与数字 0 是有区别的.

设 $\boldsymbol{\alpha}=[a_1,a_2,\cdots,a_n]^{\mathrm{T}}$,称 $(-1)\boldsymbol{\alpha}=[-a_1,-a_2,\cdots,-a_n]^{\mathrm{T}}$ 为 $\boldsymbol{\alpha}$ 的负向量,记作 $-\boldsymbol{\alpha}$.

设 $\boldsymbol{\alpha}=[a_1,a_2,\cdots,a_n]^{\mathrm{T}}$,$\boldsymbol{\beta}=[b_1,b_2,\cdots,b_n]^{\mathrm{T}}$ 都是 n 维向量,当且仅当它们对应的分量都相等,即 $a_i=b_i(i=1,2,\cdots,n)$ 时,称向量 $\boldsymbol{\alpha}$ 与 $\boldsymbol{\beta}$ 相等,记作 $\boldsymbol{\alpha}=\boldsymbol{\beta}$.

定义 3.1.2(向量的加法运算) 设 $\boldsymbol{\alpha}=[a_1,a_2,\cdots,a_n]^{\mathrm{T}}$,$\boldsymbol{\beta}=[b_1,b_2,\cdots,b_n]^{\mathrm{T}}$ 都是 n 维向量,称向量

$$\boldsymbol{\gamma}=[a_1+b_1,a_2+b_2,\cdots,a_n+b_n]^{\mathrm{T}}$$

为向量 $\boldsymbol{\alpha}$ 与 $\boldsymbol{\beta}$ 的和,记为 $\boldsymbol{\gamma}=\boldsymbol{\alpha}+\boldsymbol{\beta}$.

向量的加法满足下列运算律:

设 $\boldsymbol{\alpha}$, $\boldsymbol{\beta}$,$\boldsymbol{\gamma}$ 为维数相同的向量,则

(1) 交换律 $\boldsymbol{\alpha}+\boldsymbol{\beta}=\boldsymbol{\beta}+\boldsymbol{\alpha}$;

(2) 结合律 $\boldsymbol{\alpha}+(\boldsymbol{\beta}+\boldsymbol{\gamma})=(\boldsymbol{\alpha}+\boldsymbol{\beta})+\boldsymbol{\gamma}$.

由向量的加法及负向量的定义,可定义向量的**减法运算**:

设 $\boldsymbol{\alpha}=[a_1,a_2,\cdots,a_n]^{\mathrm{T}}$,$\boldsymbol{\beta}=[b_1,b_2,\cdots,b_n]^{\mathrm{T}}$,定义

$$\boldsymbol{\alpha}-\boldsymbol{\beta}=\boldsymbol{\alpha}+(-\boldsymbol{\beta})=[a_1-b_1,a_2-b_2,\cdots,a_n-b_n]^{\mathrm{T}}.$$

定义 3.1.3(向量的数乘运算) 设 k 是一个数,$\boldsymbol{\alpha}=[a_1,a_2,\cdots,a_n]^{\mathrm{T}}$,数 k 乘向量 $\boldsymbol{\alpha}$ 定义为

$$k\boldsymbol{\alpha}=[ka_1,ka_2,\cdots,ka_n]^{\mathrm{T}}.$$

数乘向量满足下列运算律:

设 k,l 为数,$\boldsymbol{\alpha}$, $\boldsymbol{\beta}$ 为维数相同的向量,则

(1) 结合律 $k(l\boldsymbol{\alpha})=(kl)\boldsymbol{\alpha}$;

(2) 分配律 $k(\boldsymbol{\alpha}+\boldsymbol{\beta})=k\boldsymbol{\alpha}+k\boldsymbol{\beta}$;$(k+l)\boldsymbol{\alpha}=k\boldsymbol{\alpha}+l\boldsymbol{\alpha}$.

向量的加法和数乘运算统称为**向量的线性运算**.

例 3.1.1 已知向量 $\boldsymbol{\alpha}=[1,2,-1]^{\mathrm{T}}$, $\boldsymbol{\beta}=[1,0,2]^{\mathrm{T}}$,求 $2\boldsymbol{\alpha}+\boldsymbol{\beta}$.

解 $2\boldsymbol{\alpha}+\boldsymbol{\beta}=2[1,2,-1]^{\mathrm{T}}+[1,0,2]^{\mathrm{T}}=[3,4,0]^{\mathrm{T}}.$

二、向量组及其线性组合

一组同型向量(维数相同的行向量或列向量)构成的集合称为**向量组**. 例如,矩阵 $\boldsymbol{A}=\begin{bmatrix} a_{11} & a_{12} & \cdots & a_{1n} \\ a_{21} & a_{22} & \cdots & a_{2n} \\ \vdots & \vdots & & \vdots \\ a_{m1} & a_{m2} & \cdots & a_{mn} \end{bmatrix}$ 的每一行 $\boldsymbol{\alpha}_i=[a_{i1},a_{i2},\cdots,a_{in}]\ (i=1,2,\cdots,m)$ 为一个 n 维行向量,称为矩阵 $\boldsymbol{A}$ 的行向量,全体行向量 $\boldsymbol{\alpha}_1,\boldsymbol{\alpha}_2,\cdots,\boldsymbol{\alpha}_m$ 构成一个**行向量组**;矩阵 $\boldsymbol{A}$ 的每一列 $\boldsymbol{\beta}_j=\begin{bmatrix} a_{1j} \\ a_{2j} \\ \vdots \\ a_{mj} \end{bmatrix}\ (j=1,2,\cdots,n)$ 为一个 m 维列向量,称为矩阵 $\boldsymbol{A}$ 的列向量,全体列向量 $\boldsymbol{\beta}_1,\boldsymbol{\beta}_2,\cdots,\boldsymbol{\beta}_n$ 构成一个**列向量组**. 如果我们把线性方程组的解看成一个向量(称为**解向量**),那么在有解的情况下,全体解向量也可以构成一个向量组. 特别地,当线性方程组有无穷多解时,全体解向量构成的向量组是一个无限集. 所以,向量组作为集合,可以是有限集也可以是无限集.

设 $\boldsymbol{e}_i$ 是第 i 个分量为 1、其余分量均为 0 的 n 维向量,即

$$\boldsymbol{e}_i=[0,\cdots,0,\underset{\text{第}i\text{个分量}}{1},0,\cdots,0]^{\mathrm{T}}\quad(i=1,2,\cdots,n),$$

一般称 $\boldsymbol{e}_1,\boldsymbol{e}_2,\cdots,\boldsymbol{e}_n$ 为 **n 维单位坐标向量组**.

定义 3.1.4 给定向量组 A:$\boldsymbol{\alpha}_1,\boldsymbol{\alpha}_2,\cdots,\boldsymbol{\alpha}_s$,设 $k_1,k_2,\cdots,k_s$ 是一组数,称

$$k_1\boldsymbol{\alpha}_1+k_2\boldsymbol{\alpha}_2+\cdots+k_s\boldsymbol{\alpha}_s$$

为向量组 A 的一个**线性组合**,$k_1,k_2,\cdots,k_s$ 称为**线性组合系数**.

给定向量组 A:$\boldsymbol{\alpha}_1,\boldsymbol{\alpha}_2,\cdots,\boldsymbol{\alpha}_s$ 和向量 $\boldsymbol{\beta}$,如果存在一组数 $\lambda_1,\lambda_2,\cdots,\lambda_s$,使得

$$\boldsymbol{\beta}=\lambda_1\boldsymbol{\alpha}_1+\lambda_2\boldsymbol{\alpha}_2+\cdots+\lambda_s\boldsymbol{\alpha}_s,$$

就称向量 $\boldsymbol{\beta}$ 可由向量组 A **线性表示**.

因为

$$\boldsymbol{0}=0\cdot\boldsymbol{\alpha}_1+0\cdot\boldsymbol{\alpha}_2+\cdots+0\cdot\boldsymbol{\alpha}_s,$$

所以零向量可由任一同型向量组线性表示.

由于

$$\boldsymbol{\alpha}_i=0\cdot\boldsymbol{\alpha}_1+\cdots+0\cdot\boldsymbol{\alpha}_{i-1}+\boldsymbol{\alpha}_i+0\cdot\boldsymbol{\alpha}_{i+1}+\cdots+0\cdot\boldsymbol{\alpha}_s,$$

所以,向量组中任一向量都可由该向量组线性表示.

对于 n 维向量 $\boldsymbol{\alpha}=[a_1,a_2,\cdots,a_n]^{\mathrm{T}}$，显然有

$$\boldsymbol{\alpha}=a_1\boldsymbol{e}_1+a_2\boldsymbol{e}_2+\cdots+a_n\boldsymbol{e}_n,$$

所以，任一 n 维向量都可以由 n 维单位坐标向量组线性表示.

线性方程组

$$\begin{cases}a_{11}x_1+a_{12}x_2+\cdots+a_{1n}x_n=b_1,\\a_{21}x_1+a_{22}x_2+\cdots+a_{2n}x_n=b_2,\\\cdots\cdots\cdots\cdots\\a_{m1}x_1+a_{m2}x_2+\cdots+a_{mn}x_n=b_m\end{cases}\tag{3.1.1}$$

可以用向量表示为如下形式：

$$x_1\begin{bmatrix}a_{11}\\a_{21}\\\vdots\\a_{m1}\end{bmatrix}+x_2\begin{bmatrix}a_{12}\\a_{22}\\\vdots\\a_{m2}\end{bmatrix}+\cdots+x_n\begin{bmatrix}a_{1n}\\a_{2n}\\\vdots\\a_{mn}\end{bmatrix}=\begin{bmatrix}b_1\\b_2\\\vdots\\b_m\end{bmatrix}.$$

这样求解线性方程组(3.1.1)就等价于：已知向量组 $\boldsymbol{\alpha}_1=\begin{bmatrix}a_{11}\\a_{21}\\\vdots\\a_{m1}\end{bmatrix}$，$\boldsymbol{\alpha}_2=\begin{bmatrix}a_{12}\\a_{22}\\\vdots\\a_{m2}\end{bmatrix}$，…，$\boldsymbol{\alpha}_n=\begin{bmatrix}a_{1n}\\a_{2n}\\\vdots\\a_{mn}\end{bmatrix}$和向量 $\boldsymbol{\beta}=\begin{bmatrix}b_1\\b_2\\\vdots\\b_m\end{bmatrix}$，求线性组合系数 $x_1,x_2,\cdots,x_n$，使得

$$\boldsymbol{\beta}=x_1\boldsymbol{\alpha}_1+x_2\boldsymbol{\alpha}_2+\cdots+x_n\boldsymbol{\alpha}_n.\tag{3.1.2}$$

至此可以看出，线性方程组(3.1.1)、矩阵方程 $\boldsymbol{Ax}=\boldsymbol{b}$ 和向量方程(3.1.2)三者是等价的. 由于前两者在前面已经研究过，所以，对于本章所研究的向量组问题，通常会转化成线性方程组和矩阵方程问题来研究.

例 3.1.2　设向量组 $\boldsymbol{\alpha}_1=\begin{bmatrix}1\\0\\2\end{bmatrix}$，$\boldsymbol{\alpha}_2=\begin{bmatrix}1\\2\\0\end{bmatrix}$，$\boldsymbol{\alpha}_3=\begin{bmatrix}2\\1\\3\end{bmatrix}$，$\boldsymbol{\alpha}_4=\begin{bmatrix}2\\5\\-1\end{bmatrix}$，试将 $\boldsymbol{\alpha}_4$用 $\boldsymbol{\alpha}_1$，$\boldsymbol{\alpha}_2$，$\boldsymbol{\alpha}_3$线性表示.

解　设 $\boldsymbol{\alpha}_4=x_1\boldsymbol{\alpha}_1+x_2\boldsymbol{\alpha}_2+x_3\boldsymbol{\alpha}_3$，求 x_1,x_2,x_3 相当于解以 $[\boldsymbol{\alpha}_1,\boldsymbol{\alpha}_2,\boldsymbol{\alpha}_3,\boldsymbol{\alpha}_4]$ 为增广矩阵的线性方程组. 对增广矩阵实施初等行变换，有

$$[\boldsymbol{\alpha}_1,\boldsymbol{\alpha}_2,\boldsymbol{\alpha}_3,\boldsymbol{\alpha}_4]=\begin{bmatrix}1&1&2&2\\0&2&1&5\\2&0&3&-1\end{bmatrix}\xrightarrow[r_3+r_2]{r_3-2r_1}\begin{bmatrix}1&1&2&2\\0&2&1&5\\0&0&0&0\end{bmatrix}\xrightarrow[r_1-r_2]{\frac{1}{2}\times r_2}\begin{bmatrix}1&0&\dfrac{3}{2}&-\dfrac{1}{2}\\0&1&\dfrac{1}{2}&\dfrac{5}{2}\\0&0&0&0\end{bmatrix}.$$

由于 $R(\boldsymbol{\alpha}_1,\boldsymbol{\alpha}_2,\boldsymbol{\alpha}_3)=R(\boldsymbol{\alpha}_1,\boldsymbol{\alpha}_2,\boldsymbol{\alpha}_3,\boldsymbol{\alpha}_4)=2<3$,所以 $\boldsymbol{\alpha}_4$ 可由 $\boldsymbol{\alpha}_1,\boldsymbol{\alpha}_2,\boldsymbol{\alpha}_3$ 线性表示,且表示方法不唯一. 若将 $\boldsymbol{\alpha}_3$ 的系数取为 0,则 $\boldsymbol{\alpha}_4=-\dfrac{1}{2}\boldsymbol{\alpha}_1+\dfrac{5}{2}\boldsymbol{\alpha}_2$.

练习 3.1

1. 已知向量 $\boldsymbol{\alpha}_1=\begin{bmatrix}1\\2\\-1\end{bmatrix},\boldsymbol{\alpha}_2=\begin{bmatrix}2\\2\\3\end{bmatrix},\boldsymbol{\alpha}_3=\begin{bmatrix}0\\-1\\4\end{bmatrix}$,求 $\boldsymbol{\alpha}_1-\boldsymbol{\alpha}_2$ 及 $2\boldsymbol{\alpha}_1+\boldsymbol{\alpha}_2-3\boldsymbol{\alpha}_3$.

2. 设向量 $\boldsymbol{\alpha}_1=\begin{bmatrix}0\\1\\-2\end{bmatrix},\boldsymbol{\alpha}_2=\begin{bmatrix}1\\-1\\2\end{bmatrix},\boldsymbol{\alpha}_3=\begin{bmatrix}-1\\-1\\3\end{bmatrix},\boldsymbol{\alpha}_4=\begin{bmatrix}-4\\0\\3\end{bmatrix}$,试用 $\boldsymbol{\alpha}_1,\boldsymbol{\alpha}_2,\boldsymbol{\alpha}_3$ 表示 $\boldsymbol{\alpha}_4$.

3. 判断向量 $\boldsymbol{\beta}$ 能否表示为向量组 $\boldsymbol{\alpha}_1,\boldsymbol{\alpha}_2,\boldsymbol{\alpha}_3$ 的线性组合? 如果能,写出一种线性表示的方法.

(1) $\boldsymbol{\beta}=\begin{bmatrix}0\\0\\-15\end{bmatrix},\boldsymbol{\alpha}_1=\begin{bmatrix}1\\2\\-1\end{bmatrix},\boldsymbol{\alpha}_2=\begin{bmatrix}2\\4\\3\end{bmatrix},\boldsymbol{\alpha}_3=\begin{bmatrix}2\\3\\4\end{bmatrix}$;

(2) $\boldsymbol{\beta}=\begin{bmatrix}0\\8\\-1\\5\end{bmatrix},\boldsymbol{\alpha}_1=\begin{bmatrix}1\\3\\-1\\2\end{bmatrix},\boldsymbol{\alpha}_2=\begin{bmatrix}0\\-1\\2\\1\end{bmatrix},\boldsymbol{\alpha}_3=\begin{bmatrix}-2\\1\\3\\2\end{bmatrix}$.

§3.2 向量组的线性相关性

在上一节中,我们定义了向量组的线性组合的概念. 本节,我们将继续讨论向量之间的线性关系,即向量组的线性相关性. 它们是线性代数中非常重要的概念,同时也是线性方程组理论和向量空间理论的重要基础.

一、线性相关性

在例 3.1.2 中，因为 $\boldsymbol{\alpha}_4=-\frac{1}{2}\boldsymbol{\alpha}_1+\frac{5}{2}\boldsymbol{\alpha}_2$，所以 $-\frac{1}{2}\boldsymbol{\alpha}_1+\frac{5}{2}\boldsymbol{\alpha}_2-\boldsymbol{\alpha}_4=\mathbf{0}$，故向量组 $\boldsymbol{\alpha}_1,\boldsymbol{\alpha}_2,\boldsymbol{\alpha}_4$ 存在一个系数不全为 0 的线性组合恰为零向量. 但是，由于 $\boldsymbol{\alpha}_1$ 和 $\boldsymbol{\alpha}_2$ 不能互相线性表示，所以向量组 $\boldsymbol{\alpha}_1,\boldsymbol{\alpha}_2$ 的任意一个系数不全为零的线性组合均不是零向量.

定义 3.2.1　对于向量组 $A:\boldsymbol{\alpha}_1,\boldsymbol{\alpha}_2,\cdots,\boldsymbol{\alpha}_s$，如果存在一组不全为零的数 $k_1,k_2,\cdots,k_s$，使得

$$k_1\boldsymbol{\alpha}_1+k_2\boldsymbol{\alpha}_2+\cdots+k_s\boldsymbol{\alpha}_s=\mathbf{0}, \tag{3.2.1}$$

就称向量组 A **线性相关**. 否则，称向量组 A **线性无关**.

如果 $s=1$，即向量组中只含一个向量 $\boldsymbol{\alpha}_1$，那么当 $\boldsymbol{\alpha}_1=\mathbf{0}$ 时是线性相关的；当 $\boldsymbol{\alpha}_1\neq\mathbf{0}$ 时是线性无关的. 如果 $s=2$，即向量组中只含两个向量 $\boldsymbol{\alpha}_1,\boldsymbol{\alpha}_2$，不难看出向量组线性相关的充要条件是 $\boldsymbol{\alpha}_1,\boldsymbol{\alpha}_2$ 的对应分量成比例.

例 3.2.1　讨论向量组 $\boldsymbol{\alpha}_1=\begin{bmatrix}1\\1\\1\end{bmatrix},\boldsymbol{\alpha}_2=\begin{bmatrix}0\\2\\5\end{bmatrix},\boldsymbol{\alpha}_3=\begin{bmatrix}1\\3\\6\end{bmatrix}$ 的线性相关性.

解　设有 x_1,x_2,x_3，使得 $x_1\boldsymbol{\alpha}_1+x_2\boldsymbol{\alpha}_2+x_3\boldsymbol{\alpha}_3=\mathbf{0}$，则有

$$x_1\begin{bmatrix}1\\1\\1\end{bmatrix}+x_2\begin{bmatrix}0\\2\\5\end{bmatrix}+x_3\begin{bmatrix}1\\3\\6\end{bmatrix}=\begin{bmatrix}0\\0\\0\end{bmatrix},$$

即

$$\begin{cases}x_1 \qquad\quad +x_3=0,\\ x_1+2x_2+3x_3=0,\\ x_1+5x_2+6x_3=0,\end{cases}$$

对系数矩阵实施初等行变换，有

$$\boldsymbol{A}=\begin{bmatrix}1&0&1\\1&2&3\\1&5&6\end{bmatrix}\xrightarrow[r_3-r_1]{r_2-r_1}\begin{bmatrix}1&0&1\\0&2&2\\0&5&5\end{bmatrix}\xrightarrow[r_3-5r_2]{\frac{1}{2}r_2}\begin{bmatrix}1&0&1\\0&1&1\\0&0&0\end{bmatrix}.$$

由于 $R(\boldsymbol{A})=2<3$，方程组有非零解，即 x_1,x_2,x_3 可以不全为零. 因此 $\boldsymbol{\alpha}_1,\boldsymbol{\alpha}_2,\boldsymbol{\alpha}_3$ 线性相关.

从上面的例子以及线性相关的定义可以看出，对向量组线性相关性的判定可以转化为对齐次线性方程组有无非零解的判定.

由定义 3.2.1,我们可以得到向量组线性无关的另一种描述:对于向量组 $\boldsymbol{\alpha}_1,\boldsymbol{\alpha}_2,\cdots,\boldsymbol{\alpha}_s$,如果由 $k_1\boldsymbol{\alpha}_1+k_2\boldsymbol{\alpha}_2+\cdots+k_s\boldsymbol{\alpha}_s=\mathbf{0}$,必有 $k_1=k_2=\cdots=k_s=0$ 成立,那么称向量组 $\boldsymbol{\alpha}_1,\boldsymbol{\alpha}_2,\cdots,\boldsymbol{\alpha}_s$线性无关.

例 3.2.2 讨论 n 维单位坐标向量组 $\boldsymbol{e}_1,\boldsymbol{e}_2,\cdots,\boldsymbol{e}_n$的线性相关性.

解 假设 $k_1\boldsymbol{e}_1+k_2\boldsymbol{e}_2+\cdots+k_n\boldsymbol{e}_n=\mathbf{0}$,则有$\begin{bmatrix}k_1\\k_2\\\vdots\\k_n\end{bmatrix}=\mathbf{0}$,从而有 $k_1=k_2=\cdots=k_n=0$,故 $\boldsymbol{e}_1,\boldsymbol{e}_2,\cdots,\boldsymbol{e}_n$线性无关.

例 3.2.3 已知向量组 $\boldsymbol{\alpha}_1,\boldsymbol{\alpha}_2,\boldsymbol{\alpha}_3$线性无关,证明向量组$\boldsymbol{\beta}_1=\boldsymbol{\alpha}_1+\boldsymbol{\alpha}_2$, $\boldsymbol{\beta}_2=\boldsymbol{\alpha}_2+\boldsymbol{\alpha}_3$, $\boldsymbol{\beta}_3=\boldsymbol{\alpha}_3+\boldsymbol{\alpha}_1$ 也线性无关.

证 假设 $k_1(\boldsymbol{\alpha}_1+\boldsymbol{\alpha}_2)+k_2(\boldsymbol{\alpha}_2+\boldsymbol{\alpha}_3)+k_3(\boldsymbol{\alpha}_3+\boldsymbol{\alpha}_1)=\mathbf{0}$,整理得

$$(k_1+k_3)\boldsymbol{\alpha}_1+(k_1+k_2)\boldsymbol{\alpha}_2+(k_2+k_3)\boldsymbol{\alpha}_3=\mathbf{0}.$$

由于 $\boldsymbol{\alpha}_1,\boldsymbol{\alpha}_2,\boldsymbol{\alpha}_3$线性无关,所以

$$\begin{cases}k_1\qquad +k_3=0,\\k_1+k_2\qquad =0,\\\qquad k_2+k_3=0,\end{cases}$$

解得 $k_1=k_2=k_3=0$,从而向量组 $\boldsymbol{\beta}_1=\boldsymbol{\alpha}_1+\boldsymbol{\alpha}_2$, $\boldsymbol{\beta}_2=\boldsymbol{\alpha}_2+\boldsymbol{\alpha}_3$, $\boldsymbol{\beta}_3=\boldsymbol{\alpha}_3+\boldsymbol{\alpha}_1$ 也线性无关.

定理 3.2.1 设矩阵 $\boldsymbol{A}=[\boldsymbol{\alpha}_1,\boldsymbol{\alpha}_2,\cdots,\boldsymbol{\alpha}_s]$,则以下三个结论等价:

(1) 向量组 $\boldsymbol{\alpha}_1,\boldsymbol{\alpha}_2,\cdots,\boldsymbol{\alpha}_s$线性相关;

(2) 齐次线性方程组 $\boldsymbol{Ax}=\mathbf{0}$ 有非零解;

(3) 矩阵 $\boldsymbol{A}$ 的秩 $R(\boldsymbol{A})<s$.

证 先证明(1)和(2)等价.

根据定义 3.2.1, $\boldsymbol{\alpha}_1,\boldsymbol{\alpha}_2,\cdots,\boldsymbol{\alpha}_s$ 线性相关当且仅当齐次线性方程组 $[\boldsymbol{\alpha}_1,\boldsymbol{\alpha}_2,\cdots,\boldsymbol{\alpha}_s]\begin{bmatrix}x_1\\x_2\\\vdots\\x_s\end{bmatrix}=\mathbf{0}$ 有非零解,即 $\boldsymbol{Ax}=\mathbf{0}$ 有非零解.

再证明(2)和(3)等价.

由定理 2.5.2,齐次线性方程组 $\boldsymbol{Ax}=\mathbf{0}$ 有非零解当且仅当 $R(\boldsymbol{A})<s$. □

由定理 3.2.1 知 $\boldsymbol{\alpha}_1,\boldsymbol{\alpha}_2,\cdots,\boldsymbol{\alpha}_s$线性无关等价于齐次线性方程组 $\boldsymbol{Ax}=\mathbf{0}$ 只有零解,等价于 $R(\boldsymbol{A})\geqslant s$. 考虑到任何一个矩阵的秩都不超过其列数,即 $R(\boldsymbol{A})\leqslant s$. 故 $R(\boldsymbol{A})\geqslant s$ 等价于 $R(\boldsymbol{A})=s$. 则有如下推论:

推论 1　设矩阵 $\boldsymbol{A}=[\boldsymbol{\alpha}_1,\boldsymbol{\alpha}_2,\cdots,\boldsymbol{\alpha}_s]$,则以下三个结论等价:

(1) 向量组 $\boldsymbol{\alpha}_1,\boldsymbol{\alpha}_2,\cdots,\boldsymbol{\alpha}_s$ 线性无关;

(2) 齐次线性方程组 $\boldsymbol{Ax}=\boldsymbol{0}$ 只有零解;

(3) 矩阵 $\boldsymbol{A}$ 的秩 $R(\boldsymbol{A})=s$.

定理 3.2.1 及其推论 1 给出了向量组的线性相关性、线性方程组解的情况与矩阵的秩之间的关系.

下面我们用推论 1 给出例 3.2.3 的另外两种证明方法.

例 3.2.3 的证法二　设 $\boldsymbol{A}=[\boldsymbol{\alpha}_1,\boldsymbol{\alpha}_2,\boldsymbol{\alpha}_3]$,$\boldsymbol{B}=[\boldsymbol{\beta}_1,\boldsymbol{\beta}_2,\boldsymbol{\beta}_3]$,$\boldsymbol{K}=\begin{bmatrix}1&0&1\\1&1&0\\0&1&1\end{bmatrix}$.

根据已知条件有

$$[\boldsymbol{\beta}_1,\boldsymbol{\beta}_2,\boldsymbol{\beta}_3]=[\boldsymbol{\alpha}_1,\boldsymbol{\alpha}_2,\boldsymbol{\alpha}_3]\begin{bmatrix}1&0&1\\1&1&0\\0&1&1\end{bmatrix},\text{即 }\boldsymbol{B}=\boldsymbol{AK}.$$

设 $\boldsymbol{Bx}=\boldsymbol{0}$,则有 $\boldsymbol{A}(\boldsymbol{Kx})=\boldsymbol{0}$. 因为矩阵 $\boldsymbol{A}$ 的列向量组线性无关,所以 $\boldsymbol{Kx}=\boldsymbol{0}$. 又 $\det(\boldsymbol{K})=2\neq0$,因此 $\boldsymbol{Kx}=\boldsymbol{0}$ 只有零解,即 $\boldsymbol{x}=\boldsymbol{0}$. 所以 $\boldsymbol{B}$ 的列向量组 $\boldsymbol{\beta}_1,\boldsymbol{\beta}_2,\boldsymbol{\beta}_3$ 线性无关.

例 3.2.3 的证法三　同证法二有 $\boldsymbol{B}=\boldsymbol{AK}$. 由于 $\det(\boldsymbol{K})=2\neq0$,所以 $\boldsymbol{K}$ 可逆,从而 $R(\boldsymbol{B})=R(\boldsymbol{A})$. 因为 $\boldsymbol{A}$ 的列向量组 $\boldsymbol{\alpha}_1,\boldsymbol{\alpha}_2,\boldsymbol{\alpha}_3$ 线性无关,所以 $R(\boldsymbol{A})=3$,从而 $R(\boldsymbol{B})=3$. 故 $\boldsymbol{B}$ 的列向量组 $\boldsymbol{\beta}_1,\boldsymbol{\beta}_2,\boldsymbol{\beta}_3$ 线性无关.

推论 2　设 s,n 为两个正整数,若 $s>n$,则 s 个 n 维向量构成的向量组一定线性相关.

证　设 $\boldsymbol{\alpha}_1,\boldsymbol{\alpha}_2,\cdots,\boldsymbol{\alpha}_s$ 是 s 个 n 维向量,记 $\boldsymbol{A}=[\boldsymbol{\alpha}_1,\boldsymbol{\alpha}_2,\cdots,\boldsymbol{\alpha}_s]$,则 $R(\boldsymbol{A})\leqslant n<s$,故 $\boldsymbol{\alpha}_1,\boldsymbol{\alpha}_2,\cdots,\boldsymbol{\alpha}_s$ 线性相关. □

推论 3　设 $\boldsymbol{\alpha}_i=[a_{i1},a_{i2},\cdots,a_{ir}]^{\mathrm{T}}$,$\boldsymbol{\beta}_i=[a_{i1},a_{i2},\cdots,a_{ir},a_{i,r+1}]^{\mathrm{T}}$,其中 $i=1,2,\cdots,s$.

(1) 若向量组 $\boldsymbol{\alpha}_1,\boldsymbol{\alpha}_2,\cdots,\boldsymbol{\alpha}_s$ 线性无关,则向量组 $\boldsymbol{\beta}_1,\boldsymbol{\beta}_2,\cdots,\boldsymbol{\beta}_s$ 也线性无关;

(2) 若向量组 $\boldsymbol{\beta}_1,\boldsymbol{\beta}_2,\cdots,\boldsymbol{\beta}_s$ 线性相关,则向量组 $\boldsymbol{\alpha}_1,\boldsymbol{\alpha}_2,\cdots,\boldsymbol{\alpha}_s$ 也线性相关.

证　(1) 设矩阵 $\boldsymbol{A}=[\boldsymbol{\alpha}_1,\boldsymbol{\alpha}_2,\cdots,\boldsymbol{\alpha}_s]$,$\boldsymbol{B}=[\boldsymbol{\beta}_1,\boldsymbol{\beta}_2,\cdots,\boldsymbol{\beta}_s]$,则 $\boldsymbol{A}$ 为 $r\times s$ 矩阵,$\boldsymbol{B}$ 为 $(r+1)\times s$ 矩阵,且 $\boldsymbol{A}$ 是 $\boldsymbol{B}$ 的前 r 行构成的矩阵,所以 $R(\boldsymbol{A})\leqslant R(\boldsymbol{B})$. 由于 $\boldsymbol{\alpha}_1,\boldsymbol{\alpha}_2,\cdots,\boldsymbol{\alpha}_s$ 线性无关,故有 $R(\boldsymbol{A})=s$,从而 $R(\boldsymbol{B})\geqslant s$. 考虑到 $R(\boldsymbol{B})\leqslant\min\{r+1,s\}\leqslant s$,故 $R(\boldsymbol{B})=s$,即 $\boldsymbol{\beta}_1,\boldsymbol{\beta}_2,\cdots,\boldsymbol{\beta}_s$ 线性无关.

(2) 为(1)的逆否命题,显然成立. □

定理 3.2.2　设 B 是由向量组 A 中一部分向量构成的向量组(称为**向量组

A 的部分组),那么

(1) 若部分组 B 线性相关,则向量组 A 线性相关;

(2) 若向量组 A 线性无关,则部分组 B 线性无关.

证　(1) 设向量组 A 为 $\boldsymbol{\alpha}_1,\boldsymbol{\alpha}_2,\cdots,\boldsymbol{\alpha}_s$. 不妨设 B 为由 A 的前 r 个向量构成的向量组,即 B 为 $\boldsymbol{\alpha}_1,\boldsymbol{\alpha}_2,\cdots,\boldsymbol{\alpha}_r(r\leqslant s)$. 若 B 线性相关,则存在一组不全为零的数 $k_1,k_2,\cdots,k_r$,使得 $k_1\boldsymbol{\alpha}_1+k_2\boldsymbol{\alpha}_2+\cdots+k_r\boldsymbol{\alpha}_r=\mathbf{0}$ 成立. 因而存在一组不全为零的数 $k_1,k_2,\cdots,k_r,0,\cdots,0$,使得

$$k_1\boldsymbol{\alpha}_1+k_2\boldsymbol{\alpha}_2+\cdots+k_r\boldsymbol{\alpha}_r+0\cdot\boldsymbol{\alpha}_{r+1}+\cdots+0\cdot\boldsymbol{\alpha}_s=\mathbf{0}$$

成立. 因此 $\boldsymbol{\alpha}_1,\boldsymbol{\alpha}_2,\cdots,\boldsymbol{\alpha}_s$ 线性相关.

(2) 为(1)的逆否命题,显然成立 . □

定理 3.2.3　向量组 $\boldsymbol{\alpha}_1,\boldsymbol{\alpha}_2,\cdots,\boldsymbol{\alpha}_s(s\geqslant 2)$ 线性相关的充要条件是其中至少有一个向量可以由其余 $s-1$ 个向量线性表示.

证　必要性. 由 $\boldsymbol{\alpha}_1,\boldsymbol{\alpha}_2,\cdots,\boldsymbol{\alpha}_s$ 线性相关,故存在一组不全为零的数 $k_1,k_2,\cdots,k_s$,使得

$$k_1\boldsymbol{\alpha}_1+k_2\boldsymbol{\alpha}_2+\cdots+k_s\boldsymbol{\alpha}_s=\mathbf{0}$$

成立. 由于 $k_1,k_2,\cdots,k_s$ 中至少有一个不等于 0,不妨设 $k_i\neq 0$,所以

$$\boldsymbol{\alpha}_i=\left(-\frac{k_1}{k_i}\right)\boldsymbol{\alpha}_1+\cdots+\left(-\frac{k_{i-1}}{k_i}\right)\boldsymbol{\alpha}_{i-1}+\left(-\frac{k_{i+1}}{k_i}\right)\boldsymbol{\alpha}_{i+1}+\cdots+\left(-\frac{k_s}{k_i}\right)\boldsymbol{\alpha}_s,$$

即 $\boldsymbol{\alpha}_i$ 可由 $\boldsymbol{\alpha}_1,\cdots,\boldsymbol{\alpha}_{i-1},\boldsymbol{\alpha}_{i+1},\cdots,\boldsymbol{\alpha}_s$ 线性表示.

充分性. 如果 $\boldsymbol{\alpha}_1,\boldsymbol{\alpha}_2,\cdots,\boldsymbol{\alpha}_s$ 中有一个向量可由其余 $s-1$ 个向量线性表示,不妨设 $\boldsymbol{\alpha}_1=k_2\boldsymbol{\alpha}_2+k_3\boldsymbol{\alpha}_3+\cdots+k_s\boldsymbol{\alpha}_s$,因而存在一组不全为零的数 $-1,k_2,k_3,\cdots,k_s$,使得

$$-\boldsymbol{\alpha}_1+k_2\boldsymbol{\alpha}_2+\cdots+k_s\boldsymbol{\alpha}_s=\mathbf{0}$$

成立,故 $\boldsymbol{\alpha}_1,\boldsymbol{\alpha}_2,\cdots,\boldsymbol{\alpha}_s$ 线性相关. □

例如,设向量组 $\boldsymbol{\alpha}_1=\begin{bmatrix}1\\1\\1\end{bmatrix},\boldsymbol{\alpha}_2=\begin{bmatrix}1\\2\\3\end{bmatrix},\boldsymbol{\alpha}_3=\begin{bmatrix}3\\2\\1\end{bmatrix}$. 因为 $\boldsymbol{\alpha}_3=4\boldsymbol{\alpha}_1-\boldsymbol{\alpha}_2$,所以由定理 3.2.3 知,$\boldsymbol{\alpha}_1,\boldsymbol{\alpha}_2,\boldsymbol{\alpha}_3$ 线性相关.

定理 3.2.4　若向量组 $\boldsymbol{\alpha}_1,\boldsymbol{\alpha}_2,\cdots,\boldsymbol{\alpha}_s$ 线性无关,而 $\boldsymbol{\alpha}_1,\boldsymbol{\alpha}_2,\cdots,\boldsymbol{\alpha}_s,\boldsymbol{\beta}$ 线性相关,则向量 $\boldsymbol{\beta}$ 可由向量组 $\boldsymbol{\alpha}_1,\boldsymbol{\alpha}_2,\cdots,\boldsymbol{\alpha}_s$ 线性表示,且表示方法唯一.

证　先证 $\boldsymbol{\beta}$ 可由向量组 $\boldsymbol{\alpha}_1,\boldsymbol{\alpha}_2,\cdots,\boldsymbol{\alpha}_s$ 线性表示.

由于 $\boldsymbol{\alpha}_1,\boldsymbol{\alpha}_2,\cdots,\boldsymbol{\alpha}_s,\boldsymbol{\beta}$ 线性相关,所以存在一组不全为零的数 $k_1,k_2,\cdots,k_s$ 及 k,使得 $k_1\boldsymbol{\alpha}_1+k_2\boldsymbol{\alpha}_2+\cdots+k_s\boldsymbol{\alpha}_s+k\boldsymbol{\beta}=\mathbf{0}$ 成立. 要证 $\boldsymbol{\beta}$ 可由向量组 $\boldsymbol{\alpha}_1,\boldsymbol{\alpha}_2,\cdots,\boldsymbol{\alpha}_s$ 线性表示,只需证明 $k\neq 0$. 假设 $k=0$,则

$$k_1\boldsymbol{\alpha}_1+k_2\boldsymbol{\alpha}_2+\cdots+k_s\boldsymbol{\alpha}_s=\mathbf{0}.$$

由于 $\boldsymbol{\alpha}_1,\boldsymbol{\alpha}_2,\cdots,\boldsymbol{\alpha}_s$线性无关，所以有 $k_1=k_2=\cdots=k_s=0$. 从而有 $k_1=k_2=\cdots=k_s=k=0$，这与 $k_1,k_2,\cdots,k_s$及 k 不全为零的假设矛盾. 于是，$k\neq 0$，$\boldsymbol{\beta}$ 可由向量组 $\boldsymbol{\alpha}_1,\boldsymbol{\alpha}_2,\cdots,\boldsymbol{\alpha}_s$线性表示.

再用反证法证明表示方法唯一. 假设

$$\boldsymbol{\beta}=h_1\boldsymbol{\alpha}_1+h_2\boldsymbol{\alpha}_2+\cdots+h_s\boldsymbol{\alpha}_s\text{，及 }\boldsymbol{\beta}=l_1\boldsymbol{\alpha}_1+l_2\boldsymbol{\alpha}_2+\cdots+l_s\boldsymbol{\alpha}_s\text{，}$$

两式相减，则有 $(h_1-l_1)\boldsymbol{\alpha}_1+(h_2-l_2)\boldsymbol{\alpha}_2+\cdots+(h_s-l_s)\boldsymbol{\alpha}_s=\mathbf{0}$. 由于 $\boldsymbol{\alpha}_1,\boldsymbol{\alpha}_2,\cdots,\boldsymbol{\alpha}_s$线性无关，故必有 $h_1-l_1=h_2-l_2=\cdots=h_s-l_s=0$，即 $h_1=l_1,h_2=l_2,\cdots,h_s=l_s$. 于是表示方法唯一. □

二、向量组间的线性表示

定义 3.2.2　设向量组 A：$\boldsymbol{\alpha}_1,\boldsymbol{\alpha}_2,\cdots,\boldsymbol{\alpha}_r$，向量组 B：$\boldsymbol{\beta}_1,\boldsymbol{\beta}_2,\cdots,\boldsymbol{\beta}_s$.

(1) 若向量组 B 中的每一个向量都可由向量组 A 线性表示，则称向量组 B 可由向量组 A **线性表示**.

(2) 若向量组 A 和向量组 B 可以互相线性表示，则称向量组 A 和向量组 B **等价**.

显然，向量组等价具有如下性质：

(1) 自反性　A 和 A 等价；

(2) 对称性　若 A 和 B 等价，则 B 和 A 等价；

(3) 传递性　若 A 和 B 等价，B 和 C 等价，则 A 和 C 等价.

若 $\boldsymbol{\beta}_1,\boldsymbol{\beta}_2,\cdots,\boldsymbol{\beta}_s$中每个向量都可以由 $\boldsymbol{\alpha}_1,\boldsymbol{\alpha}_2,\cdots,\boldsymbol{\alpha}_r$线性表示，设 $\boldsymbol{\beta}_i=k_{i1}\boldsymbol{\alpha}_1+k_{i2}\boldsymbol{\alpha}_2+\cdots+k_{ir}\boldsymbol{\alpha}_r$，即

$$\boldsymbol{\beta}_i=[\boldsymbol{\alpha}_1,\boldsymbol{\alpha}_2,\cdots,\boldsymbol{\alpha}_r]\begin{bmatrix}k_{i1}\\k_{i2}\\\vdots\\k_{ir}\end{bmatrix}\quad(i=1,2,\cdots,s),$$

从而有 $[\boldsymbol{\beta}_1,\boldsymbol{\beta}_2,\cdots,\boldsymbol{\beta}_s]=[\boldsymbol{\alpha}_1,\boldsymbol{\alpha}_2,\cdots,\boldsymbol{\alpha}_r]\begin{bmatrix}k_{11}&k_{21}&\cdots&k_{s1}\\k_{12}&k_{22}&\cdots&k_{s2}\\\vdots&\vdots&&\vdots\\k_{1r}&k_{2r}&\cdots&k_{sr}\end{bmatrix}$，即若向量组 B 可由向量组 A 线性表示，则存在矩阵 $\boldsymbol{K}$ 使得 $\boldsymbol{B}=\boldsymbol{A}\boldsymbol{K}$，其中 $\boldsymbol{A}=[\boldsymbol{\alpha}_1,\boldsymbol{\alpha}_2,\cdots,\boldsymbol{\alpha}_r]$，$\boldsymbol{B}=[\boldsymbol{\beta}_1,\boldsymbol{\beta}_2,\cdots,\boldsymbol{\beta}_s]$，即等价于矩阵方程 $\boldsymbol{A}\boldsymbol{X}=\boldsymbol{B}$ 有解.

定理 3.2.5　若向量组 $\boldsymbol{\beta}_1,\boldsymbol{\beta}_2,\cdots,\boldsymbol{\beta}_s$可由向量组 $\boldsymbol{\alpha}_1,\boldsymbol{\alpha}_2,\cdots,\boldsymbol{\alpha}_r$线性表示，并且 $s>r$，则 $\boldsymbol{\beta}_1,\boldsymbol{\beta}_2,\cdots,\boldsymbol{\beta}_s$线性相关.

证 设 $A=[\alpha_1,\alpha_2,\cdots,\alpha_r]$, $B=[\beta_1,\beta_2,\cdots,\beta_s]$. 因为 $\beta_1,\beta_2,\cdots,\beta_s$ 可由 $\alpha_1,\alpha_2,\cdots,\alpha_r$ 线性表示，由上面的讨论知存在矩阵 K，使得 $B=AK$，从而有 $R(B)\leqslant R(A)\leqslant r<s$. 根据定理 3.2.1，$\beta_1,\beta_2,\cdots,\beta_s$ 线性相关. □

由定理 3.2.5 可得下面的两个推论.

推论 1 若向量组 $\beta_1,\beta_2,\cdots,\beta_s$ 可由向量组 $\alpha_1,\alpha_2,\cdots,\alpha_r$ 线性表示，且 $\beta_1,\beta_2,\cdots,\beta_s$ 线性无关，则必有 $s\leqslant r$.

推论 2 两个等价的线性无关向量组必含有相同个数的向量.

练习 3.2

1. 判断下列向量组的线性相关性：

(1) $\alpha_1=\begin{bmatrix}1\\2\\0\end{bmatrix}$, $\alpha_2=\begin{bmatrix}1\\3\\0\end{bmatrix}$, $\alpha_3=\begin{bmatrix}-1\\-1\\1\end{bmatrix}$；(2) $\alpha_1=\begin{bmatrix}0\\2\\-1\end{bmatrix}$, $\alpha_2=\begin{bmatrix}2\\2\\0\end{bmatrix}$, $\alpha_3=\begin{bmatrix}6\\16\\-5\end{bmatrix}$；

(3) $\alpha_1=\begin{bmatrix}1\\0\\0\\5\\6\end{bmatrix}$, $\alpha_2=\begin{bmatrix}1\\2\\0\\7\\8\end{bmatrix}$, $\alpha_3=\begin{bmatrix}1\\2\\3\\9\\10\end{bmatrix}$；(4) $\alpha_1=\begin{bmatrix}1\\-1\\2\end{bmatrix}$, $\alpha_2=\begin{bmatrix}0\\3\\1\end{bmatrix}$, $\alpha_3=\begin{bmatrix}3\\0\\7\end{bmatrix}$, $\alpha_4=\begin{bmatrix}1\\3\\7\end{bmatrix}$.

2. 设 $\alpha_1=\begin{bmatrix}\lambda-1\\1\\-1\end{bmatrix}$, $\alpha_2=\begin{bmatrix}1\\\lambda-2\\2\end{bmatrix}$, $\alpha_3=\begin{bmatrix}1\\3\\\lambda-3\end{bmatrix}$，$\lambda$ 取何值时，向量组 $\alpha_1,\alpha_2,\alpha_3$ 线性相关？

3. 设 n 维向量组 $\alpha_1=\begin{bmatrix}a_{11}\\a_{21}\\\vdots\\a_{n1}\end{bmatrix}$, $\alpha_2=\begin{bmatrix}a_{12}\\a_{22}\\\vdots\\a_{n2}\end{bmatrix}$, $\cdots$, $\alpha_n=\begin{bmatrix}a_{1n}\\a_{2n}\\\vdots\\a_{nn}\end{bmatrix}$，试证明：向量组 α_1, $\alpha_2,\cdots,\alpha_n$ 线性无关的充要条件为 $D=\begin{vmatrix}a_{11}&a_{12}&\cdots&a_{1n}\\a_{21}&a_{22}&\cdots&a_{2n}\\\vdots&\vdots&&\vdots\\a_{n1}&a_{n2}&\cdots&a_{nn}\end{vmatrix}\neq 0$.

4. 已知矩阵 $A=\begin{bmatrix}1&2&-2\\2&1&2\\3&0&4\end{bmatrix}$，向量 $\alpha=\begin{bmatrix}\lambda\\1\\1\end{bmatrix}$，试求常数 λ，使得 $A\alpha$ 与 α 线性相关.

§3.3　向量组的秩

秩是线性代数中一个重要的数字特征，在第二章我们给读者介绍了矩阵的秩. 本节我们将研究向量组的秩，它可以反映向量组一些内在的、深层的属性.

一、极大无关组的两个等价定义

定义 3.3.1　设 A 是一个向量组，A_0 是由 A 中 r 个向量构成的一个部分组，满足

(1) A_0 线性无关；

(2) A 中任意 $r+1$ 个向量(若有)都线性相关，

则称 A_0 是向量组 A 的一个**极大线性无关组**，简称**极大无关组**.

含有非零向量的向量组一定存在极大无关组，但是对于给定的向量组，其极大无关组未必唯一. 比如，假设 $\boldsymbol{\alpha}$ 是一个非零向量，那么在向量组 $\boldsymbol{\alpha}, 2\boldsymbol{\alpha}$ 中，$\boldsymbol{\alpha}$ 和 $2\boldsymbol{\alpha}$ 都是极大无关组.

下面的定理说明极大无关组还有一个等价定义.

定理 3.3.1　设 A 是一个向量组，A_0 是由 A 中 r 个向量构成的一个部分组，则 A_0 是 A 的一个极大线性无关组的充要条件是下列两条同时成立：

(1) A_0 线性无关；

(2) A 中任意一个向量都可以由 A_0 线性表示.

证　先证明必要性. 设 A_0 是 A 的一个极大无关组(显然(1)成立)，$\boldsymbol{\alpha}$ 是 A 中任意一个向量. 由于 A_0 线性无关，而 $A_0 \cup \{\boldsymbol{\alpha}\}$ 中含有 $r+1$ 个向量，所以 $A_0 \cup \{\boldsymbol{\alpha}\}$ 是线性相关的. 由定理 3.2.4 可知，$\boldsymbol{\alpha}$ 可以由 A_0 线性表示. 由 $\boldsymbol{\alpha}$ 的任意性知，向量组 A 中每个向量都可以由 A_0 线性表示，即(2)成立.

再证明充分性. 要证 A_0 是 A 的一个极大无关组只需证明 A_0 满足定义 3.3.1 中的条件(2). 设 $\boldsymbol{\beta}_1, \boldsymbol{\beta}_2, \cdots, \boldsymbol{\beta}_{r+1}$ 是向量组 A 中任意 $r+1$ 个向量. 由于 $\boldsymbol{\beta}_1, \boldsymbol{\beta}_2, \cdots, \boldsymbol{\beta}_{r+1}$ 可由 A_0 线性表示，由定理 3.2.5 知 $\boldsymbol{\beta}_1, \boldsymbol{\beta}_2, \cdots, \boldsymbol{\beta}_{r+1}$ 线性相关，结论成立. □

由定理 3.3.1 的(2)知，向量组 A 中每个向量都可以由其极大无关组 A_0 线性表示，所以向量组 A 可以由 A_0 线性表示. 又因为 A_0 中每个向量都可以由向量组 A 线性表示，所以 A_0 可以由向量组 A 线性表示. 故 A_0 与 A 等价. 也就是说，A_0 虽然只是 A 的一个部分组，但是却与向量组 A 等价.

定义 3.3.1 说明极大无关组是向量组中不能再扩充的一个线性无关部分组. 而等价定义则说明极大无关组是与向量组等价的一个部分组.

二、向量组的秩

如果一个向量组有两个极大无关组，由于它们都与向量组等价，那么根据向量组等价的传递性，这两个极大无关组也是等价的. 再由定理 3.2.5 的推论 2，这两个极大无关组所含的向量个数是相等的. 于是，一个向量组的极大无关组可能是不唯一的，但所含向量的个数是确定的.

定义 3.3.2 向量组 A 的极大无关组中所含向量的个数称为**向量组的秩**，记为 $R(A)$.

只含零向量的向量组没有极大无关组，约定它的秩为零.

定理 3.3.2(秩的比较定理) 若向量组 A 可以由向量组 B 线性表示，则 $R(A)\leqslant R(B)$.

证 设 A_0 与 B_0 分别是向量组 A 和向量组 B 的极大无关组，由于向量组 A 可以由向量组 B 线性表示，A_0 与 A 等价，B 与 B_0 等价，所以 A_0 也可由 B_0 线性表示. 由定理 3.2.5 的推论 1，A_0 中向量的个数不超过 B_0 中向量的个数，即 $R(A)\leqslant R(B)$. □

由秩的比较定理易得如下结论：

推论 等价的向量组秩相等.

定理 3.3.3 矩阵的秩等于它的列向量组的秩，也等于它的行向量组的秩.

证 设 $\boldsymbol{A}=[\boldsymbol{\alpha}_1,\boldsymbol{\alpha}_2,\cdots,\boldsymbol{\alpha}_n]$ 为 $m\times n$ 矩阵，$R(\boldsymbol{A})=r$，并设 D_r 为矩阵 $\boldsymbol{A}$ 的一个 r 阶非零子式. 接下来，先证明 $\boldsymbol{A}$ 的列向量组 $\boldsymbol{\alpha}_1,\boldsymbol{\alpha}_2,\cdots,\boldsymbol{\alpha}_n$ 的秩为 r.

不妨将 D_r 所在（$\boldsymbol{A}$ 中）的 r 列，设为 $\boldsymbol{\alpha}_1,\boldsymbol{\alpha}_2,\cdots,\boldsymbol{\alpha}_r$，构成的 $m\times r$ 矩阵记作 $\boldsymbol{B}$. 显然 D_r 也是 $\boldsymbol{B}$ 的 r 阶非零子式，所以 $R(\boldsymbol{B})\geqslant r$. 又由性质 2.4.1，有

$$R(\boldsymbol{B})\leqslant\min\{m,r\}\leqslant r,$$

所以 $R(\boldsymbol{B})=r$. 由定理 3.2.1 的推论 1，知 $\boldsymbol{\alpha}_1,\boldsymbol{\alpha}_2,\cdots,\boldsymbol{\alpha}_r$ 线性无关.

又因为 $\boldsymbol{A}$ 的任意 $r+1$ 个列向量所构成的矩阵的秩 $\leqslant R(\boldsymbol{A})=r<r+1$，由定理 3.2.1 知 $\boldsymbol{A}$ 的任意 $r+1$ 个列向量线性相关.

由定义 3.3.1，$\boldsymbol{\alpha}_1,\boldsymbol{\alpha}_2,\cdots,\boldsymbol{\alpha}_r$ 为 $\boldsymbol{A}$ 的列向量组的一个极大无关组，所以 $\boldsymbol{A}$ 的列向量组的秩等于 r.

类似可证，D_r 所在的 r 行向量为 $\boldsymbol{A}$ 的行向量组的一个极大无关组，即 $\boldsymbol{A}$ 的行向量组的秩也等于 r. □

由 §2.5 的学习，我们知道，对齐次线性方程组的系数矩阵进行初等行变换不改变线性方程组的解，即，若矩阵 $\boldsymbol{A}$ 经过初等行变换化为矩阵 $\boldsymbol{B}$，则齐次线性方程组 $\boldsymbol{Ax}=\boldsymbol{0}$ 与 $\boldsymbol{Bx}=\boldsymbol{0}$ 同解. 设 $\boldsymbol{A}_i$ 为 $\boldsymbol{A}$ 的任意 i 列构成的矩阵，$\boldsymbol{B}_i$ 为 $\boldsymbol{B}$ 中相应的 i 列构成的矩阵，由于初等行变换保持矩阵列的位置关系不变，所以 $\boldsymbol{A}_i\boldsymbol{x}=\boldsymbol{0}$ 与

$\boldsymbol{B}_i\boldsymbol{x}=\boldsymbol{0}$ 也同解. 若记 $\boldsymbol{A}=[\boldsymbol{\alpha}_1,\boldsymbol{\alpha}_2,\cdots,\boldsymbol{\alpha}_n]$, $\boldsymbol{B}=[\boldsymbol{\beta}_1,\boldsymbol{\beta}_2,\cdots,\boldsymbol{\beta}_n]$, 则有: $\boldsymbol{\alpha}_{p_1}$, $\boldsymbol{\alpha}_{p_2},\cdots,\boldsymbol{\alpha}_{p_r}$ 是 $\boldsymbol{\alpha}_1,\boldsymbol{\alpha}_2,\cdots,\boldsymbol{\alpha}_n$ 的极大无关组, 当且仅当 $\boldsymbol{\beta}_{p_1},\boldsymbol{\beta}_{p_2},\cdots,\boldsymbol{\beta}_{p_r}$ 是 $\boldsymbol{\beta}_1,\boldsymbol{\beta}_2,\cdots,\boldsymbol{\beta}_n$ 的极大无关组; $\boldsymbol{\alpha}_i=k_1\boldsymbol{\alpha}_{p_1}+k_2\boldsymbol{\alpha}_{p_2}+\cdots+k_r\boldsymbol{\alpha}_{p_r}$ 当且仅当 $\boldsymbol{\beta}_i=k_1\boldsymbol{\beta}_{p_1}+k_2\boldsymbol{\beta}_{p_2}+\cdots+k_r\boldsymbol{\beta}_{p_r}$.

如果 $\boldsymbol{B}$ 是一个行阶梯形矩阵, 就很容易看出 $\boldsymbol{B}$ 的列向量组的极大无关组. 进一步, 若 $\boldsymbol{B}$ 为一个行最简形矩阵, 则不仅可以清楚地显示列向量组的极大无关组, 而且也能体现列向量组之间的线性表示关系, 从而也就可以得到 $\boldsymbol{A}$ 的列向量组的极大无关组以及列向量组之间的线性表示关系.

由定理 3.3.3 及以上讨论可以得到求向量组 A 的秩与一个极大无关组、并将其余向量用极大无关组线性表示的一般步骤如下:

(1) 以向量组 A 中的向量为列作矩阵 $\boldsymbol{A}$, 用初等行变换将 $\boldsymbol{A}$ 化为行阶梯形矩阵 $\boldsymbol{A}_1$, 求出 $R(\boldsymbol{A})$ (等于 $R(\boldsymbol{A}_1)$);

(2) 确定 $\boldsymbol{A}_1$ 的非零行的第一个非零元所在的列, 设为第 $p_1,p_2,\cdots,p_r$ 列, 相应的 $\boldsymbol{A}$ 的第 $p_1,p_2,\cdots,p_r$ 列即为向量组 A 的一个极大无关组;

(3) 用初等行变换将 $\boldsymbol{A}_1$ 再进一步化为行最简形矩阵 $\boldsymbol{A}_2$, 根据行最简形矩阵求出线性表示的系数.

例 3.3.1　求向量组 A: $\boldsymbol{\alpha}_1=\begin{bmatrix}2\\-1\\1\\4\end{bmatrix}$, $\boldsymbol{\alpha}_2=\begin{bmatrix}7\\0\\3\\4\end{bmatrix}$, $\boldsymbol{\alpha}_3=\begin{bmatrix}1\\3\\0\\-8\end{bmatrix}$ 的秩与一个极大无关组, 并将其余向量用该极大无关组线性表示.

解　设 $\boldsymbol{A}=[\boldsymbol{\alpha}_1,\boldsymbol{\alpha}_2,\boldsymbol{\alpha}_3]=\begin{bmatrix}2&7&1\\-1&0&3\\1&3&0\\4&4&-8\end{bmatrix}$, 对 $\boldsymbol{A}$ 实施初等行变换, 有

$$\begin{bmatrix}2&7&1\\-1&0&3\\1&3&0\\4&4&-8\end{bmatrix}\to\begin{bmatrix}1&0&-3\\0&7&7\\0&3&3\\0&4&4\end{bmatrix}\to\begin{bmatrix}1&0&-3\\0&7&7\\0&0&0\\0&0&0\end{bmatrix}:=\boldsymbol{A}_1,$$

由于 $\boldsymbol{A}_1$ 的秩等于 2, 所以 $R(\boldsymbol{A})=2$.

因 $\boldsymbol{A}_1$ 中非零行的第一个非零元所在的列为 1,2 列, 故 $\boldsymbol{\alpha}_1,\boldsymbol{\alpha}_2$ 是向量组 A 的一个极大无关组. 进一步, 将 $\boldsymbol{A}_1$ 化为行最简形矩阵, 有

$$A_1 \to \begin{bmatrix} 1 & 0 & -3 \\ 0 & 1 & 1 \\ 0 & 0 & 0 \\ 0 & 0 & 0 \end{bmatrix} := A_2,$$

可得 $\boldsymbol{\alpha}_3 = -3\boldsymbol{\alpha}_1 + \boldsymbol{\alpha}_2$.

例 3.3.2 求向量组 A：$\boldsymbol{\alpha}_1 = \begin{bmatrix} 1 \\ -2 \\ 2 \\ 3 \end{bmatrix}, \boldsymbol{\alpha}_2 = \begin{bmatrix} -2 \\ 4 \\ -1 \\ 3 \end{bmatrix}, \boldsymbol{\alpha}_3 = \begin{bmatrix} -1 \\ 2 \\ 0 \\ 3 \end{bmatrix}, \boldsymbol{\alpha}_4 = \begin{bmatrix} 0 \\ 6 \\ 2 \\ 3 \end{bmatrix}, \boldsymbol{\alpha}_5 = \begin{bmatrix} 2 \\ -6 \\ 3 \\ 4 \end{bmatrix}$ 的秩与一个极大无关组,并将其余向量用该极大无关组线性表示.

解 设 $\boldsymbol{A} = [\boldsymbol{\alpha}_1, \boldsymbol{\alpha}_2, \boldsymbol{\alpha}_3, \boldsymbol{\alpha}_4, \boldsymbol{\alpha}_5]$,对 $\boldsymbol{A}$ 实施初等行变换,有

$$\boldsymbol{A} = \begin{bmatrix} 1 & -2 & -1 & 0 & 2 \\ -2 & 4 & 2 & 6 & -6 \\ 2 & -1 & 0 & 2 & 3 \\ 3 & 3 & 3 & 3 & 4 \end{bmatrix} \to \begin{bmatrix} 1 & -2 & -1 & 0 & 2 \\ 0 & 3 & 2 & 2 & -1 \\ 0 & 0 & 0 & -3 & 1 \\ 0 & 0 & 0 & 0 & 0 \end{bmatrix} := \boldsymbol{A}_1.$$

由于 $\boldsymbol{A}_1$ 的秩等于 3,所以向量组 A 的秩 $R(A) = 3$. 并且,$\boldsymbol{\alpha}_1, \boldsymbol{\alpha}_2, \boldsymbol{\alpha}_4$是向量组 A 的一个极大无关组. 进一步,将 $\boldsymbol{A}_1$ 化为行最简形矩阵,有

$$\boldsymbol{A}_1 \to \begin{bmatrix} 1 & 0 & \frac{1}{3} & 0 & \frac{16}{9} \\ 0 & 1 & \frac{2}{3} & 0 & -\frac{1}{9} \\ 0 & 0 & 0 & 1 & -\frac{1}{3} \\ 0 & 0 & 0 & 0 & 0 \end{bmatrix} := \boldsymbol{A}_2,$$

所以有 $\boldsymbol{\alpha}_3 = \frac{1}{3}\boldsymbol{\alpha}_1 + \frac{2}{3}\boldsymbol{\alpha}_2, \boldsymbol{\alpha}_5 = \frac{16}{9}\boldsymbol{\alpha}_1 - \frac{1}{9}\boldsymbol{\alpha}_2 - \frac{1}{3}\boldsymbol{\alpha}_4$.

练习 3.3

1. 求下列向量组的秩与一个极大无关组,并将其余向量表示成该极大无关组的线性组合:

(1) $\boldsymbol{\alpha}_1=\begin{bmatrix}-2\\1\\3\\0\end{bmatrix},\boldsymbol{\alpha}_2=\begin{bmatrix}-5\\2\\6\\-3\end{bmatrix},\boldsymbol{\alpha}_3=\begin{bmatrix}1\\0\\0\\3\end{bmatrix},\boldsymbol{\alpha}_4=\begin{bmatrix}-1\\2\\-7\\4\end{bmatrix}$;

(2) $\boldsymbol{\alpha}_1=\begin{bmatrix}1\\-1\\2\\4\end{bmatrix},\boldsymbol{\alpha}_2=\begin{bmatrix}0\\3\\1\\2\end{bmatrix},\boldsymbol{\alpha}_3=\begin{bmatrix}3\\0\\7\\14\end{bmatrix},\boldsymbol{\alpha}_4=\begin{bmatrix}1\\-2\\2\\0\end{bmatrix},\boldsymbol{\alpha}_5=\begin{bmatrix}2\\1\\5\\10\end{bmatrix}$.

2. 向量组 $\boldsymbol{\alpha}_1,\boldsymbol{\alpha}_2,\boldsymbol{\alpha}_3$ 线性无关，求向量组 $\boldsymbol{\beta}_1=\boldsymbol{\alpha}_1-\boldsymbol{\alpha}_2,\boldsymbol{\beta}_2=\boldsymbol{\alpha}_2-\boldsymbol{\alpha}_3,\boldsymbol{\beta}_3=\boldsymbol{\alpha}_3-\boldsymbol{\alpha}_1$ 的秩.

3. 设 A 是由三维向量组成的向量组，且 A 中包含三维单位坐标向量 $\boldsymbol{e}_1,\boldsymbol{e}_2,\boldsymbol{e}_3$，试证明：$\boldsymbol{e}_1,\boldsymbol{e}_2,\boldsymbol{e}_3$ 是向量组 A 的极大无关组.

§3.4　向量空间

向量空间的理论和方法在自然科学、工程技术的许多领域都有广泛应用. 学习了向量空间之后，我们会对线性方程组及相关知识有更深刻的理解. 在本书的第五章，我们还将进一步把与向量空间类似的代数系统抽象到一个更高的层次.

设 V 是由同型向量构成的集合，若对任意 $\boldsymbol{\alpha},\ \boldsymbol{\beta}\in V$，有 $\boldsymbol{\alpha}+\boldsymbol{\beta}\in V$，则称 V 对**加法封闭**；若对任意数 k，及任意 $\boldsymbol{\alpha}\in V$，有 $k\boldsymbol{\alpha}\in V$，则称 V 对**数乘封闭**. 若对任意 $\boldsymbol{\alpha}$，$\boldsymbol{\beta}\in V$ 和任意数 k_1,k_2，有 $k_1\boldsymbol{\alpha}+k_2\boldsymbol{\beta}\in V$，则称 V 对**线性运算封闭**. 不难证明，V 对加法和数乘封闭等价于 V 对线性运算封闭.

定义 3.4.1　对加法及数乘封闭的非空向量集合 V 称为**向量空间**.

一个向量集合 V 为向量空间，只需满足：

(1) V 非空；

(2) V 对向量加法封闭；

(3) V 对向量数乘封闭，

或满足：

(1) V 非空；

(2) V 对线性运算封闭.

只含零向量的向量集合显然对线性运算封闭，故该向量集合是一个向量空间.

定义 3.4.2　在向量空间 V 中，如果存在 r 个向量 $\boldsymbol{\alpha}_1,\boldsymbol{\alpha}_2,\cdots,\boldsymbol{\alpha}_r$ 满足

(1) $\boldsymbol{\alpha}_1,\boldsymbol{\alpha}_2,\cdots,\boldsymbol{\alpha}_r$线性无关；

(2) V中任意一个向量都可以由$\boldsymbol{\alpha}_1,\boldsymbol{\alpha}_2,\cdots,\boldsymbol{\alpha}_r$线性表示，

就称$\boldsymbol{\alpha}_1,\boldsymbol{\alpha}_2,\cdots,\boldsymbol{\alpha}_r$是向量空间$V$的一个**基**，$r$称为向量空间$V$的**维数**，记作$\dim V$.

由定义3.4.2可以看出，基和维数分别是向量空间作为向量组时的极大无关组和秩. 如果向量空间V没有基，那么$\dim V=0$，0维空间只含有一个向量即零向量. 含有非零向量的向量空间都是由无穷多个向量组成的，并且它的基一般都不唯一.

以下用$\mathbb{R}$表示全体实数构成的集合.

例3.4.1 证明$V=\{[x_1,x_2,x_3]^{\mathrm{T}}\mid x_1,x_2,x_3\in\mathbb{R}\}$是一个向量空间. 确定其维数，并找出一个基.

证 显然V非空. 设$\boldsymbol{x}=[x_1,x_2,x_3]^{\mathrm{T}}\in V,\boldsymbol{y}=[y_1,y_2,y_3]^{\mathrm{T}}\in V$，则有$\boldsymbol{x}+\boldsymbol{y}=[x_1+y_1,x_2+y_2,x_3+y_3]^{\mathrm{T}}\in V$，即$V$对加法封闭. 设$\boldsymbol{x}=[x_1,x_2,x_3]^{\mathrm{T}}\in V$，$k$是任意实数，则有$k\boldsymbol{x}=[kx_1,kx_2,kx_3]^{\mathrm{T}}\in V$，即$V$对数乘封闭.

所以V是一个向量空间.

由于$\boldsymbol{e}_1=[1,0,0]^{\mathrm{T}},\boldsymbol{e}_2=[0,1,0]^{\mathrm{T}},\boldsymbol{e}_3=[0,0,1]^{\mathrm{T}}$线性无关，且对任意$\boldsymbol{x}=[x_1,x_2,x_3]^{\mathrm{T}}\in V$，都有$\boldsymbol{x}=x_1\boldsymbol{e}_1+x_2\boldsymbol{e}_2+x_3\boldsymbol{e}_3$成立，即$\boldsymbol{x}$可以由$\boldsymbol{e}_1,\boldsymbol{e}_2,\boldsymbol{e}_3$线性表示，故$\boldsymbol{e}_1,\boldsymbol{e}_2,\boldsymbol{e}_3$是$V$的一组基，$\dim V=3$.

例3.4.1中的向量空间称为3维实向量空间，记作$\mathbb{R}^3$. 类似地，n维实向量的全体也可以构成一个向量空间，称为**n维实向量空间**，记作$\mathbb{R}^n$，即$\mathbb{R}^n=\{[x_1,x_2,\cdots,x_n]^{\mathrm{T}}\mid x_i\in\mathbb{R},i=1,2,\cdots,n\}$. 不难看出，$n$维单位坐标向量组$\boldsymbol{e}_1=[1,0,\cdots,0]^{\mathrm{T}},\boldsymbol{e}_2=[0,1,\cdots,0]^{\mathrm{T}},\cdots,\boldsymbol{e}_n=[0,0,\cdots,1]^{\mathrm{T}}$是$\mathbb{R}^n$的一个基，故$\dim\mathbb{R}^n=n$.

例3.4.2 证明：$V=\{[0,x_2,x_3,\cdots,x_n]^{\mathrm{T}}\mid x_2,x_3,\cdots,x_n\in\mathbb{R}\}$是一个向量空间，并确定其维数.

证 显然V非空. 对任意$\boldsymbol{x}=[0,x_2,x_3,\cdots,x_n]^{\mathrm{T}}\in V,\boldsymbol{y}=[0,y_2,y_3,\cdots,y_n]^{\mathrm{T}}\in V$和任意实数$k_1,k_2$，都有

$$k_1\boldsymbol{x}+k_2\boldsymbol{y}=[0,k_1x_2+k_2y_2,k_1x_3+k_2y_3,\cdots,k_1x_n+k_2y_n]^{\mathrm{T}}\in V,$$

所以V是一个向量空间.

事实上，不难看出$\boldsymbol{e}_2=[0,1,0,\cdots,0]^{\mathrm{T}},\boldsymbol{e}_3=[0,0,1,\cdots,0]^{\mathrm{T}},\cdots,\boldsymbol{e}_n=[0,0,0,\cdots,1]^{\mathrm{T}}$是$V$的一个基，所以$\dim V=n-1$.

一般地，设V是向量空间，V_1是V的非空子集，若V_1关于线性运算是封闭的，则V_1也是一个向量空间，我们称该空间为V的**向量子空间**. 显然，例3.4.2中所讨论的向量空间V是n维实向量空间$\mathbb{R}^n$的一个向量子空间.

例 3.4.3 设 $\boldsymbol{\alpha}, \boldsymbol{\beta}$ 是同型向量,证明:$V=\{\lambda\boldsymbol{\alpha}+\mu\boldsymbol{\beta} \mid \lambda,\mu\in\mathbb{R}\}$ 是一个向量空间.

证 显然 V 非空. 设 $\boldsymbol{x}=\lambda_1\boldsymbol{\alpha}+\mu_1\boldsymbol{\beta}\in V$,$\boldsymbol{y}=\lambda_2\boldsymbol{\alpha}+\mu_2\boldsymbol{\beta}\in V$,则对任意的实数 k_1,k_2,有 $k_1\boldsymbol{x}+k_2\boldsymbol{y}=k_1(\lambda_1\boldsymbol{\alpha}+\mu_1\boldsymbol{\beta})+k_2(\lambda_2\boldsymbol{\alpha}+\mu_2\boldsymbol{\beta})=(k_1\lambda_1+k_2\lambda_2)\boldsymbol{\alpha}+(k_1\mu_1+k_2\mu_2)\boldsymbol{\beta}$. 由于 $k_1\lambda_1+k_2\lambda_2$ 和 $k_1\mu_1+k_2\mu_2$ 仍然是实数,所以 $(k_1\lambda_1+k_2\lambda_2)\boldsymbol{\alpha}+(k_1\mu_1+k_2\mu_2)\boldsymbol{\beta}\in V$,从而有 $k_1\boldsymbol{x}+k_2\boldsymbol{y}\in V$,即 V 对线性运算封闭,所以 V 是一个向量空间.

类似地,可以证明对于向量组 $\boldsymbol{\alpha}_1,\boldsymbol{\alpha}_2,\cdots,\boldsymbol{\alpha}_m$,

$$V=\{k_1\boldsymbol{\alpha}_1+k_2\boldsymbol{\alpha}_2+\cdots+k_m\boldsymbol{\alpha}_m \mid k_1,k_2,\cdots,k_m\in\mathbb{R}\}$$

是一个向量空间,称其为由 $\boldsymbol{\alpha}_1,\boldsymbol{\alpha}_2,\cdots,\boldsymbol{\alpha}_m$ **生成的向量空间**,记作 $L(\boldsymbol{\alpha}_1,\boldsymbol{\alpha}_2,\cdots,\boldsymbol{\alpha}_m)$.

不难看出,$\boldsymbol{\alpha}_1,\boldsymbol{\alpha}_2,\cdots,\boldsymbol{\alpha}_m$ 的极大无关组就是向量空间 $L(\boldsymbol{\alpha}_1,\boldsymbol{\alpha}_2,\cdots,\boldsymbol{\alpha}_m)$ 的一个基,向量组 $\boldsymbol{\alpha}_1,\boldsymbol{\alpha}_2,\cdots,\boldsymbol{\alpha}_m$ 的秩就是 $L(\boldsymbol{\alpha}_1,\boldsymbol{\alpha}_2,\cdots,\boldsymbol{\alpha}_m)$ 的维数.

值得注意的是,向量的维数与它们生成的向量空间的维数不是同一个概念. n 维向量指的是向量的分量个数为 n;而 n 维向量空间指的是向量空间的基中所含向量的个数是 n. 由于任意 $n+1$ 个 n 维向量是线性相关的,所以 n 维向量生成的向量空间的维数一定不超过 n. 也就是说,向量空间的维数总是不超过向量的维数. 比如一个 n 维零向量 $[0,0,\cdots,0]^{\mathrm{T}}$ 可生成一个 0 维的向量空间. 再如,例 3.4.2 中 n 维向量 $\boldsymbol{e}_2,\boldsymbol{e}_3,\cdots,\boldsymbol{e}_n$ 生成了一个 $n-1$ 维向量空间. 例 3.4.3 中的向量生成了一个 2 维或 1 维,甚至 0 维(取决于 $\boldsymbol{\alpha}, \boldsymbol{\beta}$ 是否线性相关,是否全为零)的向量空间.

由向量空间中基的定义不难看出:

定理 3.4.1(向量空间的结构定理) 若向量组 $\boldsymbol{\alpha}_1,\boldsymbol{\alpha}_2,\cdots,\boldsymbol{\alpha}_r$ 是向量空间 V 的一个基,则 V 可表示为 $V=\{k_1\boldsymbol{\alpha}_1+k_2\boldsymbol{\alpha}_2+\cdots+k_r\boldsymbol{\alpha}_r \mid k_1,k_2,\cdots,k_r\in\mathbb{R}\}$,即 $V=L(\boldsymbol{\alpha}_1,\boldsymbol{\alpha}_2,\cdots,\boldsymbol{\alpha}_r)$.

从定理 3.4.1 可以比较清楚地看出向量空间 V 的结构,而且,显然有如下定理成立.

定理 3.4.2(表示唯一性定理) 设 $\boldsymbol{\alpha}_1,\boldsymbol{\alpha}_2,\cdots,\boldsymbol{\alpha}_r$ 是向量空间 V 的一个基,那么 V 中任一向量 $\boldsymbol{x}$ 都可唯一表示为

$$\boldsymbol{x}=x_1\boldsymbol{\alpha}_1+x_2\boldsymbol{\alpha}_2+\cdots+x_r\boldsymbol{\alpha}_r, \tag{3.4.1}$$

并称 $x_1,x_2,\cdots,x_r$ 为 $\boldsymbol{x}$ 在基 $\boldsymbol{\alpha}_1,\boldsymbol{\alpha}_2,\cdots,\boldsymbol{\alpha}_r$ 下的**坐标**,记作 $\begin{bmatrix} x_1 \\ x_2 \\ \vdots \\ x_r \end{bmatrix}$,即

$$\boldsymbol{x}=[\boldsymbol{\alpha}_1,\boldsymbol{\alpha}_2,\cdots,\boldsymbol{\alpha}_r]\begin{bmatrix}x_1\\x_2\\\vdots\\x_r\end{bmatrix}.$$

例如，$\boldsymbol{x}=\begin{bmatrix}1\\4\end{bmatrix}$在基$\boldsymbol{e}_1=\begin{bmatrix}1\\0\end{bmatrix}$，$\boldsymbol{e}_2=\begin{bmatrix}0\\1\end{bmatrix}$下的坐标为$\begin{bmatrix}1\\4\end{bmatrix}$；而在基$\boldsymbol{\alpha}_1=\begin{bmatrix}1\\0\end{bmatrix}$，$\boldsymbol{\alpha}_2=\begin{bmatrix}1\\2\end{bmatrix}$下的坐标则为$\begin{bmatrix}-1\\2\end{bmatrix}$. 由此可见，向量在确定的基下，坐标是唯一确定的. 但是在不同的基下，坐标往往是不一样的.

练习 3.4

1. 下列向量组能否构成向量空间？若能，求其维数和一个基.

（1）$V_1=\left\{\begin{bmatrix}a\\b\\c\end{bmatrix}\middle|\, a,b,c\in\mathbb{R},a+b+c=0\right\}$；（2）$V_2=\left\{\begin{bmatrix}a\\b\\c\end{bmatrix}\middle|\, a,b,c\in\mathbb{R},a+b+c=1\right\}$.

2. 设向量组$\boldsymbol{\alpha}_1=\begin{bmatrix}1\\2\\1\\5\end{bmatrix}$，$\boldsymbol{\alpha}_2=\begin{bmatrix}-1\\2\\-1\\3\end{bmatrix}$，$\boldsymbol{\alpha}_3=\begin{bmatrix}2\\5\\2\\12\end{bmatrix}$，$\boldsymbol{\alpha}_4=\begin{bmatrix}1\\3\\1\\7\end{bmatrix}$，$\boldsymbol{\alpha}_5=\begin{bmatrix}1\\-1\\1\\-1\end{bmatrix}$，求向量空间$V=L(\boldsymbol{\alpha}_1,\boldsymbol{\alpha}_2,\boldsymbol{\alpha}_3,\boldsymbol{\alpha}_4,\boldsymbol{\alpha}_5)$的维数与一个基.

3. 设向量组$\boldsymbol{\alpha}_1=\begin{bmatrix}\lambda\\0\\1\end{bmatrix}$，$\boldsymbol{\alpha}_2=\begin{bmatrix}1\\1\\0\end{bmatrix}$，$\boldsymbol{\alpha}_3=\begin{bmatrix}0\\\lambda\\1\end{bmatrix}$.

（1）确定常数λ的值，使$\boldsymbol{\alpha}_1,\boldsymbol{\alpha}_2,\boldsymbol{\alpha}_3$为$\mathbb{R}^3$的一个基；

（2）当$\boldsymbol{\alpha}_1,\boldsymbol{\alpha}_2,\boldsymbol{\alpha}_3$为$\mathbb{R}^3$的基时，求向量$\boldsymbol{\beta}=\begin{bmatrix}1\\2\\3\end{bmatrix}$在这个基下的坐标.

§3.5 线性方程组解的结构

在第二章，我们已经学习了如何判定一个线性方程组解的情况，以及在有解的情况下，如何去解线性方程组. 在掌握了向量的相关知识之后，本节我们将利用向量的理论对线性方程组解的结构做进一步讨论.

一、齐次线性方程组解的结构

对于齐次线性方程组的解有如下简单性质.

性质 3.5.1　若 $\boldsymbol{\xi}_1,\boldsymbol{\xi}_2$ 是齐次线性方程组 $\boldsymbol{A}\boldsymbol{x}=\boldsymbol{0}$ 的解, k_1,k_2 为任意实数,则 $k_1\boldsymbol{\xi}_1+k_2\boldsymbol{\xi}_2$ 也是 $\boldsymbol{A}\boldsymbol{x}=\boldsymbol{0}$ 的解.

证　由于 $\boldsymbol{\xi}_1,\boldsymbol{\xi}_2$ 是 $\boldsymbol{A}\boldsymbol{x}=\boldsymbol{0}$ 的解,即 $\boldsymbol{A}\boldsymbol{\xi}_1=\boldsymbol{0},\boldsymbol{A}\boldsymbol{\xi}_2=\boldsymbol{0}$,于是 $\boldsymbol{A}(k_1\boldsymbol{\xi}_1+k_2\boldsymbol{\xi}_2)=k_1\boldsymbol{A}\boldsymbol{\xi}_1+k_2\boldsymbol{A}\boldsymbol{\xi}_2=\boldsymbol{0}$,所以 $k_1\boldsymbol{\xi}_1+k_2\boldsymbol{\xi}_2$ 是 $\boldsymbol{A}\boldsymbol{x}=\boldsymbol{0}$ 的解. □

设齐次线性方程组 $\boldsymbol{A}\boldsymbol{x}=\boldsymbol{0}$ 的全体解向量构成的集合为 S,显然 S 非空. 由性质 3.5.1 知, S 对线性运算封闭,所以 S 是一个向量空间,称之为齐次线性方程组 $\boldsymbol{A}\boldsymbol{x}=\boldsymbol{0}$ 的**解空间**.

定义 3.5.1　设 $\boldsymbol{\xi}_1,\boldsymbol{\xi}_2,\cdots,\boldsymbol{\xi}_p$是齐次线性方程组 $\boldsymbol{A}\boldsymbol{x}=\boldsymbol{0}$ 的解向量,满足

(1) $\boldsymbol{\xi}_1,\boldsymbol{\xi}_2,\cdots,\boldsymbol{\xi}_p$线性无关;

(2) $\boldsymbol{A}\boldsymbol{x}=\boldsymbol{0}$ 的任一解向量都可以由 $\boldsymbol{\xi}_1,\boldsymbol{\xi}_2,\cdots,\boldsymbol{\xi}_p$线性表示,

则称 $\boldsymbol{\xi}_1,\boldsymbol{\xi}_2,\cdots,\boldsymbol{\xi}_p$是齐次线性方程组 $\boldsymbol{A}\boldsymbol{x}=\boldsymbol{0}$ 的一个**基础解系**.

显然,基础解系即为齐次线性方程组 $\boldsymbol{A}\boldsymbol{x}=\boldsymbol{0}$ 的解空间的基.

设 $\boldsymbol{A}$ 是一个 $m\times n$ 矩阵,当 $R(\boldsymbol{A})=n$ 时,齐次线性方程组 $\boldsymbol{A}\boldsymbol{x}=\boldsymbol{0}$ 只有零解,其解空间中只含有一个零向量,此时齐次线性方程组没有基础解系.

定理 3.5.1　设 $\boldsymbol{A}$ 是一个 $m\times n$ 矩阵,若 $R(\boldsymbol{A})=r<n$,则齐次线性方程组$\boldsymbol{A}\boldsymbol{x}=\boldsymbol{0}$ 的基础解系存在,且基础解系中恰有 $n-r$ 个解向量.

证　由于 $R(\boldsymbol{A})=r<n$, $\boldsymbol{A}$ 有 r 个线性无关的列向量,不妨设 $\boldsymbol{A}$ 的前 r 个列向量线性无关. 对 $\boldsymbol{A}$ 实施初等行变换,化为如下行最简形矩阵,即

$$\boldsymbol{A}\to\begin{bmatrix}1&0&\cdots&0&k_{1,r+1}&k_{1,r+2}&\cdots&k_{1,n}\\0&1&\cdots&0&k_{2,r+1}&k_{2,r+2}&\cdots&k_{2,n}\\\vdots&\vdots&&\vdots&\vdots&\vdots&&\vdots\\0&0&\cdots&1&k_{r,r+1}&k_{r,r+2}&\cdots&k_{r,n}\\0&0&\cdots&0&0&0&\cdots&0\\\vdots&\vdots&\cdots&\vdots&\vdots&\vdots&\cdots&\vdots\\0&0&\cdots&0&0&0&\cdots&0\end{bmatrix}.$$

令自由未知量 $x_{r+1}=c_1,x_{r+2}=c_2,\cdots,x_n=c_{n-r}$,可得 $\boldsymbol{A}\boldsymbol{x}=\boldsymbol{0}$ 的通解

$$\begin{bmatrix} x_1 \\ x_2 \\ \vdots \\ x_r \\ x_{r+1} \\ x_{r+2} \\ \vdots \\ x_n \end{bmatrix} = c_1 \begin{bmatrix} -k_{1,r+1} \\ -k_{2,r+1} \\ \vdots \\ -k_{r,r+1} \\ 1 \\ \vdots \\ 0 \\ 0 \end{bmatrix} + c_2 \begin{bmatrix} -k_{1,r+2} \\ -k_{2,r+2} \\ \vdots \\ -k_{r,r+2} \\ 0 \\ 1 \\ \vdots \\ 0 \end{bmatrix} + \cdots + c_{n-r} \begin{bmatrix} -k_{1,n} \\ -k_{2,n} \\ \vdots \\ -k_{r,n} \\ 0 \\ 0 \\ \vdots \\ 1 \end{bmatrix}. \tag{3.5.1}$$

把上式记作 $\boldsymbol{x}=c_1\boldsymbol{\xi}_1+c_2\boldsymbol{\xi}_2+\cdots+c_{n-r}\boldsymbol{\xi}_{n-r}$（$c_1,c_2,\cdots,c_{n-r}$为任意常数）.

显然，在(3.5.1)中分别取 $c_i=1,c_j=0(j\neq i)$，可知 $\boldsymbol{\xi}_i$是 $\boldsymbol{Ax}=\boldsymbol{0}$ 的解向量$(i=1,2,\cdots,n-r)$. 由于$\boldsymbol{\xi}_1,\boldsymbol{\xi}_2,\cdots,\boldsymbol{\xi}_{n-r}$的后 $n-r$ 个分量恰好是 $n-r$ 维单位坐标向量组，从而线性无关，由定理 3.2.1 的推论 3 知 $\boldsymbol{\xi}_1,\boldsymbol{\xi}_2,\cdots,\boldsymbol{\xi}_{n-r}$线性无关. 从解的通式(3.5.1)中可以看出，任一解向量都能由 $\boldsymbol{\xi}_1,\boldsymbol{\xi}_2,\cdots,\boldsymbol{\xi}_{n-r}$线性表示. 根据定义 3.5.1 知 $\boldsymbol{\xi}_1,\boldsymbol{\xi}_2,\cdots,\boldsymbol{\xi}_{n-r}$是 $\boldsymbol{Ax}=\boldsymbol{0}$ 的基础解系，故 $\boldsymbol{Ax}=\boldsymbol{0}$ 的基础解系存在，且基础解系中恰有 $n-r$ 个解向量. □

定理 3.5.1 告诉我们，设$\boldsymbol{A}$ 是一个 $m\times n$ 矩阵，当 $R(\boldsymbol{A})=r<n$ 时，齐次线性方程组 $\boldsymbol{Ax}=\boldsymbol{0}$ 有无穷多解，并且这些解都可以由它的基础解系线性表示，即若$\boldsymbol{Ax}=\boldsymbol{0}$ 的基础解系为 $\boldsymbol{\xi}_1,\boldsymbol{\xi}_2,\cdots,\boldsymbol{\xi}_{n-r}$，则 $\boldsymbol{x}=c_1\boldsymbol{\xi}_1+c_2\boldsymbol{\xi}_2+\cdots+c_{n-r}\boldsymbol{\xi}_{n-r}$ 为齐次线性方程组 $\boldsymbol{Ax}=\boldsymbol{0}$ 的通解，其中 $c_1,c_2,\cdots,c_{n-r}$为任意常数.

例 3.5.1 求齐次线性方程组

$$\begin{cases} x_1+x_2+x_3+4x_4=0, \\ x_1-x_2+3x_3+4x_4=0, \\ 2x_1+x_2+3x_3+8x_4=0, \\ 3x_1+x_2+5x_3+12x_4=0 \end{cases}$$

的一个基础解系，并用基础解系表示通解.

解 对系数矩阵实施初等行变换化为行最简形矩阵，有

$$\boldsymbol{A}=\begin{bmatrix} 1 & 1 & 1 & 4 \\ 1 & -1 & 3 & 4 \\ 2 & 1 & 3 & 8 \\ 3 & 1 & 5 & 12 \end{bmatrix} \to \begin{bmatrix} 1 & 1 & 1 & 4 \\ 0 & -2 & 2 & 0 \\ 0 & -1 & 1 & 0 \\ 0 & -2 & 2 & 0 \end{bmatrix} \to \begin{bmatrix} 1 & 0 & 2 & 4 \\ 0 & 1 & -1 & 0 \\ 0 & 0 & 0 & 0 \\ 0 & 0 & 0 & 0 \end{bmatrix},$$

则 $R(\boldsymbol{A})=2<4$，方程组有非零解. 令自由未知量$\begin{bmatrix} x_3 \\ x_4 \end{bmatrix}=\begin{bmatrix} 1 \\ 0 \end{bmatrix}$和$\begin{bmatrix} 0 \\ 1 \end{bmatrix}$，得齐次线性

方程组的一个基础解系：$\boldsymbol{\xi}_1=\begin{bmatrix}-2\\1\\1\\0\end{bmatrix}$，$\boldsymbol{\xi}_2=\begin{bmatrix}-4\\0\\0\\1\end{bmatrix}$. 并且方程组的通解为

$$\begin{bmatrix}x_1\\x_2\\x_3\\x_4\end{bmatrix}=c_1\boldsymbol{\xi}_1+c_2\boldsymbol{\xi}_2=c_1\begin{bmatrix}-2\\1\\1\\0\end{bmatrix}+c_2\begin{bmatrix}-4\\0\\0\\1\end{bmatrix},$$

其中 c_1,c_2 为任意常数.

二、非齐次线性方程组解的结构

对于非齐次线性方程组 $\boldsymbol{Ax}=\boldsymbol{b}$，称 $\boldsymbol{Ax}=\boldsymbol{0}$ 为其对应的齐次线性方程组. 非齐次线性方程组与其对应的齐次线性方程组的解之间有如下关系.

性质 3.5.2　(1) 若 $\boldsymbol{\eta}_1,\boldsymbol{\eta}_2$ 是线性方程组 $\boldsymbol{Ax}=\boldsymbol{b}$ 的解，则 $\boldsymbol{\eta}_1-\boldsymbol{\eta}_2$ 是其对应的齐次线性方程组 $\boldsymbol{Ax}=\boldsymbol{0}$ 的解；

(2) 若 $\boldsymbol{\eta}$ 是线性方程组 $\boldsymbol{Ax}=\boldsymbol{b}$ 的解，$\boldsymbol{\xi}$ 是对应的齐次线性方程组 $\boldsymbol{Ax}=\boldsymbol{0}$ 的解，则 $\boldsymbol{\eta}+\boldsymbol{\xi}$ 是 $\boldsymbol{Ax}=\boldsymbol{b}$ 的解.

证　(1) 因为 $\boldsymbol{\eta}_1,\boldsymbol{\eta}_2$ 是线性方程组 $\boldsymbol{Ax}=\boldsymbol{b}$ 的解，所以 $\boldsymbol{A\eta}_1=\boldsymbol{b}$，$\boldsymbol{A\eta}_2=\boldsymbol{b}$. 于是 $\boldsymbol{A}(\boldsymbol{\eta}_1-\boldsymbol{\eta}_2)=\boldsymbol{A\eta}_1-\boldsymbol{A\eta}_2=\boldsymbol{b}-\boldsymbol{b}=\boldsymbol{0}$，即 $\boldsymbol{\eta}_1-\boldsymbol{\eta}_2$ 是 $\boldsymbol{Ax}=\boldsymbol{0}$ 的解.

(2) 因为 $\boldsymbol{A}(\boldsymbol{\eta}+\boldsymbol{\xi})=\boldsymbol{A\eta}+\boldsymbol{A\xi}=\boldsymbol{b}+\boldsymbol{0}=\boldsymbol{b}$，所以 $\boldsymbol{\eta}+\boldsymbol{\xi}$ 是 $\boldsymbol{Ax}=\boldsymbol{b}$ 的解. □

定理 3.5.2　设 $\boldsymbol{\eta}$ 是非齐次线性方程组 $\boldsymbol{Ax}=\boldsymbol{b}$ 的任意一个解，$\boldsymbol{\xi}_1,\boldsymbol{\xi}_2,\cdots,\boldsymbol{\xi}_{n-r}$ 是其对应的齐次线性方程组 $\boldsymbol{Ax}=\boldsymbol{0}$ 的基础解系，则

$$\boldsymbol{x}=\boldsymbol{\eta}+c_1\boldsymbol{\xi}_1+c_2\boldsymbol{\xi}_2+\cdots+c_{n-r}\boldsymbol{\xi}_{n-r}\quad（其中\ c_1,c_2,\cdots,c_{n-r}\ 为任意常数）\tag{3.5.2}$$

为 $\boldsymbol{Ax}=\boldsymbol{b}$ 的通解.

证　根据定理 3.5.1 及性质 3.5.2 的(2)，对任意的 $c_1,c_2,\cdots,c_{n-r}$ 及 $\boldsymbol{\eta}$，(3.5.2)式中的 $\boldsymbol{x}$ 都是 $\boldsymbol{Ax}=\boldsymbol{b}$ 的解. 下面再证 $\boldsymbol{Ax}=\boldsymbol{b}$ 的任意解都具有(3.5.2)式的形式.

假设 $\boldsymbol{x}$ 是 $\boldsymbol{Ax}=\boldsymbol{b}$ 的解，由性质 3.5.2 的(1)知 $\boldsymbol{x}-\boldsymbol{\eta}$ 是 $\boldsymbol{Ax}=\boldsymbol{0}$ 的解，于是存在常数 $c_1,c_2,\cdots,c_{n-r}$ 使得 $\boldsymbol{x}-\boldsymbol{\eta}=c_1\boldsymbol{\xi}_1+c_2\boldsymbol{\xi}_2+\cdots+c_{n-r}\boldsymbol{\xi}_{n-r}$，即 $\boldsymbol{x}=\boldsymbol{\eta}+c_1\boldsymbol{\xi}_1+c_2\boldsymbol{\xi}_2+\cdots+c_{n-r}\boldsymbol{\xi}_{n-r}$. 因此 $\boldsymbol{x}=\boldsymbol{\eta}+c_1\boldsymbol{\xi}_1+c_2\boldsymbol{\xi}_2+\cdots+c_{n-r}\boldsymbol{\xi}_{n-r}$ 为 $\boldsymbol{Ax}=\boldsymbol{b}$ 的通解. □

例 3.5.2　求线性方程组

$$\begin{cases}2x_1+x_2-5x_3+4x_4=6,\\x_1-2x_2+3x_3-5x_4=8,\\4x_1-3x_2+x_3-6x_4=22\end{cases}$$

的通解.

解 对方程组的增广矩阵实施初等行变换化为行最简形矩阵,有

$$\begin{bmatrix}2&1&-5&4&6\\1&-2&3&-5&8\\4&-3&1&-6&22\end{bmatrix}\to\begin{bmatrix}1&0&-\frac{7}{5}&\frac{3}{5}&4\\0&1&-\frac{11}{5}&\frac{14}{5}&-2\\0&0&0&0&0\end{bmatrix}.$$

取自由未知量 x_3,x_4,并分别令$\begin{bmatrix}x_3\\x_4\end{bmatrix}=\begin{bmatrix}5\\0\end{bmatrix}$和$\begin{bmatrix}0\\5\end{bmatrix}$,得对应的齐次线性方程组的一个基础解系:$\boldsymbol{\xi}_1=\begin{bmatrix}7\\11\\5\\0\end{bmatrix}$,$\boldsymbol{\xi}_2=\begin{bmatrix}-3\\-14\\0\\5\end{bmatrix}$. 令$\begin{bmatrix}x_3\\x_4\end{bmatrix}=\begin{bmatrix}0\\0\end{bmatrix}$,得非齐次线性方程组的一个特解 $\boldsymbol{\eta}=\begin{bmatrix}4\\-2\\0\\0\end{bmatrix}$. 于是原方程组的通解为

$$\begin{bmatrix}x_1\\x_2\\x_3\\x_4\end{bmatrix}=\begin{bmatrix}4\\-2\\0\\0\end{bmatrix}+c_1\begin{bmatrix}7\\11\\5\\0\end{bmatrix}+c_2\begin{bmatrix}-3\\-14\\0\\5\end{bmatrix},$$

其中 c_1,c_2 为任意常数.

例 3.5.3 常数 λ 为何值时,线性方程组

$$\begin{cases}(2-\lambda)x_1+2x_2-2x_3=1,\\2x_1+(5-\lambda)x_2-4x_3=2,\\-2x_1-4x_2+(5-\lambda)x_3=-\lambda-1\end{cases}$$

有唯一解? 无解? 有无穷多解? 若有无穷多解,求出全部解.

解 令线性方程组的系数矩阵为 $\boldsymbol{A}$,则

$$\det(\boldsymbol{A})=\begin{vmatrix}2-\lambda&2&-2\\2&5-\lambda&-4\\-2&-4&5-\lambda\end{vmatrix}=-(\lambda-1)^2(\lambda-10).$$

(1) 当 $\lambda\neq1$ 且 $\lambda\neq10$ 时,$\det(\boldsymbol{A})\neq0$,由克拉默法则知方程组有唯一解.

(2) 当 $\lambda=10$ 时,对方程组的增广矩阵实施初等行变换,有

$$\boldsymbol{B}=[\boldsymbol{A}\ \vdots\ \boldsymbol{b}]=\begin{bmatrix}-8&2&-2&1\\2&-5&-4&2\\-2&-4&-5&-11\end{bmatrix}\to\begin{bmatrix}2&0&1&7\\0&1&1&1\\0&0&0&27\end{bmatrix},$$

由于 $R(\boldsymbol{A})\neq R(\boldsymbol{B})$,所以线性方程组无解.

（3）当 $\lambda=1$ 时,对方程组的增广矩阵实施初等行变换,有

$$\boldsymbol{B}=[\boldsymbol{A}\ \vdots\ \boldsymbol{b}]=\begin{bmatrix}1&2&-2&1\\2&4&-4&2\\-2&-4&4&-2\end{bmatrix}\to\begin{bmatrix}1&2&-2&1\\0&0&0&0\\0&0&0&0\end{bmatrix},$$

由于 $R(\boldsymbol{A})=R(\boldsymbol{B})=1<3$,所以线性方程组有无穷多解. 令自由未知量 $\begin{bmatrix}x_2\\x_3\end{bmatrix}=\begin{bmatrix}1\\0\end{bmatrix}$ 和 $\begin{bmatrix}0\\1\end{bmatrix}$,得对应的齐次线性方程组的一个基础解系:$\boldsymbol{\xi}_1=\begin{bmatrix}-2\\1\\0\end{bmatrix}$,$\boldsymbol{\xi}_2=\begin{bmatrix}2\\0\\1\end{bmatrix}$. 并易得 $\boldsymbol{\eta}=\begin{bmatrix}1\\0\\0\end{bmatrix}$ 为非齐次线性方程组的一个特解,于是原方程组的通解为

$$\begin{bmatrix}x_1\\x_2\\x_3\end{bmatrix}=\begin{bmatrix}1\\0\\0\end{bmatrix}+c_1\begin{bmatrix}-2\\1\\0\end{bmatrix}+c_2\begin{bmatrix}2\\0\\1\end{bmatrix},$$

其中 c_1,c_2 为任意常数.

练习 3.5

1. 求下列齐次线性方程组的一个基础解系,并用基础解系表示通解:

（1）$\begin{cases}x_1+2x_2-x_3=0,\\x_1-x_2+2x_3=0,\\2x_1+x_2+x_3=0;\end{cases}$　（2）$\begin{cases}x_1+x_2-x_4=0,\\2x_1-x_2+x_3=0,\\3x_1+x_3-x_4=0.\end{cases}$

2. 求下列非齐次线性方程组的通解:

（1）$\begin{cases}x_1+5x_2-x_3-x_4=-1,\\x_1-2x_2+x_3+3x_4=3,\\3x_1+2x_2-x_3+x_4=1;\end{cases}$　（2）$\begin{cases}x_1-2x_2+x_3-x_4=2,\\2x_1+x_2-2x_3-x_4=1,\\3x_1-x_2-x_3-2x_4=3,\\x_1+3x_2-3x_3=-1.\end{cases}$

3. 已知 $\boldsymbol{\eta}_1,\boldsymbol{\eta}_2,\cdots,\boldsymbol{\eta}_s$ 是非齐次线性方程组 $\boldsymbol{Ax}=\boldsymbol{b}$ 的 s 个解向量,设 $\boldsymbol{\eta}=k_1\boldsymbol{\eta}_1+k_2\boldsymbol{\eta}_2+\cdots+k_s\boldsymbol{\eta}_s$,其中 $k_1,k_2,\cdots,k_s$ 为常数. 试证明:

（1）$\boldsymbol{\eta}$ 是非齐次线性方程组 $\boldsymbol{Ax}=\boldsymbol{b}$ 的解的充要条件是 $k_1+k_2+\cdots+k_s=1$；

（2）$\boldsymbol{\eta}$ 是齐次线性方程组 $\boldsymbol{Ax}=\boldsymbol{0}$ 的解的充要条件是 $k_1+k_2+\cdots+k_s=0$.

4. 设三阶方阵 $\boldsymbol{A}$ 的秩 $R(\boldsymbol{A})>1$，且 $\boldsymbol{\eta}_1,\boldsymbol{\eta}_2$ 是非齐次线性方程组 $\boldsymbol{Ax}=\boldsymbol{b}$ 的两个不相等的特解，写出该方程组的通解.

§3.6 内积和标准正交基

通过§3.4向量空间的学习，我们知道 n 维实向量空间 $\mathbb{R}^n$ 是二维空间 $\mathbb{R}^2$ 和三维空间 $\mathbb{R}^3$ 的推广. 在 $\mathbb{R}^2$ 和 $\mathbb{R}^3$ 中有长度、夹角和垂直等几何概念，这些概念是解决某些实际问题的有力工具. 本节我们会将这些概念推广到 $\mathbb{R}^n$ 空间中，而要在 $\mathbb{R}^n$ 空间中定义这三个概念，就要先引入向量内积的定义.

一、内积的定义

定义 3.6.1 对于 $\mathbb{R}^n$ 中的两个 n 维向量 $\boldsymbol{x}=[x_1,x_2,\cdots,x_n]^{\mathrm{T}}$，$\boldsymbol{y}=[y_1,y_2,\cdots,y_n]^{\mathrm{T}}$，称数

$$(\boldsymbol{x},\boldsymbol{y})=x_1y_1+x_2y_2+\cdots+x_ny_n$$

为 $\boldsymbol{x}$ 与 $\boldsymbol{y}$ 的**内积**.

内积是向量的一种运算，可表示为 $(\boldsymbol{x},\boldsymbol{y})=\boldsymbol{x}^{\mathrm{T}}\boldsymbol{y}=\boldsymbol{y}^{\mathrm{T}}\boldsymbol{x}$.

根据内积的定义，容易证明 $\mathbb{R}^n$ 空间中向量的内积具有如下性质.

性质 3.6.1 设 $\boldsymbol{x},\boldsymbol{y},\boldsymbol{z}$ 为 $\mathbb{R}^n$ 中的向量，k 为实数，则

（1）$(\boldsymbol{x},\boldsymbol{y})=(\boldsymbol{y},\boldsymbol{x})$；

（2）$(k\boldsymbol{x},\boldsymbol{y})=k(\boldsymbol{x},\boldsymbol{y})$；

（3）$(\boldsymbol{x}+\boldsymbol{y},\boldsymbol{z})=(\boldsymbol{x},\boldsymbol{z})+(\boldsymbol{y},\boldsymbol{z})$；

（4）$(\boldsymbol{x},\boldsymbol{x})\geqslant 0$，等号成立当且仅当 $\boldsymbol{x}=\boldsymbol{0}$.

定义 3.6.2 设 $\boldsymbol{x}=[x_1,x_2,\cdots,x_n]^{\mathrm{T}}\in\mathbb{R}^n$，则称数

$$\|\boldsymbol{x}\|=\sqrt{(\boldsymbol{x},\boldsymbol{x})}=\sqrt{x_1^2+x_2^2+\cdots+x_n^2}$$

为 $\boldsymbol{x}$ 的**长度**（或**范数**）.

向量的长度具有如下性质：

性质 3.6.2 设 $\boldsymbol{x}\in\mathbb{R}^n$，则

（1）非负性 $\|\boldsymbol{x}\|\geqslant 0$，等号成立当且仅当 $\boldsymbol{x}=\boldsymbol{0}$；

（2）齐次性 对实数 k，有 $\|k\boldsymbol{x}\|=|k|\,\|\boldsymbol{x}\|$；

（3）三角不等式 对任意向量 $\boldsymbol{y}\in\mathbb{R}^n$，有 $\|\boldsymbol{x}+\boldsymbol{y}\|\leqslant\|\boldsymbol{x}\|+\|\boldsymbol{y}\|$.

当 $\|\boldsymbol{x}\|=1$ 时，称 $\boldsymbol{x}$ 为**单位向量**. 若 $\boldsymbol{x}\neq\boldsymbol{0}$，由性质 3.6.2 知 $\dfrac{1}{\|\boldsymbol{x}\|}\boldsymbol{x}$ 是一个

坐标与 $\boldsymbol{x}$ 的坐标成比例的单位向量. 用非零向量 $\boldsymbol{x}$ 的长度的倒数乘向量 $\boldsymbol{x}$ 就得到一个单位向量,通常把这个过程称为将向量 $\boldsymbol{x}$ **单位化**(或称**标准化**、**规范化**).

利用三角不等式,读者可以自行证明柯西-施瓦茨(Cauchy-Schwarz)不等式

$$(\boldsymbol{x},\boldsymbol{y})^2 \leqslant \|\boldsymbol{x}\|^2\|\boldsymbol{y}\|^2.$$

由柯西-施瓦茨不等式知,对于非零向量 $\boldsymbol{x}$ 和 $\boldsymbol{y}$ 有 $\dfrac{|(\boldsymbol{x},\boldsymbol{y})|}{\|\boldsymbol{x}\|\cdot\|\boldsymbol{y}\|}\leqslant 1$. 我们有下面的定义:

定义 3.6.3　当 n 维向量 $\boldsymbol{x}\neq\boldsymbol{0},\boldsymbol{y}\neq\boldsymbol{0}$ 时, $\arccos\dfrac{(\boldsymbol{x},\boldsymbol{y})}{\|\boldsymbol{x}\|\cdot\|\boldsymbol{y}\|}$ 称为**向量** $\boldsymbol{x}$ **和** $\boldsymbol{y}$ **的夹角**,记作 $\langle\boldsymbol{x},\boldsymbol{y}\rangle$.

例 3.6.1　已知向量 $\boldsymbol{\alpha}=[1,1,0]^{\mathrm{T}}$, $\boldsymbol{\beta}=[1,0,1]^{\mathrm{T}}$,求 $\boldsymbol{\alpha}$ 和 $\boldsymbol{\beta}$ 的内积 $(\boldsymbol{\alpha},\boldsymbol{\beta})$,以及 $\boldsymbol{\alpha}$ 和 $\boldsymbol{\beta}$ 的夹角 $<\boldsymbol{\alpha},\boldsymbol{\beta}>$.

解　由向量内积及夹角的定义可得

$$(\boldsymbol{\alpha},\boldsymbol{\beta})=\boldsymbol{\alpha}^{\mathrm{T}}\boldsymbol{\beta}=[1,1,0]\begin{bmatrix}1\\0\\1\end{bmatrix}=1\times1+1\times0+0\times1=1;$$

$$<\boldsymbol{\alpha},\boldsymbol{\beta}>=\arccos\frac{(\boldsymbol{\alpha},\boldsymbol{\beta})}{\|\boldsymbol{\alpha}\|\cdot\|\boldsymbol{\beta}\|}=\arccos\frac{1}{\sqrt{1^2+1^2+0^2}\cdot\sqrt{1^2+0^2+1^2}}=\arccos\frac{1}{2}=\frac{\pi}{3}.$$

定义 3.6.4　对于向量 $\boldsymbol{x}$ 和 $\boldsymbol{y}$,当 $(\boldsymbol{x},\boldsymbol{y})=0$ 时,称**向量** $\boldsymbol{x}$ **与** $\boldsymbol{y}$ **正交**.

显然,有如下简单结论:

性质 3.6.3　(1) 零向量和任意同型向量正交;

(2) 非零向量 $\boldsymbol{x}$ 和 $\boldsymbol{y}$ 正交当且仅当 $\langle\boldsymbol{x},\boldsymbol{y}\rangle=\dfrac{\pi}{2}$;

(3) 数乘运算保持向量的正交性不变,即若 $(\boldsymbol{x},\boldsymbol{y})=0$,则对任意实数 s 和 t,都有 $(s\boldsymbol{x},t\boldsymbol{y})=0$.

由两两正交的非零向量构成的向量组称为**正交向量组**.

定理 3.6.1　正交向量组一定是线性无关向量组.

证　设 $\boldsymbol{\alpha}_1,\boldsymbol{\alpha}_2,\cdots,\boldsymbol{\alpha}_n$ 是一个正交向量组. 假设 $k_1\boldsymbol{\alpha}_1+k_2\boldsymbol{\alpha}_2+\cdots+k_n\boldsymbol{\alpha}_n=\boldsymbol{0}$,将等式两端同时与 $\boldsymbol{\alpha}_i$ 作内积,有

$$(k_1\boldsymbol{\alpha}_1+k_2\boldsymbol{\alpha}_2+\cdots+k_n\boldsymbol{\alpha}_n,\boldsymbol{\alpha}_i)=(\boldsymbol{0},\boldsymbol{\alpha}_i)=0,$$

即

$$k_1(\boldsymbol{\alpha}_1,\boldsymbol{\alpha}_i)+\cdots+k_{i-1}(\boldsymbol{\alpha}_{i-1},\boldsymbol{\alpha}_i)+k_i(\boldsymbol{\alpha}_i,\boldsymbol{\alpha}_i)+k_{i+1}(\boldsymbol{\alpha}_{i+1},\boldsymbol{\alpha}_i)+\cdots+k_n(\boldsymbol{\alpha}_n,\boldsymbol{\alpha}_i)=0.$$

因为 $\boldsymbol{\alpha}_1,\boldsymbol{\alpha}_2,\cdots,\boldsymbol{\alpha}_n$ 为正交向量组,即对任意 $j\neq i$,有 $(\boldsymbol{\alpha}_j,\boldsymbol{\alpha}_i)=0$,所以由上式得 $k_i(\boldsymbol{\alpha}_i,\boldsymbol{\alpha}_i)=0$,由于 $(\boldsymbol{\alpha}_i,\boldsymbol{\alpha}_i)\neq0$,故有 $k_i=0$. 由 i 的任意性知 $k_1=k_2=\cdots=k_n=0$,即

$\boldsymbol{\alpha}_1,\boldsymbol{\alpha}_2,\cdots,\boldsymbol{\alpha}_n$线性无关. □

二、标准正交基

通过前面的学习,我们知道向量空间的基是不唯一的. 但是在科学研究中比较常用的是下面要学习的标准正交基.

定义 3.6.5 设 $\boldsymbol{\alpha}_1,\boldsymbol{\alpha}_2,\cdots,\boldsymbol{\alpha}_r$是向量空间 V 的一个基,如果 $\boldsymbol{\alpha}_1,\boldsymbol{\alpha}_2,\cdots,\boldsymbol{\alpha}_r$两两正交,就称 $\boldsymbol{\alpha}_1,\boldsymbol{\alpha}_2,\cdots,\boldsymbol{\alpha}_r$是 V 的一个**正交基**. 进一步,若 $\boldsymbol{\alpha}_1,\boldsymbol{\alpha}_2,\cdots,\boldsymbol{\alpha}_r$两两正交,且都是单位向量,则称 $\boldsymbol{\alpha}_1,\boldsymbol{\alpha}_2,\cdots,\boldsymbol{\alpha}_r$是 V 的一个**标准正交基**.

例如,n 维单位坐标向量组 $\boldsymbol{e}_1=[1,0,\cdots,0]^{\mathrm{T}},\boldsymbol{e}_2=[0,1,0,\cdots,0]^{\mathrm{T}},\cdots,\boldsymbol{e}_n=[0,\cdots,0,1]^{\mathrm{T}}$ 就是$\mathbb{R}^n$的一个标准正交基. 不难验证,$\boldsymbol{\alpha}_1=\left[\frac{1}{\sqrt{2}},\frac{1}{\sqrt{2}},0,0\right]^{\mathrm{T}},\boldsymbol{\alpha}_2=\left[\frac{1}{\sqrt{2}},-\frac{1}{\sqrt{2}},0,0\right]^{\mathrm{T}},\boldsymbol{\alpha}_3=\left[0,0,\frac{1}{\sqrt{2}},\frac{1}{\sqrt{2}}\right]^{\mathrm{T}},\boldsymbol{\alpha}_4=\left[0,0,\frac{1}{\sqrt{2}},-\frac{1}{\sqrt{2}}\right]^{\mathrm{T}}$ 是$\mathbb{R}^4$的一个标准正交基.

假设 $\boldsymbol{\alpha}_1,\boldsymbol{\alpha}_2,\cdots,\boldsymbol{\alpha}_r$是 V 的一个正交基,

$$\boldsymbol{x}=x_1\boldsymbol{\alpha}_1+x_2\boldsymbol{\alpha}_2+\cdots+x_r\boldsymbol{\alpha}_r \tag{3.6.1}$$

是 V 中的一个向量,由定理 3.4.2 知,坐标 $x_1,x_2,\cdots,x_r$的取值是唯一确定的. 将(3.6.1)式两端同时与 $\boldsymbol{\alpha}_i$作内积,与定理 3.6.1 的证明类似,可得

$$x_i=\frac{(\boldsymbol{x},\boldsymbol{\alpha}_i)}{(\boldsymbol{\alpha}_i,\boldsymbol{\alpha}_i)}. \tag{3.6.2}$$

若 $\boldsymbol{\alpha}_1,\boldsymbol{\alpha}_2,\cdots,\boldsymbol{\alpha}_r$是 V 的一个标准正交基,则$(\boldsymbol{\alpha}_i,\boldsymbol{\alpha}_i)=1$,于是

$$x_i=(\boldsymbol{x},\boldsymbol{\alpha}_i)\ . \tag{3.6.3}$$

因此,向量 $\boldsymbol{x}$ 在标准正交基 $\boldsymbol{\alpha}_1,\boldsymbol{\alpha}_2,\cdots,\boldsymbol{\alpha}_r$下的坐标是$[(\boldsymbol{x},\boldsymbol{\alpha}_1),(\boldsymbol{x},\boldsymbol{\alpha}_2),\cdots,(\boldsymbol{x},\boldsymbol{\alpha}_r)]^{\mathrm{T}}$.

例 3.6.2 求向量 $\boldsymbol{x}=[1,1,1,1]^{\mathrm{T}}$ 在标准正交基 $\boldsymbol{\alpha}_1=\left[\frac{1}{\sqrt{2}},\frac{1}{\sqrt{2}},0,0\right]^{\mathrm{T}},\boldsymbol{\alpha}_2=\left[\frac{1}{\sqrt{2}},-\frac{1}{\sqrt{2}},0,0\right]^{\mathrm{T}},\boldsymbol{\alpha}_3=\left[0,0,\frac{1}{\sqrt{2}},\frac{1}{\sqrt{2}}\right]^{\mathrm{T}},\boldsymbol{\alpha}_4=\left[0,0,\frac{1}{\sqrt{2}},-\frac{1}{\sqrt{2}}\right]^{\mathrm{T}}$ 下的坐标.

解 根据公式(3.6.3)知,$\boldsymbol{x}$ 在 $\boldsymbol{\alpha}_1,\boldsymbol{\alpha}_2,\boldsymbol{\alpha}_3,\boldsymbol{\alpha}_4$下的坐标为

$$[(\boldsymbol{x},\boldsymbol{\alpha}_1),(\boldsymbol{x},\boldsymbol{\alpha}_2),(\boldsymbol{x},\boldsymbol{\alpha}_3),(\boldsymbol{x},\boldsymbol{\alpha}_4)]^{\mathrm{T}}=[\sqrt{2},0,\sqrt{2},0]^{\mathrm{T}}.$$

如果 $\boldsymbol{\alpha}_1,\boldsymbol{\alpha}_2,\cdots,\boldsymbol{\alpha}_r$不是标准正交基,那么(3.6.3)式就不成立. 向量在某组基下的坐标一般只能通过求解线性方程组来确定. 这也说明标准正交基在某些运算过程中比其他基更加优越. 因此,我们在讨论向量空间时最常用的是标准

正交基.

假设 $\boldsymbol{\alpha}_1,\boldsymbol{\alpha}_2,\cdots,\boldsymbol{\alpha}_r$是线性无关向量组,我们可以先构造一个与 $\boldsymbol{\alpha}_1,\boldsymbol{\alpha}_2,\cdots,\boldsymbol{\alpha}_r$ 等价的正交向量组 $\boldsymbol{\beta}_1,\boldsymbol{\beta}_2,\cdots,\boldsymbol{\beta}_r$,再将 $\boldsymbol{\beta}_1,\boldsymbol{\beta}_2,\cdots,\boldsymbol{\beta}_r$中每个向量单位化. 这样,就可以得到一个与 $\boldsymbol{\alpha}_1,\boldsymbol{\alpha}_2,\cdots,\boldsymbol{\alpha}_r$等价的标准正交向量组. 当然,当已知某个向量空间的一个基时,我们可以通过这种方法来构造该向量空间的一个标准正交基. 下面介绍的方法称为**施密特**(Schmidt)**正交化方法**.

在构造正交向量组 $\boldsymbol{\beta}_1,\boldsymbol{\beta}_2,\cdots,\boldsymbol{\beta}_r$时,施密特正交化方法采取"逐步正交化",即每步只正交化一个向量. 在下一步正交化另一个向量时,可以利用前面已经正交化好的向量. 具体过程如下:

(1) 取 $\boldsymbol{\beta}_1=\boldsymbol{\alpha}_1$;

(2) 取 $\boldsymbol{\beta}_2$ 为 $\boldsymbol{\beta}_1,\boldsymbol{\alpha}_2$ 的线性组合,设 $\boldsymbol{\beta}_2=k_1\boldsymbol{\beta}_1+k_2\boldsymbol{\alpha}_2$. 当只考虑 $\boldsymbol{\beta}_2$ 与 $\boldsymbol{\beta}_1$ 正交时,不妨设 $k_2=1$,即令 $\boldsymbol{\beta}_2=k_1\boldsymbol{\beta}_1+\boldsymbol{\alpha}_2$,利用$(\boldsymbol{\beta}_1,\boldsymbol{\beta}_2)=0$,解得 $k_1=-\dfrac{(\boldsymbol{\beta}_1,\boldsymbol{\alpha}_2)}{(\boldsymbol{\beta}_1,\boldsymbol{\beta}_1)}$,即

$$\boldsymbol{\beta}_2=\boldsymbol{\alpha}_2-\frac{(\boldsymbol{\beta}_1,\boldsymbol{\alpha}_2)}{(\boldsymbol{\beta}_1,\boldsymbol{\beta}_1)}\boldsymbol{\beta}_1;$$

(3) 取 $\boldsymbol{\beta}_3$为 $\boldsymbol{\beta}_1,\boldsymbol{\beta}_2,\boldsymbol{\alpha}_3$的线性组合,设 $\boldsymbol{\beta}_3=t_1\boldsymbol{\beta}_1+t_2\boldsymbol{\beta}_2+t_3\boldsymbol{\alpha}_3$. 当只要求 $\boldsymbol{\beta}_3$与 $\boldsymbol{\beta}_1$ 正交,且与 $\boldsymbol{\beta}_2$ 正交时. 不妨设 $t_3=1$,再利用$(\boldsymbol{\beta}_1,\boldsymbol{\beta}_3)=0$ 和$(\boldsymbol{\beta}_2,\boldsymbol{\beta}_3)=0$ 这两个条件,可解得 $t_1=-\dfrac{(\boldsymbol{\beta}_1,\boldsymbol{\alpha}_3)}{(\boldsymbol{\beta}_1,\boldsymbol{\beta}_1)}$,$t_2=-\dfrac{(\boldsymbol{\beta}_2,\boldsymbol{\alpha}_3)}{(\boldsymbol{\beta}_2,\boldsymbol{\beta}_2)}$,即

$$\boldsymbol{\beta}_3=\boldsymbol{\alpha}_3-\frac{(\boldsymbol{\beta}_1,\boldsymbol{\alpha}_3)}{(\boldsymbol{\beta}_1,\boldsymbol{\beta}_1)}\boldsymbol{\beta}_1-\frac{(\boldsymbol{\beta}_2,\boldsymbol{\alpha}_3)}{(\boldsymbol{\beta}_2,\boldsymbol{\beta}_2)}\boldsymbol{\beta}_2.$$

类似地,假设 $\boldsymbol{\beta}_i=\boldsymbol{\alpha}_i+l_1\boldsymbol{\beta}_1+\cdots+l_{i-1}\boldsymbol{\beta}_{i-1}$,利用$(\boldsymbol{\beta}_1,\boldsymbol{\beta}_i)=0,\cdots,(\boldsymbol{\beta}_{i-1},\boldsymbol{\beta}_i)=0$,可以解得

$$l_j=-\frac{(\boldsymbol{\beta}_j,\boldsymbol{\alpha}_i)}{(\boldsymbol{\beta}_j,\boldsymbol{\beta}_j)}\boldsymbol{\beta}_j\quad(j=1,\cdots,i-1),$$

即

$$\boldsymbol{\beta}_i=\boldsymbol{\alpha}_i-\frac{(\boldsymbol{\beta}_1,\boldsymbol{\alpha}_i)}{(\boldsymbol{\beta}_1,\boldsymbol{\beta}_1)}\boldsymbol{\beta}_1-\frac{(\boldsymbol{\beta}_2,\boldsymbol{\alpha}_i)}{(\boldsymbol{\beta}_2,\boldsymbol{\beta}_2)}\boldsymbol{\beta}_2-\cdots-\frac{(\boldsymbol{\beta}_{i-1},\boldsymbol{\alpha}_i)}{(\boldsymbol{\beta}_{i-1},\boldsymbol{\beta}_{i-1})}\boldsymbol{\beta}_{i-1}.$$

进一步,取 $\boldsymbol{\eta}_1=\dfrac{1}{\|\boldsymbol{\beta}_1\|}\boldsymbol{\beta}_1,\boldsymbol{\eta}_2=\dfrac{1}{\|\boldsymbol{\beta}_2\|}\boldsymbol{\beta}_2,\cdots,\boldsymbol{\eta}_r=\dfrac{1}{\|\boldsymbol{\beta}_r\|}\boldsymbol{\beta}_r$,即可得到与 $\boldsymbol{\alpha}_1,\boldsymbol{\alpha}_2,\cdots,\boldsymbol{\alpha}_r$等价的标准正交向量组 $\boldsymbol{\eta}_1,\boldsymbol{\eta}_2,\cdots,\boldsymbol{\eta}_r$.

例 3.6.3　设向量 $\boldsymbol{\alpha}_1=\begin{bmatrix}1\\2\\-1\end{bmatrix},\boldsymbol{\alpha}_2=\begin{bmatrix}-1\\3\\1\end{bmatrix},\boldsymbol{\alpha}_3=\begin{bmatrix}4\\-1\\0\end{bmatrix}$,试用施密特正交化方法将这组向量标准正交化.

解 正交化:取

$$\boldsymbol{\beta}_1=\boldsymbol{\alpha}_1=\begin{bmatrix}1\\2\\-1\end{bmatrix},$$

$$\boldsymbol{\beta}_2=\boldsymbol{\alpha}_2-\frac{(\boldsymbol{\beta}_1,\boldsymbol{\alpha}_2)}{(\boldsymbol{\beta}_1,\boldsymbol{\beta}_1)}\boldsymbol{\beta}_1=\begin{bmatrix}-1\\3\\1\end{bmatrix}-\frac{4}{6}\begin{bmatrix}1\\2\\-1\end{bmatrix}=\frac{5}{3}\begin{bmatrix}-1\\1\\1\end{bmatrix},$$

$$\boldsymbol{\beta}_3=\boldsymbol{\alpha}_3-\frac{(\boldsymbol{\beta}_1,\boldsymbol{\alpha}_3)}{(\boldsymbol{\beta}_1,\boldsymbol{\beta}_1)}\boldsymbol{\beta}_1-\frac{(\boldsymbol{\beta}_2,\boldsymbol{\alpha}_3)}{(\boldsymbol{\beta}_2,\boldsymbol{\beta}_2)}\boldsymbol{\beta}_2=\begin{bmatrix}4\\-1\\0\end{bmatrix}-\frac{1}{3}\begin{bmatrix}1\\2\\-1\end{bmatrix}+\frac{5}{3}\begin{bmatrix}-1\\1\\1\end{bmatrix}=2\begin{bmatrix}1\\0\\1\end{bmatrix}.$$

再将 $\boldsymbol{\beta}_1,\boldsymbol{\beta}_2,\boldsymbol{\beta}_3$ 单位化:取

$$\boldsymbol{\eta}_1=\frac{1}{\|\boldsymbol{\beta}_1\|}\boldsymbol{\beta}_1=\frac{1}{\sqrt{6}}\begin{bmatrix}1\\2\\-1\end{bmatrix},\quad \boldsymbol{\eta}_2=\frac{1}{\|\boldsymbol{\beta}_2\|}\boldsymbol{\beta}_2=\frac{1}{\sqrt{3}}\begin{bmatrix}-1\\1\\1\end{bmatrix},\quad \boldsymbol{\eta}_3=\frac{1}{\|\boldsymbol{\beta}_3\|}\boldsymbol{\beta}_3=\frac{1}{\sqrt{2}}\begin{bmatrix}1\\0\\1\end{bmatrix}.$$

则 $\boldsymbol{\eta}_1,\boldsymbol{\eta}_2,\boldsymbol{\eta}_3$ 即为与向量组 $\boldsymbol{\alpha}_1,\boldsymbol{\alpha}_2,\boldsymbol{\alpha}_3$ 等价的标准正交向量组.

例 3.6.4 已知向量 $\boldsymbol{\alpha}_1=\begin{bmatrix}1\\2\\1\end{bmatrix}$,求一组非零向量 $\boldsymbol{\alpha}_2,\boldsymbol{\alpha}_3$,使得 $\boldsymbol{\alpha}_1,\boldsymbol{\alpha}_2,\boldsymbol{\alpha}_3$ 两两正交.

解 $\boldsymbol{\alpha}_2,\boldsymbol{\alpha}_3$ 应满足方程 $\boldsymbol{\alpha}_1^{\mathrm{T}}\boldsymbol{x}=0$,即 $x_1+2x_2+x_3=0$,取其基础解系 $\boldsymbol{\xi}_1=\begin{bmatrix}-2\\1\\0\end{bmatrix}$,$\boldsymbol{\xi}_2=\begin{bmatrix}-1\\0\\1\end{bmatrix}$. 再将基础解系正交化,即可得

$$\boldsymbol{\alpha}_2=\begin{bmatrix}-2\\1\\0\end{bmatrix},\quad \boldsymbol{\alpha}_3=\begin{bmatrix}-1\\0\\1\end{bmatrix}-\frac{2}{5}\begin{bmatrix}-2\\1\\0\end{bmatrix}=-\frac{1}{5}\begin{bmatrix}1\\2\\-5\end{bmatrix}.$$

例 3.6.4 的方法可以推广到一般情况,即将任意 s 个($s<n$)两两正交的非零 n 维向量扩充为 $\mathbb{R}^n$ 的一组正交基.

三、正交矩阵

定义 3.6.6 如果方阵 $\boldsymbol{A}$ 满足 $\boldsymbol{A}^{\mathrm{T}}\boldsymbol{A}=\boldsymbol{E}$,就称 $\boldsymbol{A}$ 为**正交矩阵**.

设 $\boldsymbol{A}=[\boldsymbol{\alpha}_1,\boldsymbol{\alpha}_2,\cdots,\boldsymbol{\alpha}_n]$,则

$$A^{\mathrm{T}}A=\begin{bmatrix}\boldsymbol{\alpha}_1^{\mathrm{T}}\\ \boldsymbol{\alpha}_2^{\mathrm{T}}\\ \vdots\\ \boldsymbol{\alpha}_n^{\mathrm{T}}\end{bmatrix}[\boldsymbol{\alpha}_1,\boldsymbol{\alpha}_2,\cdots,\boldsymbol{\alpha}_n]=\begin{bmatrix}\boldsymbol{\alpha}_1^{\mathrm{T}}\boldsymbol{\alpha}_1 & \boldsymbol{\alpha}_1^{\mathrm{T}}\boldsymbol{\alpha}_2 & \cdots & \boldsymbol{\alpha}_1^{\mathrm{T}}\boldsymbol{\alpha}_n\\ \boldsymbol{\alpha}_2^{\mathrm{T}}\boldsymbol{\alpha}_1 & \boldsymbol{\alpha}_2^{\mathrm{T}}\boldsymbol{\alpha}_2 & \cdots & \boldsymbol{\alpha}_2^{\mathrm{T}}\boldsymbol{\alpha}_n\\ \vdots & \vdots & & \vdots\\ \boldsymbol{\alpha}_n^{\mathrm{T}}\boldsymbol{\alpha}_1 & \boldsymbol{\alpha}_n^{\mathrm{T}}\boldsymbol{\alpha}_2 & \cdots & \boldsymbol{\alpha}_n^{\mathrm{T}}\boldsymbol{\alpha}_n\end{bmatrix}.$$

所以 $A^{\mathrm{T}}A=E$ 当且仅当 $\boldsymbol{\alpha}_i^{\mathrm{T}}\boldsymbol{\alpha}_j=\begin{cases}1, & 若\ i=j,\\ 0, & 若\ i\neq j\end{cases}(i,j=1,2,\cdots,n)$. 于是有如下结论:

定理 3.6.2　设 A 为 n 阶实方阵,则 A 是正交矩阵当且仅当 A 的列(行)向量组构成$\mathbb{R}^n$的标准正交基.

例 3.6.5　判断下列矩阵是否为正交矩阵.

$$(1)\ A=\begin{bmatrix}1 & -\frac{1}{2} & \frac{1}{3}\\ -\frac{1}{2} & 1 & \frac{1}{2}\\ \frac{1}{3} & \frac{1}{2} & -1\end{bmatrix};\qquad (2)\ B=\begin{bmatrix}\frac{1}{9} & -\frac{8}{9} & -\frac{4}{9}\\ -\frac{8}{9} & \frac{1}{9} & -\frac{4}{9}\\ -\frac{4}{9} & -\frac{4}{9} & \frac{7}{9}\end{bmatrix}.$$

解　(1) 由于 A 的每个列向量都不是单位向量,所以 A 不是正交矩阵.

(2) 由于 B 的每个列向量都是单位向量,且任意两个列向量都正交,所以 B 是正交矩阵.

由正交矩阵的定义,容易得到正交矩阵的如下性质:

性质 3.6.4　如果 A 为正交矩阵,那么

(1) $A^{-1}=A^{\mathrm{T}}$;

(2) $\det(A)=\pm1$.

定义 3.6.7　若对于$\mathbb{R}^n$中任意向量 $\boldsymbol{\xi}$,按某一确定的法则 T,都有$\mathbb{R}^n$中唯一确定的向量 $\boldsymbol{\eta}$ 与之对应,记为 $\boldsymbol{\eta}=T(\boldsymbol{\xi})$,且 T 满足:对任意的 $\boldsymbol{\xi},\boldsymbol{\xi}_1,\boldsymbol{\xi}_2\in\mathbb{R}^n$及任意 $k\in\mathbb{R}$,有

(1) $T(\boldsymbol{\xi}_1+\boldsymbol{\xi}_2)=T(\boldsymbol{\xi}_1)+T(\boldsymbol{\xi}_2)$;

(2) $T(k\boldsymbol{\xi})=kT(\boldsymbol{\xi})$,

则称 T 是$\mathbb{R}^n$上的**线性变换**.

在第二章我们曾讨论过从 n 维向量 $\boldsymbol{x}$ 到 $\boldsymbol{y}$ 的线性变换. 设 T 是从 n 维向量 $\boldsymbol{x}=[x_1,x_2,\cdots,x_n]^{\mathrm{T}}$ 到 n 维向量 $\boldsymbol{y}=[y_1,y_2,\cdots,y_n]^{\mathrm{T}}$ 的变换:

$$\begin{cases}y_1=a_{11}x_1+a_{12}x_2+\cdots+a_{1n}x_n,\\ y_2=a_{21}x_1+a_{22}x_2+\cdots+a_{2n}x_n,\\ \qquad\cdots\cdots\cdots\cdots\\ y_n=a_{n1}x_1+a_{n2}x_2+\cdots+a_{nn}x_n.\end{cases}$$

若记 n 阶方阵 $\boldsymbol{A}=\begin{bmatrix} a_{11} & a_{12} & \cdots & a_{1n} \\ a_{21} & a_{22} & \cdots & a_{2n} \\ \vdots & \vdots & & \vdots \\ a_{n1} & a_{n2} & \cdots & a_{nn} \end{bmatrix}$,则上述变换可表示为 $\boldsymbol{y}=\boldsymbol{A}\boldsymbol{x}$. 易验证$\boldsymbol{y}=\boldsymbol{A}\boldsymbol{x}$ 是$\mathbb{R}^n$上的一个线性变换. 特别地,若 $\boldsymbol{A}$ 为可逆矩阵,则称线性变换 $\boldsymbol{y}=\boldsymbol{A}\boldsymbol{x}$ 为**可逆线性变换**;若 $\boldsymbol{A}$ 为正交矩阵,则称线性变换 $\boldsymbol{y}=\boldsymbol{A}\boldsymbol{x}$ 为**正交变换**.

性质 3.6.5 正交变换保持向量的内积不变.

证 设 $\boldsymbol{y}=\boldsymbol{A}\boldsymbol{x}$ 为正交变换,下面证明对任意向量 $\boldsymbol{\alpha}$, $\boldsymbol{\beta}$ 都有$(\boldsymbol{A}\boldsymbol{\alpha},\boldsymbol{A}\boldsymbol{\beta})=(\boldsymbol{\alpha},\boldsymbol{\beta})$.

$$(\boldsymbol{A}\boldsymbol{\alpha},\boldsymbol{A}\boldsymbol{\beta})=(\boldsymbol{A}\boldsymbol{\alpha})^{\mathrm{T}}\boldsymbol{A}\boldsymbol{\beta}=\boldsymbol{\alpha}^{\mathrm{T}}\boldsymbol{A}^{\mathrm{T}}\boldsymbol{A}\boldsymbol{\beta}=\boldsymbol{\alpha}^{\mathrm{T}}(\boldsymbol{A}^{\mathrm{T}}\boldsymbol{A})\boldsymbol{\beta}=\boldsymbol{\alpha}^{\mathrm{T}}\boldsymbol{\beta}=(\boldsymbol{\alpha},\boldsymbol{\beta}). \quad \square$$

由于正交变换保持向量的内积不变,从而保持长度不变,进而保持向量的夹角不变. 所以说,正交变换具有保持几何形状不变的性质.

例 3.6.6 设 θ 为实数,矩阵 $\boldsymbol{A}=\begin{bmatrix} \cos\theta & -\sin\theta \\ \sin\theta & \cos\theta \end{bmatrix}$,验证 $\boldsymbol{y}=\boldsymbol{A}\boldsymbol{x}$ 是一个正交变换.

证 因为 $\boldsymbol{A}^{\mathrm{T}}\boldsymbol{A}=\boldsymbol{E}$,所以 $\boldsymbol{A}$ 为一个正交矩阵. 因此,$\boldsymbol{y}=\boldsymbol{A}\boldsymbol{x}$ 是一个正交变换.

事实上,$\boldsymbol{y}=\boldsymbol{A}\boldsymbol{x}$ 是将$\mathbb{R}^2$中的向量 $\boldsymbol{x}$ 逆时针旋转角度 θ 的变换.

练习 3.6

1. 设向量 $\boldsymbol{\alpha}_1=\begin{bmatrix} 1 \\ 2 \\ -1 \end{bmatrix}$,$\boldsymbol{\alpha}_2=\begin{bmatrix} -1 \\ 1 \\ 1 \end{bmatrix}$.

(1) 计算这两个向量的长度$\|\boldsymbol{\alpha}_1\|$,$\|\boldsymbol{\alpha}_2\|$,内积$(\boldsymbol{\alpha}_1,\boldsymbol{\alpha}_2)$和夹角$\langle\boldsymbol{\alpha}_1,\boldsymbol{\alpha}_2\rangle$;

(2) 分别将向量 $\boldsymbol{\alpha}_1,\boldsymbol{\alpha}_2$ 单位化.

2. 设 $\boldsymbol{\alpha}_1=\begin{bmatrix} 1 \\ 1 \\ 0 \end{bmatrix}$,$\boldsymbol{\alpha}_2=\begin{bmatrix} 0 \\ 1 \\ 1 \end{bmatrix}$,求与 $\boldsymbol{\alpha}_1,\boldsymbol{\alpha}_2$ 都正交的非零向量.

3. 用施密特正交化方法,求与下列向量组分别等价的标准正交向量组:

(1) $\boldsymbol{\alpha}_1=\begin{bmatrix} -1 \\ 1 \\ 1 \end{bmatrix}$,$\boldsymbol{\alpha}_2=\begin{bmatrix} 1 \\ 0 \\ -1 \end{bmatrix}$; (2) $\boldsymbol{\alpha}_1=\begin{bmatrix} 1 \\ 0 \\ 1 \\ -1 \end{bmatrix}$,$\boldsymbol{\alpha}_2=\begin{bmatrix} -1 \\ 1 \\ 0 \\ 1 \end{bmatrix}$,$\boldsymbol{\alpha}_3=\begin{bmatrix} 0 \\ -1 \\ 1 \\ 1 \end{bmatrix}$.

4. 试求常数 a,b,c,使得 $\boldsymbol{A}=\begin{bmatrix} -\frac{1}{\sqrt{2}} & \frac{1}{\sqrt{3}} & a \\ 0 & \frac{1}{\sqrt{3}} & b \\ \frac{1}{\sqrt{2}} & \frac{1}{\sqrt{3}} & c \end{bmatrix}$为正交矩阵.

习　题　三

1. 设 $\boldsymbol{\alpha}$ 为三维向量,$\boldsymbol{\alpha}\boldsymbol{\alpha}^{\mathrm{T}}=\begin{bmatrix} 1 & -1 & 1 \\ -1 & 1 & -1 \\ 1 & -1 & 1 \end{bmatrix}$,试求 $\boldsymbol{\alpha}^{\mathrm{T}}\boldsymbol{\alpha}$.

2. 设向量组 $\boldsymbol{\alpha}_1=\begin{bmatrix} 1 \\ 0 \\ 1 \\ 0 \end{bmatrix}$,$\boldsymbol{\alpha}_2=\begin{bmatrix} 1 \\ 1 \\ 0 \\ 1 \end{bmatrix}$,$\boldsymbol{\beta}_1=\begin{bmatrix} 2 \\ 3 \\ -1 \\ 3 \end{bmatrix}$,$\boldsymbol{\beta}_2=\begin{bmatrix} 0 \\ -1 \\ 1 \\ -1 \end{bmatrix}$.

(1) 分别将 $\boldsymbol{\beta}_1,\boldsymbol{\beta}_2$ 用 $\boldsymbol{\alpha}_1,\boldsymbol{\alpha}_2$ 线性表示;

(2) 试问 $\boldsymbol{\alpha}_1,\boldsymbol{\alpha}_2$ 是否可以用 $\boldsymbol{\beta}_1,\boldsymbol{\beta}_2$ 线性表示?若可以,写出其具体表示.

3. 设三维列向量

$$\boldsymbol{\alpha}_1=\begin{bmatrix} 1+\lambda \\ 1 \\ 1 \end{bmatrix},\boldsymbol{\alpha}_2=\begin{bmatrix} 1 \\ 1+\lambda \\ 1 \end{bmatrix},\boldsymbol{\alpha}_3=\begin{bmatrix} 1 \\ 1 \\ 1+\lambda \end{bmatrix},\boldsymbol{\beta}=\begin{bmatrix} 0 \\ \lambda \\ \lambda^2 \end{bmatrix},$$

问 λ 取何值时,

(1) $\boldsymbol{\beta}$ 可以由 $\boldsymbol{\alpha}_1,\boldsymbol{\alpha}_2,\boldsymbol{\alpha}_3$ 线性表示且表示方法唯一?

(2) $\boldsymbol{\beta}$ 可以由 $\boldsymbol{\alpha}_1,\boldsymbol{\alpha}_2,\boldsymbol{\alpha}_3$ 线性表示但表示方法不唯一?

(3) $\boldsymbol{\beta}$ 不能由 $\boldsymbol{\alpha}_1,\boldsymbol{\alpha}_2,\boldsymbol{\alpha}_3$ 线性表示?

4. 已知 $t_1,t_2,\cdots,t_m$ 是 m 个互不相等的数,试证明向量组 $\boldsymbol{\alpha}_1,\boldsymbol{\alpha}_2,\cdots,\boldsymbol{\alpha}_m$ 线性无关,其中

$$\boldsymbol{\alpha}_1=\begin{bmatrix} 1 \\ t_1 \\ t_1^2 \\ \vdots \\ t_1^{m-1} \end{bmatrix},\boldsymbol{\alpha}_2=\begin{bmatrix} 1 \\ t_2 \\ t_2^2 \\ \vdots \\ t_2^{m-1} \end{bmatrix},\cdots,\boldsymbol{\alpha}_m=\begin{bmatrix} 1 \\ t_m \\ t_m^2 \\ \vdots \\ t_m^{m-1} \end{bmatrix}.$$

5. 设 $\boldsymbol{\alpha}_1,\boldsymbol{\alpha}_2,\boldsymbol{\alpha}_3,\boldsymbol{\alpha}_4$ 为一个向量组,证明下列向量组线性相关:

(1) $\boldsymbol{\beta}_1=\boldsymbol{\alpha}_1+\boldsymbol{\alpha}_2,\boldsymbol{\beta}_2=\boldsymbol{\alpha}_2+\boldsymbol{\alpha}_3,\boldsymbol{\beta}_3=\boldsymbol{\alpha}_3+\boldsymbol{\alpha}_4,\boldsymbol{\beta}_4=\boldsymbol{\alpha}_1+\boldsymbol{\alpha}_4$;

(2) $\boldsymbol{\gamma}_1=\boldsymbol{\alpha}_1-\boldsymbol{\alpha}_2,\boldsymbol{\gamma}_2=\boldsymbol{\alpha}_2-\boldsymbol{\alpha}_3,\boldsymbol{\gamma}_3=\boldsymbol{\alpha}_3-\boldsymbol{\alpha}_4,\boldsymbol{\gamma}_4=\boldsymbol{\alpha}_4-\boldsymbol{\alpha}_1$.

6. 已知 $\boldsymbol{\alpha}_1,\boldsymbol{\alpha}_2,\cdots,\boldsymbol{\alpha}_n$ 线性无关,证明 $\boldsymbol{\beta}_1=\boldsymbol{\alpha}_1,\boldsymbol{\beta}_2=\boldsymbol{\alpha}_1+\boldsymbol{\alpha}_2,\cdots,\boldsymbol{\beta}_n=\boldsymbol{\alpha}_1+\boldsymbol{\alpha}_2+\cdots+\boldsymbol{\alpha}_n$ 也线性无关.

7. 设 $\boldsymbol{A}$ 是方阵,k 是一个大于等于 2 的整数. 若 $\boldsymbol{A}^k\boldsymbol{\alpha}=\boldsymbol{0}$ 且 $\boldsymbol{A}^{k-1}\boldsymbol{\alpha}\neq\boldsymbol{0}$,证明:向量组 $\boldsymbol{\alpha},\boldsymbol{A}\boldsymbol{\alpha},\boldsymbol{A}^2\boldsymbol{\alpha},\cdots,\boldsymbol{A}^{k-1}\boldsymbol{\alpha}$ 线性无关.

8. 设向量组 $\boldsymbol{\alpha}_1,\boldsymbol{\alpha}_2,\boldsymbol{\alpha}_3$ 线性相关,向量组 $\boldsymbol{\alpha}_2,\boldsymbol{\alpha}_3,\boldsymbol{\alpha}_4$ 线性无关,

(1) 试问 $\boldsymbol{\alpha}_1$ 能否由 $\boldsymbol{\alpha}_2,\boldsymbol{\alpha}_3$ 线性表示? 说明理由;

(2) 试问 $\boldsymbol{\alpha}_4$ 能否由 $\boldsymbol{\alpha}_1,\boldsymbol{\alpha}_2,\boldsymbol{\alpha}_3$ 线性表示? 说明理由.

9. 求下列向量组的秩以及一个极大无关组,并将其余向量表示成该极大无关组的线性组合.

(1) $\boldsymbol{\alpha}_1=\begin{bmatrix}0\\3\\1\\2\end{bmatrix},\boldsymbol{\alpha}_2=\begin{bmatrix}3\\0\\7\\14\end{bmatrix},\boldsymbol{\alpha}_3=\begin{bmatrix}1\\-2\\2\\0\end{bmatrix},\boldsymbol{\alpha}_4=\begin{bmatrix}2\\1\\5\\10\end{bmatrix}$;

(2) $\boldsymbol{\alpha}_1=\begin{bmatrix}1\\2\\1\\2\end{bmatrix},\boldsymbol{\alpha}_2=\begin{bmatrix}1\\0\\3\\1\end{bmatrix},\boldsymbol{\alpha}_3=\begin{bmatrix}2\\-1\\0\\1\end{bmatrix},\boldsymbol{\alpha}_4=\begin{bmatrix}2\\1\\-2\\2\end{bmatrix},\boldsymbol{\alpha}_5=\begin{bmatrix}2\\2\\4\\3\end{bmatrix}$.

10. 设向量组 $\boldsymbol{\alpha}_1=\begin{bmatrix}1\\1\\1\\3\end{bmatrix},\boldsymbol{\alpha}_2=\begin{bmatrix}-1\\-3\\5\\1\end{bmatrix},\boldsymbol{\alpha}_3=\begin{bmatrix}3\\2\\-1\\p+2\end{bmatrix},\boldsymbol{\alpha}_4=\begin{bmatrix}-2\\-6\\10\\p\end{bmatrix}$,

(1) p 为何值时,该向量组线性无关?

(2) p 为何值时,该向量组线性相关? 并在此时求出它的秩和一个极大无关组.

11. 已知向量 $\boldsymbol{\alpha}_1=\begin{bmatrix}1\\2\\3\end{bmatrix},\boldsymbol{\alpha}_2=\begin{bmatrix}2\\1\\1\end{bmatrix},\boldsymbol{\beta}_1=\begin{bmatrix}2\\5\\9\end{bmatrix},\boldsymbol{\beta}_2=\begin{bmatrix}1\\0\\1\end{bmatrix}$,若向量 $\boldsymbol{\gamma}$ 既可由 $\boldsymbol{\alpha}_1,\boldsymbol{\alpha}_2$ 线性表示,也可以由 $\boldsymbol{\beta}_1,\boldsymbol{\beta}_2$ 线性表示,试求 $\boldsymbol{\gamma}$.

12. 下列向量组能否构成向量空间? 若能,求其维数和一个基.

(1) $V_1=\left\{\begin{bmatrix}a\\b\\a\end{bmatrix}\middle|\, a,b\in\mathbb{R}\right\}$; (2) $V_2=\left\{\begin{bmatrix}a\\b\\c\end{bmatrix}\middle|\, a,b\in\mathbb{R},\text{且 } c=ab\right\}$.

13. 求由向量组 $\boldsymbol{\alpha}_1=\begin{bmatrix}1\\1\\0\\1\end{bmatrix},\boldsymbol{\alpha}_2=\begin{bmatrix}1\\0\\1\\1\end{bmatrix},\boldsymbol{\alpha}_3=\begin{bmatrix}1\\1\\1\\0\end{bmatrix},\boldsymbol{\alpha}_4=\begin{bmatrix}3\\2\\2\\2\end{bmatrix}$ 生成的向量空间的维数与一个基.

14. 已知齐次线性方程组 $\begin{cases}x_1+x_2+x_3=0,\\ax_1+bx_2+cx_3=0,\\a^2x_1+b^2x_2+c^2x_3=0,\end{cases}$ a,b,c 满足何种条件时,

(1) 方程组仅有零解?

(2) 方程组有无穷多解? 并用基础解系表示其通解.

15. 求下列方程组的通解,并用基础解系表示.

(1) $\begin{cases}2x_1+3x_2+x_3=4,\\x_1-2x_2+4x_3=-5,\\3x_1+8x_2-2x_3=13,\\4x_1-x_2+9x_3=-6;\end{cases}$　(2) $\begin{cases}x_1+x_2+x_3=0,\\x_1+x_2-x_3-x_4-2x_5=1,\\2x_1+2x_2-x_4-2x_5=1,\\5x_1+5x_2-3x_3-4x_4-8x_5=4;\end{cases}$

(3) $\begin{cases}x_1+x_2-3x_4-x_5=-2,\\x_1-x_2+2x_3-x_4=1,\\4x_1-2x_2+6x_3+3x_4-4x_5=7,\\2x_1+4x_2-2x_3+4x_4-7x_5=1.\end{cases}$

16. 问 λ 取何值时,方程组

$$\begin{cases}2x_1+\lambda x_2-x_3=1,\\\lambda x_1-x_2+x_3=2,\\4x_1+5x_2-5x_3=-1\end{cases}$$

无解,有唯一解或无穷多解? 当有无穷多解时,写出方程组的通解.

17. 问 λ,μ 为何值时,方程组

$$\begin{cases}x_1+2x_3=-1,\\-x_1+x_2-3x_3=2,\\2x_1-x_2+\lambda x_3=\mu\end{cases}$$

无解,有唯一解,有无穷多解?

18. 设 $\boldsymbol{\alpha}=\begin{bmatrix}1\\1\\1\\1\end{bmatrix},\boldsymbol{\beta}=\begin{bmatrix}-1\\2\\2\\0\end{bmatrix}$,求 $(\boldsymbol{\alpha},\boldsymbol{\beta})$, $\|\boldsymbol{\alpha}+\boldsymbol{\beta}\|$, $\langle\boldsymbol{\alpha},\boldsymbol{\beta}\rangle$.

19. 证明:柯西-施瓦茨不等式$(\boldsymbol{x},\boldsymbol{y})^2\leqslant\|\boldsymbol{x}\|^2\|\boldsymbol{y}\|^2$.

20. 设$\boldsymbol{\alpha}_1=\begin{bmatrix}1\\2\\-1\\1\end{bmatrix},\boldsymbol{\alpha}_2=\begin{bmatrix}2\\3\\1\\-1\end{bmatrix},\boldsymbol{\alpha}_3=\begin{bmatrix}-1\\-1\\-2\\2\end{bmatrix}$,求向量空间$V=L(\boldsymbol{\alpha}_1,\boldsymbol{\alpha}_2,\boldsymbol{\alpha}_3)$的维数与一个标准正交基.

21. 设$\boldsymbol{\beta}$与$\boldsymbol{\alpha}_1,\boldsymbol{\alpha}_2,\cdots,\boldsymbol{\alpha}_r$中每一个向量正交,求证:$\boldsymbol{\beta}$与$\boldsymbol{\alpha}_1,\boldsymbol{\alpha}_2,\cdots,\boldsymbol{\alpha}_r$的任意线性组合正交.

22. 用施密特正交化方法,求与下列向量组分别等价的标准正交向量组.

(1) $\boldsymbol{\alpha}_1=\begin{bmatrix}1\\1\\1\end{bmatrix},\boldsymbol{\alpha}_2=\begin{bmatrix}1\\2\\3\end{bmatrix},\boldsymbol{\alpha}_3=\begin{bmatrix}1\\4\\9\end{bmatrix}$;(2) $\boldsymbol{\beta}_1=\begin{bmatrix}1\\2\\2\\-1\end{bmatrix},\boldsymbol{\beta}_2=\begin{bmatrix}1\\1\\-5\\3\end{bmatrix},\boldsymbol{\beta}_3=\begin{bmatrix}3\\2\\8\\-7\end{bmatrix}$.

23. 若$a^2+b^2=1$,证明矩阵$\begin{bmatrix}a&b\\-b&a\end{bmatrix}$是正交矩阵.

24. 设$\boldsymbol{x}$是n维单位列向量,令$\boldsymbol{H}=\boldsymbol{E}-2\boldsymbol{x}\boldsymbol{x}^{\mathrm{T}}$,证明:$\boldsymbol{H}$是对称的正交矩阵.

25. 若$\boldsymbol{A},\boldsymbol{B}$是同阶正交矩阵,证明:

(1) $\boldsymbol{A}^{\mathrm{T}},\boldsymbol{A}^2,\boldsymbol{A}^*$均为正交矩阵;

(2) $\boldsymbol{AB}$是正交矩阵.

第四章　相似矩阵与二次型

前面几章中，在解决与矩阵有关的问题时，我们通常采用初等变换的方法. 但为了研究一些实际问题，例如，网页链接排序、生物种群数量预测、线性微分方程组求解、弹性系统振动等，常常需要把矩阵尽可能地简化，同时又保持矩阵某些重要的参数不发生改变. 这就需要研究矩阵的特征值、特征向量、矩阵相似以及二次型.

§4.1　方阵的特征值与特征向量

矩阵特征值最早是由拉普拉斯（Laplace）在 19 世纪为研究天体力学、地球力学而引进的一个物理概念，后来被抽象为一个数学概念. 它不仅对基础数学和应用数学十分有用，同时还具有广泛的实际应用背景，比如，被用来研究微分方程和连续的动力系统，为工程设计提供关键的理论支撑等.

在介绍特征值的定义之前，我们先介绍一个与之等价的概念——特征根.

定义 4.1.1　设 $\boldsymbol{A}=[a_{ij}]$ 是一个 n 阶方阵，关于变量 λ 的多项式

$$\det(\lambda\boldsymbol{E}-\boldsymbol{A})=\begin{vmatrix}\lambda-a_{11} & -a_{12} & \cdots & -a_{1n}\\ -a_{21} & \lambda-a_{22} & \cdots & -a_{2n}\\ \vdots & \vdots & & \vdots\\ -a_{n1} & -a_{n2} & \cdots & \lambda-a_{nn}\end{vmatrix}$$

称为方阵 $\boldsymbol{A}$ 的**特征多项式**，记为 $f_{\boldsymbol{A}}(\lambda)$，并称方程 $f_{\boldsymbol{A}}(\lambda)=0$ 为 $\boldsymbol{A}$ 的**特征方程**，特征方程的根称为 $\boldsymbol{A}$ 的**特征根**.

例如，设 $\boldsymbol{A}=\begin{bmatrix}1 & 2\\ -1 & 4\end{bmatrix}$，则 $\boldsymbol{A}$ 的特征多项式为 $f_{\boldsymbol{A}}(\lambda)=\begin{vmatrix}\lambda-1 & -2\\ 1 & \lambda-4\end{vmatrix}=\lambda^2-5\lambda+6$，特征方程为 $\lambda^2-5\lambda+6=0$，特征根为 2 和 3.

设 $\boldsymbol{B}=\begin{bmatrix}\lambda_1 & & & \\ & \lambda_2 & & \\ & & \ddots & \\ & & & \lambda_n\end{bmatrix}$，特征多项式为

$$f_B(\lambda)=\begin{vmatrix}\lambda-\lambda_1 & & & \\ & \lambda-\lambda_2 & & \\ & & \ddots & \\ & & & \lambda-\lambda_n\end{vmatrix}=(\lambda-\lambda_1)(\lambda-\lambda_2)\cdots(\lambda-\lambda_n),$$

特征方程为$(\lambda-\lambda_1)(\lambda-\lambda_2)\cdots(\lambda-\lambda_n)=0$,特征根为$\lambda_1,\lambda_2,\cdots,\lambda_n$.

由行列式的定义,对于 n 阶方阵 $\boldsymbol{A}$,行列式 $\det(\lambda\boldsymbol{E}-\boldsymbol{A})$的每一个元素都是 λ 的次数不超过 1 的多项式,所以$f_{\boldsymbol{A}}(\lambda)=\det(\lambda\boldsymbol{E}-\boldsymbol{A})$是关于 λ 的次数不超过 n 的多项式. 不难看出,在$f_{\boldsymbol{A}}(\lambda)$的定义式中$(\lambda-a_{11})(\lambda-a_{22})\cdots(\lambda-a_{nn})$是关于 λ 的 n 次多项式,所以 $f_{\boldsymbol{A}}(\lambda)$是关于 λ 的一元 n 次多项式. 由于多项式 $f_{\boldsymbol{A}}(\lambda)$中除$(\lambda-a_{11})(\lambda-a_{22})\cdots(\lambda-a_{nn})$以外,其他项至多是 λ 的 $n-2$ 次多项式,所以 λ^n和λ^{n-1}仅出现在$(\lambda-a_{11})(\lambda-a_{22})\cdots(\lambda-a_{nn})$中,故 λ^n的系数为 1,λ^{n-1}的系数为$-(a_{11}+a_{22}+\cdots+a_{nn})$.但是$f_{\boldsymbol{A}}(\lambda)$中 $\lambda^{n-2},\lambda^{n-3},\cdots,\lambda$ 等项的系数的表达式就比较复杂. 而要确定其常数项,只需要将$f(\lambda)$中的 λ 取为 0 即可,也就是说,$f_{\boldsymbol{A}}(\lambda)$的常数项$=f_{\boldsymbol{A}}(0)=\det(-\boldsymbol{A})=(-1)^n\det(\boldsymbol{A})$.

另一方面,如果已知 $\boldsymbol{A}$ 的所有特征根为$\lambda_1,\lambda_2,\cdots,\lambda_n$,那么 $\boldsymbol{A}$ 的特征多项式可以写成$f_{\boldsymbol{A}}(\lambda)=(\lambda-\lambda_1)(\lambda-\lambda_2)\cdots(\lambda-\lambda_n)$,所以 λ^{n-1}的系数为$-(\lambda_1+\lambda_2+\cdots+\lambda_n)$,常数项为$f_{\boldsymbol{A}}(0)=(-1)^n\lambda_1\lambda_2\cdots\lambda_n$. 结合上面的讨论,我们可以得到特征根与矩阵元素之间有如下关系:

定理 4.1.1　设 n 阶方阵 $\boldsymbol{A}=[a_{ij}]$的所有特征根为$\lambda_1,\lambda_2,\cdots,\lambda_n$,则

(1) $\lambda_1+\lambda_2+\cdots+\lambda_n=a_{11}+a_{22}+\cdots+a_{nn}$,即特征根之和等于对角元之和(称为方阵的**迹**);

(2) $\lambda_1\lambda_2\cdots\lambda_n=\det(\boldsymbol{A})$,即特征根之积等于行列式的值.

由第二章的学习,我们知道矩阵 $\boldsymbol{A}$ 可逆的充要条件是 $\det(\boldsymbol{A})\neq 0$,由定理 4.1.1 中的(2),我们可以得到方阵 $\boldsymbol{A}$ 可逆的又一个充要条件:

推论　方阵 $\boldsymbol{A}$ 可逆当且仅当 $\boldsymbol{A}$ 的特征根均不为零.

由于实系数一元 n 次方程在复数域上恰有 n 个根(重根按重数计),所以 n 阶实方阵在复数域上恰有 n 个特征根(重根按重数计),特征根的重数定义为其作为特征方程的根的重数. 但这些特征根并不一定都是实数,可能有一些是复特征根,如实矩阵$\begin{bmatrix}0 & 1\\ -1 & 0\end{bmatrix}$的两个特征根就是 i 和-i(其中 i 是虚数单位).

定义 4.1.2　设 $\boldsymbol{A}$ 是方阵,若数 λ 和非零向量 $\boldsymbol{x}$ 满足

$$\boldsymbol{A}\boldsymbol{x}=\lambda\boldsymbol{x}, \tag{4.1.1}$$

则称 λ 是 $\boldsymbol{A}$ 的一个**特征值**,称 $\boldsymbol{x}$ 是 $\boldsymbol{A}$ 的属于 λ 的**特征向量**.

事实上,

$$
\begin{aligned}
&\lambda \text{ 是 } \boldsymbol{A} \text{ 的特征值}\\
\Leftrightarrow\ & \boldsymbol{A}\boldsymbol{x}=\lambda\boldsymbol{x}\\
\Leftrightarrow\ & (\lambda\boldsymbol{E}-\boldsymbol{A})\boldsymbol{x}=\boldsymbol{0} \text{ 有非零解}\\
\Leftrightarrow\ & \det(\lambda\boldsymbol{E}-\boldsymbol{A})=0\\
\Leftrightarrow\ & f_{\boldsymbol{A}}(\lambda)=0\\
\Leftrightarrow\ & \lambda \text{ 是 } \boldsymbol{A} \text{ 的一个特征根.}
\end{aligned}
$$

也就是说,特征值和前面所定义的特征根是两个等价的定义. 因而确定特征值就是要解出特征方程的所有根. 这看似轻松,但是对于 3 阶以上的方阵,手工计算特征值往往是比较困难的,除非是精心选择的矩阵.

另一方面,由上面的讨论,不难看出,对于确定的特征值 λ,要求属于 λ 的全部特征向量,只需求出齐次线性方程组$(\lambda\boldsymbol{E}-\boldsymbol{A})\boldsymbol{x}=\boldsymbol{0}$ 的全部非零解即可.

对于确定的数 λ,$\lambda\boldsymbol{x}$ 可以看成是对向量 $\boldsymbol{x}$ 的一个数乘变换. $\boldsymbol{A}\boldsymbol{x}$ 可以看成是对向量 $\boldsymbol{x}$ 的一个线性变换,未必是数乘变换. 由定义 4.1.2 知,若 $\boldsymbol{x}$ 是 $\boldsymbol{A}$ 的特征向量,则 $\boldsymbol{A}$ 对 $\boldsymbol{x}$ 的作用是很简单的,仅仅是一个数乘变换,即 $\boldsymbol{A}$ 将特征向量 $\boldsymbol{x}$ 变成一个与之对应分量成比例的向量 $\lambda\boldsymbol{x}$,而这个比例系数就是 $\boldsymbol{x}$ 对应的特征值 λ.

例 4.1.1　设 $\boldsymbol{A}=\begin{bmatrix}3 & 0\\ 4 & -1\end{bmatrix}$,$\boldsymbol{\alpha}=\begin{bmatrix}1\\1\end{bmatrix}$,$\boldsymbol{\beta}=\begin{bmatrix}1\\-1\end{bmatrix}$. 图 4.1.1 显示了 $\boldsymbol{\alpha}$, $\boldsymbol{\beta}$ 经 $\boldsymbol{A}$ 作用后的图像. 事实上,$\boldsymbol{A}\boldsymbol{\alpha}=3\boldsymbol{\alpha}$,所以 $\boldsymbol{\alpha}$ 是 $\boldsymbol{A}$ 的属于特征值 3 的特征向量. 而 $\boldsymbol{A}\boldsymbol{\beta}=\begin{bmatrix}3\\5\end{bmatrix}$,由于与 $\boldsymbol{\beta}=\begin{bmatrix}1\\-1\end{bmatrix}$ 的对应分量不成比例,所以 $\boldsymbol{\beta}$ 不是 $\boldsymbol{A}$ 的特征向量.

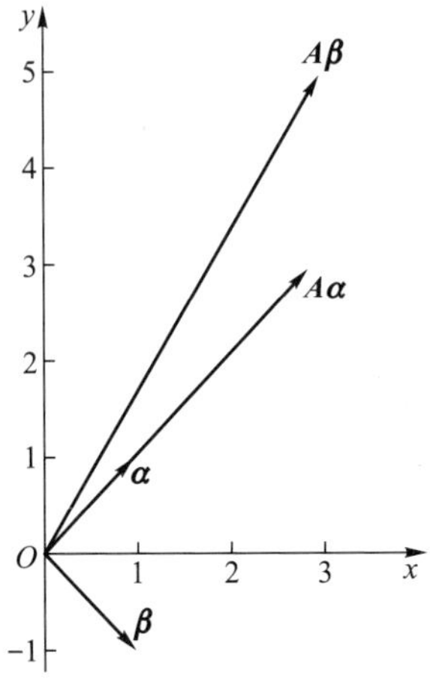

图 4.1.1　例 4.1.1 中的向量

例 4.1.2 判断 $\lambda=2$ 是不是矩阵 $\boldsymbol{A}=\begin{bmatrix}1&2\\-1&4\end{bmatrix}$ 的特征值. 若是,求出属于 2 的全部特征向量.

解 $\lambda=2$ 是 $\boldsymbol{A}$ 的特征值当且仅当方程

$$\boldsymbol{A}\boldsymbol{x}=2\boldsymbol{x}$$

有非零解,即 $(2\boldsymbol{E}-\boldsymbol{A})\boldsymbol{x}=\boldsymbol{0}$ 有非零解. 对系数矩阵 $2\boldsymbol{E}-\boldsymbol{A}$ 实施初等变换,有

$$2\boldsymbol{E}-\boldsymbol{A}=2\begin{bmatrix}1&0\\0&1\end{bmatrix}-\begin{bmatrix}1&2\\-1&4\end{bmatrix}=\begin{bmatrix}1&-2\\1&-2\end{bmatrix}\to\begin{bmatrix}1&-2\\0&0\end{bmatrix},$$

则 $R(2\boldsymbol{E}-\boldsymbol{A})=1<2$,所以 $(2\boldsymbol{E}-\boldsymbol{A})\boldsymbol{x}=\boldsymbol{0}$ 有非零解,因此 $\lambda=2$ 是 $\boldsymbol{A}$ 的特征值. 由于 $\begin{bmatrix}2\\1\end{bmatrix}$ 为方程组 $(2\boldsymbol{E}-\boldsymbol{A})\boldsymbol{x}=\boldsymbol{0}$ 的一个基础解系,故方程组的通解为 $\boldsymbol{x}=k\begin{bmatrix}2\\1\end{bmatrix}$,其中 k 为任意常数. 凡具有此种形式的非零向量,即 $k\begin{bmatrix}2\\1\end{bmatrix}(k\neq0)$ 都是 $\boldsymbol{A}$ 的属于 2 的特征向量.

求给定方阵 $\boldsymbol{A}$ 的全部特征值和特征向量的方法及步骤如下:

(1) 写出特征多项式 $\det(\lambda\boldsymbol{E}-\boldsymbol{A})$;

(2) 求解特征方程 $\det(\lambda\boldsymbol{E}-\boldsymbol{A})=0$,得到 $\boldsymbol{A}$ 的全部特征值 $\lambda_1,\lambda_2,\cdots,\lambda_n$;

(3) 对每个不同的特征值 λ_i,分别求出齐次线性方程组 $(\lambda_i\boldsymbol{E}-\boldsymbol{A})\boldsymbol{x}=\boldsymbol{0}$ 的一个基础解系,从而得到方程组的全部非零解向量,即为 $\boldsymbol{A}$ 的属于 λ_i 的全部特征向量.

例 4.1.3 求方阵 $\boldsymbol{A}=\begin{bmatrix}4&6&0\\-3&-5&0\\-3&-6&1\end{bmatrix}$ 的全部特征值与特征向量.

解 $\boldsymbol{A}$ 的特征多项式为

$$\det(\lambda\boldsymbol{E}-\boldsymbol{A})=\begin{vmatrix}\lambda-4&-6&0\\3&\lambda+5&0\\3&6&\lambda-1\end{vmatrix}=(\lambda+2)(\lambda-1)^2,$$

解特征方程 $(\lambda+2)(\lambda-1)^2=0$,得 $\boldsymbol{A}$ 的三个特征值为 $\lambda_1=-2,\lambda_2=\lambda_3=1$.

对于 $\lambda_1=-2$,解齐次线性方程组 $(-2\boldsymbol{E}-\boldsymbol{A})\boldsymbol{x}=\boldsymbol{0}$,对其系数矩阵实施初等行变换,有

$$-2\boldsymbol{E}-\boldsymbol{A}=\begin{bmatrix}-6&-6&0\\3&3&0\\3&6&-3\end{bmatrix}\to\begin{bmatrix}1&0&1\\0&1&-1\\0&0&0\end{bmatrix},$$

取方程组的基础解系$\begin{bmatrix}-1\\1\\1\end{bmatrix}$,从而属于 $\lambda_1=-2$ 的全部特征向量为 $k_1\begin{bmatrix}-1\\1\\1\end{bmatrix}$(其中 $k_1\neq 0$).

对于 $\lambda_2=\lambda_3=1$,解齐次线性方程组$(\boldsymbol{E}-\boldsymbol{A})\boldsymbol{x}=\boldsymbol{0}$,对其系数矩阵实施初等行变换,有

$$\boldsymbol{E}-\boldsymbol{A}=\begin{bmatrix}-3&-6&0\\3&6&0\\3&6&0\end{bmatrix}\to\begin{bmatrix}1&2&0\\0&0&0\\0&0&0\end{bmatrix},$$

取方程组的基础解系$\begin{bmatrix}-2\\1\\0\end{bmatrix},\begin{bmatrix}0\\0\\1\end{bmatrix}$,从而属于 $\lambda_2=\lambda_3=1$ 的全部特征向量为 $k_2\begin{bmatrix}-2\\1\\0\end{bmatrix}+k_3\begin{bmatrix}0\\0\\1\end{bmatrix}$(其中 k_2,k_3不同时为 0).

由于 $\boldsymbol{A}$ 的特征值 λ 的特征向量是齐次线性方程组$(\lambda\boldsymbol{E}-\boldsymbol{A})\boldsymbol{x}=\boldsymbol{0}$ 的非零解,所以,λ 的所有特征向量与零向量一起构成 n 维向量空间的一个子空间,称之为 λ 的**特征子空间**,并称 λ 的特征子空间的维数为 λ 的**几何重数**. 特征值 λ 的**代数重数**则定义为它作为特征根的重数.

例 4.1.3 中,$\lambda=-2$ 是特征方程的单根,因此它的代数重数为 1;由于$\begin{bmatrix}-1\\1\\1\end{bmatrix}$是 $\lambda=-2$ 的特征子空间的一个基,所以 $\lambda=-2$ 的几何重数为 1. 而 $\lambda=1$ 是特征方程的二重根,因此它的代数重数为 2;由于$\begin{bmatrix}-2\\1\\0\end{bmatrix},\begin{bmatrix}0\\0\\1\end{bmatrix}$是 $\lambda=1$ 的特征子空间的一个基,所以 $\lambda=1$ 的几何重数为 2.

不加证明地给出关于矩阵特征值的代数重数和几何重数的关系为:矩阵特征值的几何重数不超过其代数重数.

下面给出关于特征值的一些性质:

性质 4.1.1　设 λ 为 $\boldsymbol{A}$ 的特征值,则

(1) 对于任意数 k,$k\lambda$ 为 $k\boldsymbol{A}$ 的特征值;

(2) 对于正整数 m,λ^m为 $\boldsymbol{A}^m$的特征值;

(3) 对于 λ 的任意多项式 $\varphi(\lambda)=a_0+a_1\lambda+\cdots+a_m\lambda^m$,$\varphi(\lambda)$为 $\varphi(\boldsymbol{A})$的特

征值；

（4）对于可逆方阵 $\boldsymbol{A}$，λ^{-1} 为 $\boldsymbol{A}^{-1}$ 的特征值.

证 设 $\boldsymbol{x}$ 为 $\boldsymbol{A}$ 的属于 λ 的特征向量，即 $\boldsymbol{Ax}=\lambda\boldsymbol{x}$.

（1）显然 $k(\boldsymbol{Ax})=k(\lambda\boldsymbol{x})$，即 $(k\boldsymbol{A})\boldsymbol{x}=(k\lambda)\boldsymbol{x}$，所以 $k\lambda$ 为 $k\boldsymbol{A}$ 的特征值.

（2）对 m 用数学归纳法证明. 当 $m=1$ 时，结论显然成立. 假设对于 $m-1$ 结论也成立，即 $\boldsymbol{A}^{m-1}\boldsymbol{x}=\lambda^{m-1}\boldsymbol{x}$，则 $\boldsymbol{A}^m\boldsymbol{x}=\boldsymbol{A}(\boldsymbol{A}^{m-1}\boldsymbol{x})=\boldsymbol{A}(\lambda^{m-1}\boldsymbol{x})=\lambda^{m-1}(\boldsymbol{Ax})=\lambda^{m-1}(\lambda\boldsymbol{x})=\lambda^m\boldsymbol{x}$，即 λ^m 为 $\boldsymbol{A}^m$ 的特征值.

（3）由于

$$\begin{aligned}\varphi(\boldsymbol{A})\boldsymbol{x}&=(a_0\boldsymbol{E}+a_1\boldsymbol{A}+\cdots+a_m\boldsymbol{A}^m)\boldsymbol{x}=a_0\boldsymbol{x}+a_1\lambda\boldsymbol{x}+\cdots+a_m\lambda^m\boldsymbol{x}\\&=(a_0+a_1\lambda+\cdots+a_m\lambda^m)\boldsymbol{x}=\varphi(\lambda)\boldsymbol{x},\end{aligned}$$

所以 $\varphi(\lambda)$ 为 $\varphi(\boldsymbol{A})$ 的特征值.

（4）由于 $\boldsymbol{A}$ 可逆，根据 $\boldsymbol{Ax}=\lambda\boldsymbol{x}$，可得 $\boldsymbol{x}=\lambda(\boldsymbol{A}^{-1}\boldsymbol{x})$. 由定理 4.1.1 的推论知 $\lambda\neq0$，所以 $\boldsymbol{A}^{-1}\boldsymbol{x}=\lambda^{-1}\boldsymbol{x}$，即 λ^{-1} 为 $\boldsymbol{A}^{-1}$ 的特征值. □

事实上，由性质 4.1.1 中的（4）成立，结合（1），（4）可知，当（2）中的 m 为负整数时，结论也成立.

例 4.1.4 设 3 阶方阵 $\boldsymbol{A}$ 的特征值为 $1,-1,-2$，求

（1）$3\boldsymbol{A}+2\boldsymbol{E}$ 的特征值；

（2）$\det(\boldsymbol{A}^*+3\boldsymbol{A}-2\boldsymbol{E})$，其中 $\boldsymbol{A}^*$ 为 $\boldsymbol{A}$ 的伴随矩阵.

解 （1）设 $\varphi(\lambda)=3\lambda+2$，则 $\varphi(1)=5$，$\varphi(-1)=-1$，$\varphi(-2)=-4$，所以 $\varphi(\boldsymbol{A})=3\boldsymbol{A}+2\boldsymbol{E}$的全部特征值为 $5,-1,-4$.

（2）由 $\boldsymbol{A}$ 的特征值全不为 0，知 $\boldsymbol{A}$ 是可逆的，故 $\boldsymbol{A}^*=\det(\boldsymbol{A})\boldsymbol{A}^{-1}$，而矩阵的行列式等于特征值之积，故 $\det(\boldsymbol{A})=2$. 所以

$$\boldsymbol{A}^*+3\boldsymbol{A}-2\boldsymbol{E}=2\boldsymbol{A}^{-1}+3\boldsymbol{A}-2\boldsymbol{E}.$$

把上式记作 $\varphi(\boldsymbol{A})$，则 $\varphi(\lambda)=\dfrac{2}{\lambda}+3\lambda-2$，故 $\varphi(\boldsymbol{A})$ 的特征值为 $\varphi(1)=3$，$\varphi(-1)=-7$，$\varphi(-2)=-9$. 从而有 $\det(\boldsymbol{A}^*+3\boldsymbol{A}-2\boldsymbol{E})=189$.

性质 4.1.2 设 $\boldsymbol{\alpha}_1$ 和 $\boldsymbol{\alpha}_2$ 是方阵 $\boldsymbol{A}$ 的属于同一特征值 λ 的特征向量，则 $k_1\boldsymbol{\alpha}_1+k_2\boldsymbol{\alpha}_2$（其中 k_1,k_2 不同时为零）也是属于 λ 的特征向量.

证 由于 $\boldsymbol{A\alpha}_1=\lambda\boldsymbol{\alpha}_1$，$\boldsymbol{A\alpha}_2=\lambda\boldsymbol{\alpha}_2$，所以

$$\boldsymbol{A}(k_1\boldsymbol{\alpha}_1+k_2\boldsymbol{\alpha}_2)=k_1\boldsymbol{A\alpha}_1+k_2\boldsymbol{A\alpha}_2=k_1\lambda\boldsymbol{\alpha}_1+k_2\lambda\boldsymbol{\alpha}_2=\lambda(k_1\boldsymbol{\alpha}_1+k_2\boldsymbol{\alpha}_2),$$

故 $k_1\boldsymbol{\alpha}_1+k_2\boldsymbol{\alpha}_2$ 是 $\boldsymbol{A}$ 的属于 λ 的特征向量. □

练习 4.1

1.（1）试判断 -2 是否为 $\begin{bmatrix}7&3\\3&-1\end{bmatrix}$ 的特征值，并说明理由；

（2）试判断$\begin{bmatrix}1\\0\\1\end{bmatrix}$是否为$\begin{bmatrix}-2&1&1\\0&2&0\\-4&1&3\end{bmatrix}$的特征向量，如果是，求对应的特征值.

2. 设 $\boldsymbol{A}=\begin{bmatrix}4&-1&6\\2&1&6\\2&-1&8\end{bmatrix}$，验证 2 是 $\boldsymbol{A}$ 的一个特征值，并求出 2 的所有特征向量.

3. 求下列矩阵的全部特征值和特征向量.

（1）$\begin{bmatrix}1&-1\\-2&1\end{bmatrix}$；　（2）$\begin{bmatrix}3&1&-1\\0&2&0\\1&1&1\end{bmatrix}$；　（3）$\begin{bmatrix}-2&1&1\\0&2&0\\-4&1&3\end{bmatrix}$.

4. 设 $\boldsymbol{A}$ 为可逆矩阵，$\boldsymbol{\alpha}$ 是 $\boldsymbol{A}$ 的属于特征值 λ 的特征向量，试求 $\boldsymbol{A}$ 的伴随矩阵 $\boldsymbol{A}^*$ 的特征值和特征向量.

§4.2　相似矩阵

这一节我们将介绍保持矩阵特征值不变的一种变换，即矩阵的相似变换. 首先，我们给出两个矩阵相似的定义.

定义 4.2.1　设 $\boldsymbol{A},\boldsymbol{B}$ 为同阶方阵，若存在可逆矩阵 $\boldsymbol{P}$，使得

$$\boldsymbol{P}^{-1}\boldsymbol{A}\boldsymbol{P}=\boldsymbol{B},$$

则称 $\boldsymbol{A}$ 与 $\boldsymbol{B}$ **相似**，记为 $\boldsymbol{A}\sim\boldsymbol{B}$. 特别地，若 $\boldsymbol{P}$ 是一个正交矩阵，则称 $\boldsymbol{A}$ 与 $\boldsymbol{B}$ **正交相似**.

对方阵 $\boldsymbol{A}$ 作运算 $\boldsymbol{P}^{-1}\boldsymbol{A}\boldsymbol{P}$，称为对 $\boldsymbol{A}$ 实施**相似变换**，称 $\boldsymbol{P}$ 为**相似变换矩阵**.

值得注意的是，两个矩阵相似时，相似变换矩阵不一定唯一.

读者可以自己证明，矩阵的相似关系具有以下基本性质：

（1）自反性　$\boldsymbol{A}\sim\boldsymbol{A}$；

（2）对称性　若 $\boldsymbol{A}\sim\boldsymbol{B}$，则 $\boldsymbol{B}\sim\boldsymbol{A}$；

（3）传递性　若 $\boldsymbol{A}\sim\boldsymbol{B},\boldsymbol{B}\sim\boldsymbol{C}$，则 $\boldsymbol{A}\sim\boldsymbol{C}$.

另外，矩阵相似还具有如下性质：

性质 4.2.1　若 $\boldsymbol{A}$ 与 $\boldsymbol{B}$ 相似，

（1）则 $\boldsymbol{A}$ 与 $\boldsymbol{B}$ 的行列式相等，即 $\det(\boldsymbol{A})=\det(\boldsymbol{B})$；

（2）设 $\varphi(x)$ 为 x 的多项式，则 $\varphi(\boldsymbol{A})$ 与 $\varphi(\boldsymbol{B})$ 相似.

证　由矩阵相似的定义，存在可逆矩阵 $\boldsymbol{P}$，使得 $\boldsymbol{P}^{-1}\boldsymbol{A}\boldsymbol{P}=\boldsymbol{B}$.

（1）$\det(\boldsymbol{B})=\det(\boldsymbol{P}^{-1}\boldsymbol{A}\boldsymbol{P})=\det(\boldsymbol{P}^{-1})\det(\boldsymbol{A})\det(\boldsymbol{P})=\det(\boldsymbol{A})$.

（2）设 $\varphi(x)=a_0+a_1x+\cdots+a_mx^m$，则

$$\begin{aligned}\varphi(\boldsymbol{B})&=a_0\boldsymbol{E}+a_1\boldsymbol{B}+\cdots+a_m\boldsymbol{B}^m\\&=a_0\boldsymbol{P}^{-1}\boldsymbol{E}\boldsymbol{P}+a_1\boldsymbol{P}^{-1}\boldsymbol{A}\boldsymbol{P}+\cdots+a_m\boldsymbol{P}^{-1}\boldsymbol{A}^m\boldsymbol{P}\\&=\boldsymbol{P}^{-1}(a_0\boldsymbol{E}+a_1\boldsymbol{A}+\cdots+a_m\boldsymbol{A}^m)\boldsymbol{P}.\\&=\boldsymbol{P}^{-1}\varphi(\boldsymbol{A})\boldsymbol{P},\end{aligned}$$

故 $\varphi(\boldsymbol{A})$ 与 $\varphi(\boldsymbol{B})$ 相似. □

下面这个定理说明特征值是矩阵相似变换下的不变量.

定理 4.2.1 若 $\boldsymbol{A}$ 与 $\boldsymbol{B}$ 相似，则 $\boldsymbol{A}$ 与 $\boldsymbol{B}$ 具有相同的特征值.

证 由矩阵相似的定义，存在可逆矩阵 $\boldsymbol{P}$，使得 $\boldsymbol{P}^{-1}\boldsymbol{A}\boldsymbol{P}=\boldsymbol{B}$，所以

$$\begin{aligned}\det(\lambda\boldsymbol{E}-\boldsymbol{B})&=\det(\lambda\boldsymbol{E}-\boldsymbol{P}^{-1}\boldsymbol{A}\boldsymbol{P})\\&=\det(\lambda\boldsymbol{P}^{-1}\boldsymbol{E}\boldsymbol{P}-\boldsymbol{P}^{-1}\boldsymbol{A}\boldsymbol{P})\\&=\det(\boldsymbol{P}^{-1}(\lambda\boldsymbol{E}-\boldsymbol{A})\boldsymbol{P})\\&=\det(\boldsymbol{P}^{-1})\cdot\det(\lambda\boldsymbol{E}-\boldsymbol{A})\cdot\det(\boldsymbol{P})\\&=\det(\lambda\boldsymbol{E}-\boldsymbol{A}),\end{aligned}$$

即 $\boldsymbol{A}$ 与 $\boldsymbol{B}$ 有相同的特征多项式，进而有相同的特征值. □

这里需要注意的是，若矩阵 $\boldsymbol{A}$ 与 $\boldsymbol{B}$ 相似，则 $\boldsymbol{A}$ 与 $\boldsymbol{B}$ 等价，但反之不成立. 如果 $\boldsymbol{A}$ 等价于 $\boldsymbol{B}$，首先 $\boldsymbol{A}$ 和 $\boldsymbol{B}$ 未必是方阵，若不是方阵，当然不可能相似；其次，即使 $\boldsymbol{A}$ 和 $\boldsymbol{B}$ 是同阶方阵，由等价定义，存在可逆矩阵 $\boldsymbol{P}$ 和 $\boldsymbol{Q}$，使得 $\boldsymbol{B}=\boldsymbol{P}\boldsymbol{A}\boldsymbol{Q}$，这里的 $\boldsymbol{P}$ 和 $\boldsymbol{Q}$ 未必互为逆矩阵，而相似则要求 $\boldsymbol{B}=\boldsymbol{P}^{-1}\boldsymbol{A}\boldsymbol{P}$. 对矩阵实施相似变换不会改变矩阵的特征值，但是对矩阵实施初等变换通常会改变矩阵的特征值.

由定理 4.2.1 可知，相似变换保持矩阵的特征值不变，同时也保持矩阵的行列式、矩阵的秩等不变. 对于一般的矩阵 $\boldsymbol{A}$，用定义计算这些参数往往很困难. 很自然的一个想法就是，能否找到一个与 $\boldsymbol{A}$ 相似的简单矩阵，将研究 $\boldsymbol{A}$ 的这些参数转换成研究这个简单矩阵的相应参数. 说到简单矩阵，对角矩阵当然是比较简单的，因为它的幂次、可逆性、行列式、特征值以及秩都是一目了然的，所以，我们将研究与对角矩阵相似的矩阵. 为方便起见，先给出如下定义：

定义 4.2.2 如果一个矩阵与某个对角矩阵相似，就称这个矩阵**可对角化**. 如果一个矩阵与某个对角矩阵正交相似，就称这个矩阵**可正交对角化**.

事实上，有一些矩阵是可对角化的，而一些矩阵是不可对角化的. 接下来，我们研究矩阵可对角化的条件以及对角化的方法.

定理 4.2.2 n 阶方阵 $\boldsymbol{A}$ 可对角化的充要条件为 $\boldsymbol{A}$ 有 n 个线性无关的特征向量.

证　先证必要性. 设存在可逆矩阵 $\boldsymbol{P}$, 使 $\boldsymbol{P}^{-1}\boldsymbol{AP}=\boldsymbol{\Lambda}=\mathrm{diag}[\lambda_1,\lambda_2,\cdots,\lambda_n]=\begin{bmatrix}\lambda_1 & & & \\ & \lambda_2 & & \\ & & \ddots & \\ & & & \lambda_n\end{bmatrix}$, 则 $\boldsymbol{AP}=\boldsymbol{P\Lambda}$. 将 $\boldsymbol{P}$ 按列分块为 $\boldsymbol{P}=[\boldsymbol{p}_1,\boldsymbol{p}_2,\cdots,\boldsymbol{p}_n]$, 由于 $\boldsymbol{P}$ 可逆, 所以 $\boldsymbol{p}_1,\boldsymbol{p}_2,\cdots,\boldsymbol{p}_n$ 线性无关. 又 $\boldsymbol{AP}=\boldsymbol{A}[\boldsymbol{p}_1,\boldsymbol{p}_2,\cdots,\boldsymbol{p}_n]=[\boldsymbol{Ap}_1,\boldsymbol{Ap}_2,\cdots,\boldsymbol{Ap}_n]$, 而

$$\boldsymbol{P\Lambda}=[\boldsymbol{p}_1,\boldsymbol{p}_2,\cdots,\boldsymbol{p}_n]\begin{bmatrix}\lambda_1 & & & \\ & \lambda_2 & & \\ & & \ddots & \\ & & & \lambda_n\end{bmatrix}=[\lambda_1\boldsymbol{p}_1,\lambda_2\boldsymbol{p}_2,\cdots,\lambda_n\boldsymbol{p}_n].$$

由 $\boldsymbol{AP}=\boldsymbol{P\Lambda}$ 得

$$\boldsymbol{Ap}_i=\lambda_i\boldsymbol{p}_i\quad(i=1,2,\cdots,n).$$

因此, $\lambda_1,\lambda_2,\cdots,\lambda_n$ 为 $\boldsymbol{A}$ 的 n 个特征值, 而 $\boldsymbol{p}_1,\boldsymbol{p}_2,\cdots,\boldsymbol{p}_n$ 为 $\boldsymbol{A}$ 的 n 个线性无关的特征向量.

再证充分性. 设 $\boldsymbol{A}$ 有 n 个线性无关的特征向量 $\boldsymbol{p}_1,\boldsymbol{p}_2,\cdots,\boldsymbol{p}_n$, 它们分别属于特征值 $\lambda_1,\lambda_2,\cdots,\lambda_n$, 即有 $\boldsymbol{Ap}_i=\lambda_i\boldsymbol{p}_i(i=1,2,\cdots,n)$. 令 $\boldsymbol{P}=[\boldsymbol{p}_1,\boldsymbol{p}_2,\cdots,\boldsymbol{p}_n]$, 则 $\boldsymbol{P}$ 是方阵且可逆, 并且

$$\begin{aligned}\boldsymbol{AP}&=[\boldsymbol{Ap}_1,\boldsymbol{Ap}_2,\cdots,\boldsymbol{Ap}_n]=[\lambda_1\boldsymbol{p}_1,\lambda_2\boldsymbol{p}_2,\cdots,\lambda_n\boldsymbol{p}_n]\\&=[\boldsymbol{p}_1,\boldsymbol{p}_2,\cdots,\boldsymbol{p}_n]\begin{bmatrix}\lambda_1 & & & \\ & \lambda_2 & & \\ & & \ddots & \\ & & & \lambda_n\end{bmatrix}=\boldsymbol{P\Lambda},\end{aligned}$$

所以 $\boldsymbol{P}^{-1}\boldsymbol{AP}=\boldsymbol{\Lambda}$, 即 $\boldsymbol{A}$ 与对角矩阵 $\boldsymbol{\Lambda}=\begin{bmatrix}\lambda_1 & & & \\ & \lambda_2 & & \\ & & \ddots & \\ & & & \lambda_n\end{bmatrix}$ 相似. □

虽然每一个 n 阶方阵都有无穷多个特征向量, 但是它们中未必存在 n 个线性无关的特征向量.

例 4.2.1　证明方阵 $\boldsymbol{A}=\begin{bmatrix}-1 & 1 & 0\\ -4 & 3 & 0\\ 1 & 0 & 2\end{bmatrix}$ 是不可对角化的.

证　由定理 4.2.2, 只需证明 $\boldsymbol{A}$ 不存在 3 个线性无关的特征向量. 计算特征

多项式

$$\det(\lambda\boldsymbol{E}-\boldsymbol{A})=\begin{vmatrix}\lambda+1&-1&0\\4&\lambda-3&0\\-1&0&\lambda-2\end{vmatrix}=(\lambda-1)^2(\lambda-2).$$

解特征方程$(\lambda-1)^2(\lambda-2)=0$得$\boldsymbol{A}$的特征值：$\lambda_1=\lambda_2=1,\lambda_3=2$.

对于$\lambda_1=\lambda_2=1$，解$(\boldsymbol{E}-\boldsymbol{A})\boldsymbol{x}=\boldsymbol{0}$，对系数矩阵实施初等行变换，有

$$\boldsymbol{E}-\boldsymbol{A}=\begin{bmatrix}2&-1&0\\4&-2&0\\-1&0&-1\end{bmatrix}\to\begin{bmatrix}1&0&1\\0&1&2\\0&0&0\end{bmatrix},$$

取基础解系$\begin{bmatrix}1\\2\\-1\end{bmatrix}$，故属于特征值1的全部特征向量为$k_1\begin{bmatrix}1\\2\\-1\end{bmatrix}$（其中$k_1\neq0$）.

对于$\lambda_3=2$，解$(2\boldsymbol{E}-\boldsymbol{A})\boldsymbol{x}=\boldsymbol{0}$，对系数矩阵实施初等行变换，有

$$2\boldsymbol{E}-\boldsymbol{A}=\begin{bmatrix}3&-1&0\\4&-1&0\\-1&0&0\end{bmatrix}\to\begin{bmatrix}1&0&0\\0&1&0\\0&0&0\end{bmatrix},$$

取基础解系$\begin{bmatrix}0\\0\\1\end{bmatrix}$，故属于特征值2的全部特征向量为$k_2\begin{bmatrix}0\\0\\1\end{bmatrix}$（其中$k_2\neq0$）.

显然，$\boldsymbol{A}$的任意3个特征向量中，必有两个属于同一个特征值. 注意到$\boldsymbol{A}$的特征值的几何重数均为1，从而属于同一特征值的两个特征向量必线性相关，进而$\boldsymbol{A}$的任意3个特征向量是线性相关的. 故$\boldsymbol{A}$不存在3个线性无关的特征向量.

接下来，我们给出特征向量线性相关性方面的一些结论.

定理 4.2.3 方阵$\boldsymbol{A}$属于不同特征值的特征向量线性无关.

证 对不同特征值的个数k用数学归纳法证明.

当$k=1$时，即考虑一个特征值的一个特征向量，由于特征向量是非零向量，故线性无关.

假设结论对$k-1$成立. 下面证明结论对k也成立.

设$\lambda_1,\lambda_2,\cdots,\lambda_k$是$\boldsymbol{A}$的$k$个互不相同的特征值，$\boldsymbol{x}_1,\boldsymbol{x}_2,\cdots,\boldsymbol{x}_k$分别是属于$\lambda_1,\lambda_2,\cdots,\lambda_k$的特征向量，即$\boldsymbol{A}\boldsymbol{x}_i=\lambda_i\boldsymbol{x}_i(i=1,2,\cdots,k)$，要证明$\boldsymbol{x}_1,\boldsymbol{x}_2,\cdots,\boldsymbol{x}_k$线性无关. 设

$$a_1\boldsymbol{x}_1+a_2\boldsymbol{x}_2+\cdots+a_{k-1}\boldsymbol{x}_{k-1}+a_k\boldsymbol{x}_k=\boldsymbol{0},\tag{4.2.1}$$

在(4.2.1)式两端乘λ_k，得

$$a_1\lambda_k\boldsymbol{x}_1+a_2\lambda_k\boldsymbol{x}_2+\cdots+a_{k-1}\lambda_k\boldsymbol{x}_{k-1}+a_k\lambda_k\boldsymbol{x}_k=\boldsymbol{0}.\tag{4.2.2}$$

在(4.2.1)式两端左乘 $\boldsymbol{A}$,并用 $\boldsymbol{A}\boldsymbol{x}_i=\lambda_i\boldsymbol{x}_i(i=1,2,\cdots,k)$ 代入,得

$$a_1\lambda_1\boldsymbol{x}_1+a_2\lambda_2\boldsymbol{x}_2+\cdots+a_{k-1}\lambda_{k-1}\boldsymbol{x}_{k-1}+a_k\lambda_k\boldsymbol{x}_k=\boldsymbol{0}. \tag{4.2.3}$$

由(4.2.2)式和(4.2.3)式得

$$a_1(\lambda_k-\lambda_1)\boldsymbol{x}_1+a_2(\lambda_k-\lambda_2)\boldsymbol{x}_2+\cdots+a_{k-1}(\lambda_k-\lambda_{k-1})\boldsymbol{x}_{k-1}=\boldsymbol{0}. \tag{4.2.4}$$

由归纳假设知 $\boldsymbol{x}_1,\boldsymbol{x}_2,\cdots,\boldsymbol{x}_{k-1}$线性无关,故(4.2.4)式中各项的系数 $a_i(\lambda_k-\lambda_i)$均为0,其中 $i=1,2,\cdots,k-1$. 由于 $\lambda_k-\lambda_i\neq0$,所以必有 $a_1=a_2=\cdots=a_{k-1}=0$. 由(4.2.1)式知 $a_k\boldsymbol{x}_k=\boldsymbol{0}$. 由于 $\boldsymbol{x}_k\neq\boldsymbol{0}$,所以 $a_k=0$. 从而有 $a_1=a_2=\cdots=a_k=0$,故 $\boldsymbol{x}_1,\boldsymbol{x}_2,\cdots,\boldsymbol{x}_k$线性无关. □

推论　若 n 阶方阵 $\boldsymbol{A}$ 有 n 个不同的特征值,则 $\boldsymbol{A}$ 可对角化,反之不然.

类似于定理4.2.3的证明,我们可以进一步得到如下结论:

定理4.2.4　设 $\lambda_1,\lambda_2,\cdots,\lambda_k$是方阵 $\boldsymbol{A}$ 的互不相同的特征值. 若 $\boldsymbol{A}$ 的属于λ_i的特征向量 $\boldsymbol{\alpha}_{i1},\boldsymbol{\alpha}_{i2},\cdots,\boldsymbol{\alpha}_{it_i}$　$(i=1,2,\cdots,k)$线性无关,则向量组 $\boldsymbol{\alpha}_{11},\boldsymbol{\alpha}_{12},\cdots,\boldsymbol{\alpha}_{1t_1},\boldsymbol{\alpha}_{21},\cdots,\boldsymbol{\alpha}_{2t_2},\cdots,\boldsymbol{\alpha}_{k1},\cdots,\boldsymbol{\alpha}_{kt_k}$也线性无关.

定理4.2.5　矩阵可对角化的充要条件为其每个特征值的代数重数和几何重数都相等.

证　设 $\lambda_1,\lambda_2,\cdots,\lambda_k$是方阵 $\boldsymbol{A}$ 的全部不同特征值,其代数重数分别为 $n_1,n_2,\cdots,n_k$,几何重数分别为 $m_1,m_2,\cdots,m_k$.

先证充分性. 对特征值 $\lambda_i(i=1,2,\cdots,k)$,取其特征子空间的一个基,即得$m_i$个线性无关的特征向量. 由于 $m_i=n_i$,则由定理4.2.4知,$\boldsymbol{A}$ 有 $m_1+m_2+\cdots+m_k=n_1+n_2+\cdots+n_k=n$ 个线性无关的特征向量,根据定理4.2.2,$\boldsymbol{A}$ 可对角化.

再证必要性. 由于 λ_i的特征子空间的维数为 $m_i(i=1,2,\cdots,k)$,故 $\boldsymbol{A}$ 的任意$m_1+m_2+\cdots+m_k+1$ 个特征向量都是线性相关的,即 $\boldsymbol{A}$ 至多有 $m_1+m_2+\cdots+m_k$个线性无关的特征向量,从而有 $n\leqslant m_1+m_2+\cdots+m_k$. 若 $\boldsymbol{A}$ 可对角化,由定理4.2.2知$\boldsymbol{A}$ 有 n 个线性无关的特征向量. 考虑到 $m_i\leqslant n_i(i=1,2,\cdots,k)$及$n_1+n_2+\cdots+n_k=n$,从而有 $m_1+m_2+\cdots+m_k\leqslant n$,进而有 $m_i=n_i(i=1,2,\cdots,k)$成立,即每个特征值的几何重数和代数重数均相等. □

例4.1.3中 $\boldsymbol{A}$ 的每个特征值的代数重数和几何重数都相等,所以例4.1.3中的矩阵 $\boldsymbol{A}$ 可对角化. 例4.2.1中 $\boldsymbol{A}$ 的特征值1的代数重数为2,而几何重数为1,所以例4.2.1中的矩阵 $\boldsymbol{A}$ 不可对角化.

定理4.2.2给出了一个矩阵可对角化的充要条件,同时它的证明过程也告诉我们如何具体地将一个 n 阶可对角化的方阵对角化:

(1) 与 $\boldsymbol{A}$ 相似的对角矩阵 $\boldsymbol{\Lambda}$ 是以 $\boldsymbol{A}$ 的 n 个特征值 $\lambda_1,\lambda_2,\cdots,\lambda_n$作为对角元的对角矩阵;

(2) 相似变换矩阵 $\boldsymbol{P}$ 是以 $\boldsymbol{A}$ 的 n 个线性无关的特征向量作为列构成的矩

阵,$\boldsymbol{P}$ 的第 $i(i=1,2,\cdots,n)$ 列为 $\boldsymbol{\Lambda}$ 的第 i 个对角元的特征向量.

由于 $\boldsymbol{A}$ 的特征向量的取法不唯一,故相似变换矩阵也不唯一. 至于如何选取 n 个线性无关的特征向量,定理 4.2.5 的证明告诉我们,对于代数重数为 n_i 的特征值 λ_i,必须要取足 n_i 个属于 λ_i 的线性无关的特征向量.

若 n 阶方阵 $\boldsymbol{A}$ 是可对角化的,将其对角化的基本步骤如下:

(1) 求出 $\boldsymbol{A}$ 的全部特征值,设所有不同的特征值为 $\lambda_1,\lambda_2,\cdots,\lambda_k$;

(2) 对每个不同的特征值 λ_i(设其代数重数为 n_i),求出 $(\lambda_i\boldsymbol{E}-\boldsymbol{A})\boldsymbol{x}=\boldsymbol{0}$ 的一个基础解系,即得 n_i 个(属于 λ_i 的)线性无关的特征向量;

(3) 将(2)中求出的各 λ_i 的 n_i 个线性无关的特征向量作为列构成相似变换矩阵 $\boldsymbol{P}$,将相应的特征值作为对角元构成对角矩阵 $\boldsymbol{\Lambda}$,则 $\boldsymbol{P}^{-1}\boldsymbol{A}\boldsymbol{P}=\boldsymbol{\Lambda}$. 注意 $\boldsymbol{\Lambda}$ 中对角元的次序与相似变换矩阵 $\boldsymbol{P}$ 中列的次序对应.

下面我们以一个具体的实例说明将矩阵对角化的过程.

例 4.2.2 判断矩阵 $\boldsymbol{A}=\begin{bmatrix}1&-2&2\\-2&-2&4\\2&4&-2\end{bmatrix}$ 是否可对角化,若可以对角化,求可逆矩阵 $\boldsymbol{P}$,使得 $\boldsymbol{P}^{-1}\boldsymbol{A}\boldsymbol{P}$ 为对角矩阵.

解 计算特征多项式

$$\det(\lambda\boldsymbol{E}-\boldsymbol{A})=\begin{vmatrix}\lambda-1&2&-2\\2&\lambda+2&-4\\-2&-4&\lambda+2\end{vmatrix}=(\lambda-2)^2(\lambda+7),$$

解特征方程 $(\lambda-2)^2(\lambda+7)=0$ 得 $\boldsymbol{A}$ 的特征值:$\lambda_1=\lambda_2=2$ 及 $\lambda_3=-7$.

对于 $\lambda_1=\lambda_2=2$,解齐次线性方程组 $(2\boldsymbol{E}-\boldsymbol{A})\boldsymbol{x}=\boldsymbol{0}$,对系数矩阵实施初等行变换,有

$$2\boldsymbol{E}-\boldsymbol{A}=\begin{bmatrix}1&2&-2\\2&4&-4\\-2&-4&4\end{bmatrix}\to\begin{bmatrix}1&2&-2\\0&0&0\\0&0&0\end{bmatrix},$$

取基础解系 $\boldsymbol{p}_1=\begin{bmatrix}-2\\1\\0\end{bmatrix},\boldsymbol{p}_2=\begin{bmatrix}2\\0\\1\end{bmatrix}$.

对于 $\lambda_3=-7$,解齐次线性方程组 $(-7\boldsymbol{E}-\boldsymbol{A})\boldsymbol{x}=\boldsymbol{0}$,即 $(7\boldsymbol{E}+\boldsymbol{A})\boldsymbol{x}=\boldsymbol{0}$,对系数矩阵实施初等行变换,有

$$7\boldsymbol{E}+\boldsymbol{A}=\begin{bmatrix}8&-2&2\\-2&5&4\\2&4&5\end{bmatrix}\to\begin{bmatrix}2&0&1\\0&1&1\\0&0&0\end{bmatrix},$$

取基础解系 $\boldsymbol{p}_3=\begin{bmatrix}1\\2\\-2\end{bmatrix}$.

因为 $\boldsymbol{A}$ 的每个特征值的代数重数和几何重数都相等，所以 $\boldsymbol{A}$ 可以对角化.

构造矩阵 $\boldsymbol{P}=[\boldsymbol{p}_1,\boldsymbol{p}_2,\boldsymbol{p}_3]=\begin{bmatrix}-2&2&1\\1&0&2\\0&1&-2\end{bmatrix}$，则有 $\boldsymbol{P}^{-1}\boldsymbol{AP}=\begin{bmatrix}2&&\\&2&\\&&-7\end{bmatrix}$.

注意，相似矩阵一定有相同的特征值，但是特征值相同的矩阵不一定相似. 例如 $\boldsymbol{A}=\begin{bmatrix}1&1\\0&1\end{bmatrix}$ 与单位矩阵 $\boldsymbol{E}$ 有相同的特征值 1，1，却不与 $\boldsymbol{E}$ 相似（否则假设 $\boldsymbol{A}=\boldsymbol{P}^{-1}\boldsymbol{EP}$，则有 $\boldsymbol{A}=\boldsymbol{E}$，矛盾）. 但是，如果两个矩阵有相同的特征值，并且都可对角化，由矩阵相似的传递性知它们一定相似.

练习 4.2

1. 设矩阵 $\boldsymbol{A}=\begin{bmatrix}2&-1\\x&y\end{bmatrix}$ 与矩阵 $\boldsymbol{B}=\begin{bmatrix}1&3\\2&4\end{bmatrix}$ 相似，试求常数 x 与 y 的值.

2. 判断下列矩阵是否可对角化. 若可以对角化，求可逆矩阵 $\boldsymbol{P}$，使得 $\boldsymbol{P}^{-1}\boldsymbol{AP}$ 为对角矩阵.

(1) $\boldsymbol{A}=\begin{bmatrix}1&3&3\\-3&-5&-3\\3&3&1\end{bmatrix}$；　(2) $\boldsymbol{A}=\begin{bmatrix}3&4&3\\0&2&-3\\0&0&1\end{bmatrix}$；　(3) $\boldsymbol{A}=\begin{bmatrix}2&4&3\\-4&-6&-3\\3&3&1\end{bmatrix}$.

3. 设矩阵 $\boldsymbol{A}=\begin{bmatrix}1&0&0\\1&2&0\\2&1&3\end{bmatrix}$，试求 $\boldsymbol{A}^k$，其中 k 为正整数.

§4.3　实对称矩阵的对角化

与一般矩阵相比，实对称矩阵更常出现在实际应用中，同时也具有更良好的性质. 通过前面两节的学习，我们知道并不是所有实方阵的特征值都是实数，也并不是所有方阵都可对角化. 但是实对称矩阵的所有特征值都是实数，而且它不但可对角化，还一定可正交对角化. 下面，我们讨论实对称矩阵特征值和特征向量的一些性质.

性质 4.3.1　实对称矩阵的特征值全为实数.

证　设 $\boldsymbol{A}$ 是实对称矩阵，则 $\boldsymbol{A}$ 的共轭转置矩阵与 $\boldsymbol{A}$ 相等，即 $\overline{\boldsymbol{A}}^{\mathrm{T}}=\boldsymbol{A}$. 令 λ 是

$\boldsymbol{A}$ 的一个特征值,$\boldsymbol{x}$ 为属于 λ 的特征向量,即 $\boldsymbol{Ax}=\lambda\boldsymbol{x}$. 从而有 $\overline{\boldsymbol{Ax}}=\overline{\lambda\boldsymbol{x}}$,故 $\overline{\boldsymbol{A}}\bar{\boldsymbol{x}}=\bar{\lambda}\bar{\boldsymbol{x}}$,进而有 $(\overline{\boldsymbol{A}}\bar{\boldsymbol{x}})^{\mathrm{T}}\boldsymbol{x}=(\bar{\lambda}\bar{\boldsymbol{x}})^{\mathrm{T}}\boldsymbol{x}$,即 $\bar{\boldsymbol{x}}^{\mathrm{T}}\boldsymbol{Ax}=\bar{\lambda}\bar{\boldsymbol{x}}^{\mathrm{T}}\boldsymbol{x}$,亦即 $\lambda\bar{\boldsymbol{x}}^{\mathrm{T}}\boldsymbol{x}=\bar{\lambda}\bar{\boldsymbol{x}}^{\mathrm{T}}\boldsymbol{x}$. 由于 $\boldsymbol{x}$ 为特征向量,故 $\boldsymbol{x}$ 是非零向量,$\bar{\boldsymbol{x}}^{\mathrm{T}}\boldsymbol{x}=\|\boldsymbol{x}\|^2\neq 0$,于是 $\lambda=\bar{\lambda}$,即 λ 是实数. □

性质 4.3.2 实对称矩阵的属于不同特征值的特征向量正交.

证 设 $\lambda_1\neq\lambda_2$ 是实对称矩阵 $\boldsymbol{A}$ 的两个特征值,$\boldsymbol{x},\boldsymbol{y}$ 是分别属于 λ_1,λ_2 的特征向量,即 $\boldsymbol{Ax}=\lambda_1\boldsymbol{x},\boldsymbol{Ay}=\lambda_2\boldsymbol{y}$. 由于 $\boldsymbol{A}$ 是实对称矩阵,即 $\boldsymbol{A}^{\mathrm{T}}=\boldsymbol{A}$,所以有

$$\lambda_1\boldsymbol{x}^{\mathrm{T}}\boldsymbol{y}=(\lambda_1\boldsymbol{x})^{\mathrm{T}}\boldsymbol{y}=(\boldsymbol{Ax})^{\mathrm{T}}\boldsymbol{y}=\boldsymbol{x}^{\mathrm{T}}\boldsymbol{A}^{\mathrm{T}}\boldsymbol{y}=\boldsymbol{x}^{\mathrm{T}}(\boldsymbol{Ay})=\boldsymbol{x}^{\mathrm{T}}(\lambda_2\boldsymbol{y})=\lambda_2\boldsymbol{x}^{\mathrm{T}}\boldsymbol{y},$$

于是 $(\lambda_1-\lambda_2)\boldsymbol{x}^{\mathrm{T}}\boldsymbol{y}=0$,因为 $\lambda_1\neq\lambda_2$,所以有 $\boldsymbol{x}^{\mathrm{T}}\boldsymbol{y}=0$,即 $\boldsymbol{x},\boldsymbol{y}$ 正交. □

下面这条性质证明比较烦琐,此处省略.

性质 4.3.3 实对称矩阵的任一特征值的代数重数和几何重数相等.

定理 4.3.1 实对称矩阵可正交对角化.

证 设 $\boldsymbol{A}$ 是 n 阶实对称矩阵. 由性质 4.3.3 及定理 4.2.5 知 $\boldsymbol{A}$ 可对角化,故只需证明 $\boldsymbol{A}$ 可正交对角化.

设 $\lambda_1,\lambda_2,\cdots,\lambda_k$ 是 $\boldsymbol{A}$ 的全部不同的特征值,λ_i 的代数重数设为 $n_i(i=1,2,\cdots,k)$. 在属于 λ_i 的特征向量中取 n_i 个线性无关的向量,用施密特正交化方法将其正交化,则可得到属于 λ_i 的 n_i 个两两正交的特征向量. 由性质 4.3.2,属于不同特征值的任意两个特征向量正交,于是,经施密特正交化后的 $n_1+n_2+\cdots+n_k=n$ 个特征向量也是两两正交的. 再对所得到的这 n 个特征向量进行单位化,即得矩阵 $\boldsymbol{A}$ 的 n 个两两正交的单位特征向量. 以这些两两正交的单位特征向量为列构成正交矩阵 $\boldsymbol{Q}$. 由定理 4.2.2 的证明过程知,

$$\boldsymbol{Q}^{-1}\boldsymbol{AQ}=\begin{bmatrix}\lambda_1\boldsymbol{E}_{n_1} & & & \\ & \lambda_2\boldsymbol{E}_{n_2} & & \\ & & \ddots & \\ & & & \lambda_k\boldsymbol{E}_{n_k}\end{bmatrix}$$

为对角矩阵. □

定理 4.3.1 的证明过程给出了求正交矩阵 $\boldsymbol{Q}$ 和对角矩阵 $\boldsymbol{\Lambda}$ 的方法,基本步骤如下:

(1) 求出 $\boldsymbol{A}$ 的全部特征值,设所有不同的特征值为 $\lambda_1,\lambda_2,\cdots,\lambda_k$;

(2) 对每个不同的特征值 λ_i(设其代数重数为 n_i),求出 $(\lambda_i\boldsymbol{E}-\boldsymbol{A})\boldsymbol{x}=\boldsymbol{0}$ 的一个基础解系,即得 n_i 个(属于 λ_i 的)线性无关的特征向量;

(3) 用施密特正交化方法将属于 λ_i 的 n_i 个线性无关的特征向量正交化(当 $n_i=1$ 时此步可免),再单位化,所有特征值对应的标准正交化后的特征向量即为

$\boldsymbol{A}$ 的 n 个单位正交特征向量 $\boldsymbol{q}_1,\boldsymbol{q}_2,\cdots,\boldsymbol{q}_n$.

(4) 令对角矩阵 $\boldsymbol{\Lambda}=\mathrm{diag}[\lambda_1,\lambda_2,\cdots,\lambda_n]$,并取正交相似变换矩阵 $\boldsymbol{Q}=[\boldsymbol{q}_1,\boldsymbol{q}_2,\cdots,\boldsymbol{q}_n]$,其中 $\boldsymbol{q}_i$ 为 λ_i 所对应的特征向量,则 $\boldsymbol{Q}^{-1}\boldsymbol{A}\boldsymbol{Q}=\boldsymbol{\Lambda}$.

由于实对称矩阵 $\boldsymbol{A}$ 的重特征值对应的正交特征向量组的取法不唯一,故相似变换矩阵 $\boldsymbol{Q}$ 不唯一.

例 4.3.1 设 $\boldsymbol{A}=\begin{bmatrix}1&1&1\\1&1&1\\1&1&1\end{bmatrix}$,求正交矩阵 $\boldsymbol{Q}$,使得 $\boldsymbol{Q}^{-1}\boldsymbol{A}\boldsymbol{Q}$ 为对角矩阵.

解 $\boldsymbol{A}$ 的特征多项式为

$$|\lambda\boldsymbol{E}-\boldsymbol{A}|=\begin{vmatrix}\lambda-1&-1&-1\\-1&\lambda-1&-1\\-1&-1&\lambda-1\end{vmatrix}=\lambda^2(\lambda-3),$$

所以 $\boldsymbol{A}$ 的三个特征值为 $\lambda_1=\lambda_2=0,\lambda_3=3$.

对于二重特征值 $\lambda_1=\lambda_2=0$,解齐次线性方程组 $(0\boldsymbol{E}-\boldsymbol{A})\boldsymbol{x}=\boldsymbol{0}$,对系数矩阵实施初等变换,有

$$0\boldsymbol{E}-\boldsymbol{A}=\begin{bmatrix}-1&-1&-1\\-1&-1&-1\\-1&-1&-1\end{bmatrix}\to\begin{bmatrix}1&1&1\\0&0&0\\0&0&0\end{bmatrix},$$

取基础解系 $\boldsymbol{p}_1=\begin{bmatrix}-1\\1\\0\end{bmatrix},\boldsymbol{p}_2=\begin{bmatrix}-1\\0\\1\end{bmatrix}$,将 $\boldsymbol{p}_1,\boldsymbol{p}_2$ 正交化,取 $\boldsymbol{\beta}_1=\boldsymbol{p}_1=\begin{bmatrix}-1\\1\\0\end{bmatrix}$, $\boldsymbol{\beta}_2=\boldsymbol{p}_2-\dfrac{(\boldsymbol{p}_2,\boldsymbol{\beta}_1)}{(\boldsymbol{\beta}_1,\boldsymbol{\beta}_1)}\boldsymbol{\beta}_1=\begin{bmatrix}-1\\0\\1\end{bmatrix}-\dfrac{1}{2}\begin{bmatrix}-1\\1\\0\end{bmatrix}=\dfrac{1}{2}\begin{bmatrix}-1\\-1\\2\end{bmatrix}$,再将 $\boldsymbol{\beta}_1$, $\boldsymbol{\beta}_2$ 单位化,得

$$\boldsymbol{q}_1=\frac{\boldsymbol{\beta}_1}{\|\boldsymbol{\beta}_1\|}=\begin{bmatrix}-\frac{1}{\sqrt{2}}\\\frac{1}{\sqrt{2}}\\0\end{bmatrix},\quad \boldsymbol{q}_2=\frac{\boldsymbol{\beta}_2}{\|\boldsymbol{\beta}_2\|}=\begin{bmatrix}-\frac{1}{\sqrt{6}}\\-\frac{1}{\sqrt{6}}\\\frac{2}{\sqrt{6}}\end{bmatrix}.$$

对于一重特征值 $\lambda_3=3$,解齐次线性方程组 $(3\boldsymbol{E}-\boldsymbol{A})\boldsymbol{x}=\boldsymbol{0}$,对系数矩阵实施初等变换,有

$$3\boldsymbol{E}-\boldsymbol{A}=\begin{bmatrix}2&-1&-1\\-1&2&-1\\-1&-1&2\end{bmatrix}\to\begin{bmatrix}1&0&-1\\0&1&-1\\0&0&0\end{bmatrix},$$

取基础解系 $\boldsymbol{p}_3=\begin{bmatrix}1\\1\\1\end{bmatrix}$,单位化得 $\boldsymbol{q}_3=\begin{bmatrix}\frac{1}{\sqrt{3}}\\\frac{1}{\sqrt{3}}\\\frac{1}{\sqrt{3}}\end{bmatrix}$.

取正交矩阵 $\boldsymbol{Q}=[\boldsymbol{q}_1,\boldsymbol{q}_2,\boldsymbol{q}_3]=\begin{bmatrix}-\frac{1}{\sqrt{2}}&-\frac{1}{\sqrt{6}}&\frac{1}{\sqrt{3}}\\\frac{1}{\sqrt{2}}&-\frac{1}{\sqrt{6}}&\frac{1}{\sqrt{3}}\\0&\frac{2}{\sqrt{6}}&\frac{1}{\sqrt{3}}\end{bmatrix}$,则有 $\boldsymbol{Q}^{-1}\boldsymbol{A}\boldsymbol{Q}=\begin{bmatrix}0&&\\&0&\\&&3\end{bmatrix}$.

练习 4.3

1. 将下列矩阵正交对角化.

(1) $\begin{bmatrix}1&2&2\\2&1&2\\2&2&1\end{bmatrix}$;　(2) $\begin{bmatrix}1&2&0\\2&-2&0\\0&0&1\end{bmatrix}$;　(3) $\begin{bmatrix}2&-2&0\\-2&1&-2\\0&-2&0\end{bmatrix}$.

2. 已知三阶实对称矩阵 $\boldsymbol{A}$ 的特征值为 1,2,3,$\boldsymbol{\alpha}_1=\begin{bmatrix}1\\0\\1\end{bmatrix}$,$\boldsymbol{\alpha}_2=\begin{bmatrix}1\\2\\-1\end{bmatrix}$是 $\boldsymbol{A}$ 的属于特征值 1,2 的特征向量,求:

(1) $\boldsymbol{A}$ 的属于特征值 3 的特征向量;

(2) 矩阵 $\boldsymbol{A}$;

(3) 正交矩阵 $\boldsymbol{Q}$,使得 $\boldsymbol{Q}^{-1}\boldsymbol{A}\boldsymbol{Q}$ 为对角矩阵,并写出该对角矩阵.

3. 设矩阵 $\boldsymbol{A}=\begin{bmatrix}4&6&0\\-3&-5&0\\-3&-6&1\end{bmatrix}$,求 $\boldsymbol{A}^k$,其中 k 为正整数.

§4.4　二　次　型

二次型的研究源于解析几何中化二次曲线方程为标准方程的问题. 将 xOy 坐标平面内的一条二次曲线 $ax^2+2bxy+cy^2=1$ 利用坐标变换化为标准方程 $mx'^2+ny'^2=1$ 的问题,就是利用线性变换化二次型为标准形的问题. 二次型问题在工程和信号处理、物理学、微分几何、经济学和统计学等学科中都有广泛的应用.

定义 4.4.1　含有 n 个变量 $x_1,x_2,\cdots,x_n$的二次齐次多项式

$$\begin{aligned} f(x_1,x_2,\cdots,x_n) &= a_{11}x_1^2+a_{22}x_2^2+\cdots+a_{nn}x_n^2+2a_{12}x_1x_2+\cdots+ \\ &\quad 2a_{1n}x_1x_n+\cdots+2a_{n-1,n}x_{n-1}x_n \\ &= \sum_{i=1}^{n} a_{ii}x_i^2 + \sum_{i<j} 2a_{ij}x_ix_j \end{aligned} \tag{4.4.1}$$

称为 n **元二次型**,简称**二次型**.

当 $a_{ij}(i,j=1,2,\cdots,n)$全为实数时,(4.4.1)式称为**实二次型**. 在这里,若不做特殊说明,我们所研究的二次型均指实二次型.

若令 $a_{ij}=a_{ji}$,则 $2a_{ij}=a_{ij}+a_{ji}$,(4.4.1)式可表示为

$$f(x_1,x_2,\cdots,x_n) = \sum_{i=1}^{n}\sum_{j=1}^{n} a_{ij}x_ix_j . \tag{4.4.2}$$

利用矩阵乘法运算,二次型(4.4.2)式又可表示为

$$\begin{aligned} f(x_1,x_2,\cdots,x_n) &= \sum_{i=1}^{n}\sum_{j=1}^{n} a_{ij}x_ix_j = \sum_{i=1}^{n} x_i\left(\sum_{j=1}^{n} a_{ij}x_j\right) \\ &= [x_1,\cdots,x_n]\begin{bmatrix} \sum\limits_{j=1}^{n} a_{1j}x_j \\ \vdots \\ \sum\limits_{j=1}^{n} a_{nj}x_j \end{bmatrix} \\ &= [x_1,\cdots,x_n]\begin{bmatrix} a_{11} & \cdots & a_{1n} \\ \vdots & & \vdots \\ a_{n1} & \cdots & a_{nn} \end{bmatrix}\begin{bmatrix} x_1 \\ \vdots \\ x_n \end{bmatrix} = \boldsymbol{x}^{\mathrm{T}}\boldsymbol{A}\boldsymbol{x}. \end{aligned} \tag{4.4.3}$$

不难看出,$\boldsymbol{A}$ 的对角元是二次型 f 相应平方项的系数,$\boldsymbol{A}$ 的非对角元是 f 相应交叉项系数的一半. 这样,任给一个二次型,就唯一地确定了一个对称矩阵;反之,任给一个对称矩阵,也可以唯一地确定一个二次型,即二次型与对称矩阵之间存在一一对应的关系. 因此,我们把(4.4.3)式中的对称矩阵 $\boldsymbol{A}$ 称为**二次型**

f **的矩阵**,$\boldsymbol{A}$ 的秩称为**二次型** f **的秩**.

有了二次型与其矩阵的对应关系,就可以将二次型问题转化为对称矩阵的问题来研究,这也是前面我们讨论实对称矩阵的重要目的之一.

例 4.4.1 将下列二次型用二次型的矩阵形式表示:

(1) $f(x,y,z)=2x^2-3z^2-3xy+yz$;

(2) $f(x_1,x_2,\cdots,x_n)=x_1^2+x_2^2+\cdots+x_n^2$;

(3) $f(x,y)=\begin{bmatrix} x & y \end{bmatrix}\begin{bmatrix} a & b \\ c & d \end{bmatrix}\begin{bmatrix} x \\ y \end{bmatrix}$.

解 (1) 此二次型的矩阵为 $\boldsymbol{A}=\begin{bmatrix} 2 & -\frac{3}{2} & 0 \\ -\frac{3}{2} & 0 & \frac{1}{2} \\ 0 & \frac{1}{2} & -3 \end{bmatrix}$,于是,$f(x,y,z)$ 用二次型的矩阵形式可表示为

$$f(x,y,z)=[x,y,z]\begin{bmatrix} 2 & -\frac{3}{2} & 0 \\ -\frac{3}{2} & 0 & \frac{1}{2} \\ 0 & \frac{1}{2} & -3 \end{bmatrix}\begin{bmatrix} x \\ y \\ z \end{bmatrix}.$$

(2) 与前面类似,$f(x_1,x_2,\cdots,x_n)=[x_1,x_2,\cdots,x_n]\begin{bmatrix} 1 & & & \\ & 1 & & \\ & & \ddots & \\ & & & 1 \end{bmatrix}\begin{bmatrix} x_1 \\ x_2 \\ \vdots \\ x_n \end{bmatrix}$.

(3) $f(x,y)=[x,y]\begin{bmatrix} a & b \\ c & d \end{bmatrix}\begin{bmatrix} x \\ y \end{bmatrix}=ax^2+(b+c)xy+dy^2$,用二次型的矩阵形式可表示为

$$f(x,y)=[x,\ y]\begin{bmatrix} a & \frac{b+c}{2} \\ \frac{b+c}{2} & d \end{bmatrix}\begin{bmatrix} x \\ y \end{bmatrix}.$$

一般情况下,只要 $\boldsymbol{B}$ 是方阵,即使不是对称矩阵,$\boldsymbol{x}^{\mathrm{T}}\boldsymbol{B}\boldsymbol{x}$ 也是二次型,但此二次型的矩阵可能不是 $\boldsymbol{B}$(若 $\boldsymbol{B}$ 不是对称矩阵),而是$\frac{1}{2}(\boldsymbol{B}+\boldsymbol{B}^{\mathrm{T}})$.

对应矩阵为对角矩阵的二次型中只含有平方项，在实际应用中会更加方便. 这种只有平方项的二次型称为**标准二次型**. 本节我们将研究如何通过适当的变换，将二次型化为标准二次型. 这里主要介绍正交变换法和配方法. 正交变换法建立在前面学过的特征值与特征向量基础之上，而且这种变换具有保持几何形状不变等优点.

首先，我们回顾一下从向量 $\boldsymbol{y}=[y_1,y_2,\cdots,y_n]^{\mathrm{T}}$ 到 $\boldsymbol{x}=[x_1,x_2,\cdots,x_n]^{\mathrm{T}}$ 的一个线性变换

$$\begin{cases} x_1=c_{11}y_1+c_{12}y_2+\cdots+c_{1n}y_n, \\ x_2=c_{21}y_1+c_{22}y_2+\cdots+c_{2n}y_n, \\ \qquad\cdots\cdots\cdots\cdots \\ x_n=c_{n1}y_1+c_{n2}y_2+\cdots+c_{nn}y_n. \end{cases}$$

此线性变换可表示为矩阵形式 $\boldsymbol{x}=\boldsymbol{C}\boldsymbol{y}$，其中 $\boldsymbol{C}=[c_{ij}]_{n\times n}$. 当 $\boldsymbol{C}$ 为可逆矩阵时，称 $\boldsymbol{x}=\boldsymbol{C}\boldsymbol{y}$ 为**可逆线性变换**；当 $\boldsymbol{C}$ 为正交矩阵时，称 $\boldsymbol{x}=\boldsymbol{C}\boldsymbol{y}$ 为**正交变换**.

假设 $\boldsymbol{A}$ 是实对称矩阵，对二次型 $f=\boldsymbol{x}^{\mathrm{T}}\boldsymbol{A}\boldsymbol{x}$，作可逆线性变换 $\boldsymbol{x}=\boldsymbol{C}\boldsymbol{y}$，则有

$$f=\boldsymbol{x}^{\mathrm{T}}\boldsymbol{A}\boldsymbol{x}=(\boldsymbol{C}\boldsymbol{y})^{\mathrm{T}}\boldsymbol{A}(\boldsymbol{C}\boldsymbol{y})=\boldsymbol{y}^{\mathrm{T}}(\boldsymbol{C}^{\mathrm{T}}\boldsymbol{A}\boldsymbol{C})\boldsymbol{y}. \tag{4.4.4}$$

由于 $\boldsymbol{A}$ 是实对称矩阵，所以

$$(\boldsymbol{C}^{\mathrm{T}}\boldsymbol{A}\boldsymbol{C})^{\mathrm{T}}=\boldsymbol{C}^{\mathrm{T}}\boldsymbol{A}^{\mathrm{T}}(\boldsymbol{C}^{\mathrm{T}})^{\mathrm{T}}=\boldsymbol{C}^{\mathrm{T}}\boldsymbol{A}\boldsymbol{C}, \tag{4.4.5}$$

即 $\boldsymbol{C}^{\mathrm{T}}\boldsymbol{A}\boldsymbol{C}$ 是实对称矩阵，故(4.4.4)式中 f 关于 $\boldsymbol{y}$ 的二次型的矩阵是 $\boldsymbol{C}^{\mathrm{T}}\boldsymbol{A}\boldsymbol{C}$. 即在可逆线性变换 $\boldsymbol{x}=\boldsymbol{C}\boldsymbol{y}$ 下，二次型 f 的矩阵由 $\boldsymbol{A}$ 变成了 $\boldsymbol{C}^{\mathrm{T}}\boldsymbol{A}\boldsymbol{C}$.

定义 4.4.2　设 $\boldsymbol{A}$ 和 $\boldsymbol{B}$ 为同阶方阵，若存在可逆矩阵 $\boldsymbol{C}$，使得 $\boldsymbol{B}=\boldsymbol{C}^{\mathrm{T}}\boldsymbol{A}\boldsymbol{C}$，则称 $\boldsymbol{A}$ 和 $\boldsymbol{B}$ **合同**，也称 $\boldsymbol{A}$ 和 $\boldsymbol{B}$ 具有**合同关系**. 特别地，若 $\boldsymbol{C}$ 是正交矩阵，则称 $\boldsymbol{A}$ 和 $\boldsymbol{B}$ **正交合同**.

显然，合同关系具有以下性质：

(1) 自反性　$\boldsymbol{A}$ 和 $\boldsymbol{A}$ 合同；

(2) 对称性　若 $\boldsymbol{A}$ 和 $\boldsymbol{B}$ 合同，则 $\boldsymbol{B}$ 和 $\boldsymbol{A}$ 合同；

(3) 传递性　若 $\boldsymbol{A}$ 和 $\boldsymbol{B}$ 合同，$\boldsymbol{B}$ 和 $\boldsymbol{C}$ 合同，则 $\boldsymbol{A}$ 和 $\boldsymbol{C}$ 合同.

若 $\boldsymbol{A}$ 和 $\boldsymbol{B}$ 正交合同，即存在 $\boldsymbol{C}$，使得 $\boldsymbol{B}=\boldsymbol{C}^{\mathrm{T}}\boldsymbol{A}\boldsymbol{C}$，且 $\boldsymbol{C}$ 是正交矩阵，从而 $\boldsymbol{C}^{\mathrm{T}}=\boldsymbol{C}^{-1}$，所以 $\boldsymbol{B}=\boldsymbol{C}^{\mathrm{T}}\boldsymbol{A}\boldsymbol{C}=\boldsymbol{C}^{-1}\boldsymbol{A}\boldsymbol{C}$，即 $\boldsymbol{A}$ 和 $\boldsymbol{B}$ 正交相似. 反之，若 $\boldsymbol{A}$ 和 $\boldsymbol{B}$ 正交相似，$\boldsymbol{A}$ 和 $\boldsymbol{B}$ 也正交合同，所以正交合同与正交相似是等价的.

由于在可逆线性变换 $\boldsymbol{x}=\boldsymbol{C}\boldsymbol{y}$ 下，二次型 f 的矩阵由 $\boldsymbol{A}$ 变成了 $\boldsymbol{C}^{\mathrm{T}}\boldsymbol{A}\boldsymbol{C}$，故对二次型作可逆线性变换，与对二次型的矩阵作合同变换是一一对应的；对二次型作正交变换，与对二次型的矩阵作正交合同变换是一一对应的.

定义 4.4.3　如果二次型 $f(x_1,x_2,\cdots,x_n)$ 经可逆线性变换 $\boldsymbol{x}=\boldsymbol{C}\boldsymbol{y}$，可化为

$k_1y_1^2+k_2y_2^2+\cdots+k_ny_n^2$,那么称这种只含平方项的二次型为**二次型** $f(x_1,x_2,\cdots,x_n)$ 的**标准形**,简称**标准形**.

由前面的讨论,二次型 $f=\boldsymbol{x}^{\mathrm{T}}\boldsymbol{A}\boldsymbol{x}$ 在可逆线性变换 $\boldsymbol{x}=\boldsymbol{C}\boldsymbol{y}$ 下,变成 $\boldsymbol{y}^{\mathrm{T}}(\boldsymbol{C}^{\mathrm{T}}\boldsymbol{A}\boldsymbol{C})\boldsymbol{y}$. 若要化为标准形,即要使

$$\boldsymbol{y}^{\mathrm{T}}(\boldsymbol{C}^{\mathrm{T}}\boldsymbol{A}\boldsymbol{C})\boldsymbol{y}=k_1y_1^2+k_2y_2^2+\cdots+k_ny_n^2$$

$$=[y_1,y_2,\cdots,y_n]\begin{bmatrix}k_1&&&\\&k_2&&\\&&\ddots&\\&&&k_n\end{bmatrix}\begin{bmatrix}y_1\\y_2\\\vdots\\y_n\end{bmatrix}.$$

此时,$\boldsymbol{C}^{\mathrm{T}}\boldsymbol{A}\boldsymbol{C}$ 为对角矩阵. 因此,二次型 $\boldsymbol{x}^{\mathrm{T}}\boldsymbol{A}\boldsymbol{x}$ 能否化为标准形的问题可以归结为:矩阵 $\boldsymbol{A}$ 能否合同于对角矩阵.

定理 4.4.1 任意二次型可经正交变换化为标准形.

证 显然,标准形的矩阵为对角矩阵. 由前面的讨论知,此命题等价于:任一实对称矩阵可正交合同于对角矩阵. 而正交合同等价于正交相似,所以此命题又等价于:任一实对称矩阵可正交对角化. 由定理 4.3.1 知此命题成立. □

由上面的定理及定理 2.4.1(等价矩阵的秩相等)可得到如下推论:

推论 二次型的秩等于其任一标准形所含的项数.

通过正交变换化二次型为标准形的一般步骤如下:

(1) 写出二次型 f 的矩阵 $\boldsymbol{A}$;

(2) 将 $\boldsymbol{A}$ 正交对角化,得正交相似变换矩阵 $\boldsymbol{Q}$;

(3) 取正交变换 $\boldsymbol{x}=\boldsymbol{Q}\boldsymbol{y}$,则原二次型 f 可化为

$$f=\boldsymbol{x}^{\mathrm{T}}\boldsymbol{A}\boldsymbol{x}=\boldsymbol{y}^{\mathrm{T}}\boldsymbol{Q}^{\mathrm{T}}\boldsymbol{A}\boldsymbol{Q}\boldsymbol{y}=\lambda_1y_1^2+\lambda_2y_2^2+\cdots+\lambda_ny_n^2,$$

其中 $\lambda_1,\lambda_2,\cdots,\lambda_n$ 为 $\boldsymbol{A}$ 的所有特征值.

例 4.4.2 求一个正交变换化二次型

$$f(x_1,x_2,x_3)=x_1^2+2x_2^2+x_3^2-2x_1x_3$$

为标准形.

解 二次型 f 的矩阵为 $\boldsymbol{A}=\begin{bmatrix}1&0&-1\\0&2&0\\-1&0&1\end{bmatrix}$.

$\boldsymbol{A}$ 的特征多项式为 $\det(\lambda\boldsymbol{E}-\boldsymbol{A})=\begin{vmatrix}\lambda-1&0&1\\0&\lambda-2&0\\1&0&\lambda-1\end{vmatrix}=\lambda(\lambda-2)^2$,所以 $\boldsymbol{A}$ 的

特征值为 $\lambda_1=0,\lambda_2=\lambda_3=2$.

对于 $\lambda_1=0$,解 $(0\boldsymbol{E}-\boldsymbol{A})\boldsymbol{x}=\boldsymbol{0}$,对系数矩阵实施初等行变换,有

$$0\boldsymbol{E}-\boldsymbol{A}=\begin{bmatrix}-1&0&1\\0&-2&0\\1&0&-1\end{bmatrix}\to\begin{bmatrix}1&0&-1\\0&1&0\\0&0&0\end{bmatrix},$$

取基础解系 $\boldsymbol{p}_1=\begin{bmatrix}1\\0\\1\end{bmatrix}$,单位化得 $\boldsymbol{q}_1=\begin{bmatrix}\frac{1}{\sqrt{2}}\\0\\\frac{1}{\sqrt{2}}\end{bmatrix}$.

对于 $\lambda_2=\lambda_3=2$,解 $(2\boldsymbol{E}-\boldsymbol{A})\boldsymbol{x}=\boldsymbol{0}$,对系数矩阵实施初等行变换,有

$$2\boldsymbol{E}-\boldsymbol{A}=\begin{bmatrix}1&0&1\\0&0&0\\1&0&1\end{bmatrix}\to\begin{bmatrix}1&0&1\\0&0&0\\0&0&0\end{bmatrix},$$

取基础解系 $\boldsymbol{p}_2=\begin{bmatrix}-1\\0\\1\end{bmatrix}$,$\boldsymbol{p}_3=\begin{bmatrix}0\\1\\0\end{bmatrix}$. 由于 $\boldsymbol{p}_2,\boldsymbol{p}_3$ 正交,故只需单位化:$\boldsymbol{q}_2=\begin{bmatrix}-\frac{1}{\sqrt{2}}\\0\\\frac{1}{\sqrt{2}}\end{bmatrix}$,$\boldsymbol{q}_3=\begin{bmatrix}0\\1\\0\end{bmatrix}$.

令 $\boldsymbol{Q}=[\boldsymbol{q}_1,\boldsymbol{q}_2,\boldsymbol{q}_3]=\begin{bmatrix}\frac{1}{\sqrt{2}}&-\frac{1}{\sqrt{2}}&0\\0&0&1\\\frac{1}{\sqrt{2}}&\frac{1}{\sqrt{2}}&0\end{bmatrix}$,则正交变换 $\boldsymbol{x}=\boldsymbol{Q}\boldsymbol{y}$ 把二次型 f 化为标准形 $f=2y_2^2+2y_3^2$.

在本节的最后,我们通过一个例题介绍化二次型为标准形的配方法. 这种方法不用求矩阵的特征值和特征向量,只需反复利用公式 $a^2+2ab+b^2=(a+b)^2$,$a^2-b^2=(a-b)(a+b)$,就能将二次型化为标准形.

例 4.4.3　用配方法将二次型

$$f(x_1,x_2,x_3,x_4)=x_1^2+2x_2^2+2x_3^2-2x_1x_2+2x_1x_3+x_3x_4$$

化为标准形.

解　先将 x_1^2 与含有 x_1 的各项配方化为和的平方形式,有

$$\begin{aligned}f(x_1,x_2,x_3,x_4)&=(x_1-x_2+x_3)^2-x_2^2-x_3^2+2x_2x_3+2x_2^2+2x_3^2+x_3x_4\\&=(x_1-x_2+x_3)^2+x_2^2+x_3^2+2x_2x_3+x_3x_4.\end{aligned}$$

再将 x_2^2 与含有 x_2 的各项配方化为和的平方形式,有

$$f(x_1,x_2,x_3,x_4)=(x_1-x_2+x_3)^2+(x_2+x_3)^2+x_3x_4.$$

最后,只剩下交叉项 x_3x_4. 令 $\begin{cases}x_3=y_3+y_4,\\x_4=y_3-y_4,\end{cases}$ 则 $\begin{cases}y_3=\dfrac{1}{2}(x_3+x_4),\\y_4=\dfrac{1}{2}(x_3-x_4).\end{cases}$ 于是,令

$$\begin{cases}y_1=x_1-x_2+x_3,\\y_2=x_2+x_3,\\y_3=\dfrac{1}{2}(x_3+x_4),\\y_4=\dfrac{1}{2}(x_3-x_4).\end{cases}$$

则原二次型可化为 $f=y_1^2+y_2^2+y_3^2-y_4^2$.

事实上,一个二次型可通过不同的方法化为标准形,而且其标准形也不唯一.请读者通过正交变换法把例 4.4.3 中的二次型化为标准形.

练习 4.4

1. 写出下列二次型对应的矩阵,并求二次型的秩.

(1) $f=x^2+3xy+2y^2+2xz-yz$;

(2) $f=2x_1^2+4x_1x_2-4x_1x_4+2x_2^2+6x_2x_3+2x_2x_4+2x_3^2-x_4^2$;

(3) $f=\boldsymbol{x}^{\mathrm{T}}\begin{bmatrix}1&2\\3&4\end{bmatrix}\boldsymbol{x}$;

(4) $f=\boldsymbol{x}^{\mathrm{T}}\begin{bmatrix}1&2&3\\3&1&1\\2&4&5\end{bmatrix}\boldsymbol{x}$.

2. 求一个正交变换将下列二次型化为标准形.

(1) $f=x_1^2-2x_2^2+x_3^2+4x_2x_3$;

(2) $f=x_1^2+4x_2^2+x_3^2-4x_1x_2-8x_1x_3-4x_2x_3$.

3. 用配方法将下列二次型化为标准形.

(1) $f=x_1^2-2x_2^2+x_3^2+4x_2x_3$;

(2) $f=x_1^2+4x_2^2+x_3^2-4x_1x_2-8x_1x_3-4x_2x_3$.

§4.5 正定二次型

通过前一节的讨论我们知道,二次型的标准形是不唯一的. 但是,容易看出标准形中所含项数(即二次型的秩)是确定的. 不仅如此,在限定变换为实变换时,标准形中正系数的个数也是不变的(从而负系数的个数也不变).

定义 4.5.1 二次型的标准形中,正系数的个数 p 称为二次型的**正惯性指数**,负系数的个数 q 称为**负惯性指数**,$p-q$ 称为**符号差**.

正负惯性指数之和,也就是 $\boldsymbol{A}$ 的非零特征值的个数,恰好等于 $\boldsymbol{A}$ 的秩,即 $p+q=R(\boldsymbol{A})$. 这里,我们不加证明地给出下面的定理:

定理 4.5.1(惯性定理) 二次型的标准形中,正惯性指数、负惯性指数都由二次型唯一确定.

证明略.

定义 4.5.2 设 n 元二次型 $f=\boldsymbol{x}^{\mathrm{T}}\boldsymbol{A}\boldsymbol{x}$.

(1) 若对任意非零向量 $\boldsymbol{x}\in\mathbb{R}^n$,都有 $f=\boldsymbol{x}^{\mathrm{T}}\boldsymbol{A}\boldsymbol{x}>0$,则称二次型 f 为**正定二次型**,称实对称矩阵 $\boldsymbol{A}$ 为**正定矩阵**;

(2) 若对任意非零向量 $\boldsymbol{x}\in\mathbb{R}^n$,都有 $f=\boldsymbol{x}^{\mathrm{T}}\boldsymbol{A}\boldsymbol{x}<0$,则称二次型 f 为**负定二次型**,称实对称矩阵 $\boldsymbol{A}$ 为**负定矩阵**;

(3) 若存在非零向量 $\boldsymbol{x},\boldsymbol{y}\in\mathbb{R}^n$,使 $\boldsymbol{x}^{\mathrm{T}}\boldsymbol{A}\boldsymbol{x}>0,\boldsymbol{y}^{\mathrm{T}}\boldsymbol{A}\boldsymbol{y}<0$,则称二次型 f 为**不定二次型**,称实对称矩阵 $\boldsymbol{A}$ 为**不定矩阵**.

例如,n 阶单位矩阵 $\boldsymbol{E}$ 对于任意非零向量 $\boldsymbol{x}\in\mathbb{R}^n$,均有 $\boldsymbol{x}^{\mathrm{T}}\boldsymbol{E}\boldsymbol{x}=\boldsymbol{x}^{\mathrm{T}}\boldsymbol{x}=\|\boldsymbol{x}\|^2>0$,所以 $\boldsymbol{E}$ 是正定矩阵. 更一般地,对角元全为正的对角矩阵是正定的.

显然,$\boldsymbol{A}$ 为负定矩阵当且仅当 $-\boldsymbol{A}$ 为正定矩阵.

值得注意的是,正定矩阵和负定矩阵都是对实对称矩阵而言的.

定理 4.5.2 若 $\boldsymbol{A}$ 是正定矩阵,$\boldsymbol{C}$ 是实可逆矩阵,则 $\boldsymbol{C}^{\mathrm{T}}\boldsymbol{A}\boldsymbol{C}$ 也是正定矩阵.

证 由于 $\boldsymbol{A}$ 是实对称矩阵,故由(4.4.5)式知 $\boldsymbol{C}^{\mathrm{T}}\boldsymbol{A}\boldsymbol{C}$ 也是实对称矩阵. 对于任意非零向量 $\boldsymbol{x}$,由于 $\boldsymbol{C}$ 可逆,故 $\boldsymbol{C}\boldsymbol{x}\neq\boldsymbol{0}$,从而有 $\boldsymbol{x}^{\mathrm{T}}(\boldsymbol{C}^{\mathrm{T}}\boldsymbol{A}\boldsymbol{C})\boldsymbol{x}=(\boldsymbol{C}\boldsymbol{x})^{\mathrm{T}}\boldsymbol{A}(\boldsymbol{C}\boldsymbol{x})>0$. 所以 $\boldsymbol{C}^{\mathrm{T}}\boldsymbol{A}\boldsymbol{C}$ 也是正定矩阵. □

定理 4.5.3 设 $\boldsymbol{A}$ 为 n 阶实对称矩阵,则下列命题等价:

(1) $\boldsymbol{A}$ 为正定矩阵;

(2) 二次型 $f=\boldsymbol{x}^{\mathrm{T}}\boldsymbol{A}\boldsymbol{x}$ 的正惯性指数为 n;

(3) $\boldsymbol{A}$ 的所有特征值均大于零;

(4) 存在可逆矩阵 $\boldsymbol{C}$,使 $\boldsymbol{A}=\boldsymbol{C}^{\mathrm{T}}\boldsymbol{C}$.

证 设实二次型 $f=\boldsymbol{x}^{\mathrm{T}}\boldsymbol{A}\boldsymbol{x}$ 在正交变换 $\boldsymbol{x}=\boldsymbol{Q}\boldsymbol{y}$ 下化为标准形 $f=\lambda_1y_1^2+\lambda_2y_2^2+\cdots+\lambda_ny_n^2$，并令 $\boldsymbol{\Lambda}=\boldsymbol{Q}^{\mathrm{T}}\boldsymbol{A}\boldsymbol{Q}=\begin{bmatrix}\lambda_1 & & & \\ & \lambda_2 & & \\ & & \ddots & \\ & & & \lambda_n\end{bmatrix}$.

(2)，(3)等价是显然的. 以下证明(1)，(3)，(4)等价.

(1)⇒(3). $\boldsymbol{A}$ 正定，由定理 4.5.2 知 $\boldsymbol{\Lambda}$ 正定，即 $f=\lambda_1y_1^2+\lambda_2y_2^2+\cdots+\lambda_ny_n^2$ 为正定二次型. 假设 $\lambda_1,\lambda_2,\cdots,\lambda_n$ 不全为正，即存在某 $\lambda_k\leqslant 0$. 取 $y_k=1,y_i=0(i\neq k)$，将其代入二次型 $f=\lambda_1y_1^2+\lambda_2y_2^2+\cdots+\lambda_ny_n^2$ 得 $f=\lambda_k\leqslant 0$，这与 f 是正定二次型矛盾. 从而 $\lambda_1,\lambda_2,\cdots,\lambda_n$ 全大于零.

(3)⇒(4). 设 $\boldsymbol{D}=\begin{bmatrix}\sqrt{\lambda_1} & & & \\ & \sqrt{\lambda_2} & & \\ & & \ddots & \\ & & & \sqrt{\lambda_n}\end{bmatrix}$，则 $\boldsymbol{D}^2=\boldsymbol{\Lambda}$ 且 $\boldsymbol{D}^{\mathrm{T}}=\boldsymbol{D}$. 由 $\boldsymbol{\Lambda}=\boldsymbol{Q}^{\mathrm{T}}\boldsymbol{A}\boldsymbol{Q}$ 及 $\boldsymbol{Q}^{\mathrm{T}}=\boldsymbol{Q}^{-1}$ 知 $\boldsymbol{A}=\boldsymbol{Q}\boldsymbol{\Lambda}\boldsymbol{Q}^{\mathrm{T}}=\boldsymbol{Q}\boldsymbol{D}^2\boldsymbol{Q}^{\mathrm{T}}=(\boldsymbol{Q}\boldsymbol{D})(\boldsymbol{Q}\boldsymbol{D})^{\mathrm{T}}$，记 $\boldsymbol{C}=(\boldsymbol{Q}\boldsymbol{D})^{\mathrm{T}}$，则 $\boldsymbol{C}$ 可逆，且 $\boldsymbol{A}=\boldsymbol{C}^{\mathrm{T}}\boldsymbol{C}$.

(4)⇒(1). 由 $\boldsymbol{C}$ 可逆，且 $\boldsymbol{A}=\boldsymbol{C}^{\mathrm{T}}\boldsymbol{C}=\boldsymbol{C}^{\mathrm{T}}\boldsymbol{E}\boldsymbol{C}$，故 $\boldsymbol{A}$ 与单位矩阵 $\boldsymbol{E}$ 合同. 由 $\boldsymbol{E}$ 的正定性及定理 4.5.2 知 $\boldsymbol{A}$ 正定. □

定义 4.5.3 设 $\boldsymbol{A}=[a_{ij}]$ 为 n 阶方阵，称由 $\boldsymbol{A}$ 的前 k 行，前 k 列交叉处元素构成的 k 阶行列式 $\begin{vmatrix}a_{11} & a_{12} & \cdots & a_{1k}\\ a_{21} & a_{22} & \cdots & a_{2k}\\ \vdots & \vdots & & \vdots\\ a_{k1} & a_{k2} & \cdots & a_{kk}\end{vmatrix}$ 为 $\boldsymbol{A}$ 的 k 阶**顺序主子式**$(k=1,2,\cdots,n)$.

下面不加证明地给出判断实对称矩阵正定性的一个充要条件，即赫尔维茨(Hurwitz)定理.

定理 4.5.4(赫尔维茨定理) 实对称矩阵 $\boldsymbol{A}$ 正定的充要条件为 $\boldsymbol{A}$ 的各阶顺序主子式全大于 0，即 $a_{11}>0,\begin{vmatrix}a_{11} & a_{12}\\ a_{21} & a_{22}\end{vmatrix}>0,\cdots,\det(\boldsymbol{A})>0$.

例 4.5.1 判断下列二次型是否正定：

(1) $f(x_1,x_2,x_3)=x_1^2+6x_2^2+5x_3^2+4x_1x_2+2x_1x_3+2x_2x_3$；

(2) $f(x_1,x_2,x_3)=-5x_1^2-6x_2^2-4x_3^2+4x_1x_2+4x_1x_3$.

解　(1) 二次型 f 的矩阵为 $\boldsymbol{A}=\begin{bmatrix}1&2&1\\2&6&1\\1&1&5\end{bmatrix}$. 各阶顺序主子式为

$$a_{11}=1>0,\begin{vmatrix}a_{11}&a_{12}\\a_{21}&a_{22}\end{vmatrix}=\begin{vmatrix}1&2\\2&6\end{vmatrix}=2>0,\det(\boldsymbol{A})=\begin{vmatrix}1&2&1\\2&6&1\\1&1&5\end{vmatrix}=7>0.$$

所以 f 为正定二次型.

(2) 二次型 f 的矩阵为 $\boldsymbol{A}=\begin{bmatrix}-5&2&2\\2&-6&0\\2&0&-4\end{bmatrix}$. 由于 $a_{11}=-5<0$,所以 f 不是正定二次型.

例 4.5.2　t 满足什么条件时,二次型 $f(x_1,x_2,x_3)=4x_1^2+2x_2^2+3x_3^2+4tx_1x_2+2x_1x_3$是正定二次型?

解　二次型 f 的矩阵为 $\boldsymbol{A}=\begin{bmatrix}4&2t&1\\2t&2&0\\1&0&3\end{bmatrix}$. 由 f 正定,故 $\boldsymbol{A}$ 的各阶顺序主子式都大于零,即

$$4>0,\begin{vmatrix}4&2t\\2t&2\end{vmatrix}=4(2-t^2)>0,\det(\boldsymbol{A})=2(11-6t^2)>0.$$

解得 $|t|<\sqrt{\dfrac{11}{6}}$,即当 $|t|<\sqrt{\dfrac{11}{6}}$ 时二次型 f 正定.

练习 4.5

1. 判定下列二次型的正定性.

(1) $f=2x_1x_2+2x_1x_3-2x_1x_4-2x_2x_3+2x_2x_4+2x_3x_4$;

(2) $f=-3x_1^2-x_2^2-4x_3^2$;

(3) $f=3x_1^2+6x_1x_3+x_2^2-4x_2x_3+8x_3^2$.

2. 设二次型 $f=2x_1^2+2x_1x_2+x_2^2+tx_2x_3+x_3^2$ 是正定的,试确定参数 t 的取值范围.

3. 二次曲线的方程为 $x_1^2-2x_2^2+4x_1x_2=12$,判断该二次曲线的类型.

习　题　四

1. 设 n 阶方阵 $\boldsymbol{A}$ 的元素都是 1,求 $\boldsymbol{A}$ 的特征值和非零特征值的特征向量.

2. 已知矩阵 $A=\begin{bmatrix}1&0&2\\0&-1&0\\1&0&a\end{bmatrix}$ 有特征值 0,

(1) 求常数 a 的值;

(2) 求 A 的其他特征值与全部特征向量.

3. 设 $\alpha=\begin{bmatrix}2\\1\\r\end{bmatrix}$ 是矩阵 $A=\begin{bmatrix}1&-1&3\\-1&2&2\\1&a&-1\end{bmatrix}$ 的一个特征向量,

(1) 求常数 a 和 r 的值;

(2) 求 A 的特征值与特征向量.

4. 设 $A^2-2A+E=O$,证明 A 的特征值全是 1.

5. 设四阶方阵 A 满足条件 $\det(\sqrt{2}E+A)=0$,$AA^{\mathrm{T}}=2E$ 和 $\det(A)<0$,求方阵 A 的伴随矩阵的一个特征值.

6. 已知三阶方阵 A 的特征值为 1,2,-3. 求下列矩阵的特征值:

(1) $2A$;(2) $A-E$;(3) A^{-1};(4) A^*;(5) A^2;(6) $B=A^2-3A+2E$.

7. 已知 $A=\begin{bmatrix}2&0&0\\0&0&1\\0&1&x\end{bmatrix}$ 与 $B=\begin{bmatrix}2&0&0\\0&y&0\\0&0&-1\end{bmatrix}$ 相似,求 x,y.

8. 设 A,B 都是 n 阶方阵,且 $\det(A)\neq0$,证明 AB 与 BA 相似.

9. 已知三阶方阵 A 有三个不同的特征值 1,2,3,对应的特征向量分别为 $p_1=\begin{bmatrix}1\\-1\\0\end{bmatrix}$,$p_2=\begin{bmatrix}2\\-1\\-2\end{bmatrix}$,$p_3=\begin{bmatrix}1\\-1\\-2\end{bmatrix}$,求 A 及 A^{2025}.

10. 设 $\xi=\begin{bmatrix}1\\1\\-1\end{bmatrix}$ 是矩阵 $A=\begin{bmatrix}2&-1&-2\\5&a&13\\-1&b&1\end{bmatrix}$ 的一个特征向量,

(1) 试确定常数 a 和 b 的值及 ξ 所对应的特征值 λ;

(2) 问 A 是否相似于对角矩阵? 说明理由.

11. 设 λ_1,λ_2 是矩阵 A 的不同特征值,ξ_1,ξ_2 是分别属于 λ_1 和 λ_2 的特征向量,证明 $\xi_1+\xi_2$ 不是 A 的特征向量.

12. 设 $\alpha=\begin{bmatrix}2\\0\\1\end{bmatrix}$ 是矩阵 $A=\begin{bmatrix}1&1&0\\-1&-\dfrac{5}{2}&x\\0&-1&1\end{bmatrix}$ 的特征向量,试确定常数 x,并判断

$\boldsymbol{A}$ 是否与对角矩阵相似.

13. 设三阶矩阵 $\boldsymbol{A}$ 的特征值为$\frac{1}{2},\frac{1}{3},\frac{1}{4},\frac{1}{5}$,矩阵 $\boldsymbol{B}$ 与 $\boldsymbol{A}$ 相似,求 $\det(\boldsymbol{B}^{-1}-\boldsymbol{E})$.

14. 写出下列二次型对应的矩阵.

(1) $f(x,y,z)=(ax+by+cz)^2$;

(2) $f(x_1,x_2,x_3)=[x_1,x_2,x_3]\begin{bmatrix}a_{11}&a_{12}&a_{13}\\a_{21}&a_{22}&a_{23}\\a_{31}&a_{32}&a_{33}\end{bmatrix}\begin{bmatrix}x_1\\x_2\\x_3\end{bmatrix}$.

15. 设 $\boldsymbol{A}_1$, $\boldsymbol{A}_2$,$\boldsymbol{B}_1$, $\boldsymbol{B}_2$都是 n 阶对称矩阵,并且 $\boldsymbol{A}_1$与 $\boldsymbol{A}_2$合同,$\boldsymbol{B}_1$与 $\boldsymbol{B}_2$合同,证明矩阵 $\begin{bmatrix}\boldsymbol{A}_1&\boldsymbol{O}\\\boldsymbol{O}&\boldsymbol{B}_1\end{bmatrix}$与$\begin{bmatrix}\boldsymbol{A}_2&\boldsymbol{O}\\\boldsymbol{O}&\boldsymbol{B}_2\end{bmatrix}$合同.

16. 证明:

(1) 若 $\boldsymbol{A}$ 和 $\boldsymbol{B}$ 是同阶正定矩阵,则 $\boldsymbol{A}+\boldsymbol{B}$ 也是正定矩阵;

(2) 若 $\boldsymbol{A}$ 是正定矩阵,则 $\boldsymbol{A}^{-1}$也是正定矩阵.

17. 设 $\boldsymbol{A}=\begin{bmatrix}1&0&1\\0&1&1\\-1&0&a\\0&a&-1\end{bmatrix}$,已知二次型 $f(x_1,x_2,x_3)=\boldsymbol{x}^{\mathrm{T}}(\boldsymbol{A}^{\mathrm{T}}\boldsymbol{A})\boldsymbol{x}$ 的秩为 2.

(1) 求实数 a;

(2) 求一个正交变换将二次型 f 化为标准形.

18. 证明:二次型的秩等于其任一标准形所含的项数.

19. 求 a 的范围,使下列二次型为正定二次型.

(1) $f=x_1^2+x_2^2+5x_3^2+2ax_1x_2-2x_1x_3+4x_2x_3$;

(2) $f=2x_1^2+x_2^2+3x_3^2+2ax_1x_2+2x_1x_3$.

20. 已知二次型 $f=x_1^2+2x_1x_2-2tx_1x_3+tx_2^2-2x_2x_3+x_3^2$ 的正惯性指数与负惯性指数都是 1,试求常数 t.

21. 已知二次型 $f(x_1,x_2,x_3)=x_1^2+2x_2^2+2x_3^2+2x_1x_2-2x_1x_3$,$g(y_1,y_2,y_3)=y_1^2+y_2^2+y_3^2+2y_2y_3$,

(1) 求可逆变换 $\boldsymbol{x}=\boldsymbol{P}\boldsymbol{y}$,将 $f(x_1,x_2,x_3)$ 化为 $g(y_1,y_2,y_3)$;

(2) 是否存在正交变换 $\boldsymbol{x}=\boldsymbol{Q}\boldsymbol{y}$,将 $f(x_1,x_2,x_3)$ 化为 $g(y_1,y_2,y_3)$?

第五章　线性空间与线性变换

线性空间和线性变换是现代数学体系中最基本、最重要的概念之一. 它们是线性代数的核心内容,其理论和方法被广泛应用于自然科学、工程技术和人文社会科学等各个领域.

在第三章,我们对向量进行抽象和推广,得到了向量空间的概念. 在本章中,我们将对向量空间进一步推广,得到更抽象的线性空间的概念,使其理论和方法更具一般性.

§5.1　线性空间的概念及性质

向量空间是对加法和数乘运算(线性运算)封闭的非空向量集合. 在讨论向量空间时,首先定义了向量加法与数乘两种运算,而且向量加法满足交换律、结合律,数乘满足对向量加法的分配律等运算律. 事实上,有许多其他集合也具有这些特性. 比如次数小于 n 的全体多项式构成的集合对于多项式的加法以及数与多项式的乘法运算具有同样的性质;区间 $[a,b]$ 上全体连续函数构成的集合对于函数的加法以及数与函数的乘法运算等也具有这样的性质. 线性空间就是将这些普遍性规律抽象出来的数学概念,它不再要求空间中的元素一定为向量,而可以是矩阵、函数甚至是任何抽象的元素.

为了定义线性空间,首先给出数域的概念. 如果一个包含 0,1 在内的数集 F 对于加法、减法、乘法和除法(除数不为 0)是封闭的,就称数集 F 为一个**数域**.常见的数域有复数域 $\mathbb{C}$,实数域 $\mathbb{R}$,有理数域 $\mathbb{Q}$ 等. 而自然数集 $\mathbb{N}$ 和整数集 $\mathbb{Z}$ 对除法不封闭,故都不是数域.

定义 5.1.1　设 V 是一个非空集合,F 是一个数域. 定义以下两种运算(法则):

1. **加法**:对任意 $\boldsymbol{\alpha}$, $\boldsymbol{\beta}\in V$,都有唯一确定的 $\boldsymbol{\gamma}\in V$ 与它们对应,称为 $\boldsymbol{\alpha}$ 与 $\boldsymbol{\beta}$ 的和,记为 $\boldsymbol{\gamma}=\boldsymbol{\alpha}+\boldsymbol{\beta}$;

2. **数量乘法**(简称数乘):对任意 $\boldsymbol{\alpha}\in V$ 及任意 $k\in F$,都有唯一确定的 $\boldsymbol{\delta}\in V$ 与它们对应,称为 k 与 $\boldsymbol{\alpha}$ 的数量乘积,记为 $\boldsymbol{\delta}=k\boldsymbol{\alpha}$,

且这两种运算满足下述 8 条运算律:

对于任意 $\boldsymbol{\alpha}, \boldsymbol{\beta}, \boldsymbol{\gamma} \in V$,及任意 $k, l \in F$,

（1）$\boldsymbol{\alpha}+\boldsymbol{\beta}=\boldsymbol{\beta}+\boldsymbol{\alpha}$;

（2）$(\boldsymbol{\alpha}+\boldsymbol{\beta})+\boldsymbol{\gamma}=\boldsymbol{\alpha}+(\boldsymbol{\beta}+\boldsymbol{\gamma})$;

（3）存在元素 $\mathbf{0} \in V$,使得 $\boldsymbol{\alpha}+\mathbf{0}=\mathbf{0}+\boldsymbol{\alpha}=\boldsymbol{\alpha}$,称 $\mathbf{0}$ 为 V 的零元素;

（4）任意 $\boldsymbol{\alpha} \in V$,存在元素 $\boldsymbol{\beta} \in V$,使得 $\boldsymbol{\alpha}+\boldsymbol{\beta}=\mathbf{0}$,称 $\boldsymbol{\beta}$ 为 $\boldsymbol{\alpha}$ 的负元素,记为 $-\boldsymbol{\alpha}$;

（5）$1\boldsymbol{\alpha}=\boldsymbol{\alpha}$;

（6）$k(l\boldsymbol{\alpha})=(kl)\boldsymbol{\alpha}$;

（7）$k(\boldsymbol{\alpha}+\boldsymbol{\beta})=k\boldsymbol{\alpha}+k\boldsymbol{\beta}$;

（8）$(k+l)\boldsymbol{\alpha}=k\boldsymbol{\alpha}+l\boldsymbol{\alpha}$.

则称 V 为数域 F 上的**线性空间**.

由定义可以看出,线性空间是向量空间的进一步抽象与推广,其元素不一定是向量,所定义的加法和数乘运算也不一定是向量的加法和数乘运算.

例 5.1.1　$\mathbb{R}^n$ 按向量的加法和数乘运算构成实数域 $\mathbb{R}$ 上的线性空间.

显然,向量空间也是线性空间. 为方便起见,线性空间中的元素通常也称为向量,线性空间有时也称为向量空间. 当然,这里所谓的向量比有序数组的含义要广泛得多. 再来看几个例子.

例 5.1.2　设

$$F[x]_n=\{f(x)=a_0+a_1x+a_2x^2+\cdots+a_{n-1}x^{n-1} \mid a_i \in F, i=0,1,2,\cdots,n-1\},$$

即 $F[x]_n$ 为数域 F 上次数小于 n 的全体多项式的集合，则 $F[x]_n$ 对于通常的多项式加法、数与多项式的乘法运算构成数域 F 上的线性空间.

这是因为 $F[x]_n$ 为非空集合,并且两个次数小于 n 的多项式的和仍是次数小于 n 的多项式,数与次数小于 n 的多项式的乘积也仍是次数小于 n 的多项式,且容易验证定义 5.1.1 中的 8 条运算律是成立的.

注意,n 次多项式全体的集合

$$V=\{f(x)=a_0+a_1x+a_2x^2+\cdots+a_nx^n \mid a_i \in F, i=0,1,2,\cdots,n, \text{且 } a_n \neq 0\}$$

对于通常的多项式加法、数与多项式的乘法不构成线性空间,这是因为两个 n 次多项式的和未必次数仍为 n,即 V 关于线性运算不封闭.

例 5.1.3　数域 F 上 $m \times n$ 矩阵的全体组成的集合记为

$$F^{m \times n}=\{\boldsymbol{A}=[a_{ij}]_{m \times n} \mid a_{ij} \in F, i=1,2,\cdots,m, j=1,2,\cdots,n\}.$$

则 $F^{m \times n}$ 按矩阵加法与数乘运算构成数域 F 上的线性空间.

例 5.1.4　设 $\mathbb{R}^+=\{$全体正实数$\}$. 对任意 $a, b \in \mathbb{R}^+, k \in \mathbb{R}$,定义如下两种运算:

（1）加法:$a \oplus b=ab$;

（2）数乘:$k \circ a=a^k$.

判断 $\mathbb{R}^+$ 是否为实数域 $\mathbb{R}$ 上的线性空间 .

解 显然,$\mathbb{R}^+$非空,且对任意 $a,b\in\mathbb{R}^+$,有 $a\oplus b=ab\in\mathbb{R}^+$;对任意 $k\in\mathbb{R}$,有 $k\circ a=a^k\in\mathbb{R}^+$. 所以$\mathbb{R}^+$关于如上定义的加法和数乘运算封闭. 下面再验证定义 5.1.1 中的 8 条运算律:

(1) $a\oplus b=ab=ba=b\oplus a$;

(2) $(a\oplus b)\oplus c=(ab)c=a(bc)=a\oplus(b\oplus c)$;

(3) 存在正实数 1,使 $a\oplus 1=a1=a$;

(4) 对任意正实数 a,存在元素 $a^{-1}\in\mathbb{R}^+$,满足 $a\oplus a^{-1}=aa^{-1}=1$;

(5) $1\circ a=a^1=a$;

(6) 任意 $k,l\in\mathbb{R}$,$k\circ(l\circ a)=(a^l)^k=a^{kl}=(kl)\circ a$;

(7) $k\circ(a\oplus b)=k\circ(ab)=(ab)^k=a^kb^k=(a^k)\oplus(b^k)=(k\circ a)\oplus(k\circ b)$;

(8) $(k+l)\circ a=a^{k+l}=a^ka^l=(a^k)\oplus(a^l)=(k\circ a)\oplus(l\circ a)$.

因此,$\mathbb{R}^+$是实数域$\mathbb{R}$上的线性空间.

下面我们直接从定义来证明线性空间的一些简单性质.

性质 5.1.1 设 V 是数域 F 上的线性空间,则

(1) V 中的零元素是唯一的;

(2) V 中任意元素的负元素是唯一的;

(3) 对任意元素 $\boldsymbol{\alpha}\in V$,有 $0\boldsymbol{\alpha}=\mathbf{0}$,$(-1)\boldsymbol{\alpha}=-\boldsymbol{\alpha}$;对任意 $k\in F$,有 $k\mathbf{0}=\mathbf{0}$;

(4) 如果 $k\boldsymbol{\alpha}=\mathbf{0}$,那么 $k=0$ 或者 $\boldsymbol{\alpha}=\mathbf{0}$.

证 (1) 假设 V 中有两个零元素 $\mathbf{0}_1,\mathbf{0}_2$,即,对任意 $\boldsymbol{\alpha}\in V$,有

$$\mathbf{0}_1+\boldsymbol{\alpha}=\boldsymbol{\alpha},\quad \mathbf{0}_2+\boldsymbol{\alpha}=\boldsymbol{\alpha},$$

所以有 $\mathbf{0}_1+\mathbf{0}_2=\mathbf{0}_2$,$\mathbf{0}_2+\mathbf{0}_1=\mathbf{0}_1$. 于是 $\mathbf{0}_1=\mathbf{0}_2+\mathbf{0}_1=\mathbf{0}_1+\mathbf{0}_2=\mathbf{0}_2$,即 V 中零元素是唯一的.

(2) 假设对任意元素 $\boldsymbol{\alpha}\in V$,有两个负元素 $\boldsymbol{\beta}$ 与 $\boldsymbol{\gamma}$,即 $\boldsymbol{\alpha}+\boldsymbol{\beta}=\mathbf{0}$,$\boldsymbol{\alpha}+\boldsymbol{\gamma}=\mathbf{0}$,那么

$$\boldsymbol{\beta}=\boldsymbol{\beta}+\mathbf{0}=\boldsymbol{\beta}+(\boldsymbol{\alpha}+\boldsymbol{\gamma})=(\boldsymbol{\beta}+\boldsymbol{\alpha})+\boldsymbol{\gamma}=\mathbf{0}+\boldsymbol{\gamma}=\boldsymbol{\gamma},$$

即 $\boldsymbol{\alpha}$ 的负元素是唯一的.

(3) 首先证明 $0\boldsymbol{\alpha}=\mathbf{0}$. 因为 $\boldsymbol{\alpha}+0\boldsymbol{\alpha}=1\boldsymbol{\alpha}+0\boldsymbol{\alpha}=(1+0)\boldsymbol{\alpha}=1\boldsymbol{\alpha}=\boldsymbol{\alpha}$,等式两边加上 $-\boldsymbol{\alpha}$ 即得 $0\boldsymbol{\alpha}=\mathbf{0}$.

再证明$(-1)\boldsymbol{\alpha}=-\boldsymbol{\alpha}$. 因为 $\boldsymbol{\alpha}+(-1)\boldsymbol{\alpha}=1\boldsymbol{\alpha}+(-1)\boldsymbol{\alpha}=(1-1)\boldsymbol{\alpha}=0\boldsymbol{\alpha}=\mathbf{0}$,等式两边加上$-\boldsymbol{\alpha}$ 即得$(-1)\boldsymbol{\alpha}=-\boldsymbol{\alpha}$.

最后证明 $k\mathbf{0}=\mathbf{0}$,由上面的结论可得

$$k\mathbf{0}=k[\boldsymbol{\alpha}+(-1)\boldsymbol{\alpha}]=k\boldsymbol{\alpha}+(-1)k\boldsymbol{\alpha}=(k-k)\boldsymbol{\alpha}=0\boldsymbol{\alpha}=\mathbf{0}.$$

(4) 只需证明当 $k\neq 0$ 时,必有 $\boldsymbol{\alpha}=\mathbf{0}$. 当 $k\neq 0$ 时,一方面有

$$k^{-1}(k\boldsymbol{\alpha})=k^{-1}\mathbf{0}=\mathbf{0}.$$

另一方面,

$$k^{-1}(k\boldsymbol{\alpha})=(k^{-1}k)\boldsymbol{\alpha}=1\boldsymbol{\alpha}=\boldsymbol{\alpha},$$

由此即得 $\boldsymbol{\alpha}=\mathbf{0}$. □

线性空间 V 的零元素用 $\mathbf{0}$ 表示,要注意它与数域 F 中的数 0 的区别.

由例 5.1.1,向量空间 $\mathbb{R}^3$ 构成实数域 $\mathbb{R}$ 上的线性空间. 现在考虑集合 $V=\{(x_1,x_2,0)^{\mathrm{T}}\mid x_1,x_2\in\mathbb{R}\}$. 显然 $V\subset\mathbb{R}^3$,同时,V 中的向量对于向量加法和数与向量的乘法运算也构成一个线性空间,这就是线性子空间的概念.

定义 5.1.2　设 W 为线性空间 V 的非空子集,若 W 对 V 中定义的加法、数乘运算也构成线性空间,则称 W 为 V 的**线性子空间**(简称**子空间**).

由于 W 是 V 的子集,定义 5.1.1 中的运算律(1),(2),(5),(6),(7),(8)对 W 自然满足,所以只需 W 对两种运算封闭,且满足运算律 (3),(4). 而当 W 对运算封闭时,对任意 $\boldsymbol{\alpha}\in W$,有 $0\boldsymbol{\alpha}=\mathbf{0}\in W$,即 W 有零元素,又 $(-1)\boldsymbol{\alpha}=-\boldsymbol{\alpha}\in W$,并且 $\boldsymbol{\alpha}+(-\boldsymbol{\alpha})=\mathbf{0}$,即 W 中任意元素的负元素也在 W 中. 于是 W 构成 V 的子空间的条件由如下定理给出.

定理 5.1.1　W 为线性空间 V 的非空子集,则 W 构成 V 的子空间的充要条件为 W 对 V 中定义的加法、数乘运算封闭.

设 V 是线性空间,容易验证只包含零元素的子集 $\{\mathbf{0}\}$ 是 V 的子空间,称之为**零子空间**. 线性空间 V 本身也是 V 的一个子空间. 零子空间 $\{\mathbf{0}\}$ 和 V 统称为 V 的**平凡子空间**,V 的其他子空间称为**非平凡子空间**.

例 5.1.5　数域 F 上的 n 阶上三角形矩阵的全体构成的集合

$$W=\left\{\begin{bmatrix}a_{11}&a_{12}&\cdots&a_{1n}\\0&a_{22}&\cdots&a_{2n}\\\vdots&\vdots&&\vdots\\0&0&\cdots&a_{nn}\end{bmatrix}\middle|\, a_{ij}\in F,i=1,2,\cdots,n;j=1,2,\cdots,n\text{ 且 }i\leqslant j\right\}$$

关于矩阵的加法和数乘运算封闭. 由定理 5.1.1,W 构成 $F^{n\times n}$ 的子空间.

设 V 为数域 F 上的线性空间,$\boldsymbol{\alpha}_1,\boldsymbol{\alpha}_2,\cdots,\boldsymbol{\alpha}_s\in V$. 与第三章中的向量类似,对数域 F 中的任意数 $k_1,k_2,\cdots,k_s$,我们称 $k_1\boldsymbol{\alpha}_1+k_2\boldsymbol{\alpha}_2+\cdots+k_s\boldsymbol{\alpha}_s$ 为 $\boldsymbol{\alpha}_1,\boldsymbol{\alpha}_2,\cdots,\boldsymbol{\alpha}_s$ 的线性组合. 用 $L(\boldsymbol{\alpha}_1,\boldsymbol{\alpha}_2,\cdots,\boldsymbol{\alpha}_s)$ 表示 $\boldsymbol{\alpha}_1,\boldsymbol{\alpha}_2,\cdots,\boldsymbol{\alpha}_s$ 的全部线性组合构成的集合.

例 5.1.6　设 V 为数域 F 上的线性空间,$\boldsymbol{\alpha}_1,\boldsymbol{\alpha}_2,\cdots,\boldsymbol{\alpha}_s\in V$,证明 $S=L(\boldsymbol{\alpha}_1,\boldsymbol{\alpha}_2,\cdots,\boldsymbol{\alpha}_s)$ 是 V 的一个子空间.

解　对任意 $\boldsymbol{\alpha},\boldsymbol{\beta}\in S,c,k_i,l_i\in F,i=1,2,\cdots,s$,令

$$\boldsymbol{\alpha}=k_1\boldsymbol{\alpha}_1+k_2\boldsymbol{\alpha}_2+\cdots+k_s\boldsymbol{\alpha}_s,\quad \boldsymbol{\beta}=l_1\boldsymbol{\alpha}_1+l_2\boldsymbol{\alpha}_2+\cdots+l_s\boldsymbol{\alpha}_s,$$

因此有

$$\boldsymbol{\alpha}+\boldsymbol{\beta}=(k_1+l_1)\boldsymbol{\alpha}_1+(k_2+l_2)\boldsymbol{\alpha}_2+\cdots+(k_s+l_s)\boldsymbol{\alpha}_s\in S,$$
$$c\boldsymbol{\alpha}=(ck_1)\boldsymbol{\alpha}_1+(ck_2)\boldsymbol{\alpha}_2+\cdots+(ck_s)\boldsymbol{\alpha}_s\in S.$$

从而 S 关于 V 中定义的加法和数乘运算封闭,它构成 V 的一个子空间.

称 $S=L(\boldsymbol{\alpha}_1,\boldsymbol{\alpha}_2,\cdots,\boldsymbol{\alpha}_s)$ 是由 $\boldsymbol{\alpha}_1,\boldsymbol{\alpha}_2,\cdots,\boldsymbol{\alpha}_s$ 生成(或张成)的子空间.

练习 5.1

1. 判断下列集合按向量的加法和数乘是否构成实数域$\mathbb{R}$上的线性空间.

(1) $V_1=\{[x_1,x_2,x_3]^{\mathrm{T}}\mid x_1+x_2+x_3=0,x_i\in\mathbb{R},i=1,2,3\}$;

(2) $V_2=\{[x_1,x_2,x_3]^{\mathrm{T}}\mid x_1+x_2+x_3=1,x_i\in\mathbb{R},i=1,2,3\}$.

2. 判断全体 2 维实向量的集合$\mathbb{R}^2$,对于向量的加法和如下定义的数量乘法是否构成实数域$\mathbb{R}$上的线性空间.

(1) $k\circ\boldsymbol{\alpha}=\mathbf{0}$;

(2) $k\circ\boldsymbol{\alpha}=\boldsymbol{\alpha}$.

3. 判断下列集合按多项式的加法和数与多项式的乘法是否构成实数域$\mathbb{R}$上的线性空间.

(1) $V_1=\{f(x)=a+x^2\mid a\in\mathbb{R}\}$;

(2) $V_2=\{f(x)=a+bx^2\mid a,b\in\mathbb{R}\}$.

4. 判断下列集合按矩阵的加法和数乘是否构成实数域$\mathbb{R}$上的线性空间.

(1) 全体 n 阶实对称矩阵;

(2) 全体 n 阶正交矩阵.

5. 已知向量 $\boldsymbol{\alpha}=[1,-1,2]^{\mathrm{T}}$,对于向量加法与数乘,下列集合是否构成$\mathbb{R}^3$的子空间.

(1) 与 $\boldsymbol{\alpha}$ 平行的全体向量;

(2) 与 $\boldsymbol{\alpha}$ 垂直的全体向量.

§5.2　基与坐标

在第三章中,我们在讨论了向量组的线性组合、线性表示、线性相关性、极大无关组和秩等概念的基础上,给出了向量空间的基、维数和向量的坐标等概念.由于线性空间是从向量空间中抽象出来的,因此,这些概念和性质都可以推广到线性空间中来.基、维数和向量的坐标等概念揭示了线性空间的结构,是研究线性空间理论的至关重要的基础.

一、线性空间的基与维数

定义 5.2.1　设 V 是数域 F 上的线性空间，若 V 中的元素 $\boldsymbol{\alpha}_1,\boldsymbol{\alpha}_2,\cdots,\boldsymbol{\alpha}_n$ 满足

（1）$\boldsymbol{\alpha}_1,\boldsymbol{\alpha}_2,\cdots,\boldsymbol{\alpha}_n$ 线性无关；

（2）V 中任意元素 $\boldsymbol{\alpha}$ 均可由 $\boldsymbol{\alpha}_1,\boldsymbol{\alpha}_2,\cdots,\boldsymbol{\alpha}_n$ 线性表示，

则称 $\boldsymbol{\alpha}_1,\boldsymbol{\alpha}_2,\cdots,\boldsymbol{\alpha}_n$ 为线性空间 V 的一个**基**，并称 n 为线性空间 V 的**维数**，记作 $\dim V$.

维数为 n 的线性空间称为 **n 维线性空间**，记作 V_n. V_n 中至多只有 n 个线性无关的元素. 若在线性空间 V 中存在任意多个线性无关的元素，则称 V 是**无限维线性空间**，本书只考虑有限维线性空间.

例 5.2.1　求线性空间 $F[x]_n$ 的维数，并找出一个基.

解　考虑 $F[x]_n$ 中的元素 $1,x,x^2,\cdots,x^{n-1}$. 一方面，若有

$$k_0+k_1x+k_2x^2+\cdots+k_{n-1}x^{n-1}=0,$$

则 $k_0=k_1=k_2=\cdots=k_{n-1}=0$，所以 $1,x,x^2,\cdots,x^{n-1}$ 线性无关；另一方面，对任意 $f(x)=a_0+a_1x+a_2x^2+\cdots+a_{n-1}x^{n-1}\in F[x]_n$，显然可由 $1,x,x^2,\cdots,x^{n-1}$ 线性表示. 于是 $1,x,x^2,\cdots,x^{n-1}$ 为 $F[x]_n$ 的一个基，且 $\dim F[x]_n=n$.

不难证明，全体复数的集合 $\mathbb{C}$ 按照数的加法和乘法构成复数域 $\mathbb{C}$ 上的线性空间. 而数 1 即为 $\mathbb{C}$ 的基，因此对于复数域 $\mathbb{C}$ 上的线性空间 $\mathbb{C}$，其维数为 $\dim\mathbb{C}=1$.

另外，$\mathbb{C}$ 按照数的加法和乘法也构成实数域 $\mathbb{R}$ 上的线性空间，而 1 和 i 构成 $\mathbb{C}$ 的一个基，因此对于实数域 $\mathbb{R}$ 上的线性空间 $\mathbb{C}$，其维数为 $\dim\mathbb{C}=2$.

上例表明，在不同的数域 F 下，集合 V 的结构是不同的，因此具有不同的基与维数.

二、坐标

定义 5.2.2　设 $\boldsymbol{\alpha}_1,\boldsymbol{\alpha}_2,\cdots,\boldsymbol{\alpha}_n$ 为线性空间 V 的一个基，$\boldsymbol{\alpha}$ 为 V 中任意一个元素，则有

$$\boldsymbol{\alpha}=k_1\boldsymbol{\alpha}_1+k_2\boldsymbol{\alpha}_2+\cdots+k_n\boldsymbol{\alpha}_n,$$

称 $k_1,k_2,\cdots,k_n$ 为元素 $\boldsymbol{\alpha}$ 在基 $\boldsymbol{\alpha}_1,\boldsymbol{\alpha}_2,\cdots,\boldsymbol{\alpha}_n$ 下的**坐标**，记为 $\begin{bmatrix}k_1\\k_2\\\vdots\\k_n\end{bmatrix}$.

显然，V 中任意元素在给定的基下，坐标是唯一确定的. 借助矩阵乘法，可记

为 $\boldsymbol{\alpha}=[\boldsymbol{\alpha}_1,\boldsymbol{\alpha}_2,\cdots,\boldsymbol{\alpha}_n]\begin{bmatrix}k_1\\k_2\\\vdots\\k_n\end{bmatrix}$.

例 5.2.2　在$\mathbb{R}^3$中,已知向量$\boldsymbol{\alpha}$在标准正交基$\boldsymbol{e}_1=\begin{bmatrix}1\\0\\0\end{bmatrix},\boldsymbol{e}_2=\begin{bmatrix}0\\1\\0\end{bmatrix},\boldsymbol{e}_3=\begin{bmatrix}0\\0\\1\end{bmatrix}$下的坐标为$\begin{bmatrix}1\\-1\\7\end{bmatrix}$. 求$\boldsymbol{\alpha}$在基$\boldsymbol{\alpha}_1=\begin{bmatrix}1\\0\\0\end{bmatrix},\boldsymbol{\alpha}_2=\begin{bmatrix}1\\1\\0\end{bmatrix},\boldsymbol{\alpha}_3=\begin{bmatrix}1\\1\\1\end{bmatrix}$下的坐标.

解　由题意可知,$\boldsymbol{\alpha}=[\boldsymbol{e}_1,\boldsymbol{e}_2,\boldsymbol{e}_3]\begin{bmatrix}1\\-1\\7\end{bmatrix}=\begin{bmatrix}1\\-1\\7\end{bmatrix}$. 设$\boldsymbol{\alpha}$在基$\boldsymbol{\alpha}_1,\boldsymbol{\alpha}_2,\boldsymbol{\alpha}_3$下的坐标为$\begin{bmatrix}x_1\\x_2\\x_3\end{bmatrix}$,则有

$$\boldsymbol{\alpha}=[\boldsymbol{\alpha}_1,\boldsymbol{\alpha}_2,\boldsymbol{\alpha}_3]\begin{bmatrix}x_1\\x_2\\x_3\end{bmatrix}=\begin{bmatrix}1&1&1\\0&1&1\\0&0&1\end{bmatrix}\begin{bmatrix}x_1\\x_2\\x_3\end{bmatrix}=\begin{bmatrix}1\\-1\\7\end{bmatrix},$$

于是

$$\begin{bmatrix}x_1\\x_2\\x_3\end{bmatrix}=\begin{bmatrix}1&1&1\\0&1&1\\0&0&1\end{bmatrix}^{-1}\begin{bmatrix}1\\-1\\7\end{bmatrix}=\begin{bmatrix}2\\-8\\7\end{bmatrix},$$

所以$\boldsymbol{\alpha}$在基$\boldsymbol{\alpha}_1,\boldsymbol{\alpha}_2,\boldsymbol{\alpha}_3$下的坐标为$\begin{bmatrix}2\\-8\\7\end{bmatrix}$.

例 5.2.3　在实数域上次数小于 3 的多项式构成的线性空间$\mathbb{R}[x]_3$中取两个基$1,x,x^2$和$g_1=1,g_2=x+1,g_3=(x+1)^2$. 分别求$\mathbb{R}[x]_3$中多项式$f(x)=1+x+2x^2$在这两个基下的坐标.

解　因为

$$f(x)=1+x+2x^2=[1,x,x^2]\begin{bmatrix}1\\1\\2\end{bmatrix},$$

所以 $f(x)$ 在基 $1,x,x^2$ 下的坐标为 $\begin{bmatrix}1\\1\\2\end{bmatrix}$. 设 f 在 g_1,g_2,g_3 下的坐标为 $\begin{bmatrix}a_1\\a_2\\a_3\end{bmatrix}$,则有

$$f(x)=[g_1,g_2,g_3]\begin{bmatrix}a_1\\a_2\\a_3\end{bmatrix}=a_1+a_2(x+1)+a_3(x+1)^2$$

$$=(a_1+a_2+a_3)+(a_2+2a_3)x+a_3x^2$$

$$=1+x+2x^2,$$

于是有

$$\begin{cases}a_1+a_2+a_3=1,\\a_2+2a_3=1,\\a_3=2,\end{cases}$$

解之可得 f 在基 g_1,g_2,g_3 下的坐标为 $\begin{bmatrix}2\\-3\\2\end{bmatrix}$.

事实上,线性空间的元素在一个基下的坐标就是一个向量. 在建立了基与坐标概念的基础上,抽象的 n 维线性空间与 n 维向量空间构成了一一对应的关系,这样,我们就可以通过熟悉的向量空间对线性空间进行研究.

设 $\boldsymbol{\alpha}_1,\boldsymbol{\alpha}_2,\cdots,\boldsymbol{\alpha}_n$ 是线性空间 V 的一个基,在这个基下,V 中每个元素 $\boldsymbol{\alpha}$ 都有唯一确定的坐标 $[k_1,k_2,\cdots,k_n]^{\mathrm{T}}$,使得

$$\boldsymbol{\alpha}=[\boldsymbol{\alpha}_1,\boldsymbol{\alpha}_2,\cdots,\boldsymbol{\alpha}_n]\begin{bmatrix}k_1\\k_2\\\vdots\\k_n\end{bmatrix},$$

而元素 $\boldsymbol{\alpha}$ 的坐标 $[k_1,k_2,\cdots,k_n]^{\mathrm{T}}$ 可以看成 F^n 中的向量, 因此,元素与它的坐标之间的对应关系实质上就是 V 到 F^n 的一个映射,即对 V 中任意元素 $\boldsymbol{\alpha}$,在 F^n 中都有唯一确定的一个向量与之对应. 更重要的是,这种对应保持了线性运算关系. 设

$$\boldsymbol{\alpha}=k_1\boldsymbol{\alpha}_1+k_2\boldsymbol{\alpha}_2+\cdots+k_n\boldsymbol{\alpha}_n,$$

$$\boldsymbol{\beta}=l_1\boldsymbol{\alpha}_1+l_2\boldsymbol{\alpha}_2+\cdots+l_n\boldsymbol{\alpha}_n,$$

即元素 $\boldsymbol{\alpha},\boldsymbol{\beta}$ 在基 $\boldsymbol{\alpha}_1,\boldsymbol{\alpha}_2,\cdots,\boldsymbol{\alpha}_n$ 下的坐标分别为 $[k_1,k_2,\cdots,k_n]^{\mathrm{T}}$,$[l_1,l_2,\cdots,l_n]^{\mathrm{T}}$,则

$$\boldsymbol{\alpha}+\boldsymbol{\beta}=(k_1+l_1)\boldsymbol{\alpha}_1+(k_2+l_2)\boldsymbol{\alpha}_2+\cdots+(k_n+l_n)\boldsymbol{\alpha}_n,$$
$$c\boldsymbol{\alpha}=(ck_1)\boldsymbol{\alpha}_1+(ck_2)\boldsymbol{\alpha}_2+\cdots+(ck_n)\boldsymbol{\alpha}_n.$$

于是 $\boldsymbol{\alpha}+\boldsymbol{\beta}$, $c\boldsymbol{\alpha}$ 的坐标分别为

$$\begin{bmatrix} k_1+l_1 \\ k_2+l_2 \\ \vdots \\ k_n+l_n \end{bmatrix}=\begin{bmatrix} k_1 \\ k_2 \\ \vdots \\ k_n \end{bmatrix}+\begin{bmatrix} l_1 \\ l_2 \\ \vdots \\ l_n \end{bmatrix},$$

$$\begin{bmatrix} ck_1 \\ ck_2 \\ \vdots \\ ck_n \end{bmatrix}=c\begin{bmatrix} k_1 \\ k_2 \\ \vdots \\ k_n \end{bmatrix}.$$

一般地，如同 V 和 F^n，我们称元素间具有一一对应关系，且这种对应关系保持线性组合对应的两个线性空间是**同构**的. 若线性空间的元素用它在某个基下的坐标表示，那么，元素间的运算就可以归结为对其坐标的运算，从而对线性空间 V 的讨论也就归结为对向量空间 F^n 的讨论. 并且，在向量空间中所得到的一些结论，在线性空间中也是成立的.

例 5.2.4 在线性空间 $\mathbb{R}[x]_3$ 中取一个基 $g_1=1, g_2=x+1, g_3=(x+1)^2$，多项式 $f(x)$，$g(x)$ 在这个基下的坐标分别为 $[2,-3,2]^{\mathrm{T}}$，$[1,0,1]^{\mathrm{T}}$，求多项式 $2f(x)-g(x)$.

解 因为 $\mathbb{R}[x]_3$ 与 $\mathbb{R}^3$ 同构，所以多项式 $2f(x)-g(x)$ 在基 g_1, g_2, g_3 下的坐标可由 $f(x)$，$g(x)$ 的坐标直接计算得到，于是有

$$2\begin{bmatrix} 2 \\ -3 \\ 2 \end{bmatrix}-\begin{bmatrix} 1 \\ 0 \\ 1 \end{bmatrix}=\begin{bmatrix} 3 \\ -6 \\ 3 \end{bmatrix},$$

所以

$$2f(x)-g(x)=[1, x+1, (x+1)^2]\begin{bmatrix} 3 \\ -6 \\ 3 \end{bmatrix}=3x^2.$$

练习 5.2

1. 判断下列向量组是否构成 $\mathbb{R}[x]_3$ 的基.

(1) $f_1=x^2+x-1, f_2=x+1, f_3=x^2+2$;

(2) $g_1=x^2+2x-1, g_2=x-3, g_3=x^2+5$.

2. $\mathbb{R}[x]_2$ 的子集 $V=\{a+bx \mid a+b=0, a, b\in\mathbb{R}\}$ 是否构成 $\mathbb{R}[x]_2$ 的子空间，若构成，求其维数和一个基.

3. 设 W 为全体 2 阶实对称矩阵的集合，设有 W 中的矩阵

$$\boldsymbol{\alpha}_1=\begin{bmatrix}1&0\\0&0\end{bmatrix},\quad \boldsymbol{\alpha}_2=\begin{bmatrix}0&1\\1&0\end{bmatrix},\quad \boldsymbol{\alpha}_3=\begin{bmatrix}0&0\\0&1\end{bmatrix}.$$

（1）证明 W 构成 $\mathbb{R}^{2\times 2}$ 的子空间；

（2）证明 $\boldsymbol{\alpha}_1, \boldsymbol{\alpha}_2, \boldsymbol{\alpha}_3$ 构成 W 的一个基；

（3）求矩阵 $\boldsymbol{A}=\begin{bmatrix}2&4\\4&-7\end{bmatrix}$ 在 $\boldsymbol{\alpha}_1, \boldsymbol{\alpha}_2, \boldsymbol{\alpha}_3$ 下的坐标.

4. 给定 $\mathbb{R}^3$ 中的向量 $\boldsymbol{\alpha}_1=\begin{bmatrix}1\\-2\\1\end{bmatrix}, \boldsymbol{\alpha}_2=\begin{bmatrix}2\\3\\-1\end{bmatrix}, \boldsymbol{\alpha}_3=\begin{bmatrix}7\\0\\1\end{bmatrix}$，设 $V=L(\boldsymbol{\alpha}_1, \boldsymbol{\alpha}_2, \boldsymbol{\alpha}_3)$，求 V 的一个基和维数，并求 $\boldsymbol{\alpha}=[0,-7,3]^{\mathrm{T}}$ 在这个基下的坐标.

§5.3　基变换与坐标变换

从例 5.2.2 和例 5.2.3 中可以看出，线性空间中同一元素在两个不同的基下的坐标通常是不同的，但它们描述的却是同一事物，坐标间必然存在某种联系.下面我们来研究元素在不同基下的坐标的关系.

定义 5.3.1　设 $\boldsymbol{\alpha}_1, \boldsymbol{\alpha}_2, \cdots, \boldsymbol{\alpha}_n$ 及 $\boldsymbol{\beta}_1, \boldsymbol{\beta}_2, \cdots, \boldsymbol{\beta}_n$ 为 n 维线性空间 V 的两个基，且有

$$\begin{cases}\boldsymbol{\beta}_1=a_{11}\boldsymbol{\alpha}_1+a_{21}\boldsymbol{\alpha}_2+\cdots+a_{n1}\boldsymbol{\alpha}_n,\\ \boldsymbol{\beta}_2=a_{12}\boldsymbol{\alpha}_1+a_{22}\boldsymbol{\alpha}_2+\cdots+a_{n2}\boldsymbol{\alpha}_n,\\ \cdots\cdots\cdots\cdots\\ \boldsymbol{\beta}_n=a_{1n}\boldsymbol{\alpha}_1+a_{2n}\boldsymbol{\alpha}_2+\cdots+a_{nn}\boldsymbol{\alpha}_n,\end{cases}\tag{5.3.1}$$

借助矩阵乘法，可表示为

$$[\boldsymbol{\beta}_1, \boldsymbol{\beta}_2, \cdots, \boldsymbol{\beta}_n]=[\boldsymbol{\alpha}_1, \boldsymbol{\alpha}_2, \cdots, \boldsymbol{\alpha}_n]\begin{bmatrix}a_{11}&a_{12}&\cdots&a_{1n}\\a_{21}&a_{22}&\cdots&a_{2n}\\\vdots&\vdots&&\vdots\\a_{n1}&a_{n2}&\cdots&a_{nn}\end{bmatrix},\tag{5.3.2}$$

称 $\boldsymbol{A}=[a_{ij}]_{n\times n}$ 为从基 $\boldsymbol{\alpha}_1, \boldsymbol{\alpha}_2, \cdots, \boldsymbol{\alpha}_n$ 到基 $\boldsymbol{\beta}_1, \boldsymbol{\beta}_2, \cdots, \boldsymbol{\beta}_n$ 的**过渡矩阵**，并称(5.3.1)式和(5.3.2)式为**基变换公式**.

由定义 5.3.1 可知，线性空间 V 的两个基之间的关系由过渡矩阵 $\boldsymbol{A}$ 唯一确定.

定理 5.3.1　设 $\boldsymbol{A}$ 为从基 $\boldsymbol{\alpha}_1,\boldsymbol{\alpha}_2,\cdots,\boldsymbol{\alpha}_n$ 到基 $\boldsymbol{\beta}_1,\boldsymbol{\beta}_2,\cdots,\boldsymbol{\beta}_n$ 的过渡矩阵，则

(1) $\boldsymbol{A}$ 可逆，且从基 $\boldsymbol{\beta}_1,\boldsymbol{\beta}_2,\cdots,\boldsymbol{\beta}_n$ 到基 $\boldsymbol{\alpha}_1,\boldsymbol{\alpha}_2,\cdots,\boldsymbol{\alpha}_n$ 的过渡矩阵为 $\boldsymbol{A}^{-1}$；

(2) 若 $\boldsymbol{\alpha}$ 在基 $\boldsymbol{\alpha}_1,\boldsymbol{\alpha}_2,\cdots,\boldsymbol{\alpha}_n$ 和 $\boldsymbol{\beta}_1,\boldsymbol{\beta}_2,\cdots,\boldsymbol{\beta}_n$ 下的坐标分别为

$$\boldsymbol{x}=\begin{bmatrix}x_1\\x_2\\\vdots\\x_n\end{bmatrix}\text{和 }\boldsymbol{y}=\begin{bmatrix}y_1\\y_2\\\vdots\\y_n\end{bmatrix},$$

则

$$\boldsymbol{y}=\boldsymbol{A}^{-1}\boldsymbol{x}. \tag{5.3.3}$$

证　(1) 设从基 $\boldsymbol{\beta}_1,\boldsymbol{\beta}_2,\cdots,\boldsymbol{\beta}_n$ 到基 $\boldsymbol{\alpha}_1,\boldsymbol{\alpha}_2,\cdots,\boldsymbol{\alpha}_n$ 的过渡矩阵为 $\boldsymbol{B}$，即

$$[\boldsymbol{\alpha}_1,\boldsymbol{\alpha}_2,\cdots,\boldsymbol{\alpha}_n]=[\boldsymbol{\beta}_1,\boldsymbol{\beta}_2,\cdots,\boldsymbol{\beta}_n]\boldsymbol{B}. \tag{5.3.4}$$

由于从基 $\boldsymbol{\alpha}_1,\boldsymbol{\alpha}_2,\cdots,\boldsymbol{\alpha}_n$ 到基 $\boldsymbol{\beta}_1,\boldsymbol{\beta}_2,\cdots,\boldsymbol{\beta}_n$ 的过渡矩阵为 $\boldsymbol{A}$，即

$$[\boldsymbol{\beta}_1,\boldsymbol{\beta}_2,\cdots,\boldsymbol{\beta}_n]=[\boldsymbol{\alpha}_1,\boldsymbol{\alpha}_2,\cdots,\boldsymbol{\alpha}_n]\boldsymbol{A}. \tag{5.3.5}$$

将(5.3.4)式代入(5.3.5)式等号右端，得

$$[\boldsymbol{\beta}_1,\boldsymbol{\beta}_2,\cdots,\boldsymbol{\beta}_n]=[\boldsymbol{\beta}_1,\boldsymbol{\beta}_2,\cdots,\boldsymbol{\beta}_n]\boldsymbol{BA},$$

由于 $\boldsymbol{\beta}_1,\boldsymbol{\beta}_2,\cdots,\boldsymbol{\beta}_n$ 线性无关，所以 $\boldsymbol{BA}=\boldsymbol{E}$，即 $\boldsymbol{A}$ 可逆，且 $\boldsymbol{B}=\boldsymbol{A}^{-1}$.

(2) 因为

$$\boldsymbol{\alpha}=[\boldsymbol{\alpha}_1,\boldsymbol{\alpha}_2,\cdots,\boldsymbol{\alpha}_n]\begin{bmatrix}x_1\\x_2\\\vdots\\x_n\end{bmatrix}=[\boldsymbol{\beta}_1,\boldsymbol{\beta}_2,\cdots,\boldsymbol{\beta}_n]\begin{bmatrix}y_1\\y_2\\\vdots\\y_n\end{bmatrix},$$

将(5.3.5)式代入上式等号右端，得

$$\boldsymbol{\alpha}=[\boldsymbol{\alpha}_1,\boldsymbol{\alpha}_2,\cdots,\boldsymbol{\alpha}_n]\begin{bmatrix}x_1\\x_2\\\vdots\\x_n\end{bmatrix}=[\boldsymbol{\alpha}_1,\boldsymbol{\alpha}_2,\cdots,\boldsymbol{\alpha}_n]\boldsymbol{A}\begin{bmatrix}y_1\\y_2\\\vdots\\y_n\end{bmatrix},$$

由于向量在一个基下的坐标是唯一的，故有 $\begin{bmatrix}x_1\\x_2\\\vdots\\x_n\end{bmatrix}=\boldsymbol{A}\begin{bmatrix}y_1\\y_2\\\vdots\\y_n\end{bmatrix}$，或 $\begin{bmatrix}y_1\\y_2\\\vdots\\y_n\end{bmatrix}=\boldsymbol{A}^{-1}\begin{bmatrix}x_1\\x_2\\\vdots\\x_n\end{bmatrix}$.

□

我们称(5.3.3)式为**坐标变换公式**.坐标变换公式明确描述了同一元素在两个基下的坐标之间的关系.

例 5.3.1　对于例 5.2.2,求基 $\boldsymbol{\alpha}_1,\boldsymbol{\alpha}_2,\boldsymbol{\alpha}_3$ 到标准正交基 $\boldsymbol{e}_1,\boldsymbol{e}_2,\boldsymbol{e}_3$ 的过渡矩阵,并求向量 $\boldsymbol{\alpha}=[1,-1,2]^{\mathrm{T}}$ 在基 $\boldsymbol{\alpha}_1,\boldsymbol{\alpha}_2,\boldsymbol{\alpha}_3$ 下的坐标.

解　因为

$$[\boldsymbol{\alpha}_1,\boldsymbol{\alpha}_2,\boldsymbol{\alpha}_3]=[\boldsymbol{e}_1,\boldsymbol{e}_2,\boldsymbol{e}_3]\begin{bmatrix}1&1&1\\0&1&1\\0&0&1\end{bmatrix},$$

所以从基 $\boldsymbol{e}_1,\boldsymbol{e}_2,\boldsymbol{e}_3$ 到基 $\boldsymbol{\alpha}_1,\boldsymbol{\alpha}_2,\boldsymbol{\alpha}_3$ 的过渡矩阵为 $\boldsymbol{A}=\begin{bmatrix}1&1&1\\0&1&1\\0&0&1\end{bmatrix}$. 由定理 5.3.1,可得从基 $\boldsymbol{\alpha}_1,\boldsymbol{\alpha}_2,\boldsymbol{\alpha}_3$ 到基 $\boldsymbol{e}_1,\boldsymbol{e}_2,\boldsymbol{e}_3$ 的过渡矩阵为

$$\boldsymbol{B}=\boldsymbol{A}^{-1}=\begin{bmatrix}1&1&1\\0&1&1\\0&0&1\end{bmatrix}^{-1}=\begin{bmatrix}1&-1&0\\0&1&-1\\0&0&1\end{bmatrix}.$$

向量 $\boldsymbol{\alpha}$ 在基 $\boldsymbol{e}_1,\boldsymbol{e}_2,\boldsymbol{e}_3$ 下的坐标为 $\boldsymbol{x}=\begin{bmatrix}1\\-1\\2\end{bmatrix}$. 由坐标变换公式,可得 $\boldsymbol{\alpha}$ 在基 $\boldsymbol{\alpha}_1,\boldsymbol{\alpha}_2,\boldsymbol{\alpha}_3$ 下的坐标为

$$\boldsymbol{y}=\boldsymbol{A}^{-1}\boldsymbol{x}=\begin{bmatrix}1&-1&0\\0&1&-1\\0&0&1\end{bmatrix}\begin{bmatrix}1\\-1\\2\end{bmatrix}=\begin{bmatrix}2\\-3\\2\end{bmatrix}.$$

例 5.3.2　设 $g_1=1-x-x^2,g_2=3x-2x^2,g_3=1-2x^2$,

(1) 证明 g_1,g_2,g_3 为 $\mathbb{R}[x]_3$ 的一个基;

(2) 求从基 g_1,g_2,g_3 到基 $1,x,x^2$ 的过渡矩阵;

(3) 求多项式 $f=1+x+2x^2$ 在基 g_1,g_2,g_3 下的坐标.

解　(1) 因为

$$[g_1,g_2,g_3]=[1,x,x^2]\begin{bmatrix}1&0&1\\-1&3&0\\-1&-2&-2\end{bmatrix}. \tag{5.3.6}$$

而 $\begin{vmatrix}1&0&1\\-1&3&0\\-1&-2&-2\end{vmatrix}=-1\neq 0$,所以矩阵 $\begin{bmatrix}1&0&1\\-1&3&0\\-1&-2&-2\end{bmatrix}$ 可逆,即有

$$[1,x,x^2]=[g_1,g_2,g_3]\begin{bmatrix}1&0&1\\-1&3&0\\-1&-2&-2\end{bmatrix}^{-1}.$$

从而 g_1,g_2,g_3 与 $\mathbb{R}[x]_3$ 的一个基 $1,x,x^2$ 等价，因而构成 $\mathbb{R}[x]_3$ 的一个基.

（2）从基 g_1,g_2,g_3 到基 $1,x,x^2$ 的过渡矩阵为

$$\boldsymbol{B}=\begin{bmatrix}1&0&1\\-1&3&0\\-1&-2&-2\end{bmatrix}^{-1}=\begin{bmatrix}6&2&3\\2&1&1\\-5&-2&-3\end{bmatrix}.$$

（3）f 在基 $1,x,x^2$ 下的坐标为 $\begin{bmatrix}1\\1\\2\end{bmatrix}$，所以 f 在基 g_1,g_2,g_3 下的坐标为

$$\begin{bmatrix}y_1\\y_2\\y_3\end{bmatrix}=\begin{bmatrix}1&0&1\\-1&3&0\\-1&-2&-2\end{bmatrix}^{-1}\begin{bmatrix}1\\1\\2\end{bmatrix}=\begin{bmatrix}6&2&3\\2&1&1\\-5&-2&-3\end{bmatrix}\begin{bmatrix}1\\1\\2\end{bmatrix}=\begin{bmatrix}14\\5\\-13\end{bmatrix}.$$

练习 5.3

1. 在 $\mathbb{R}^3$ 中，求由基 $\boldsymbol{\alpha}_1,\boldsymbol{\alpha}_2,\boldsymbol{\alpha}_3$ 到基 $\boldsymbol{\beta}_1,\boldsymbol{\beta}_2,\boldsymbol{\beta}_3$ 的过渡矩阵，并求向量 $\boldsymbol{\alpha}$ 在 $\boldsymbol{\beta}_1,\boldsymbol{\beta}_2,\boldsymbol{\beta}_3$ 下的坐标.

（1）$\boldsymbol{\alpha}_1=\begin{bmatrix}1\\0\\0\end{bmatrix},\boldsymbol{\alpha}_2=\begin{bmatrix}0\\1\\0\end{bmatrix},\boldsymbol{\alpha}_3=\begin{bmatrix}0\\0\\1\end{bmatrix}$；$\boldsymbol{\beta}_1=\begin{bmatrix}2\\1\\-1\end{bmatrix},\boldsymbol{\beta}_2=\begin{bmatrix}0\\3\\1\end{bmatrix},\boldsymbol{\beta}_3=\begin{bmatrix}5\\3\\2\end{bmatrix}$；$\boldsymbol{\alpha}=\begin{bmatrix}-3\\4\\-1\end{bmatrix}$.

（2）$\boldsymbol{\alpha}_1=\begin{bmatrix}1\\2\\-1\end{bmatrix},\boldsymbol{\alpha}_2=\begin{bmatrix}1\\-1\\1\end{bmatrix},\boldsymbol{\alpha}_3=\begin{bmatrix}-1\\2\\1\end{bmatrix}$；$\boldsymbol{\beta}_1=\begin{bmatrix}3\\3\\-1\end{bmatrix},\boldsymbol{\beta}_2=\begin{bmatrix}-1\\3\\3\end{bmatrix},\boldsymbol{\beta}_3=\begin{bmatrix}-2\\-3\\4\end{bmatrix}$；$\boldsymbol{\alpha}=\begin{bmatrix}0\\3\\6\end{bmatrix}$.

2. 在第 1 题(1)中，求向量 $\boldsymbol{x}$，使其在基 $\boldsymbol{\alpha}_1,\boldsymbol{\alpha}_2,\boldsymbol{\alpha}_3$ 与 $\boldsymbol{\beta}_1,\boldsymbol{\beta}_2,\boldsymbol{\beta}_3$ 下的坐标相同.

3. 设 $g_1=x^2+x+1,g_2=x+1,g_3=1$，

（1）证明 g_1,g_2,g_3 为 $\mathbb{R}[x]_3$ 的一个基；

（2）求从基 g_1,g_2,g_3 到基 $1,x,x^2$ 的过渡矩阵；

（3）求多项式 $f=2x^2+x+4$ 在基 g_1,g_2,g_3 下的坐标.

§5.4　线性变换及其矩阵表示

在高等数学中,我们已经学习了映射以及变换的概念,本节我们重点学习线性空间上的线性变换的概念与理论.

一、线性变换

线性变换是线性代数的重要研究对象,也是线性空间中最基本的一种变换.首先来看一个例子.

例 5.4.1　某工厂生产两种产品 P_1 和 P_2,单位生产成本如表 5.4.1 所示.

表 5.4.1　两种产品的单位生产成本

产品	P_1	P_2
材料成本	m_1	m_2
人工成本	h_1	h_2

可构造单位成本矩阵 $\boldsymbol{A}=\begin{bmatrix} m_1 & m_2 \\ h_1 & h_2 \end{bmatrix}$. 设两种产品的产量 x_1 和 x_2 用向量 $\boldsymbol{x}=\begin{bmatrix} x_1 \\ x_2 \end{bmatrix}$表示,则借助矩阵乘法可得

$$\boldsymbol{A}\boldsymbol{x}=\begin{bmatrix} m_1 & m_2 \\ h_1 & h_2 \end{bmatrix}\begin{bmatrix} x_1 \\ x_2 \end{bmatrix}=\begin{bmatrix} m_1x_1+m_2x_2 \\ h_1x_1+h_2x_2 \end{bmatrix}=\begin{bmatrix} \text{材料总成本} \\ \text{人工总成本} \end{bmatrix}.$$

上述运算的本质是一种变换,即产量在单位成本矩阵的作用下变换为我们关心的材料和人工总成本. 值得注意的是,该变换具有如下性质:

若另有产量 $\boldsymbol{y}=\begin{bmatrix} y_1 \\ y_2 \end{bmatrix}$,则对应总产量 $\boldsymbol{x}+\boldsymbol{y}$ 的总成本

$$\boldsymbol{A}(\boldsymbol{x}+\boldsymbol{y})=\begin{bmatrix} m_1 & m_2 \\ h_1 & h_2 \end{bmatrix}\begin{bmatrix} x_1+y_1 \\ x_2+y_2 \end{bmatrix}=\begin{bmatrix} m_1(x_1+y_1)+m_2(x_2+y_2) \\ h_1(x_1+y_1)+h_2(x_2+y_2) \end{bmatrix},$$

恰好等于 $\boldsymbol{x}$ 与 $\boldsymbol{y}$ 的总成本之和

$$\boldsymbol{A}\boldsymbol{x}+\boldsymbol{A}\boldsymbol{y}=\begin{bmatrix} m_1x_1+m_2x_2 \\ h_1x_1+h_2x_2 \end{bmatrix}+\begin{bmatrix} m_1y_1+m_2y_2 \\ h_1y_1+h_2y_2 \end{bmatrix}.$$

若产量变为原来的 k 倍,则总成本也乘同一因子,由 $\boldsymbol{A}\boldsymbol{x}$ 变为 $k\boldsymbol{A}\boldsymbol{x}$,即

$$\boldsymbol{A}(k\boldsymbol{x})=\begin{bmatrix} m_1 & m_2 \\ h_1 & h_2 \end{bmatrix}\begin{bmatrix} kx_1 \\ kx_2 \end{bmatrix}=\begin{bmatrix} k(m_1x_1+m_2x_2) \\ k(h_1x_1+h_2x_2) \end{bmatrix}=k\boldsymbol{A}\boldsymbol{x}.$$

如果将具有上述性质的变换抽象出来,就得到了线性变换的概念.

定义 5.4.1 设 V 是数域 F 上的线性空间,T 是 V 中的一个变换,如果对于 V 中任意元素 $\boldsymbol{\alpha}$, $\boldsymbol{\beta}$ 和数域 F 中任意数 k,都有

(1) $T(\boldsymbol{\alpha}+\boldsymbol{\beta})=T(\boldsymbol{\alpha})+T(\boldsymbol{\beta})$;

(2) $T(k\boldsymbol{\alpha})=kT(\boldsymbol{\alpha})$,

则称 T 是线性空间 V 中的一个**线性变换**,并称 $T(\boldsymbol{\alpha})$ 为 $\boldsymbol{\alpha}$ 在 T 下的**像**,$\boldsymbol{\alpha}$ 为 $T(\boldsymbol{\alpha})$ 的**原像**.

定义 5.4.1 中(1)、(2)所表示的性质,有时也说成线性变换保持元素的加法与数量乘法. 下面再来看几个例子.

例 5.4.2 已知 $\boldsymbol{A}$ 为 n 阶方阵,对任意 $\boldsymbol{\alpha}\in\mathbb{R}^n$,令 $T(\boldsymbol{\alpha})=\boldsymbol{A\alpha}$,证明 T 为线性变换.

证 对任意 $\boldsymbol{\alpha}$, $\boldsymbol{\beta}\in\mathbb{R}^n$ 和 $k\in\mathbb{R}$,有

(1) $\boldsymbol{A}(\boldsymbol{\alpha}+\boldsymbol{\beta})=\boldsymbol{A\alpha}+\boldsymbol{A\beta}$;

(2) $\boldsymbol{A}(k\boldsymbol{\alpha})=k\boldsymbol{A\alpha}$,

因此 $T(\boldsymbol{\alpha})=\boldsymbol{A\alpha}$ 为线性空间 $\mathbb{R}^n$ 中的线性变换.

例 5.4.3 设 $\boldsymbol{A}=\begin{bmatrix}1&2\\0&1\end{bmatrix}$,对任意 $\boldsymbol{\alpha}=\begin{bmatrix}x_1\\x_2\end{bmatrix}\in\mathbb{R}^2$,令 $T(\boldsymbol{\alpha})=\boldsymbol{A\alpha}=\begin{bmatrix}1&2\\0&1\end{bmatrix}\begin{bmatrix}x_1\\x_2\end{bmatrix}=\begin{bmatrix}x_1+2x_2\\x_2\end{bmatrix}$,则 T 是 $\mathbb{R}^2$ 中的线性变换.

线性变换在数学中是广泛存在的.

例 5.4.4 在线性空间 $F[x]_n$ 中,定义变换 D 为对 $f(x)$ 的求导运算,即

$$\mathrm{D}[f(x)]=f'(x),$$

证明 D 为 $F[x]_n$ 中的线性变换.

证 由导数运算规则不难验证,对任意 $f,g\in F[x]_n$,任意 $k\in F$,有

$$\mathrm{D}(f+g)=(f+g)'=f'+g'=\mathrm{D}(f)+\mathrm{D}(g),$$

$$\mathrm{D}(kf)=(kf)'=kf'=k\mathrm{D}(f).$$

因此 D 为 $F[x]_n$ 中的线性变换.

这里给出线性空间 V 中的几种特殊的线性变换:

对任意 $\boldsymbol{\alpha}\in V$,

(1) **恒等变换**(单位变换)I:$I(\boldsymbol{\alpha})=\boldsymbol{\alpha}$;

(2) **零变换** O:$O(\boldsymbol{\alpha})=\boldsymbol{0}$;

(3) **数乘变换**(拉伸变换)K:$K(\boldsymbol{\alpha})=k\boldsymbol{\alpha}$.

不难证明线性变换具有如下的基本性质.

性质 5.4.1　设 T 为线性空间 V 中的一个线性变换，则

(1) $T(\mathbf{0})=\mathbf{0}, T(-\boldsymbol{\alpha})=-T(\boldsymbol{\alpha})$;

(2) 线性变换保持向量的线性关系不变，即

$$T(k_1\boldsymbol{\alpha}_1+k_2\boldsymbol{\alpha}_2+\cdots+k_m\boldsymbol{\alpha}_m)=k_1T(\boldsymbol{\alpha}_1)+k_2T(\boldsymbol{\alpha}_2)+\cdots+k_mT(\boldsymbol{\alpha}_m);$$

(3) 线性相关的向量组经过线性变换后仍是线性相关的.

证　这里仅给出(1)和(3)的证明.(1) 因为 $T(k\boldsymbol{\alpha})=kT(\boldsymbol{\alpha})$，当 $k=0$ 时，有 $T(\mathbf{0})=T(0\boldsymbol{\alpha})=0T(\boldsymbol{\alpha})=\mathbf{0}$；当 $k=-1$ 时，有 $T(-\boldsymbol{\alpha})=T((-1)\boldsymbol{\alpha})=(-1)T(\boldsymbol{\alpha})=-T(\boldsymbol{\alpha})$.

(3) 这是因为若 $\boldsymbol{\alpha}_1,\boldsymbol{\alpha}_2,\cdots,\boldsymbol{\alpha}_m$ 线性相关，则存在不全为零的数 $k_1,k_2,\cdots,k_m$，使得

$$k_1\boldsymbol{\alpha}_1+k_2\boldsymbol{\alpha}_2+\cdots+k_m\boldsymbol{\alpha}_m=\mathbf{0},$$

于是

$$T(\mathbf{0})=T(k_1\boldsymbol{\alpha}_1+k_2\boldsymbol{\alpha}_2+\cdots+k_m\boldsymbol{\alpha}_m)=k_1T(\boldsymbol{\alpha}_1)+k_2T(\boldsymbol{\alpha}_2)+\cdots+k_mT(\boldsymbol{\alpha}_m)=\mathbf{0}.$$

所以 $T(\boldsymbol{\alpha}_1),T(\boldsymbol{\alpha}_2),\cdots,T(\boldsymbol{\alpha}_m)$ 是线性相关的.　□

注意，性质 3 的逆命题是不成立的. 线性变换可能把线性无关的向量组变成线性相关的向量组，比如零变换就是这样的.

二、线性变换的矩阵

在例 5.4.2 中，对向量 $\boldsymbol{\alpha}$ 的线性变换是由一个 n 阶方阵 $\boldsymbol{A}$ 左乘 $\boldsymbol{\alpha}$ 实现的. 事实上，线性空间 V 中的线性变换都是与方阵一一对应的. 下面我们来建立线性变换与矩阵的关系.

若 $\boldsymbol{\alpha}_1,\boldsymbol{\alpha}_2,\cdots,\boldsymbol{\alpha}_n$ 是线性空间 V 的一个基，则对 V 中任意元素 $\boldsymbol{\alpha}$ 有

$$\boldsymbol{\alpha}=x_1\boldsymbol{\alpha}_1+x_2\boldsymbol{\alpha}_2+\cdots+x_n\boldsymbol{\alpha}_n,$$

即 $\boldsymbol{\alpha}$ 在基 $\boldsymbol{\alpha}_1,\boldsymbol{\alpha}_2,\cdots,\boldsymbol{\alpha}_n$ 下的坐标为 $[x_1,x_2,\cdots,x_n]^{\mathrm{T}}$. 设 T 是 V 中的一个线性变换，则有

$$\begin{aligned}T(\boldsymbol{\alpha})&=T(x_1\boldsymbol{\alpha}_1+x_2\boldsymbol{\alpha}_2+\cdots+x_n\boldsymbol{\alpha}_n)\\&=x_1T(\boldsymbol{\alpha}_1)+x_2T(\boldsymbol{\alpha}_2)+\cdots+x_nT(\boldsymbol{\alpha}_n),\end{aligned}$$

即 $\boldsymbol{\alpha}$ 的像 $T(\boldsymbol{\alpha})$ 由基在 T 下的像 $T(\boldsymbol{\alpha}_1),T(\boldsymbol{\alpha}_2),\cdots,T(\boldsymbol{\alpha}_n)$ 确定，或者说 T 对 $\boldsymbol{\alpha}$ 施加的作用表现为 T 对基的作用.

上式描述的是这样一个系统，若某一输入信号 $\boldsymbol{\alpha}$ 可表示为基本信号 $\boldsymbol{\alpha}_1,\boldsymbol{\alpha}_2,\cdots,\boldsymbol{\alpha}_n$ 的线性组合，则系统的响应是对 $\boldsymbol{\alpha}_1,\boldsymbol{\alpha}_2,\cdots,\boldsymbol{\alpha}_n$ 响应的同一线性组合，这种现象在工程和物理中称为叠加原理.

定义 5.4.2　设 $\boldsymbol{\alpha}_1,\boldsymbol{\alpha}_2,\cdots,\boldsymbol{\alpha}_n$ 为线性空间 V 的一个基，T 是 V 中的一个线性变换，基 $\boldsymbol{\alpha}_1,\boldsymbol{\alpha}_2,\cdots,\boldsymbol{\alpha}_n$ 在 T 下的像可由这个基线性表示为

$$\begin{cases}T(\boldsymbol{\alpha}_1)=a_{11}\boldsymbol{\alpha}_1+a_{21}\boldsymbol{\alpha}_2+\cdots+a_{n1}\boldsymbol{\alpha}_n,\\ T(\boldsymbol{\alpha}_2)=a_{12}\boldsymbol{\alpha}_1+a_{22}\boldsymbol{\alpha}_2+\cdots+a_{n2}\boldsymbol{\alpha}_n,\\ \cdots\cdots\cdots\cdots\\ T(\boldsymbol{\alpha}_n)=a_{1n}\boldsymbol{\alpha}_1+a_{2n}\boldsymbol{\alpha}_2+\cdots+a_{nn}\boldsymbol{\alpha}_n.\end{cases}\tag{5.4.1}$$

记 $T(\boldsymbol{\alpha}_1,\boldsymbol{\alpha}_2,\cdots,\boldsymbol{\alpha}_n)=[T(\boldsymbol{\alpha}_1),T(\boldsymbol{\alpha}_2),\cdots,T(\boldsymbol{\alpha}_n)]$,则(5.4.1)式可表示为

$$T(\boldsymbol{\alpha}_1,\boldsymbol{\alpha}_2,\cdots,\boldsymbol{\alpha}_n)=[\boldsymbol{\alpha}_1,\boldsymbol{\alpha}_2,\cdots,\boldsymbol{\alpha}_n]\begin{bmatrix}a_{11}&a_{12}&\cdots&a_{1n}\\a_{21}&a_{22}&\cdots&a_{2n}\\\vdots&\vdots&&\vdots\\a_{n1}&a_{n2}&\cdots&a_{nn}\end{bmatrix},\tag{5.4.2}$$

称 $\boldsymbol{A}=\begin{bmatrix}a_{11}&a_{12}&\cdots&a_{1n}\\a_{21}&a_{22}&\cdots&a_{2n}\\\vdots&\vdots&&\vdots\\a_{n1}&a_{n2}&\cdots&a_{nn}\end{bmatrix}$ **为线性变换 T 在基 $\boldsymbol{\alpha}_1,\boldsymbol{\alpha}_2,\cdots,\boldsymbol{\alpha}_n$ 下的矩阵**.

由元素在一个基下的坐标的唯一性可知,线性变换 T 在一个基下的矩阵也是唯一确定的.

例 5.4.5 在$\mathbb{R}^3$中取一个基 $\boldsymbol{\alpha}_1=\begin{bmatrix}1\\0\\1\end{bmatrix},\boldsymbol{\alpha}_2=\begin{bmatrix}0\\1\\0\end{bmatrix},\boldsymbol{\alpha}_3=\begin{bmatrix}0\\0\\1\end{bmatrix}$,$\mathbb{R}^3$中的线性变换 T 满足 $T(\boldsymbol{\alpha}_1)=\begin{bmatrix}1\\0\\2\end{bmatrix},T(\boldsymbol{\alpha}_2)=\begin{bmatrix}-1\\2\\1\end{bmatrix},T(\boldsymbol{\alpha}_3)=\begin{bmatrix}1\\0\\0\end{bmatrix}$. 求线性变换 T 在基 $\boldsymbol{\alpha}_1,\boldsymbol{\alpha}_2,\boldsymbol{\alpha}_3$ 下的矩阵.

解 设 $\boldsymbol{A}$ 为 T 在基 $\boldsymbol{\alpha}_1,\boldsymbol{\alpha}_2,\boldsymbol{\alpha}_3$ 下的矩阵,则有

$$T(\boldsymbol{\alpha}_1,\boldsymbol{\alpha}_2,\boldsymbol{\alpha}_3)=[\boldsymbol{\alpha}_1,\boldsymbol{\alpha}_2,\boldsymbol{\alpha}_3]\boldsymbol{A},$$

即

$$\begin{bmatrix}1&-1&1\\0&2&0\\2&1&0\end{bmatrix}=\begin{bmatrix}1&0&0\\0&1&0\\1&0&1\end{bmatrix}\boldsymbol{A}.$$

可得 $\boldsymbol{A}=\begin{bmatrix}1&-1&1\\0&2&0\\1&2&-1\end{bmatrix}$.

例 5.4.6 求线性空间 $F[x]_n$ 中的线性变换 $\mathrm{D}[f(x)]=f'(x)$ 在基 $1,x,x^2,\cdots,x^{n-1}$ 下的矩阵.

解　因为 $\mathrm{D}(1)=0,\mathrm{D}(x)=1,\mathrm{D}(x^2)=2x,\cdots,\mathrm{D}(x^{n-1})=(n-1)x^{n-2}$,即

$$\mathrm{D}(1,x,x^2,\cdots,x^{n-1})=[1,x,x^2,\cdots,x^{n-1}]\begin{bmatrix}0&1&0&\cdots&0&0\\0&0&2&\cdots&0&0\\0&0&0&\cdots&0&0\\\vdots&\vdots&\vdots&&\vdots&\vdots\\0&0&0&\cdots&0&n-1\\0&0&0&\cdots&0&0\end{bmatrix},$$

所以线性变换 D 在基 $1,x,x^2,\cdots,x^{n-1}$ 下的矩阵为

$$\boldsymbol{A}=\begin{bmatrix}0&1&0&\cdots&0&0\\0&0&2&\cdots&0&0\\0&0&0&\cdots&0&0\\\vdots&\vdots&\vdots&&\vdots&\vdots\\0&0&0&\cdots&0&n-1\\0&0&0&\cdots&0&0\end{bmatrix}.$$

几种特殊线性变换的矩阵如下：

(1) 恒等变换 I(在任何基下)的矩阵为 $\boldsymbol{E}$(单位矩阵)；

(2) 零变换 O(在任何基下)的矩阵为 $\boldsymbol{O}$(零矩阵)；

(3) 数乘变换 K(在任何基下)的矩阵为 $k\boldsymbol{E}$.

这里只给出(3)的证明,其余两个结论请读者自行证明.

设 $\boldsymbol{\alpha}_1,\boldsymbol{\alpha}_2,\cdots,\boldsymbol{\alpha}_n$ 是 n 维线性空间 V 的一个基,由数乘变换的定义,有 $K(\boldsymbol{\alpha}_i)=k\boldsymbol{\alpha}_i,i=1,2,\cdots,n$,即

$$K(\boldsymbol{\alpha}_1,\boldsymbol{\alpha}_2,\cdots,\boldsymbol{\alpha}_n)=[\boldsymbol{\alpha}_1,\boldsymbol{\alpha}_2,\cdots,\boldsymbol{\alpha}_n]\begin{bmatrix}k&0&\cdots&0\\0&k&\cdots&0\\\vdots&\vdots&&\vdots\\0&0&\cdots&k\end{bmatrix}.$$

所以数乘变换 K 在任何基下的矩阵为 $k\boldsymbol{E}$.

因为 T 在一个基下的矩阵是唯一确定的,所以当取定 V 的一个基时,T 与其在这个基下的方阵 $\boldsymbol{A}$ 一一对应. 下面我们讨论 $T(\boldsymbol{\alpha})$ 的坐标与 $\boldsymbol{\alpha}$ 的坐标之间的关系.

设 $\boldsymbol{\alpha}_1,\boldsymbol{\alpha}_2,\cdots,\boldsymbol{\alpha}_n$ 是 n 维线性空间 V 的一个基,$\boldsymbol{\alpha}\in V$,且

$$\boldsymbol{\alpha}=x_1\boldsymbol{\alpha}_1+x_2\boldsymbol{\alpha}_2+\cdots+x_n\boldsymbol{\alpha}_n.$$

由于

$$\begin{aligned}T(\boldsymbol{\alpha})&=T(x_1\boldsymbol{\alpha}_1+x_2\boldsymbol{\alpha}_2+\cdots+x_n\boldsymbol{\alpha}_n)\\&=x_1T(\boldsymbol{\alpha}_1)+x_2T(\boldsymbol{\alpha}_2)+\cdots+x_nT(\boldsymbol{\alpha}_n)\end{aligned}$$

$$=[T(\boldsymbol{\alpha}_1),T(\boldsymbol{\alpha}_2),\cdots,T(\boldsymbol{\alpha}_n)]\begin{bmatrix}x_1\\x_2\\\vdots\\x_n\end{bmatrix}$$

$$=T(\boldsymbol{\alpha}_1,\boldsymbol{\alpha}_2,\cdots,\boldsymbol{\alpha}_n)\begin{bmatrix}x_1\\x_2\\\vdots\\x_n\end{bmatrix}$$

$$=[\boldsymbol{\alpha}_1,\boldsymbol{\alpha}_2,\cdots,\boldsymbol{\alpha}_n]\boldsymbol{A}\begin{bmatrix}x_1\\x_2\\\vdots\\x_n\end{bmatrix},$$

于是 $T(\boldsymbol{\alpha})$ 在基 $\boldsymbol{\alpha}_1,\boldsymbol{\alpha}_2,\cdots,\boldsymbol{\alpha}_n$ 下的坐标为 $\begin{bmatrix}y_1\\y_2\\\vdots\\y_n\end{bmatrix}=\boldsymbol{A}\begin{bmatrix}x_1\\x_2\\\vdots\\x_n\end{bmatrix}$.

例 5.4.7 对于例 5.4.5 中给出的 $\mathbb{R}^3$ 中的线性变换 T 和基 $\boldsymbol{\alpha}_1,\boldsymbol{\alpha}_2,\boldsymbol{\alpha}_3$，求向量 $\boldsymbol{\alpha}=\begin{bmatrix}1\\-2\\2\end{bmatrix}$ 的像 $T(\boldsymbol{\alpha})$ 在基 $\boldsymbol{\alpha}_1,\boldsymbol{\alpha}_2,\boldsymbol{\alpha}_3$ 下的坐标.

解 首先计算 $\boldsymbol{\alpha}$ 在基 $\boldsymbol{\alpha}_1,\boldsymbol{\alpha}_2,\boldsymbol{\alpha}_3$ 下的坐标. 由于

$$[\boldsymbol{\alpha}_1,\boldsymbol{\alpha}_2,\boldsymbol{\alpha}_3]=[\boldsymbol{e}_1,\boldsymbol{e}_2,\boldsymbol{e}_3]\begin{bmatrix}1&0&0\\0&1&0\\1&0&1\end{bmatrix},$$

所以从标准正交基 $\boldsymbol{e}_1,\boldsymbol{e}_2,\boldsymbol{e}_3$ 到基 $\boldsymbol{\alpha}_1,\boldsymbol{\alpha}_2,\boldsymbol{\alpha}_3$ 的过渡矩阵为 $\begin{bmatrix}1&0&0\\0&1&0\\1&0&1\end{bmatrix}$，于是可得 $\boldsymbol{\alpha}$ 在基 $\boldsymbol{\alpha}_1,\boldsymbol{\alpha}_2,\boldsymbol{\alpha}_3$ 下的坐标为

$$\begin{bmatrix}1&0&0\\0&1&0\\1&0&1\end{bmatrix}^{-1}\begin{bmatrix}1\\-2\\2\end{bmatrix}=\begin{bmatrix}1&0&0\\0&1&0\\-1&0&1\end{bmatrix}\begin{bmatrix}1\\-2\\2\end{bmatrix}=\begin{bmatrix}1\\-2\\1\end{bmatrix}.$$

再计算 $T(\boldsymbol{\alpha})$ 在基 $\boldsymbol{\alpha}_1,\boldsymbol{\alpha}_2,\boldsymbol{\alpha}_3$ 下的坐标. 由于在例 5.4.5 中求得线性变换 T 在基

$\boldsymbol{\alpha}_1,\boldsymbol{\alpha}_2,\boldsymbol{\alpha}_3$下的矩阵为$\boldsymbol{A}$,则有

$$\boldsymbol{A}\begin{bmatrix}1\\-2\\1\end{bmatrix}=\begin{bmatrix}1&-1&1\\0&2&0\\1&2&-1\end{bmatrix}\begin{bmatrix}1\\-2\\1\end{bmatrix}=\begin{bmatrix}4\\-4\\-4\end{bmatrix}.$$

所以 $T(\boldsymbol{\alpha})$在基 $\boldsymbol{\alpha}_1,\boldsymbol{\alpha}_2,\boldsymbol{\alpha}_3$下的坐标为$\begin{bmatrix}4\\-4\\-4\end{bmatrix}$.

线性变换的矩阵是与线性空间中的一个基联系在一起的. 同一个线性变换在不同基下通常对应不同的矩阵. 下面来讨论线性变换在不同基下的矩阵之间的联系.

定理 5.4.1　设线性空间 V 中的线性变换 T 在两个基 $\boldsymbol{\alpha}_1,\boldsymbol{\alpha}_2,\cdots,\boldsymbol{\alpha}_n$和$\boldsymbol{\beta}_1,\boldsymbol{\beta}_2,\cdots,\boldsymbol{\beta}_n$下的矩阵分别为 $\boldsymbol{A}$ 和 $\boldsymbol{B}$,从 $\boldsymbol{\alpha}_1,\boldsymbol{\alpha}_2,\cdots,\boldsymbol{\alpha}_n$到$\boldsymbol{\beta}_1,\boldsymbol{\beta}_2,\cdots,\boldsymbol{\beta}_n$的过渡矩阵为 $\boldsymbol{P}$,则 $\boldsymbol{B}=\boldsymbol{P}^{-1}\boldsymbol{A}\boldsymbol{P}$,即 $\boldsymbol{A}\sim\boldsymbol{B}$.

证　已知

$$T(\boldsymbol{\alpha}_1,\boldsymbol{\alpha}_2,\cdots,\boldsymbol{\alpha}_n)=[\boldsymbol{\alpha}_1,\boldsymbol{\alpha}_2,\cdots,\boldsymbol{\alpha}_n]\boldsymbol{A},$$
$$T(\boldsymbol{\beta}_1,\boldsymbol{\beta}_2,\cdots,\boldsymbol{\beta}_n)=[\boldsymbol{\beta}_1,\boldsymbol{\beta}_2,\cdots,\boldsymbol{\beta}_n]\boldsymbol{B},$$
$$[\boldsymbol{\beta}_1,\boldsymbol{\beta}_2,\cdots,\boldsymbol{\beta}_n]=[\boldsymbol{\alpha}_1,\boldsymbol{\alpha}_2,\cdots,\boldsymbol{\alpha}_n]\boldsymbol{P}.$$

所以有

$$\begin{aligned}T(\boldsymbol{\beta}_1,\boldsymbol{\beta}_2,\cdots,\boldsymbol{\beta}_n)&=T([\boldsymbol{\alpha}_1,\boldsymbol{\alpha}_2,\cdots,\boldsymbol{\alpha}_n]\boldsymbol{P})\\&=(T(\boldsymbol{\alpha}_1,\boldsymbol{\alpha}_2,\cdots,\boldsymbol{\alpha}_n))\boldsymbol{P}=([\boldsymbol{\alpha}_1,\boldsymbol{\alpha}_2,\cdots,\boldsymbol{\alpha}_n]\boldsymbol{A})\boldsymbol{P}\\&=([\boldsymbol{\beta}_1,\boldsymbol{\beta}_2,\cdots,\boldsymbol{\beta}_n]\boldsymbol{P}^{-1})\boldsymbol{A}\boldsymbol{P}=[\boldsymbol{\beta}_1,\boldsymbol{\beta}_2,\cdots,\boldsymbol{\beta}_n](\boldsymbol{P}^{-1}\boldsymbol{A}\boldsymbol{P}).\end{aligned}$$

根据$\boldsymbol{\beta}_1,\boldsymbol{\beta}_2,\cdots,\boldsymbol{\beta}_n$的线性无关性,可得 $\boldsymbol{B}=\boldsymbol{P}^{-1}\boldsymbol{A}\boldsymbol{P}$. □

例 5.4.8　已知 $\boldsymbol{e}_1=\begin{bmatrix}1\\0\\0\end{bmatrix},\boldsymbol{e}_2=\begin{bmatrix}0\\1\\0\end{bmatrix},\boldsymbol{e}_3=\begin{bmatrix}0\\0\\1\end{bmatrix}$和 $\boldsymbol{\alpha}_1=\begin{bmatrix}2\\2\\1\end{bmatrix},\boldsymbol{\alpha}_2=\begin{bmatrix}1\\1\\-1\end{bmatrix},\boldsymbol{\alpha}_3=\begin{bmatrix}-1\\0\\1\end{bmatrix}$是线性空间$\mathbb{R}^3$的两个基,$T$ 是$\mathbb{R}^3$中的线性变换,且

$$T(\boldsymbol{e}_1)=\begin{bmatrix}1\\0\\1\end{bmatrix},\quad T(\boldsymbol{e}_2)=\begin{bmatrix}0\\1\\1\end{bmatrix},\quad T(\boldsymbol{e}_3)=\begin{bmatrix}0\\0\\1\end{bmatrix}.$$

分别求 T 在两个基下的矩阵 $\boldsymbol{A}$ 和 $\boldsymbol{B}$.

解　由已知条件,$T(\boldsymbol{e}_1,\boldsymbol{e}_2,\boldsymbol{e}_3)=[\boldsymbol{e}_1,\boldsymbol{e}_2,\boldsymbol{e}_3]\begin{bmatrix}1&0&0\\0&1&0\\1&1&1\end{bmatrix}$,所以 T 在基 $\boldsymbol{e}_1,\boldsymbol{e}_2$,

$\boldsymbol{e}_3$下的矩阵为$\boldsymbol{A}=\begin{bmatrix}1&0&0\\0&1&0\\1&1&1\end{bmatrix}$.

又因为

$$[\boldsymbol{\alpha}_1,\boldsymbol{\alpha}_2,\boldsymbol{\alpha}_3]=[\boldsymbol{e}_1,\boldsymbol{e}_2,\boldsymbol{e}_3]\begin{bmatrix}2&1&-1\\2&1&0\\1&-1&1\end{bmatrix},$$

所以从$\boldsymbol{e}_1,\boldsymbol{e}_2,\boldsymbol{e}_3$到$\boldsymbol{\alpha}_1,\boldsymbol{\alpha}_2,\boldsymbol{\alpha}_3$的过渡矩阵为$\boldsymbol{P}=\begin{bmatrix}2&1&-1\\2&1&0\\1&-1&1\end{bmatrix}$. 由定理5.4.1知,$T$在基$\boldsymbol{\alpha}_1,\boldsymbol{\alpha}_2,\boldsymbol{\alpha}_3$下的矩阵为

$$\boldsymbol{B}=\boldsymbol{P}^{-1}\boldsymbol{A}\boldsymbol{P}=\begin{bmatrix}2&1&-1\\2&1&0\\1&-1&1\end{bmatrix}^{-1}\begin{bmatrix}1&0&0\\0&1&0\\1&1&1\end{bmatrix}\begin{bmatrix}2&1&-1\\2&1&0\\1&-1&1\end{bmatrix}=\frac{1}{3}\begin{bmatrix}7&2&-1\\-8&-1&2\\0&0&3\end{bmatrix}.$$

例 5.4.9 $g_1=1-x-x^2,g_2=3x-2x^2,g_3=1-2x^2$构成线性空间$\mathbb{R}[x]_3$的一个基,求线性变换$\mathrm{D}[f(x)]=f'(x)$在基$g_1,g_2,g_3$下的矩阵.

解 由例5.4.6,D在基$1,x,x^2$下的矩阵为$\boldsymbol{A}=\begin{bmatrix}0&1&0\\0&0&2\\0&0&0\end{bmatrix}$,而

$$[g_1,g_2,g_3]=[1,x,x^2]\begin{bmatrix}1&0&1\\-1&3&0\\-1&-2&-2\end{bmatrix},$$

即从$1,x,x^2$到g_1,g_2,g_3的过渡矩阵为$\boldsymbol{P}=\begin{bmatrix}1&0&1\\-1&3&0\\-1&-2&-2\end{bmatrix}$. 所以D在基$g_1,g_2,g_3$下的矩阵为

$$\boldsymbol{B}=\boldsymbol{P}^{-1}\boldsymbol{A}\boldsymbol{P}=\begin{bmatrix}-10&10&-8\\-4&2&-4\\9&-7&8\end{bmatrix}.$$

三、线性变换的运算

在第二章中,我们看到,若有两个线性变换$\boldsymbol{y}=\boldsymbol{A}\boldsymbol{x}$及$\boldsymbol{z}=\boldsymbol{B}\boldsymbol{y}$,则从$\boldsymbol{x}$到$\boldsymbol{z}$的线性变换为$\boldsymbol{z}=(\boldsymbol{B}\boldsymbol{A})\boldsymbol{x}$,这里可以看成两个线性变换的乘法运算. 下面我们介绍线性空间中的线性变换的几种运算.

1. 加法

设 T_1, T_2 是 V 中的两个线性变换，在 V 中定义变换

$$(T_1+T_2)(\boldsymbol{\alpha})=T_1(\boldsymbol{\alpha})+T_2(\boldsymbol{\alpha}),$$

称为线性变换 T_1 与 T_2 的和.

2. 数量乘法

设 T 是线性空间 V 中的线性变换，$k\in F$，在 V 中定义变换

$$(kT)(\boldsymbol{\alpha})=k(T(\boldsymbol{\alpha})),$$

称为数 k 与线性变换 T 的数量乘积.

3. 乘法

设 T_1, T_2 是 V 中的两个线性变换，在 V 中定义变换

$$(T_1T_2)(\boldsymbol{\alpha})=T_1(T_2(\boldsymbol{\alpha})),$$

称为线性变换 T_1 与 T_2 的乘积.

4. 逆变换

设 T 是线性空间 V 中的线性变换，I 是 V 中的恒等变换. 若存在一个变换 S，使得

$$ST=TS=I,$$

则称 T 是**可逆变换**，并称 S 是 T 的**逆变换**.

可以证明以上定义的**线性变换的和**、**数量乘积**、**乘积**、逆变换仍然是线性变换，且线性变换 T 的逆变换若存在，则是唯一的，通常记作 T^{-1}. 关于这些线性变换的矩阵，有如下定理.

定理 5.4.2　设线性空间 V 的线性变换 σ 和 τ 在 V 的一个基 $\boldsymbol{\alpha}_1,\boldsymbol{\alpha}_2,\cdots,\boldsymbol{\alpha}_n$ 下的矩阵分别为 $\boldsymbol{A}$ 和 $\boldsymbol{B}$，则线性变换 $\sigma+\tau, k\sigma$ 和 $\sigma\tau$ 在这个基下的矩阵分别为 $\boldsymbol{A}+\boldsymbol{B}, k\boldsymbol{A}$ 和 $\boldsymbol{AB}$. 若 σ 是可逆线性变换，则其逆变换 σ^{-1} 在这个基下的矩阵为 $\boldsymbol{A}^{-1}$.

这里只给出关于 $\sigma\tau, \sigma^{-1}$ 的证明，其余情形请读者自行完成.

证　因为

$$\begin{aligned}\sigma\tau(\boldsymbol{\alpha}_1,\boldsymbol{\alpha}_2,\cdots,\boldsymbol{\alpha}_n)&=\sigma(\tau(\boldsymbol{\alpha}_1,\boldsymbol{\alpha}_2,\cdots,\boldsymbol{\alpha}_n))\\&=\sigma([\boldsymbol{\alpha}_1,\boldsymbol{\alpha}_2,\cdots,\boldsymbol{\alpha}_n]\boldsymbol{B})\\&=(\sigma(\boldsymbol{\alpha}_1,\boldsymbol{\alpha}_2,\cdots,\boldsymbol{\alpha}_n))\boldsymbol{B}\\&=([\boldsymbol{\alpha}_1,\boldsymbol{\alpha}_2,\cdots,\boldsymbol{\alpha}_n]\boldsymbol{A})\boldsymbol{B}\\&=[\boldsymbol{\alpha}_1,\boldsymbol{\alpha}_2,\cdots,\boldsymbol{\alpha}_n](\boldsymbol{AB}),\end{aligned}$$

即 $\sigma\tau$ 在基 $\boldsymbol{\alpha}_1,\boldsymbol{\alpha}_2,\cdots,\boldsymbol{\alpha}_n$ 下的矩阵为 $\boldsymbol{AB}$.

设 σ^{-1} 在基 $\boldsymbol{\alpha}_1,\boldsymbol{\alpha}_2,\cdots,\boldsymbol{\alpha}_n$ 下的矩阵为 $\boldsymbol{C}$，因为 $\sigma\sigma^{-1}=\sigma^{-1}\sigma=I$，而 $\sigma\sigma^{-1}, \sigma^{-1}\sigma$ 在基 $\boldsymbol{\alpha}_1,\boldsymbol{\alpha}_2,\cdots,\boldsymbol{\alpha}_n$ 下的矩阵分别为 $\boldsymbol{AC}$ 和 $\boldsymbol{CA}$，恒等变换 I 在任何基下的矩阵为

单位矩阵 $\boldsymbol{E}$，所以有 $\boldsymbol{AC}=\boldsymbol{CA}=\boldsymbol{E}$，得 $\boldsymbol{C}=\boldsymbol{A}^{-1}$，即 σ^{-1} 在基 $\boldsymbol{\alpha}_1,\boldsymbol{\alpha}_2,\cdots,\boldsymbol{\alpha}_n$ 下的矩阵为 $\boldsymbol{A}^{-1}$. □

练习 5.4

1. 设 $\boldsymbol{X}$ 为 $\mathbb{R}^{n\times n}$ 中的任一 n 阶方阵，判断下列变换是否为线性变换.

(1) $T(\boldsymbol{X})=\boldsymbol{XA}$，其中 $\boldsymbol{A}$ 为 $\mathbb{R}^{n\times n}$ 中的一个给定的矩阵；

(2) $\boldsymbol{T}(\boldsymbol{X})=\boldsymbol{X}+\boldsymbol{X}^{\mathrm{T}}$.

2. 设 $\boldsymbol{\alpha}=[x_1,x_2,x_3]^{\mathrm{T}}$ 为线性空间 $\mathbb{R}^3$ 中的任一向量，判断下列变换是否为线性变换，若是，求其在基 $\boldsymbol{e}_1,\boldsymbol{e}_2,\boldsymbol{e}_3$ 下的矩阵.

(1) $T(\boldsymbol{\alpha})=[x_1-x_2,x_2+x_3,x_1]^{\mathrm{T}}$；

(2) $T(\boldsymbol{\alpha})=[x_1x_2,x_2x_3,x_1]^{\mathrm{T}}$.

3. 设 $f(x)$ 为 $\mathbb{R}[x]_3$ 中的任一多项式，判断下列变换是否为线性变换，若是，求其在基 $1,x,x^2$ 下的矩阵.

(1) $T[f(x)]=f(x)+1$；

(2) $T[f(x)]=f(x+1)$.

4. 证明：恒等变换 I 在任何基下的矩阵为单位矩阵 $\boldsymbol{E}$，零变换 O 在任何基下的矩阵为零矩阵 $\boldsymbol{O}$.

5. 设 $\mathbb{R}[x]_3$ 中的线性变换 T 在基 $1,x,x^2$ 下的矩阵为 $\begin{bmatrix}0&0&0\\1&0&1\\1&1&0\end{bmatrix}$，$f(x)=x^2+x+1$，求 $T(f)$.

6. 在 $\mathbb{R}^3$ 中，设 $\boldsymbol{\alpha}_1=\boldsymbol{e}_1+\boldsymbol{e}_2,\boldsymbol{\alpha}_2=\boldsymbol{e}_2+\boldsymbol{e}_3,\boldsymbol{\alpha}_3=\boldsymbol{e}_1+\boldsymbol{e}_3$，线性变换 T 满足 $T(\boldsymbol{\alpha}_1)=\begin{bmatrix}1\\0\\2\end{bmatrix},T(\boldsymbol{\alpha}_2)=\begin{bmatrix}-1\\2\\1\end{bmatrix},T(\boldsymbol{\alpha}_3)=\begin{bmatrix}1\\0\\0\end{bmatrix}$.

(1) 证明 $\boldsymbol{\alpha}_1,\boldsymbol{\alpha}_2,\boldsymbol{\alpha}_3$ 为 $\mathbb{R}^3$ 的一个基；

(2) 求 T 在基 $\boldsymbol{\alpha}_1,\boldsymbol{\alpha}_2,\boldsymbol{\alpha}_3$ 下的矩阵；

(3) 求 T 在基 $\boldsymbol{e}_1,\boldsymbol{e}_2,\boldsymbol{e}_3$ 下的矩阵；

(4) 计算 $T(2\boldsymbol{e}_1+\boldsymbol{e}_2-\boldsymbol{e}_3)$.

7. 设 $\mathrm{D}[f(x)]=f'(x)$ 为线性空间 $\mathbb{R}[x]_3$ 中的线性变换，$g_1=1,g_2=1+x,g_3=(1+x)^2$.

(1) 证明 g_1,g_2,g_3 为 $\mathbb{R}[x]_3$ 的一个基；

(2) 求 D 在基 g_1,g_2,g_3 下的矩阵；

（3）求 D^2 在基 g_1,g_2,g_3 下的矩阵. D 是否为可逆线性变换，D^2 呢？为什么？

习　题　五

1. 设 $\boldsymbol{\alpha}$ 为 $\mathbb{R}^n$ 中的任一非零向量，证明 $V=\{\boldsymbol{x}\mid(\boldsymbol{x},\boldsymbol{\alpha})=0\}$ 为 $\mathbb{R}^n$ 的子空间，并求 V 的维数.

2. 下列集合对于矩阵的加法和数乘是否构成线性空间？若构成，求其维数和一个基.

（1）$A=\left\{\begin{bmatrix}a & b\\ 0 & c\end{bmatrix}\middle|\, a,b,c\in\mathbb{R}\right\}$；

（2）$B=\left\{\begin{bmatrix}a & b\\ 1 & c\end{bmatrix}\middle|\, a,b,c\in\mathbb{R}\right\}$；

（3）$C=\left\{\begin{bmatrix}a & b\\ 0 & a\end{bmatrix}\middle|\, a,b\in\mathbb{R}\right\}$.

3. 设有 $\mathbb{R}^{2\times 2}$ 中的矩阵

$$\boldsymbol{\alpha}_1=\begin{bmatrix}1 & 0\\ 0 & 0\end{bmatrix},\quad \boldsymbol{\alpha}_2=\begin{bmatrix}1 & 1\\ 0 & 0\end{bmatrix},\quad \boldsymbol{\alpha}_3=\begin{bmatrix}1 & 1\\ 1 & 0\end{bmatrix},\quad \boldsymbol{\alpha}_4=\begin{bmatrix}1 & 1\\ 1 & 1\end{bmatrix}.$$

（1）证明 $\mathbb{R}^{2\times 2}$ 按矩阵的加法和数乘构成实数域 $\mathbb{R}$ 上的线性空间；

（2）证明 $\boldsymbol{\alpha}_1,\boldsymbol{\alpha}_2,\boldsymbol{\alpha}_3,\boldsymbol{\alpha}_4$ 构成 $\mathbb{R}^{2\times 2}$ 的一个基；

（3）求矩阵 $\boldsymbol{A}=\begin{bmatrix}1 & -1\\ 0 & 2\end{bmatrix}$ 在 $\boldsymbol{\alpha}_1,\boldsymbol{\alpha}_2,\boldsymbol{\alpha}_3,\boldsymbol{\alpha}_4$ 下的坐标.

4. 在 $\mathbb{R}^4$ 中有两个基：

$$\text{I}:\boldsymbol{\alpha}_1=\begin{bmatrix}1\\1\\1\\0\end{bmatrix},\boldsymbol{\alpha}_2=\begin{bmatrix}1\\1\\0\\1\end{bmatrix},\boldsymbol{\alpha}_3=\begin{bmatrix}1\\0\\1\\1\end{bmatrix},\boldsymbol{\alpha}_4=\begin{bmatrix}0\\1\\1\\1\end{bmatrix},$$

$$\text{II}:\boldsymbol{\beta}_1=\begin{bmatrix}1\\0\\1\\0\end{bmatrix},\boldsymbol{\beta}_2=\begin{bmatrix}1\\0\\0\\1\end{bmatrix},\boldsymbol{\beta}_3=\begin{bmatrix}0\\1\\0\\0\end{bmatrix},\boldsymbol{\beta}_4=\begin{bmatrix}0\\0\\0\\1\end{bmatrix},$$

（1）求从基 I 到基 II 的过渡矩阵；

（2）分别求向量 $\boldsymbol{\gamma}=[2,1,2,1]^{\mathrm{T}}$ 在两个基下的坐标；

（3）求向量 $\boldsymbol{\alpha}$，使它在两个基下的坐标相同.

5. 设 T 为 $\mathbb{R}^3$ 中的线性变换，对任意向量 $\boldsymbol{\alpha}=\begin{bmatrix}x_1\\x_2\\x_3\end{bmatrix}\in\mathbb{R}^3$，有 $T(\boldsymbol{\alpha})=\begin{bmatrix}2x_1+x_2-x_3\\-x_1+2x_2+x_3\\x_1+5x_3\end{bmatrix}$. 求 T 在基 $\boldsymbol{\alpha}_1=\begin{bmatrix}1\\0\\1\end{bmatrix},\boldsymbol{\alpha}_2=\begin{bmatrix}1\\1\\0\end{bmatrix},\boldsymbol{\alpha}_3=\begin{bmatrix}1\\1\\1\end{bmatrix}$ 下的矩阵.

6. 设线性空间 V 的线性变换 σ 和 τ 在 V 的一个基 $\boldsymbol{\alpha}_1,\boldsymbol{\alpha}_2,\cdots,\boldsymbol{\alpha}_n$ 下的矩阵分别为 $\boldsymbol{A}$ 和 $\boldsymbol{B}$，证明线性变换 $\sigma+\tau$ 和 $k\sigma$ 在这个基下的矩阵分别为 $\boldsymbol{A}+\boldsymbol{B}$ 和 $k\boldsymbol{A}$，其中 k 为常数.

7. 在 $\mathbb{R}^2$ 中有线性变换

$$\sigma\left(\begin{bmatrix}x_1\\x_2\end{bmatrix}\right)=\begin{bmatrix}x_1+x_2\\x_1-x_2\end{bmatrix},\quad \tau\left(\begin{bmatrix}x_1\\x_2\end{bmatrix}\right)=\begin{bmatrix}x_2\\x_1\end{bmatrix},$$

求 $\sigma+2\tau,\sigma\tau$.

第六章 线性代数问题的 Mathematica 求解方法

数学理论在现代科学技术的进步中发挥了重要作用,与此同时,现代科学技术的进步也极大地推动了基础理论的发展. 在前面几章的学习中,我们发现,解决线性代数中的问题往往需要进行大量的计算,通过手工计算费时费力,且容易出错. 数学软件为我们提供了一个运用现代科学技术解决问题的途径,通过软件可以方便地解决在线性代数中遇到的各种问题,使人们从烦琐的计算中解脱出来. 本章我们介绍用数学软件 Mathematica 解决线性代数问题的基本方法.

§6.1 Mathematica 入门

一、Mathematica 简介

Mathematica 是由 Wolfram Research 公司开发的一款科学计算软件,它很好地结合了数值和符号计算引擎、图形系统、编程语言、文本系统,并成功实现了与其他应用程序的对接. Wolfram Research 是由 Stephen Wolfram 于 1987 年创立,并在全球范围内具有很高影响力的电脑、网络和云端软件的公司.它于 1988 年首次发布 Mathematica 软件,并迅速占领了科学技术和教育领域计算软件的市场. Mathematica 以一种独特的模式,成功地将尖端科研、以用户为导向的优秀界面设计,以及世界一流的软件工程融合在一起. 它拥有强大的数值计算、符号运算以及图形处理能力,是当今世界上使用最广泛的数学软件之一,主要用户群体为科技工作者和高等院校的师生.它紧跟国际科技发展的潮流,不断更新、完善,从 1988 年首次发布的 Mathematica 1.0,到 2025 年的 Mathematica 14.2, 三十余年不断更新.Mathematica 和 MATLAB、Maple 并称为三大数学软件.

Mathematica 分为内核和前端两部分. 内核对表达式(即 Mathematica 代码)进行解释,并且返回结果表达式. 前端为用户提供了一个可以创建并且进行编辑的“笔记本文档”(Notebook. nb),该笔记本文档包含程序代码和其他格式化

的文本(比如公式、图像、GUI 组件、表格、声音等),并且支持标准文字处理功能.所有的内容和格式都可以通过算法生成或者通过交互式方法进行编辑.笔记本与其内容均以 Mathematica 表达式的形式存储(以 *.nb 格式打开、存储),并且可使用 Mathematica 程序进行创建、编辑和修改,而且还可以转化为其他格式,比如 TeX 或者 XML.

Mathematica 包括了广泛和全面的函数系统,涉及数学、科学、工程和金融等多个领域,所有这些函数都是预先设计好的,一般仅需要一个命令或用鼠标轻轻一点就能输出结果.Mathematica 内设丰富的数学函数库,既可以进行数值计算,如计算积分值、求微分方程的数值解等,提供几乎任意精度的数值运算结果,也可以进行符号运算,如计算函数的极限、导数、不定积分、求微分方程的通解等,快速地解答微积分、线性代数、微分方程、复变函数、数值分析、概率论及统计等各类问题,还能够直接绘出函数的二维及三维图像.而这些都是普通的计算器无法完成,也是其他软件难以实现的任务.

Mathematica 具有高阶的演算功能、丰富的数学函数库和庞大的数学知识库,使得线性代数中的各种运算,如行列式、矩阵、逆矩阵、矩阵的初等变换、求解线性方程组的通解、求方阵的特征值与特征向量等运算,可以通过计算机顺利解决,从而将人们从烦琐的数值计算和符号运算中解脱出来.

Mathematica 可编排打印专业的科学论文,让运算与排版在同一环境下完成,提供高品质可编辑的排版公式与表格、屏幕与打印的自动最佳化排版,并且对 *.txt, *.html, *.pdf 等格式的输出提供了很好的兼容性,可与 C, C++, Fortran, Perl, Visual Basic 以及 Java 结合,提供了高级语言接口功能,使得程序开发更加方便.

Mathematica 本身是一个方便学习的程序语言,它提供互动且丰富的帮助功能,让使用者即学即用.全面的功能、简单的操作、容易学习等特点都为用户提供了极大的方便.

Mathematica 是一个功能齐全的数学软件,从小学到大学的学习中,以及工程技术中所遇到的所有数学问题差不多都能够在这里得到解决.本章以 Mathematica 10 为例,在简单介绍软件的基本操作以后,主要给出它解决线性代数问题的方法.

二、Mathematica 的初步认识

Mathematica 提供了一个简单友好的工作界面.在 Mathematica 系统中定义了许多功能强大的函数,一切命令都通过这些函数来执行,其统一的格式为 Function[ ].要解决不同的问题,只需直接调用相应的函数就可以了.这些函数

分为两类,一类是数学意义上的函数,如:三角函数 Sin[ ]、Cos[ ],对数函数 Log[ ]等;另一类是命令意义上的函数,如作函数图形的函数 Plot[ ],求解方程及方程组的函数 Solve[ ],计算行列式的函数 Det[ ]等. 不同的函数用于执行不同的操作,它们之间可以进行运算、复合,如 MatrixForm[Transpose[{{1,2},{3,4}}]](Transpose[*]表示对矩阵进行转置,MatrixForm[*]表示以矩阵形式输出)等. 这些函数基本上是以英文直接给出的,每一个命令都非常简单实用,符合人们的思维习惯. 不同的函数有其相应的对参数(变量)个数及格式的要求,这些参数一律用方括号[ ]括起来. 也可以在输入面板上选取并点击相应的按钮,系统会自动给出相应的命令及其使用的格式.

值得注意的是,Mathematica 区分字母的大小写,而且要求每个函数的首字母必须是大写. 当一个函数输入完成后,就可以运行了,执行命令要同时按下 Shift+Enter 键或数字键盘上的 Enter 键,然后系统会自动检查并进行相应的处理.在 Mathematica 中,主键盘上的 Enter 键的作用是另起一行输入.

系统提供了帮助功能,键入"? 函数名"显示该函数的信息;键入"?? 函数名"则显示该函数的详细信息;"? Ab *" 显示以字母"Ab"打头的全部函数,可从中点击所需要的进一步查询其信息. 另外,当选中一个函数,然后按 F1 键时,系统也可以提供该函数的各种信息. 与此同时,系统提供了另外一种输入方式,那就是输入面板.

三、Mathematica 中的基本运算符号

1. 几种括号的用法

方括号[ ]	用于确定函数的参数(或变量),[ ]中是函数的变量,如 Sin[3x]、Det[A]、Inverse[A] 等
圆括号( )	用于确定运算顺序,优先运算( )内的表达式
花括号{ }	列表组合,用于存储多个数、变量或算式等对象的一种数据结构

为了将函数名与其变量区分开来,在 Mathematica 中要将变量写在方括号[ ]中,如 Sin[x+y],Inverse[A]等. 与其他的计算机语言一样,Mathematica 是从左向右依次读取并运算的,遇到( )则先执行( )内的命令. 如(a/b)c,其运算过程是 a 除以 b,再乘 c,相当于$\frac{a}{b}\times c$. 而 a/(b c)的运算过程是 a 除以"b 乘 c 的积",相当于$\frac{a}{b\times c}$. 由于线性代数中有大量的矩阵、向量及方程组,所以花括号{ }在解决线性代数问题时用得比较多,如定义向量$[a_1,a_2,\cdots,a_n]$,输入时

写为{a1,a2,⋯,an},矩阵 $\boldsymbol{A}=\begin{bmatrix}1&0\\-2&1\\1&-3\end{bmatrix}$,输入时写为 A={{1,0},{-2,1},{1,-3}}等.

2. 算术运算符

+	表示加法运算,如数值加法 $3+x$,矩阵加法 $\boldsymbol{A}+\boldsymbol{B}$ 等
-	表示减法运算,如数值减法 $3-x$,矩阵减法 $\boldsymbol{A}-\boldsymbol{B}$ 等
空格(或 *)	表示乘法运算,如 3"空格"5(事实上,当输入"3 5"后,系统会自动变为 3×5),或 3 * 5 等. 数乘矩阵(包括向量)可以用空格、" * "或点"."
.	表示矩阵、向量之间的乘法运算
/	表示除法运算,如 a/b 等
^	表示乘方,如 a^x 表示 a^x,A^k 表示矩阵 $\boldsymbol{A}$ 的乘幂 $\boldsymbol{A}^k$ 等

3. 几个常数

Pi	表示圆周率 $\pi=3.14159\cdots$
E	表示自然对数的底 $e=2.71828\cdots$
I	表示虚数单位 $i=\sqrt{-1}$
Infinity	表示 ∞

4. 常用函数

	命令	格式	数学意义
绝对值	Abs	Abs[x]	$\lvert x\rvert$
阶乘函数	!	n!	$n(n-1)(n-2)\cdots 1$
双阶乘函数	!!	n!!	$\begin{cases}2m(2m-2)\cdots 2, n=2m\\(2m+1)(2m-1)\cdots 1, n=2m+1\end{cases}$
取余函数	Mod	Mod[m,n]	m/n 的余数
最大值函数	Max	Max[x1,x2,⋯,xn]	取 $x_1,x_2,\cdots,x_n$ 中的最大值
最小值函数	Min	Min[x1,x2,⋯,xn]	取 $x_1,x_2,\cdots,x_n$ 中的最小值
多项式展开	Expand	Expand[表达式]	将"表达式"展开
因式分解	Factor	Factor[表达式]	对"表达式"作因式分解

续表

	命令	格式	数学意义
数值	N	N[x]	将 x 转换成实数(用小数表示)
		N[x,n]	给出具有 n 位的 x 的近似值
有理数近似值	Rationalize	Rationalize[x]	给出 x 的有理数近似值
		Rationalize[x,ε]	给出 x 的有理数近似值,误差不大于 ε
指数函数	Power	Power[a,x]或 a^x	a^x
	Exp	Exp[x]或 E^x	e^x
对数函数	Log	Log[b,x]	$\log_b x$
	Log	Log[x]	$\ln x$
正弦函数	Sin	Sin[x]	$\sin x$
余弦函数	Cos	Cos[x]	$\cos x$
正切函数	Tan	Tan[x]	$\tan x$
余切函数	Cot	Cot[x]	$\cot x$
反正弦函数	ArcSin	ArcSin[x]	$\arcsin x$
反余弦函数	ArcCos	ArcCos[x]	$\arccos x$
反正切函数	ArcTan	ArcTan[x]	$\arctan x$
反余切函数	ArcCot	ArcCot[x]	$\operatorname{arccot} x$
双曲正弦函数	Sinh	Sinh[x]	$\sinh x$
双曲余弦函数	Cosh	Cosh[x]	$\cosh x$
双曲正切函数	Tanh	Tanh[x]	$\tanh x$
清除	Clear	Clear[x]	清除 x 的值但保留变量 x
	Remove	Remove[x]	将变量 x 彻底清除

5. 关系运算符

==	相等
!=	不等
>	大于
>=	大于或等于
<	小于

续表

<=	小于或等于
…==…==…	都相等,如 x==y==z,表示 x,y,z 三个数都相等
…!=…!=…	都不相等,如 x!=y!=z,表示 x,y,z 三个数互不相等
…>…>…	严格递减
…<…<…	严格递增

6. 逻辑运算符

!	非
&&	并
||	或
Xor	异或
If	条件

7. %的用法

%	表示最后产生的结果,如 N[%]表示给出最后一个数的数值
%%	表示倒数第 2 个产生的结果
%%%(k)	表示倒数第 k 个产生的结果
%n	表示第 n 个产生的结果,即 Out[n]的结果

§6.2 线性代数问题的 Mathematica 求解方法

线性代数中的许多计算问题往往可以视为对矩阵做一些处理,如计算行列式可视为求方阵的行列式,判断向量组的线性相关性及求向量组的秩可通过求矩阵的秩,或通过对矩阵实施初等行变换将矩阵化为行阶梯形矩阵得到. 因此,矩阵的运算是运用 Mathematica 解决线性代数问题的基础.

一、定义矩阵

矩阵是数据库中的表. 从数据结构上来看,矩阵和向量是同一个对象. 在 Mathematica 中,我们既可以像定义变量一样来定义矩阵,也可以通过定义表的方式来定义矩阵,还可以通过输入面板直接输入矩阵,这些操作都是非常方便的.

1. 直接定义矩阵

A = {{第一行元素列表},{第二行元素列表},…,{第 m 行元素列表}}.	定义矩阵
MatrixForm[A]	以矩阵形式输出矩阵 **A**
A//MatrixForm	以矩阵形式输出矩阵 **A**

例 6.2.1 在 Mathematica 中定义矩阵$\begin{bmatrix} 1 & 2 & 3 & 4 \\ -3a & a & a+x & a-4 \\ x & x^2 & x^3 & x^4 \end{bmatrix}$.

解 输入命令如下:

```
A={{1,2,3,4},{-3a,a,a+x,a-4},{x,x^2,x^3,x^4}}
MatrixForm[A]
A//MatrixForm
```

输出结果如下:

Out[1]={{1,2,3,4},{-3a,a,a+x,a-4},{x,x^2,x^3,x^4}}

Out[2]//MatrixForm=$\begin{pmatrix} 1 & 2 & 3 & 4 \\ -3a & a & a+x & a-4 \\ x & x^2 & x^3 & x^4 \end{pmatrix}$

Out[3]//MatrixForm=$\begin{pmatrix} 1 & 2 & 3 & 4 \\ -3a & a & a+x & a-4 \\ x & x^2 & x^3 & x^4 \end{pmatrix}$

MatrixForm[A]和 A// MatrixForm 只是以矩阵形式输出 **A**,用于直观地显示矩阵 **A**,而不参与赋值.

2. 利用 Table 函数定义矩阵

Table[a[i],{i,min,max,step}]	给出 a_i 的数值表(向量),i 由 min 以 step 为步长变到 max
Table[a[i],{i,min,max}]	给出 a_i 的数值表(向量),i 由 min 以 1 为步长变到 max
Table[a[i],{i,max}]	给出 a_i 的数值表(向量),i 由 1 以 1 为步长变到 max
Table[a[i,j],{i,min i,max i,step i},{j,min j,max j,step j}]	生成二维表(矩阵) a_{ij},i 由 min i 以 step i 为步长变到 max i;j 由 min j 以 step j 为步长变到 max j
Table[a[i,j],{i,min i,max i},{j,min j,max j}]	生成二维表(矩阵)a_{ij},以 1 为步长,i 由 min i 变到 max i;j由 min j 变到 max j.

例 6.2.2　在 Mathematica 中定义矩阵$\begin{bmatrix}1&1&1&1\\1&2&4&8\\1&3&9&27\\1&4&16&64\end{bmatrix}$.

解　输入命令如下：

```
Table[i^(j-1),{i,1,4},{j,1,4}]
MatrixForm[%]
```

输出结果如下：

```
Out[1]={{1,1,1,1},{1,2,4,8},{1,3,9,27},{1,4,16,64}}
```

Out[2]//MatrixForm = $\begin{pmatrix}1&1&1&1\\1&2&4&8\\1&3&9&27\\1&4&16&64\end{pmatrix}$

3. 通过输入面板定义矩阵

Mathematica 中设有输入面板，其中有“书写助手”“数学助手”“课堂助手”等选项. 在“数学助手”中又分为“基本”和“高级”两部分，一般的常用函数都可在这里找到. 如，定义矩阵 $\boldsymbol{A}=\begin{bmatrix}1&2&6\\2&0&-5\\-1&3&7\end{bmatrix}$，在工作区键入“A =”，点击“数学助手——计算器”（高级）面板中的图标$\begin{pmatrix}\square&\square\\\square&\square\end{pmatrix}$，系统会自动在工作区给出$\begin{pmatrix}\square&\square\\\square&\square\end{pmatrix}$，我们可以通过点击面板上该图标上方的“行+”或“列+”来增加行、列成$\begin{pmatrix}\square&\square&\square\\\square&\square&\square\\\square&\square&\square\end{pmatrix}$，然后在相应的位置填入对应的数字即可.

4. 几种特殊矩阵的定义方法

Table[0,{m},{n}]	定义一个 m 行 n 列的零矩阵
Table[If[i<=j,a[i,j],0],{i,m},{j,n}]	定义元素为 $a[i,j]$ 的上三角形矩阵
Table[If[i>=j,a[i,j],0],{i,m},{j,n}]	定义元素为 $a[i,j]$ 的下三角形矩阵
IdentityMatrix[n]	生成 n 阶单位矩阵 $\boldsymbol{E}$
DiagonalMatrix[{a1,a2,…,an}]	定义对角元为 a_i 的 n 阶对角矩阵

例 6.2.3　在 Mathematica 中定义,并以矩阵形式输出下列矩阵:

(1) $\begin{bmatrix}1&1&1&1\\0&2&4&8\\0&0&9&27\\0&0&0&64\end{bmatrix}$;　(2) $\begin{bmatrix}1&0&0&0\\1&2&0&0\\1&3&9&0\\1&4&16&64\end{bmatrix}$;

(3) $\begin{bmatrix}1&0&0&0\\0&1&0&0\\0&0&1&0\\0&0&0&1\end{bmatrix}$;　(4) $\begin{bmatrix}1&0&0&0\\0&3&0&0\\0&0&5&0\\0&0&0&7\end{bmatrix}$.

解　输入命令如下:

```
MatrixForm[Table[If[i<=j,i^(j-1),0],{i,4},{j,4}]]
MatrixForm[Table[If[i>=j,i^(j-1),0],{i,4},{j,4}]]
MatrixForm[IdentityMatrix[4]]
MatrixForm[DiagonalMatrix[{1,3,5,7}]]
```

运行后便可得到所要输出的结果,在此不再一一列举.

二、矩阵运算

1. 行列式的计算

计算行列式是线性代数中经常遇到的问题. 用定义计算一般行列式,特别是阶数较高的行列式,其计算量往往是惊人的. 通过人工计算行列式比较麻烦,而且容易出错. Mathematica 软件为我们提供了计算行列式的方便、快捷而且准确可靠的途径.

一般我们将行列式的计算问题视为计算方阵的行列式来进行. 在 Mathematica 中,通过前面所学到的各种方法,先定义方阵,再运用求方阵行列式的 Det 函数来计算行列式.

Det[A]	输出矩阵 **A** 的行列式的值(精确值)
N[Det[A]]	以数值形式输出矩阵 **A** 的行列式的值

例 6.2.4　计算下列各行列式:

(1) $\begin{vmatrix}1&2&2&2\\2&1&2&2\\2&2&1&2\\2&2&2&1\end{vmatrix}$;　(2) $\begin{vmatrix}1&1&-1&1\\-1&-1&2&1\\1&2&-2&2\\1&0&2&2\end{vmatrix}$;

(3) $\begin{vmatrix}x&y&x+y\\y&x+y&x\\x+y&x&y\end{vmatrix}$.

解 首先定义三个矩阵,再通过函数 Det[ ]计算这三个矩阵的行列式. 输入命令如下:

A1=Table[If[i!=j,2,1],{i,4},{j,4}](*利用 Table 函数定义矩阵*)

A2={{1,1,-1,1},{-1,-1,2,1},{1,2,-2,2},{1,0,2,2}}(*直接定义矩阵*)

```
A3={{x,y,x+y},{y,x+y,x},{x+y,x,y}}
MatrixForm[A1]
MatrixForm[A2]
MatrixForm[A3]
Det[A1]
Det[A2]
Det[A3]
```

输出结果如下:

```
Out[1]={{1,2,2,2},{2,1,2,2},{2,2,1,2},{2,2,2,1}}
Out[2]={{1,1,-1,1},{-1,-1,2,1},{1,2,-2,2},{1,0,2,2}}
Out[3]={{x,y,x+y},{y,x+y,x},{x+y,x,y}}
```

Out[4]//MatrixForm = $\begin{pmatrix} 1 & 2 & 2 & 2 \\ 2 & 1 & 2 & 2 \\ 2 & 2 & 1 & 2 \\ 2 & 2 & 2 & 1 \end{pmatrix}$

Out[5]//MatrixForm = $\begin{pmatrix} 1 & 1 & -1 & 1 \\ -1 & -1 & 2 & 1 \\ 1 & 2 & -2 & 2 \\ 1 & 0 & 2 & 2 \end{pmatrix}$

Out[6]//MatrixForm = $\begin{pmatrix} x & y & x+y \\ y & x+y & x \\ x+y & x & y \end{pmatrix}$

Out[7]=-7

Out[8]=2

Out[9]= $-2x^3-2y^3$

注意,这里的“(*…*)”中的内容为注释,程序不运行.

该问题也可以直接计算,如

```
Det[{{x,y,x+y},{y,x+y,x},{x+y,x,y}}]
```

运行后,输出结果与上面的 Out[9]是相同的.

2. 矩阵的加法、数乘和乘法运算

A+B	给出矩阵 $\boldsymbol{A}$ 与 $\boldsymbol{B}$(同型矩阵)的和
A-B	给出矩阵 $\boldsymbol{A}$ 与 $\boldsymbol{B}$(同型矩阵)的差
k * A	给出数 k 与矩阵 $\boldsymbol{A}$ 的乘积,数乘矩阵的乘号也可以用空格或点“·”代替
A. B	给出矩阵 $\boldsymbol{A}$ 与 $\boldsymbol{B}$ 的乘积,矩阵乘积的乘号用点“.”代替
U. V	给出向量 $\boldsymbol{U}$ 与 $\boldsymbol{V}$ 的内积
MatrixPower[A,k]	给出方阵 $\boldsymbol{A}$ 的 k 次幂

例 6.2.5　设矩阵 $\boldsymbol{A}=\begin{bmatrix}1&0&11\\-2&5&7\\8&13&-3\end{bmatrix}$, $\boldsymbol{B}=\begin{bmatrix}2&1&12\\1&-3&2\\-5&9&-3\end{bmatrix}$,计算 $3\boldsymbol{A}-4\boldsymbol{B}$, $\boldsymbol{AB}$, $\boldsymbol{BA}$ 及 $\boldsymbol{A}^4$.

解　输入命令如下:

```
A={{1,0,11},{-2,5,7},{8,13,-3}}
B={{2,1,12},{1,-3,2},{-5,9,-3}}
MatrixForm[3 A-4 B]
MatrixForm[A.B]
MatrixForm[B.A]
MatrixForm[MatrixPower[A,4]]
```

输出结果如下:

```
Out[1]={{1,0,11},{-2,5,7},{8,13,-3}}
Out[2]={{2,1,12},{1,-3,2},{-5,9,-3}}
```

Out[3]//MatrixForm = $\begin{pmatrix}-5&-4&-15\\-10&27&13\\44&3&3\end{pmatrix}$

Out[4]//MatrixForm = $\begin{pmatrix}-53&100&-21\\-34&46&-35\\44&-58&131\end{pmatrix}$

Out[5]//MatrixForm = $\begin{pmatrix}96&161&-7\\23&11&-16\\-47&6&17\end{pmatrix}$

$$\text{Out[6]//MatrixForm} = \begin{pmatrix} 15137 & 28743 & -7238 \\ 9356 & 19540 & -3400 \\ -10490 & 1898 & 36060 \end{pmatrix}$$

或输入命令如下:

```
A={{1,0,11},{-2,5,7},{8,13,-3}}
B={{2,1,12},{1,-3,2},{-5,9,-3}}
3 A-4 B//MatrixForm
A.B//MatrixForm
B.A//MatrixForm
MatrixPower[A,4] //MatrixForm
```

会得到相同的结果.

3. 矩阵的转置、方阵的逆

Transpose[A]	给出 A 的转置矩阵 A^{T}
Inverse[A]	给出方阵 A 的逆矩阵 A^{-1}

例 6.2.6 对于例 6.2.5 中的矩阵 A 和 B,计算 $(AB)^{T}$, $B^{T}A^{T}$ 及 A^{-1},并验证 $(AB)^{T}=B^{T}A^{T}$ 及 $(A^{-1})^{T}=(A^{T})^{-1}$.

解 输入命令如下:

```
A={{1,0,11},{-2,5,7},{8,13,-3}}
B={{2,1,12},{1,-3,2},{-5,9,-3}}
A.B//MatrixForm
ABt=Transpose[%]//MatrixForm
BAt=Transpose[B].Transpose[A] //MatrixForm
ABt-BAt//MatrixForm
Inverse[A] //MatrixForm
Transpose[Inverse[A]]-Inverse[Transpose[A]] //MatrixForm
```

输出结果如下:

```
Out[1]={{1,0,11},{-2,5,7},{8,13,-3}}
Out[2]={{2,1,12},{1,-3,2},{-5,9,-3}}
```

$$\text{Out[3]//MatrixForm}=\begin{pmatrix} -53 & 100 & -21 \\ -34 & 46 & -35 \\ 44 & -58 & 131 \end{pmatrix}$$

$$\text{Out[4]//MatrixForm}=\begin{pmatrix} -53 & -34 & 44 \\ 100 & 46 & -58 \\ -21 & -35 & 131 \end{pmatrix}$$

$$\text{Out[5]//MatrixForm}=\begin{pmatrix}-53 & -34 & 44\\100 & 46 & -58\\-21 & -35 & 131\end{pmatrix}$$

Out[6]//MatrixForm=0

$$\text{Out[7]//MatrixForm}=\begin{pmatrix}\frac{53}{416} & -\frac{11}{64} & \frac{55}{832}\\-\frac{25}{416} & \frac{7}{64} & \frac{29}{832}\\\frac{33}{416} & \frac{1}{64} & -\frac{5}{832}\end{pmatrix}$$

$$\text{Out[8]//MatrixForm}=\begin{pmatrix}0 & 0 & 0\\0 & 0 & 0\\0 & 0 & 0\end{pmatrix}$$

从运算结果(Out[6]和 Out[8])容易看出$(\boldsymbol{AB})^{\mathrm{T}}=\boldsymbol{B}^{\mathrm{T}}\boldsymbol{A}^{\mathrm{T}}$及$(\boldsymbol{A}^{-1})^{\mathrm{T}}=(\boldsymbol{A}^{\mathrm{T}})^{-1}$是正确的.

例 6.2.7　已知矩阵$\boldsymbol{A}=\begin{bmatrix}1 & 2 & 1\\2 & 1 & 1\\-1 & 1 & 2\end{bmatrix}$,$\boldsymbol{B}=\begin{bmatrix}2 & 1 & 1\\1 & 2 & 1\\1 & 1 & 2\end{bmatrix}$,求解矩阵方程$2\boldsymbol{AX}-\boldsymbol{X}+\boldsymbol{B}=\boldsymbol{O}$.

解　方程等价于$(\boldsymbol{E}-2\boldsymbol{A})\boldsymbol{X}=\boldsymbol{B}$,我们可以通过$\det(\boldsymbol{E}-2\boldsymbol{A})\neq0$判定矩阵$\boldsymbol{E}-2\boldsymbol{A}$为非奇异矩阵,于是$\boldsymbol{X}=(\boldsymbol{E}-2\boldsymbol{A})^{-1}\boldsymbol{B}$.

输入命令如下:

```
A={{1,2,1},{2,1,1},{-1,1,2}}
B={{2,1,1},{1,2,1},{1,1,2}}
Det[IdentityMatrix[3]-2 A]
X=Inverse[IdentityMatrix[3]-2 A].B//MatrixForm
```

输出结果如下:

```
Out[1]={{1,2,1},{2,1,1},{-1,1,2}}
Out[2]={{2,1,1},{1,2,1},{1,1,2}}
Out[3]=45
```

$$\text{Out[4]//MatrixForm}=\begin{pmatrix}-\frac{4}{45} & -\frac{11}{45} & \frac{1}{15}\\-\frac{19}{45} & \frac{4}{45} & \frac{1}{15}\\-\frac{1}{9} & -\frac{5}{9} & -\frac{2}{3}\end{pmatrix}$$

即矩阵方程的解为 $\boldsymbol{X}=\dfrac{1}{45}\begin{bmatrix}-4 & -11 & 3\\ -19 & 4 & 3\\ -5 & -25 & -30\end{bmatrix}$.

三、矩阵的秩、向量组的秩及线性相关性

在 Mathematica 中，给出了求矩阵秩的函数 MatrixRank[A]，我们既可以用该函数求矩阵的秩，也可以用它来求向量组的秩，从而可以判断向量组的线性相关性.

MatrixRank[A]	给出矩阵 $\boldsymbol{A}$ 的秩

例 6.2.8 求矩阵 $\boldsymbol{A}=\begin{bmatrix}1 & 0 & 1 & -1 & -3\\ 1 & 2 & -1 & 0 & -1\\ 4 & 6 & -2 & -4 & 3\\ 2 & -2 & 4 & -7 & 4\end{bmatrix}$的秩.

解 通过 MatrixRank 函数可以直接求矩阵的秩.

输入命令如下：

```
A={{1,0,1,-1,-3},{1,2,-1,0,-1},{4,6,-2,-4,3},{2,-2,4,-7,4}}
MatrixRank[A]
```

从输出的结果，直接可以得到 $R(\boldsymbol{A})=3$.

例 6.2.9 判断下列向量组的线性相关性：

(1) $\boldsymbol{\alpha}_1=[1,-1,2]^{\mathrm{T}},\boldsymbol{\alpha}_2=[0,3,1]^{\mathrm{T}},\boldsymbol{\alpha}_3=[3,0,7]^{\mathrm{T}},\boldsymbol{\alpha}_4=[1,3,7]^{\mathrm{T}}$;

(2) $\boldsymbol{\beta}_1=[1,0,0,5,6]^{\mathrm{T}},\ \boldsymbol{\beta}_2=[1,2,0,7,8]^{\mathrm{T}},\ \boldsymbol{\beta}_3=[1,2,3,9,10]^{\mathrm{T}}$.

解 先通过 MatrixRank 函数分别求以这些向量组为列向量的矩阵的秩.

输入命令如下：

```
Clear[A,B]
A=Transpose[{{1,-1,2},{0,3,1},{3,0,7},{1,3,7}}]
B=Transpose[{{1,0,0,5,6},{1,2,0,7,8},{1,2,3,9,10}}]
MatrixRank[A]
MatrixRank[B]
```

输出结果显示 $R(\boldsymbol{A})=3<4$(向量组所含向量个数)，$R(\boldsymbol{B})=3$. 由于矩阵的列向量组的秩与矩阵的秩相等，故向量组 $\boldsymbol{\alpha}_1,\boldsymbol{\alpha}_2,\boldsymbol{\alpha}_3,\boldsymbol{\alpha}_4$是线性相关的，而向量组 $\boldsymbol{\beta}_1,\ \boldsymbol{\beta}_2,\ \boldsymbol{\beta}_3$是线性无关的.

运用矩阵的初等行变换，结合线性代数的知识，便可以得到矩阵的秩、向量组的秩、向量组的极大无关组，以及矩阵最高阶非零子式所在的列等. 从而还可

以进一步判定向量组的线性相关性、线性方程组解的情况,以及求解线性方程组等问题. 因此,矩阵的初等行变换是一个重要内容, 在 Mathematica 中可通过函数 RowReduce 来实现.

RowReduce[A]	对矩阵 **A** 实施初等行变换,给出矩阵 **A** 的行最简形矩阵

例 6.2.10　求矩阵 $\begin{bmatrix}1&0&1&-1&-3\\1&2&-1&0&-1\\4&6&-2&-4&3\\2&-2&4&-7&4\end{bmatrix}$ 的秩,并写出一个最高阶非零子式.

解　通过矩阵的初等行变换来进行,输入命令如下:

```
A={{1,0,1,-1,-3},{1,2,-1,0,-1},{4,6,-2,-4,3},{2,-2,4,-7,4}}
RowReduce[A]
MatrixForm[%]
```

由输出结果可得,矩阵的行最简形矩阵为

$$\begin{bmatrix}1&0&1&0&-6\\0&1&-1&0&\frac{5}{2}\\0&0&0&1&-3\\0&0&0&0&0\end{bmatrix}$$

于是,$R(\boldsymbol{A})=3$. 并且,最高阶非零子式可以在第 1,2,4 列取得,取

$$D_3=\begin{vmatrix}1&0&-1\\1&2&0\\4&6&-4\end{vmatrix}=-6.$$

例 6.2.11　求下列向量组的秩以及一个极大无关组,并将其余向量表示成极大无关组的线性组合.

(1) $\boldsymbol{\alpha}_1=[0,3,1,2]^{\mathrm{T}}$,$\boldsymbol{\alpha}_2=[3,0,7,14]^{\mathrm{T}}$,$\boldsymbol{\alpha}_3=[1,-2,2,0]^{\mathrm{T}}$,$\boldsymbol{\alpha}_4=[2,1,5,10]^{\mathrm{T}}$;

(2) $\boldsymbol{\beta}_1=[1,2,1,2]^{\mathrm{T}}$, $\boldsymbol{\beta}_2=[1,0,3,1]^{\mathrm{T}}$, $\boldsymbol{\beta}_3=[2,2,4,3]^{\mathrm{T}}$, $\boldsymbol{\beta}_4=[2,1,-2,2]^{\mathrm{T}}$, $\boldsymbol{\beta}_5=[2,-1,0,1]^{\mathrm{T}}$.

解　利用矩阵的初等行变换,输入命令如下:

```
Clear[A,B]
A=Transpose[{{0,3,1,2},{3,0,7,14},{1,-2,2,0},{2,1,5,10}}]
```

```
B=Transpose[{{1,2,1,2},{1,0,3,1},{2,2,4,3},{2,1,-2,2},
{2,-1,0,1}}]
MatrixRank[A]
MatrixRank[B]
RowReduce[A]//MatrixForm
RowReduce[B]//MatrixForm
```

输出结果如下：

```
Out[1]={{0,3,1,2},{3,0,-2,1},{1,7,2,5},{2,14,0,10}}
Out[2]={{1,1,2,2,2},{2,0,2,1,-1},{1,3,4,-2,0},{2,1,3,
2,1}}
Out[3]=3
Out[4]=3
```

Out[5]//MatrixForm= $\begin{pmatrix} 1 & 0 & 0 & \frac{1}{3} \\ 0 & 1 & 0 & \frac{2}{3} \\ 0 & 0 & 1 & 0 \\ 0 & 0 & 0 & 0 \end{pmatrix}$

Out[6]//MatrixForm= $\begin{pmatrix} 1 & 0 & 1 & 0 & -1 \\ 0 & 1 & 1 & 0 & 1 \\ 0 & 0 & 0 & 1 & 1 \\ 0 & 0 & 0 & 0 & 0 \end{pmatrix}$

由 Out[3]=3,Out[4]=3 可得 $R(\boldsymbol{A})=3,R(\boldsymbol{B})=3$. 由矩阵 $\boldsymbol{A}$ 的行最简形矩阵(Out[5])可得 $\boldsymbol{\alpha}_1,\boldsymbol{\alpha}_2,\boldsymbol{\alpha}_3$ 为向量组(1)的一个极大无关组,并且 $\boldsymbol{\alpha}_4=\frac{1}{3}\boldsymbol{\alpha}_1+\frac{2}{3}\boldsymbol{\alpha}_2$. 由矩阵 $\boldsymbol{B}$ 的行最简形矩阵(Out[6])可得 $\boldsymbol{\beta}_1,\boldsymbol{\beta}_2,\boldsymbol{\beta}_4$ 为向量组(2)的一个极大无关组,并且 $\boldsymbol{\beta}_3=\boldsymbol{\beta}_1+\boldsymbol{\beta}_2$, $\boldsymbol{\beta}_5=-\boldsymbol{\beta}_1+\boldsymbol{\beta}_2+\boldsymbol{\beta}_4$.

例 6.2.12 判定下列线性方程组解的情况,并在有解的情况下求方程组的通解.

(1) $\begin{cases} x_1+2x_2+3x_3=2, \\ 2x_1+x_2-x_3=-2, \\ x_1+2x_3=3; \end{cases}$ (2) $\begin{cases} 2x_1-x_3-x_4=2, \\ x_1-x_2-2x_4=1, \\ 3x_1-x_2-x_3-3x_4=3, \\ x_1+x_2-x_3+x_4=1; \end{cases}$

(3) $\begin{cases} 2x_1 - x_2 + x_3 = 2, \\ x_1 + 2x_2 - 3x_3 = 3, \\ 3x_1 + x_2 - 2x_3 = 1. \end{cases}$

解　利用矩阵的初等行变换,输入命令如下:

```
B1={{1,2,3,2},{2,1,-1,-2},{1,0,2,3}}
B2={{2,0,-1,-1,2},{1,-1,0,-2,1},{3,-1,-1,-3,3},{1,1,-1,1,1}}
B3={{2,-1,1,2},{1,2,-3,3},{3,1,-2,1}}
RowReduce[B1]//MatrixForm
RowReduce[B2]//MatrixForm
RowReduce[B3]//MatrixForm
```

输出结果如下:

```
Out[1]={{1,2,3,2},{2,1,-1,-2},{1,0,2,3}}
Out[2]={{2,0,-1,-1,2},{1,-1,0,-2,1},{3,-1,-1,-3,3},{1,
1,-1,1,1}}]
Out[3]={{2,-1,1,2},{1,2,-3,3},{3,1,-2,1}}
```

Out[4]//MatrixForm= $\begin{pmatrix} 1 & 0 & 0 & \frac{3}{11} \\ 0 & 1 & 0 & -\frac{13}{11} \\ 0 & 0 & 1 & \frac{15}{11} \end{pmatrix}$

Out[5]//MatrixForm= $\begin{pmatrix} 1 & 0 & -\frac{1}{2} & -\frac{1}{2} & 1 \\ 0 & 1 & -\frac{1}{2} & \frac{3}{2} & 0 \\ 0 & 0 & 0 & 0 & 0 \\ 0 & 0 & 0 & 0 & 0 \end{pmatrix}$

Out[6]//MatrixForm= $\begin{pmatrix} 1 & 0 & -\frac{1}{5} & 0 \\ 0 & 1 & -\frac{7}{5} & 0 \\ 0 & 0 & 0 & 1 \end{pmatrix}$

由矩阵 $\boldsymbol{B}_i(i=1,2,3)$ 的行最简形矩阵(Out[4]—Out[6])可得,对线性方程组(1),由于系数矩阵的秩=增广矩阵的秩=3,故方程组有唯一解,解为 $\boldsymbol{x}=$

$\left[\frac{3}{11},-\frac{13}{11},\frac{15}{11}\right]^{\mathrm{T}}$；对于线性方程组(2)，系数矩阵的秩＝增广矩阵的秩＝2<4，故方程组有无穷多解，通解为 $\boldsymbol{x}=[1,0,0,0]^{\mathrm{T}}+c_1[1,1,2,0]^{\mathrm{T}}+c_2[1,-3,0,2]^{\mathrm{T}}$（$c_1,c_2$ 为任意常数）. 对于线性方程组(3)，由于系数矩阵的秩＝2≠增广矩阵的秩＝3，所以方程组无解.

四、求解线性方程组

在 Mathematica 中，提供了求解线性方程组，以及求解非线性方程和方程组的命令.

LinearSolve[A,b]	求线性方程组 $\boldsymbol{Ax}=\boldsymbol{b}$ 的一个特解
LinearSolve[A,B]	求矩阵方程 $\boldsymbol{Ax}=\boldsymbol{B}$ 的一个解
NullSpace[A]	求齐次线性方程组 $\boldsymbol{Ax}=\boldsymbol{0}$ 的一个基础解系
Solve[方程,未知量]	解出方程中的未知量
Solve[{方程组},{未知量列表}]	解出方程组中的未知量

当需要将方程（组）的解用数值形式给出时，在各个命令前加 N 即可，如 NSolve[方程,未知量]是用数值形式给出方程的解.

例 6.2.13 求线性方程组 $\begin{cases}2x_1+x_2-2x_3-x_4=1,\\x_1+x_2-x_3+2x_4=3,\\3x_1+x_2-2x_3+2x_4=-1\end{cases}$ 的一个特解.

解 运用 LinearSolve 函数求解，输入命令如下：

```
A={{2,1,-2,-1},{1,1,-1,2},{3,1,-2,2}}
b={1,3,-1}
LinearSolve[A,b]//MatrixForm
```

由输出结果可得

$$\boldsymbol{x}=\begin{bmatrix}-2\\5\\0\\0\end{bmatrix}.$$

例 6.2.14 求线性方程组 $\begin{cases}2x_1+x_2-2x_3-x_4=1,\\x_1+x_2-x_3+2x_4=3,\\3x_1+x_2-2x_3+2x_4=-1\end{cases}$ 的通解.

解 运用 Solve 函数求解，输入命令如下：

```
Solve[{2 x1+x2-2 x3-x4==1,x1+x2-x3+2 x4==3,3 x1+x2-
2 x3+2 x4==-1},{x1,x2,x3,x4}]
```

输出结果如下：

$$\text{Out[1]}=\left\{\left\{x2\to\frac{25}{3}+\frac{5x1}{3},x3\to4+2x1,x4\to-\frac{2}{3}-\frac{x1}{3}\right\}\right\}.$$

这里 x_1 是自由未知量，令 $x_1=c$，则得方程组的通解为

$$\begin{bmatrix}x_1\\x_2\\x_3\\x_4\end{bmatrix}=\begin{bmatrix}0\\\frac{25}{3}\\4\\-\frac{2}{3}\end{bmatrix}+c\begin{bmatrix}1\\\frac{5}{3}\\2\\-\frac{1}{3}\end{bmatrix}\text{（}c\text{ 为任意常数）}.$$

例 6.2.15 求解矩阵方程 $\boldsymbol{X}\begin{bmatrix}1&1&-1\\1&1&0\\1&-1&0\end{bmatrix}=\begin{bmatrix}1&0&3\\5&3&2\\1&1&4\end{bmatrix}$.

解 设 $\boldsymbol{A}=\begin{bmatrix}1&1&-1\\1&1&0\\1&-1&0\end{bmatrix}$，$\boldsymbol{B}=\begin{bmatrix}1&0&3\\5&3&2\\1&1&4\end{bmatrix}$，方程即写为 $\boldsymbol{XA}=\boldsymbol{B}$，对方程两端进行转置，则有 $\boldsymbol{A}^{\mathrm{T}}\boldsymbol{X}^{\mathrm{T}}=\boldsymbol{B}^{\mathrm{T}}$.

输入命令如下：

```
A={{1,1,-1},{1,1,0},{1,-1,0}}
B={{1,0,3},{5,3,2},{1,1,4}}
LinearSolve[Transpose[A],Transpose[B]]
Transpose[%]//Simplify//MatrixForm
```

由输出结果可得

$$\boldsymbol{X}=\begin{bmatrix}-3&\frac{7}{2}&\frac{1}{2}\\-2&6&1\\-4&5&0\end{bmatrix}.$$

这里的“Simplify”用于对各种代数式的化简，输出其最简形式.

例 6.2.16 求齐次线性方程组 $\begin{cases}x_1+2x_2+2x_3+x_4=0,\\2x_1+x_2-2x_3-2x_4=0,\\x_1-x_2-4x_3-3x_4=0\end{cases}$ 的基础解系及通解.

解 运用 NullSpace 函数求解，输入命令如下：

```
A={{1,2,2,1},{2,1,-2,-2},{1,-1,-4,-3}}
NullSpace[A]
```

通过运行,可得一个基础解系为 $\boldsymbol{\xi}_1=\begin{bmatrix}5\\-4\\0\\3\end{bmatrix}$,$\boldsymbol{\xi}_2=\begin{bmatrix}2\\-2\\1\\0\end{bmatrix}$,于是齐次线性方程组的通解为

$$\begin{bmatrix}x_1\\x_2\\x_3\\x_4\end{bmatrix}=k_1\begin{bmatrix}5\\-4\\0\\3\end{bmatrix}+k_2\begin{bmatrix}2\\-2\\1\\0\end{bmatrix}\quad(k_1,k_2\text{ 为任意常数}).$$

五、相似矩阵与二次型

在线性代数中,求方阵的特征值及特征向量、将实对称矩阵对角化,以及将二次型化为标准形等运算是非常重要的,但同时又是非常麻烦的. 运用 Mathematica 软件,这些问题都可以方便地予以解决. 其常用命令如下:

Eigenvalues[A]	给出方阵 $\boldsymbol{A}$ 的全部特征值
Eigenvectors[A]	给出方阵 $\boldsymbol{A}$ 的一组线性无关的特征向量
Eigensystem[A]	给出方阵 $\boldsymbol{A}$ 的全部特征值与特征向量(列表)
Orthogonalize[A]	对矩阵 $\boldsymbol{A}$ 的行向量进行正交单位化,给出一个正交基

例 6.2.17 求下列矩阵的全部特征值和特征向量.

(1) $\begin{bmatrix}3&1&-1\\0&2&0\\1&1&1\end{bmatrix}$; (2) $\begin{bmatrix}4&-2&2\\-5&7&-5\\-6&7&-4\end{bmatrix}$; (3) $\begin{bmatrix}-2&1&1\\0&2&0\\-4&1&3\end{bmatrix}$.

解 输入命令如下:

```
A1={{3,1,-1},{0,2,0},{1,1,1}}
A2={{4,-2,2},{-5,7,-5},{-6,7,-4}}
A3={{-2,1,1},{0,2,0},{-4,1,3}}
Eigenvalues[A1]
Eigenvectors[A1]
Eigenvalues[A2]
Eigenvectors[A2]
Eigenvalues[A3]
```

```
Eigenvectors[A3]
```

由输出结果可得:

(1) 特征值为 $\lambda_1=\lambda_2=\lambda_3=2$,一组线性无关的特征向量为 $\boldsymbol{\xi}_1=\begin{bmatrix}1\\0\\1\end{bmatrix}$,$\boldsymbol{\xi}_2=\begin{bmatrix}-1\\1\\0\end{bmatrix}$,于是可得矩阵的全部特征向量为 $\boldsymbol{\xi}=k_1\boldsymbol{\xi}_1+k_2\boldsymbol{\xi}_2=k_1\begin{bmatrix}1\\0\\1\end{bmatrix}+k_2\begin{bmatrix}-1\\1\\0\end{bmatrix}$($k_1,k_2$ 不全为零);

(2) 特征值为 $\lambda_1=2,\lambda_{2,3}=\dfrac{5\pm\sqrt{19}\,\mathrm{i}}{2}$,对应的特征向量分别为 $\boldsymbol{\xi}_1=[-1,0,1]^{\mathrm{T}}$,$\boldsymbol{\xi}_2=\left[-\dfrac{13+\sqrt{19}\,\mathrm{i}}{47},\dfrac{65+5\sqrt{19}\,\mathrm{i}}{94},1\right]^{\mathrm{T}}$,$\boldsymbol{\xi}_3=\left[\dfrac{-13+\sqrt{19}\,\mathrm{i}}{47},\dfrac{65-5\sqrt{19}\,\mathrm{i}}{94},1\right]^{\mathrm{T}}$. 于是,$k_1\boldsymbol{\xi}_1,k_2\boldsymbol{\xi}_2,k_3\boldsymbol{\xi}_3$ 分别为属于 $\lambda_1=2,\lambda_2=\dfrac{5+\sqrt{19}\,\mathrm{i}}{2},\lambda_3=\dfrac{5-\sqrt{19}\,\mathrm{i}}{2}$ 的全部特征向量(k_1,k_2,k_3 不全为零);

(3) 特征值为 $\lambda_1=\lambda_2=2,\lambda_3=-1$,对应的特征向量分别为 $\boldsymbol{\xi}_1=[1,0,4]^{\mathrm{T}}$,$\boldsymbol{\xi}_2=[1,4,0]^{\mathrm{T}}$,$\boldsymbol{\xi}_3=[1,0,1]^{\mathrm{T}}$. 于是,矩阵属于 $\lambda_1=\lambda_2=2$ 的全部特征向量为 $k_1\boldsymbol{\xi}_1+k_2\boldsymbol{\xi}_2$($k_1,k_2$ 不全为零),属于 $\lambda_3=-1$ 的全部特征向量为 $k_3\boldsymbol{\xi}_3$(k_3 不为零).

例 6.2.18　将矩阵 $\boldsymbol{A}=\begin{bmatrix}2&2&-2\\2&5&-4\\-2&-4&5\end{bmatrix}$ 正交对角化.

解　输入命令如下:

```
Clear[A]
A={{2,2,-2},{2,5,-4},{-2,-4,5}}
Eigenvalues[A]
P=Eigenvectors[A](*输出 A 的特征向量*)
Q=Orthogonalize[P](*对 A 的特征向量进行单位正交化,得正交变换矩阵 Q*)
Q1=Transpose[Q](*求 Q 的转置矩阵*)
MatrixForm[Q1]
Q.A.Q1 //MatrixForm //Simplify(求 Λ=Q.A.Q1)
```

由输出结果可得正交变换矩阵

$$Q=\begin{bmatrix} -\frac{1}{3} & \frac{2}{\sqrt{5}} & -\frac{2}{3\sqrt{5}} \\ -\frac{2}{3} & 0 & \frac{\sqrt{5}}{3} \\ \frac{2}{3} & \frac{1}{\sqrt{5}} & \frac{4}{3\sqrt{5}} \end{bmatrix},$$

对角矩阵

$$\boldsymbol{\Lambda}=\begin{bmatrix} 10 & 0 & 0 \\ 0 & 1 & 0 \\ 0 & 0 & 1 \end{bmatrix}.$$

例 6.2.19 求一个正交变换将二次型 $f=x_1^2+4x_2^2+x_3^2-4x_1x_2-8x_1x_3-4x_2x_3$ 化为标准形.

解 二次型矩阵为 $\boldsymbol{A}=\begin{bmatrix} 1 & -2 & -4 \\ -2 & 4 & -2 \\ -4 & -2 & 1 \end{bmatrix}$.

输入命令如下：

```
Clear[A]
A={{1,-2,-4},{-2,4,-2},{-4,-2,1}}
Eigenvalues[A]
P=Eigenvectors[A]
Q=Orthogonalize[P]
Q1=Transpose[Q]
MatrixForm[Q1]
Q.A.Q1//MatrixForm//Simplify
```

运行后可得结果如下：

特征值为 $\lambda_1=\lambda_2=5,\lambda_3=-4$，特征向量为 $\boldsymbol{\xi}_1=\begin{bmatrix} -1 \\ 0 \\ 1 \end{bmatrix},\boldsymbol{\xi}_2=\begin{bmatrix} -1 \\ 2 \\ 0 \end{bmatrix},\boldsymbol{\xi}_3=\begin{bmatrix} 2 \\ 1 \\ 2 \end{bmatrix}$，取

正交变换矩阵 $\boldsymbol{Q}=\begin{bmatrix} -\frac{1}{\sqrt{2}} & -\frac{1}{3\sqrt{2}} & \frac{2}{3} \\ 0 & \frac{2\sqrt{2}}{3} & \frac{1}{3} \\ \frac{1}{\sqrt{2}} & -\frac{1}{3\sqrt{2}} & \frac{2}{3} \end{bmatrix}$，作正交变换 $\boldsymbol{x}=\boldsymbol{Q}\boldsymbol{y}$. 则有

$$
\begin{aligned}
f &= x_1^2+4x_2^2+x_3^2-4x_1x_2-8x_1x_3-4x_2x_3 \\
&= \boldsymbol{x}^{\mathrm{T}}\boldsymbol{A}\boldsymbol{x}=(\boldsymbol{Q}\boldsymbol{y})^{\mathrm{T}}\boldsymbol{A}(\boldsymbol{Q}\boldsymbol{y}) \\
&= \boldsymbol{y}^{\mathrm{T}}(\boldsymbol{Q}^{\mathrm{T}}\boldsymbol{A}\boldsymbol{Q})\boldsymbol{y}=\boldsymbol{y}^{\mathrm{T}}\boldsymbol{\Lambda}\boldsymbol{y} \\
&= 5y_1^2+5y_2^2-4y_3^2
\end{aligned}
$$

为标准形.

习　题　六

以下各题要求运用 Mathematica 软件求解.

1. 计算下列行列式:

$$
(1)\begin{vmatrix} 1 & 3 & x & 1 \\ x & 2 & -1 & 3 \\ -1 & 1 & 2 & x \\ 5 & x & -1 & 2 \end{vmatrix};\quad (2)\begin{vmatrix} 3 & -2 & 0 & 1 \\ 7 & -3 & 1 & 5 \\ 2 & 2 & 2 & 2 \\ -5 & 3 & -4 & 1 \end{vmatrix}.
$$

2. 用克拉默法则解线性方程组

$$
\begin{cases} 2x_1+x_2=1, \\ x_1+2x_2+x_3=1, \\ x_2+2x_3+x_4=1, \\ x_3+2x_4+x_5=1, \\ x_4+2x_5=1. \end{cases}
$$

3. 计算行列式 $D=\begin{vmatrix} 0 & 0 & 0 & b_{11} & b_{12} & b_{13} \\ 0 & 0 & 0 & b_{21} & b_{22} & b_{23} \\ 0 & 0 & 0 & b_{31} & b_{32} & b_{33} \\ a_{11} & a_{12} & a_{13} & c_{11} & c_{12} & c_{13} \\ a_{21} & a_{22} & a_{23} & c_{21} & c_{22} & c_{23} \\ a_{31} & a_{32} & a_{33} & c_{31} & c_{32} & c_{33} \end{vmatrix}$,并证明:

$$
D=-\begin{vmatrix} a_{11} & a_{12} & a_{13} \\ a_{21} & a_{22} & a_{23} \\ a_{31} & a_{32} & a_{33} \end{vmatrix}\begin{vmatrix} b_{11} & b_{12} & b_{13} \\ b_{21} & b_{22} & b_{23} \\ b_{31} & b_{32} & b_{33} \end{vmatrix}.
$$

4. 已知两个线性变换 $\begin{cases} x_1=3y_1-y_3, \\ x_2=y_1+2y_2-2y_3, \\ x_3=y_2+3y_3 \end{cases}$ 和 $\begin{cases} y_1=2z_1-3z_2, \\ y_2=z_1+2z_3, \\ y_3=-z_2+3z_3, \end{cases}$ 求

（1）从 z_1,z_2,z_3 到 x_1,x_2,x_3 的线性变换；

（2）从 x_1,x_2,x_3 到 z_1,z_2,z_3 的线性变换.

5. 求下列矩阵的秩,并写出一个最高阶非零子式：

$$\begin{bmatrix} 1 & 1 & 3 & -2 & -7 \\ 3 & 1 & 5 & 3 & -6 \\ 3 & -2 & -1 & 2 & 2 \\ -1 & 2 & 3 & -1 & -5 \end{bmatrix}.$$

6. 求解线性方程组：

（1）$\begin{cases} x_1+2x_2 = 1, \\ x_1+x_2+2x_3 = 0, \\ x_2+x_3+2x_4 = 0, \\ x_3+x_4+2x_5 = 0, \\ x_4+x_5 = 1; \end{cases}$

（2）$\begin{cases} 2x_1+x_2-2x_3-x_4 = 1, \\ x_1+x_2-x_3+2x_4 = 3, \\ 3x_1+x_2-2x_3+2x_4 = -1; \end{cases}$

（3）$\begin{cases} x_1+2x_2+x_3-2x_4 = 0, \\ x_1-3x_2-2x_3+x_4 = 0, \\ x_1-2x_2+2x_3-3x_4 = 0; \end{cases}$

（4）$\begin{cases} x_1-x_2+3x_3+4x_4 = 0, \\ 2x_1+x_2+3x_3+8x_4 = 0, \\ 3x_1+x_2+5x_3+12x_4 = 0; \end{cases}$

（5）$\begin{cases} 2x_1+2x_2-x_3+x_4 = 2, \\ x_1-2x_2+3x_3-5x_4 = 1, \\ x_1-x_2+2x_3-6x_4 = 2. \end{cases}$

7. 设向量组 $\boldsymbol{\alpha}_1=[1,1,1,3]^{\mathrm{T}}$，$\boldsymbol{\alpha}_2=[-1,-3,5,1]^{\mathrm{T}}$，$\boldsymbol{\alpha}_3=[3,2,-1,p+2]^{\mathrm{T}}$，$\boldsymbol{\alpha}_4=[-2,-6,10,p]^{\mathrm{T}}$.

（1）p 为何值时,该向量组线性无关？

（2）p 为何值时,该向量组线性相关？并在此时求出它的秩和一个极大线性无关组.

8. 求下列矩阵的全部特征值和特征向量：

(1) $\begin{bmatrix}3 & 1 & -1\\0 & 2 & 0\\1 & 1 & 1\end{bmatrix}$；　　(2) $\begin{bmatrix}-2 & 1 & 1\\0 & 2 & 0\\-4 & 1 & 3\end{bmatrix}$；

(3) $\begin{bmatrix}1 & -2 & 0 & 3 & -4\\-2 & 5 & 1 & 7 & -1\\0 & 1 & 3 & 0 & 2\\3 & 7 & 0 & -1 & 3\\-4 & -1 & 2 & 3 & 6\end{bmatrix}$.

9. 将下列二次型化为标准形，并判定其正定性.

(1) $f=2x_1x_2+2x_1x_3-2x_1x_4-2x_2x_3+2x_2x_4+2x_3x_4$；

(2) $f=-3x_1^2+4x_1x_2-x_2^2-2x_3^2$；

(3) $f=3x_1^2+4x_1x_3+4x_2^2-4x_2x_3+8x_3^2$.

10. 在$\mathbb{R}^3$中取一个基 $\boldsymbol{\alpha}_1=[1,0,1]^{\mathrm{T}}$，$\boldsymbol{\alpha}_2=[0,1,0]^{\mathrm{T}}$，$\boldsymbol{\alpha}_3=[0,0,1]^{\mathrm{T}}$，$\mathbb{R}^3$中的线性变换 T 满足 $T(\boldsymbol{\alpha}_1)=[1,0,2]^{\mathrm{T}}$，$T(\boldsymbol{\alpha}_2)=[-1,2,1]^{\mathrm{T}}$，$T(\boldsymbol{\alpha}_3)=[1,0,0]^{\mathrm{T}}$. 用 Mathematica 求线性变换 T 在基 $\boldsymbol{\alpha}_1,\boldsymbol{\alpha}_2,\boldsymbol{\alpha}_3$下的矩阵.

11. 在$\mathbb{R}^3$中取一个基 $\boldsymbol{\alpha}_1=[1,0,1]^{\mathrm{T}}$，$\boldsymbol{\alpha}_2=[0,1,0]^{\mathrm{T}}$，$\boldsymbol{\alpha}_3=[0,0,1]^{\mathrm{T}}$，线性变换 T 在基 $\boldsymbol{\alpha}_1,\boldsymbol{\alpha}_2,\boldsymbol{\alpha}_3$下的矩阵 $\boldsymbol{A}=\begin{bmatrix}1 & -1 & 1\\0 & 2 & 0\\1 & 2 & -1\end{bmatrix}$. 求向量 $\boldsymbol{\alpha}=[1,-2,2]^{\mathrm{T}}$ 的像 $T(\boldsymbol{\alpha})$在基 $\boldsymbol{\alpha}_1,\boldsymbol{\alpha}_2,\boldsymbol{\alpha}_3$下的坐标.

部分习题参考答案与提示

第　一　章

练习 1.1

1. (1) -2;(2) 1;(3) 0;(4) $3i-6j+3k$;(5) -3.
2. (1) 0;(2) 5;(3) 3.
3. $-a_{12}a_{23}a_{34}a_{41}$.
4. (1) $4ab$;(2) $(b-a)(c-a)(c-b)$.
5. 略.

练习 1.2

1. (1) $4abcdef$;(2) 21;(3) 5;(4) $-2(x^3+y^3)$.
2. (1) $(n-1)!$;(2) $[x+(n-1)y](x-y)^{n-1}$.

练习 1.3

1. $A_{11}=2, A_{12}=-1, A_{13}=4, D=2a-b$.
2. (1) $1-2x^2$;(2) 3.
3. (1) $a_1a_2a_3a_4-a_1a_4b_2b_3-a_2a_3b_1b_4+b_1b_2b_3b_4$;(2) $x^{n-2}(x^2-1)$.
4. (1) 0;(2) x.

练习 1.4

1. (1) $x_1=-\dfrac{2}{3}, x_2=1, x_3=\dfrac{1}{3}$;(2) $x_1=3, x_2=-1, x_3=-1, x_4=1, x_5=0$.
2. $\lambda\neq-1$ 或 $\lambda\neq2$.
3. 提示:系数行列式 $D=1+a^2\neq0$.

习　题　一

1. (1) $\dfrac{n(n-1)}{2}$;(2) $\dfrac{n(n+1)}{2}$.
2. 含有因子 $a_{21}a_{32}a_{44}a_{53}$ 的项为$-a_{15}a_{21}a_{32}a_{44}a_{53}$;含有因子 $a_{11}a_{32}a_{53}$ 的项为 $a_{11}a_{25}a_{32}a_{44}a_{53}$

和$-a_{11}a_{24}a_{32}a_{45}a_{53}$.

3. (1) $-x^4$;(2) $3x^4$.

4. (1) $abcd$;(2) $1-a+a^2-a^3+a^4-a^5$;(3) $(ad-bc)^n$.

5. (1)—(3) 略;(4) 提示:运用数学归纳法证明.

6—7. 略.

8. 提示:运用数学归纳法证明.

9. 2.

10. $A_{21}+A_{22}+A_{23}+A_{24}=0, M_{21}+M_{22}+M_{23}+M_{24}=-12$.

11. $\sum_{i,j=1}^{n}A_{ij}=n!$.

12. (1) $(x+n-1)(x-1)^{n-1}$;(2) $x^{n-1}+(-1)^{n+1}y^n$;(3) $(-1)^{n-1}(n-1)$.

13. $x=\pm1$.

14—16. 略.

17. $a_0=3, a_1=1, a_2=-4, a_3=1$.

18. (1) $x_1=\frac{3}{2}, x_2=\frac{29}{12}, x_3=-\frac{2}{3}, x_4=-\frac{25}{12}$;(2) $x_1=1, x_2=-1, x_3=2, x_4=1, x_5=-2$.

19. $x_1=1, x_2=x_3=\cdots=x_n=0$.

20. 当 $k\neq1$ 且 $k\neq-\frac{3}{2}$时,线性方程组有唯一解为

$$x_1=\frac{-2+5k+k^2}{(k-1)(3k+2)},\quad x_2=\frac{4k}{(k-1)(3k+2)},\quad x_3=\frac{2}{3k+2}.$$

第 二 章

练习 2.1

1. $\boldsymbol{A}+2\boldsymbol{B}=\begin{bmatrix}0&9&6\\3&6&3\end{bmatrix}, 2\boldsymbol{A}-\boldsymbol{B}=\begin{bmatrix}5&3&2\\-4&7&11\end{bmatrix}, \boldsymbol{AB}^{\mathrm{T}}=\begin{bmatrix}11&5\\23&-3\end{bmatrix}, \boldsymbol{A}^{\mathrm{T}}\boldsymbol{B}=\begin{bmatrix}-4&5&5\\5&13&2\\8&11&-1\end{bmatrix}$.

2. (1) $\begin{bmatrix}-2&-2\\2&2\end{bmatrix}$;(2) $\begin{bmatrix}-1&1&2\\2&-2&-4\\-1&1&2\end{bmatrix}$;(3) -1;(4) $\begin{bmatrix}1&-3\\2&4\\6&-1\end{bmatrix}$.

3. $\begin{bmatrix}\cos2\theta&-\sin2\theta\\\sin2\theta&\cos2\theta\end{bmatrix}$.

4. 0, 0.

5. $\begin{bmatrix}a&0\\b&a\end{bmatrix}$($a,b$ 为任意常数).

6. $\begin{cases} z_1 = \quad\quad -3x_2-11x_3, \\ z_2 = -3x_1+6x_2+4x_3, \\ z_3 = \quad\quad -3x_2-3x_3. \end{cases}$

练习 2.2

1. (1) $A^* = \begin{bmatrix} 4 & -2 \\ -3 & 1 \end{bmatrix}$;(2) $A^* = \begin{bmatrix} 3 & 1 & 1 \\ -2 & 1 & -4 \\ -2 & 1 & 1 \end{bmatrix}$.

2. (1) 不可逆;(2) $\begin{bmatrix} \frac{1}{3} & 1 & -\frac{2}{3} \\ 1 & 1 & -1 \\ \frac{1}{3} & 0 & \frac{1}{3} \end{bmatrix}$.

3. (1) $\begin{bmatrix} \cos\theta & \sin\theta \\ -\sin\theta & \cos\theta \end{bmatrix}$;(2) $\begin{bmatrix} -\frac{1}{18} & \frac{1}{9} & \frac{5}{18} \\ \frac{4}{9} & \frac{1}{9} & -\frac{2}{9} \\ \frac{1}{6} & -\frac{1}{3} & \frac{1}{6} \end{bmatrix}$.

4. 略.

5. $x_1=-\frac{1}{5}, x_2=-\frac{3}{5}, x_3=\frac{4}{5}$.

练习 2.3

1. (1) $\begin{bmatrix} 1 & 0 & 0 \\ 0 & 1 & 0 \\ 0 & 0 & 0 \end{bmatrix}$;(2) $\begin{bmatrix} 1 & 0 & 0 & 0 \\ 0 & 1 & 0 & 0 \\ 0 & 0 & 1 & 0 \\ 0 & 0 & 0 & 1 \end{bmatrix}$.

2. 略.

3. (1) $\begin{bmatrix} -\frac{1}{3} & 0 & \frac{2}{3} \\ 0 & 1 & -1 \\ \frac{2}{3} & 0 & -\frac{1}{3} \end{bmatrix}$;(2) $\begin{bmatrix} \frac{4}{5} & -\frac{1}{5} & -\frac{1}{5} & -\frac{1}{5} \\ -\frac{1}{5} & \frac{4}{5} & -\frac{1}{5} & -\frac{1}{5} \\ -\frac{1}{5} & -\frac{1}{5} & \frac{4}{5} & -\frac{1}{5} \\ -\frac{1}{5} & -\frac{1}{5} & -\frac{1}{5} & \frac{4}{5} \end{bmatrix}$;(3) $\begin{bmatrix} \cos\theta & \sin\theta \\ -\sin\theta & \cos\theta \end{bmatrix}$.

4. $x_1=-\frac{1}{5}, x_2=-\frac{3}{5}, x_3=\frac{4}{5}$.

5. $\boldsymbol{X}=\frac{1}{45}\begin{bmatrix}-4 & -11 & 3\\ -19 & 4 & 3\\ -5 & -25 & -30\end{bmatrix}$.

练习 2.4

1. (1) 错;(2) 错;(3) 错;(4) 对.

2. $\boldsymbol{AB}=\begin{bmatrix}1 & 2 & 1 & 4\\ 5 & 4 & 2 & 2\\ -3 & 2 & 2 & 3\\ 2 & 6 & 2 & 2\end{bmatrix}$.

3. $\boldsymbol{A}^{-1}=\begin{bmatrix}\frac{1}{5} & -\frac{1}{5} & 0 & 0\\ \frac{3}{5} & \frac{2}{5} & 0 & 0\\ 0 & 0 & 0 & 1\\ 0 & 0 & 1 & 0\end{bmatrix}$; $\det(\boldsymbol{A})=-5$.

练习 2.5

1. $\boldsymbol{A}$ 的 4 个 3 阶子式均等于 0, $R(\boldsymbol{A})=2$.
2. (1) 2;(2) 3.
3. 当 $\lambda\neq-\frac{2}{3}$ 且 $\lambda\neq1$ 时, $R(\boldsymbol{A})=3$, 否则, $R(\boldsymbol{A})=2$.

练习 2.6

1. (1) $x_1=-\frac{2}{3}, x_2=1, x_3=\frac{1}{3}$;(2) $x_1=3, x_2=-1, x_3=-1, x_4=1, x_5=0$.

2. (1) $x_1=-\frac{7}{9}, x_2=\frac{13}{9}, x_3=\frac{17}{9}$;(2) 无解.

3. (1) $x_1=\frac{1}{3}-\frac{2}{3}c, x_2=\frac{5}{3}-\frac{7}{3}c, x_3=c$, 其中 c 为任意常数;

(2) $x_1=\frac{4}{5}+\frac{1}{5}c, x_2=-\frac{11}{15}+\frac{7}{5}c, x_3=c, x_4=\frac{1}{3}$, 其中 c 为任意常数;

(3) $x_1=-c, x_2=-c, x_3=c$, 其中 c 为任意常数;

(4) $x_1=c, x_2=0, x_3=c, x_4=c$, 其中 c 为任意常数.

习 题 二

1. (1) $\boldsymbol{A}=\begin{bmatrix}-1 & \frac{1}{2}\\ \frac{3}{2} & 1\\ \frac{3}{2} & 1\end{bmatrix}$;(2) $\boldsymbol{A}=\begin{bmatrix}0 & -2 & -2c\\ -b & 4c & 3\\ 0 & 1-b & -c\end{bmatrix}$.

2. (1) $\boldsymbol{XAX}^{\mathrm{T}}=a_{11}x_1^2+2a_{12}x_1x_2+2a_{13}x_1x_3+a_{22}x_2^2+2a_{23}x_2x_3+a_{33}x_3^2$;

(2) $\boldsymbol{A}^k=\begin{bmatrix}\lambda^k & 0 & 0\\ k\lambda^{k-1} & \lambda^k & 0\\ \frac{k(k-1)}{2}\lambda^{k-2} & k\lambda^{k-1} & \lambda^k\end{bmatrix}$.

3. $\det(\boldsymbol{BA}^*)=-27$.

4. $\boldsymbol{C}=(\boldsymbol{B}-2\boldsymbol{A})^{-1}=\begin{bmatrix}-\frac{3}{5} & \frac{2}{5} & -\frac{4}{5}\\ -\frac{1}{5} & -\frac{1}{5} & \frac{2}{5}\\ -\frac{1}{5} & -\frac{1}{5} & -\frac{3}{5}\end{bmatrix}$.

5. (1) $\begin{bmatrix}\frac{1}{4} & 0 & 0 & 0\\ -\frac{1}{12} & \frac{1}{3} & 0 & 0\\ 0 & 0 & -\frac{1}{7} & \frac{3}{7}\\ 0 & 0 & \frac{3}{7} & -\frac{2}{7}\end{bmatrix}$;(2) $\begin{bmatrix}\frac{1}{a_1} & & & \boldsymbol{O}\\ & \frac{1}{a_2} & & \\ & & \ddots & \\ \boldsymbol{O} & & & \frac{1}{a_n}\end{bmatrix}$;(3) $\begin{bmatrix}\boldsymbol{O} & & & \frac{1}{a_n}\\ & & \frac{1}{a_{n-1}} & \\ & \iddots & & \\ \frac{1}{a_1} & & & \boldsymbol{O}\end{bmatrix}$.

6. $\det(\boldsymbol{A})=-1$.

7. 略.

8. $\boldsymbol{X}=\frac{1}{4}\begin{bmatrix}1 & 1 & 0\\ 0 & 1 & 1\\ 1 & 0 & 1\end{bmatrix}$.

9. $\begin{bmatrix}y_1\\ y_2\\ y_3\end{bmatrix}=\begin{bmatrix}-\frac{5}{6} & \frac{1}{6} & \frac{3}{2}\\ 1 & 0 & -1\\ -\frac{1}{6} & -\frac{1}{6} & \frac{1}{2}\end{bmatrix}\begin{bmatrix}x_1\\ x_2\\ x_3\end{bmatrix}$.

10. $\begin{cases} x_1 = 6z_1 - 8z_2 - 3z_3, \\ x_2 = 4z_1 - z_2 - 2z_3, \\ x_3 = z_1 - 3z_2 + 11z_3, \end{cases}$ $\begin{cases} z_1 = -\dfrac{17}{299}x_1 + \dfrac{97}{299}x_2 + \dfrac{1}{23}x_3, \\ z_2 = -\dfrac{2}{13}x_1 + \dfrac{3}{13}x_2, \\ z_3 = -\dfrac{11}{299}x_1 + \dfrac{10}{299}x_2 + \dfrac{2}{23}x_3. \end{cases}$

11. $\boldsymbol{X} = \begin{bmatrix} 2 & 0 & 1 \\ 0 & 3 & 0 \\ -1 & 0 & 2 \end{bmatrix}$.

12. (1) $\boldsymbol{X} = \begin{bmatrix} \dfrac{8}{7} \\ \dfrac{5}{7} \\ \dfrac{6}{7} \end{bmatrix}$;(2) $\boldsymbol{X} = \begin{bmatrix} -3 & \dfrac{7}{2} & \dfrac{1}{2} \\ -2 & 6 & 1 \\ -4 & 5 & 0 \end{bmatrix}$;(3) $\boldsymbol{X} = \begin{bmatrix} -\dfrac{7}{2} & 4 & -\dfrac{3}{2} \\ 2 & -2 & 3 \end{bmatrix}$.

13. 略.

14. (1) 秩为 3, 最高阶非零子式在第 1,2,4 列取得, 可取 $\begin{vmatrix} 1 & 0 & -1 \\ 1 & 2 & 0 \\ 4 & 6 & -4 \end{vmatrix} = -6$;

(2) 秩为 3, 最高阶非零子式在第 1,2,4 列取得, 可取 $\begin{vmatrix} 1 & 1 & -2 \\ 3 & 1 & 3 \\ 3 & -2 & 2 \end{vmatrix} = 29$.

15. 略.

16. (1) $\lambda = -1, \mu = -2$;(2) 通解为 $\begin{cases} x_1 = \dfrac{3}{2} + c, \\ x_2 = -\dfrac{1}{2}, \\ x_3 = c, \end{cases}$ 其中 c 为任意常数.

17. 当 $a \neq -\dfrac{3}{4}$ 且 $a \neq 1$ 时, 只有零解; 当 $a = -\dfrac{3}{4}$ 时, $\begin{cases} x_1 = -\dfrac{1}{2}c, \\ x_2 = -2c, \\ x_3 = c; \end{cases}$ 当 $a = 1$ 时,

$\begin{cases} x_1 = -\dfrac{1}{2}c, \\ x_2 = \dfrac{3}{2}c, \\ x_3 = c, \end{cases}$ 其中 c 为任意常数.

18. 提示:通过初等行变换把增广矩阵 $\boldsymbol{B}$ 化为行最简形, 有解的充要条件为 $R(\boldsymbol{A}) = R(\boldsymbol{B})$.通

解为$\begin{cases} x_1=a_1+a_2+a_3+c, \\ x_2= \quad a_2+a_3+c, \\ x_3= \quad a_3+c, \\ x_4= \quad c, \end{cases}$其中 c 为任意常数.

19. (1) $\det(\boldsymbol{A})=1-\lambda^4$;(2) $\lambda=-1$,$\begin{cases} x_1=c, \\ x_2=-1+c, \\ x_3=c, \\ x_4=c, \end{cases}$其中 c 为任意常数.

20. 当 $a\neq1$ 且 $a\neq-2$ 时,有唯一解$\begin{cases} x_1=-\dfrac{a}{2+a}, \\ x_2=\dfrac{2+2a+a^2}{2+a}, \\ x_3=-\dfrac{a}{2+a}. \end{cases}$,当 $a=1$ 时,有无穷多解,通解为

$\begin{cases} x_1=1-c_1-c_2, \\ x_2=c_1, \\ x_3=c_2, \end{cases}$ 其中 c 为任意常数;当 $a=-2$ 时,方程组无解.

21. (1) $\det(\boldsymbol{A})=a^2b^2$, $\boldsymbol{A}^{-1}=\left[\begin{array}{cc|cc} 0 & \frac{1}{a} & 0 & 0 \\ \frac{1}{a} & 0 & 0 & 0 \\ \hline 0 & 0 & 0 & \frac{1}{b} \\ 0 & 0 & \frac{1}{b} & 0 \end{array}\right]$;

(2) $\det(\boldsymbol{B})=c^2d^2$,$\boldsymbol{B}^{-1}=\left[\begin{array}{cc|cc} 0 & 0 & \frac{1}{d} & 0 \\ 0 & 0 & 0 & \frac{1}{d} \\ \hline \frac{1}{c} & 0 & -\frac{1}{cd} & 0 \\ 0 & \frac{1}{c} & 0 & -\frac{1}{cd} \end{array}\right]$.

22. 略.

23. (1) $\boldsymbol{PQ}=\begin{bmatrix} \boldsymbol{A} & \boldsymbol{\alpha} \\ 0 & |\boldsymbol{A}|(b-\boldsymbol{\alpha}^{\mathrm{T}}\boldsymbol{A}^{-1}\boldsymbol{\alpha}) \end{bmatrix}$;(2) 略.

第 三 章

练习 3.1

1. $\boldsymbol{\alpha}_1-\boldsymbol{\alpha}_2=\begin{bmatrix}-1\\0\\-4\end{bmatrix}$；$2\boldsymbol{\alpha}_1+\boldsymbol{\alpha}_2-3\boldsymbol{\alpha}_3=\begin{bmatrix}4\\9\\-11\end{bmatrix}$.

2. $\boldsymbol{\alpha}_4=2\boldsymbol{\alpha}_1-\boldsymbol{\alpha}_2+3\boldsymbol{\alpha}_3$.

3. （1）$\boldsymbol{\beta}$ 能表示为 $\boldsymbol{\alpha}_1,\boldsymbol{\alpha}_2,\boldsymbol{\alpha}_3$ 的线性组合，$\boldsymbol{\beta}=6\boldsymbol{\alpha}_1-3\boldsymbol{\alpha}_2$；（2）$\boldsymbol{\beta}$ 能表示为 $\boldsymbol{\alpha}_1,\boldsymbol{\alpha}_2,\boldsymbol{\alpha}_3$ 的线性组合，$\boldsymbol{\beta}=2\boldsymbol{\alpha}_1-\boldsymbol{\alpha}_2+\boldsymbol{\alpha}_3$.

练习 3.2

1. （1）线性无关；（2）线性相关；（3）线性无关；（4）线性相关.

2. $\lambda=0$，$\lambda=1$ 或 $\lambda=5$ 时，$\boldsymbol{\alpha}_1,\boldsymbol{\alpha}_2,\boldsymbol{\alpha}_3$ 线性相关.

3. 略.

4. $\lambda=-1$.

练习 3.3

1. （1）秩为 3. $\boldsymbol{\alpha}_1,\boldsymbol{\alpha}_2,\boldsymbol{\alpha}_4$ 为一个极大无关组. $\boldsymbol{\alpha}_3=2\boldsymbol{\alpha}_1-\boldsymbol{\alpha}_2$；

（2）秩为 3. $\boldsymbol{\alpha}_1,\boldsymbol{\alpha}_2,\boldsymbol{\alpha}_4$ 为一个极大无关组. $\boldsymbol{\alpha}_3=3\boldsymbol{\alpha}_1+\boldsymbol{\alpha}_2$，$\boldsymbol{\alpha}_5=2\boldsymbol{\alpha}_1+\boldsymbol{\alpha}_2$.

2. 秩为 2.

3. 略.

练习 3.4

1. （1）是向量空间，$\dim V_1=2$，$\boldsymbol{\alpha}_1=\begin{bmatrix}1\\0\\-1\end{bmatrix}$，$\boldsymbol{\alpha}_2=\begin{bmatrix}0\\1\\-1\end{bmatrix}$为一个基；（2）不是向量空间.

2. $\dim V=2$，一个基为 $\boldsymbol{\alpha}_1,\boldsymbol{\alpha}_2$.

3. （1）$\lambda\neq0$；（2）$\begin{bmatrix}\dfrac{3\lambda-1}{2\lambda}\\[2mm]\dfrac{3-3\lambda}{2}\\[2mm]\dfrac{3\lambda+1}{2\lambda}\end{bmatrix}$（$\lambda\neq0$）.

练习 3.5

1. （1）基础解系 $\boldsymbol{\xi}=[-1,1,1]^{\mathrm{T}}$，通解 $\boldsymbol{x}=c\boldsymbol{\xi}=c[-1,1,1]^{\mathrm{T}}$，其中 c 为任意常数；

(2) 基础解系 $\boldsymbol{\xi}_1=\left[-\frac{1}{3},\frac{1}{3},1,0\right]^{\mathrm{T}}$, $\boldsymbol{\xi}_2=\left[\frac{1}{3},\frac{2}{3},0,1\right]^{\mathrm{T}}$, 通解 $\boldsymbol{x}=c_1\boldsymbol{\xi}_1+c_2\boldsymbol{\xi}_2$, 其中 c_1,c_2 为任意常数.

2. (1) 通解 $\boldsymbol{x}=c[-1,0,-2,1]^{\mathrm{T}}+[1,0,2,0]$, 其中 c 为任意常数;

(2) 通解 $\boldsymbol{x}=c_1\left[\frac{3}{5},\frac{4}{5},1,0\right]^{\mathrm{T}}+c_2\left[\frac{3}{5},-\frac{1}{5},0,1\right]^{\mathrm{T}}+\left[\frac{4}{5},-\frac{3}{5},0,0\right]^{\mathrm{T}}$, 其中 c_1,c_2 为任意常数.

3. 略.

4. $\boldsymbol{x}=c(\boldsymbol{\eta}_1-\boldsymbol{\eta}_2)+\boldsymbol{\eta}_1$, 或 $\boldsymbol{x}=c(\boldsymbol{\eta}_1-\boldsymbol{\eta}_2)+\boldsymbol{\eta}_2$, 其中 c 为任意常数.

练习 3.6

1. (1) $\|\boldsymbol{\alpha}_1\|=\sqrt{6}$, $\|\boldsymbol{\alpha}_2\|=\sqrt{3}$, $(\boldsymbol{\alpha}_1,\boldsymbol{\alpha}_2)=0$, $\langle\boldsymbol{\alpha}_1,\boldsymbol{\alpha}_2\rangle=\frac{\pi}{2}$;

(2) $\boldsymbol{e}_1=\frac{1}{\sqrt{6}}\begin{bmatrix}1\\2\\-1\end{bmatrix}$, $\boldsymbol{e}_2=\frac{1}{\sqrt{3}}\begin{bmatrix}-1\\1\\1\end{bmatrix}$.

2. $\boldsymbol{\alpha}=c\begin{bmatrix}-1\\1\\-1\end{bmatrix}$, 其中 $c\neq 0$ 为任意常数.

3. (1) $\boldsymbol{\varepsilon}_1=\frac{1}{\sqrt{3}}\begin{bmatrix}-1\\1\\1\end{bmatrix}$, $\boldsymbol{\varepsilon}_2=\frac{1}{\sqrt{5}}\begin{bmatrix}1\\2\\-1\end{bmatrix}$; (2) $\boldsymbol{\varepsilon}_1=\frac{1}{\sqrt{3}}\begin{bmatrix}1\\0\\1\\-1\end{bmatrix}$, $\boldsymbol{\varepsilon}_2=\frac{1}{\sqrt{7}}\begin{bmatrix}-1\\1\\2\\1\end{bmatrix}$, $\boldsymbol{\varepsilon}_3=\frac{1}{\sqrt{119}}\begin{bmatrix}2\\-9\\3\\5\end{bmatrix}$.

4. $a=\pm\frac{1}{\sqrt{6}}$, $b=\mp\frac{2}{\sqrt{6}}$, $c=\pm\frac{1}{\sqrt{6}}$.

习　题　三

1. $\boldsymbol{\alpha}^{\mathrm{T}}\boldsymbol{\alpha}=3$.

2. (1) $\boldsymbol{\beta}_1=-\boldsymbol{\alpha}_1+3\boldsymbol{\alpha}_2$, $\boldsymbol{\beta}_2=\boldsymbol{\alpha}_1-\boldsymbol{\alpha}_2$; (2) $\boldsymbol{\alpha}_1=\frac{1}{2}\boldsymbol{\beta}_1+\frac{3}{2}\boldsymbol{\beta}_2$, $\boldsymbol{\alpha}_2=\frac{1}{2}\boldsymbol{\beta}_1+\frac{1}{2}\boldsymbol{\beta}_2$.

3. (1) 当 $\lambda\neq 0$ 且 $\lambda\neq -3$ 时, $\boldsymbol{\beta}$ 可以由 $\boldsymbol{\alpha}_1,\boldsymbol{\alpha}_2,\boldsymbol{\alpha}_3$ 线性表示且表示法唯一;

(2) 当 $\lambda=0$ 时, $\boldsymbol{\beta}$ 可以由 $\boldsymbol{\alpha}_1,\boldsymbol{\alpha}_2,\boldsymbol{\alpha}_3$ 线性表示但表示法不唯一;

(3) 当 $\lambda=-3$ 时, $\boldsymbol{\beta}$ 不能由 $\boldsymbol{\alpha}_1,\boldsymbol{\alpha}_2,\boldsymbol{\alpha}_3$ 线性表示.

4—7. 略.

8. (1) 能; (2) 不能.

9. (1) 秩为 3, 极大无关组可取 $\boldsymbol{\alpha}_1,\boldsymbol{\alpha}_2,\boldsymbol{\alpha}_3$. $\boldsymbol{\alpha}_4=\frac{1}{3}\boldsymbol{\alpha}_1+\frac{2}{3}\boldsymbol{\alpha}_2$;

(2) 秩为 3, 极大无关组可取 $\boldsymbol{\alpha}_1,\boldsymbol{\alpha}_2,\boldsymbol{\alpha}_3$. $\boldsymbol{\alpha}_4=\boldsymbol{\alpha}_1-\boldsymbol{\alpha}_2+\boldsymbol{\alpha}_3$, $\boldsymbol{\alpha}_5=\boldsymbol{\alpha}_1+\boldsymbol{\alpha}_2$.

10. (1) $p\neq 2$;(2) $p=2$,秩为 3,极大无关组可取 $\boldsymbol{\alpha}_1,\boldsymbol{\alpha}_2,\boldsymbol{\alpha}_3$.

11. $\boldsymbol{\gamma}=c\begin{bmatrix}1\\5\\8\end{bmatrix}$,其中 c 为任意常数.

12. (1) 能,二维,$\boldsymbol{\alpha}_1=[1,0,1]^{\mathrm{T}}$,$\boldsymbol{\alpha}_2=[0,1,0]^{\mathrm{T}}$;(2) 不能.

13. 维数为 3,一个基为 $\boldsymbol{\alpha}_1,\boldsymbol{\alpha}_2,\boldsymbol{\alpha}_3$.

14. (1) 当 $a,\ b,\ c$ 互不相等时,方程组仅有零解;

(2) 当 $a=b\neq c$ 时,通解 $\boldsymbol{x}=c\ [1,-1,0]^{\mathrm{T}}$,其中 c 为任意常数;当 $a=c\neq b$ 时,通解 $\boldsymbol{x}=c\ [1,0,-1]^{\mathrm{T}}$,其中 c 为任意常数;当 $b=c\neq a$ 时,通解 $\boldsymbol{x}=c\ [0,1,-1]^{\mathrm{T}}$,其中 c 为任意常数;当 $a=b=c$ 时,通解 $\boldsymbol{x}=c_1\ [-1,1,0]^{\mathrm{T}}+c_2\ [-1,0,1]^{\mathrm{T}}$,其中 c_1,c_2 为任意常数.

15. (1) $\boldsymbol{x}=[-1,2,0]^{\mathrm{T}}+c\ [-2,1,1]^{\mathrm{T}}$,其中 c 为任意常数;

(2) $\boldsymbol{x}=\left[\dfrac{1}{2},0,-\dfrac{1}{2},0,0\right]^{\mathrm{T}}+c_1[-1,1,0,0,0]^{\mathrm{T}}+c_2\ [1,0,-1,2,0]^{\mathrm{T}}+c_3\ [1,0,-1,0,1]^{\mathrm{T}}$,其中 c_1,c_2,c_3 为任意常数;

(3) $\boldsymbol{x}=\left[\dfrac{5}{6},-\dfrac{5}{6},0,\dfrac{2}{3},0\right]^{\mathrm{T}}+c_1\ [-1,1,1,0,0]^{\mathrm{T}}+c_2\left[\dfrac{7}{6},\dfrac{5}{6},0,\dfrac{1}{3},1\right]^{\mathrm{T}}$,其中 c_1,c_2 为任意常数.

16. 当 $\lambda=-\dfrac{4}{5}$时,无解;当 $\lambda\neq-\dfrac{4}{5}$且 $\lambda\neq 1$ 时,有唯一解;当 $\lambda=1$ 时,有无穷多解,通解为 $\boldsymbol{x}=[1,-1,0]^{\mathrm{T}}+c\ [0,1,1]^{\mathrm{T}}$,其中 c 为任意常数.

17. 当 $\lambda\neq 5$ 时,有唯一解;当 $\lambda=5,\mu\neq-3$ 时,无解;当 $\lambda=5,\mu=-3$ 时,有无穷多解.

18. $(\boldsymbol{\alpha},\boldsymbol{\beta})=3$, $\|\boldsymbol{\alpha}+\boldsymbol{\beta}\|=\sqrt{19}$,$\langle\boldsymbol{\alpha},\boldsymbol{\beta}\rangle=\dfrac{\pi}{3}$.

19. 略.

20. $\dim V=2$,$\boldsymbol{\varepsilon}_1=\dfrac{1}{\sqrt{7}}\begin{bmatrix}1\\2\\-1\\1\end{bmatrix}$,$\boldsymbol{\varepsilon}_2=\dfrac{1}{\sqrt{483}}\begin{bmatrix}8\\9\\13\\-13\end{bmatrix}$.

21. 略.

22. (1) $\dfrac{1}{\sqrt{3}}[1,1,1]^{\mathrm{T}}$,$\dfrac{1}{\sqrt{2}}[-1,0,1]^{\mathrm{T}}$,$\dfrac{1}{\sqrt{6}}[1,-2,1]^{\mathrm{T}}$;

(2) $\dfrac{1}{\sqrt{10}}[1,2,2,-1]^{\mathrm{T}}$,$\dfrac{1}{\sqrt{26}}[2,3,-3,2]^{\mathrm{T}}$,$\dfrac{1}{\sqrt{10}}[2,-1,-1,-2]^{\mathrm{T}}$.

23-25. 略.

第　四　章

练习 4.1

1. (1) 是;　　(2) 是,对应的特征值为-1.

2. $c_1\begin{bmatrix}1\\2\\0\end{bmatrix}+c_2\begin{bmatrix}-3\\0\\1\end{bmatrix}$，其中 c_1,c_2 是不同时为零的任意常数.

3. （1）$\lambda_{1,2}=1\pm\sqrt{2}$，$c\begin{bmatrix}\mp\dfrac{1}{\sqrt{2}}\\1\end{bmatrix}$，其中 c 为不等于零的任意数；

（2）$\lambda_{1,2,3}=2$，$c_1\begin{bmatrix}1\\0\\1\end{bmatrix}+c_2\begin{bmatrix}-1\\1\\0\end{bmatrix}$，其中 c_1,c_2 为不同时为零的任意数；

（3）$\lambda_{1,2}=2$，$c_1\begin{bmatrix}1\\0\\4\end{bmatrix}+c_2\begin{bmatrix}1\\4\\0\end{bmatrix}$；$\lambda_3=-1$，$c_3\begin{bmatrix}1\\0\\1\end{bmatrix}$，其中 c_1,c_2,c_3 为不同时为零的任意数.

4. $\boldsymbol{A}^*$ 的一个特征值为 $\dfrac{\det(\boldsymbol{A})}{\lambda}$，$\boldsymbol{\alpha}$ 是 $\boldsymbol{A}^*$ 的与 $\dfrac{\det(\boldsymbol{A})}{\lambda}$ 对应的特征向量.

练习 4.2

1. $x=-8,y=3$.

2. （1）$\boldsymbol{\Lambda}=\begin{bmatrix}1&0&0\\0&-2&0\\0&0&-2\end{bmatrix}$，$\boldsymbol{P}=\begin{bmatrix}1&-1&-1\\-1&1&0\\1&0&1\end{bmatrix}$；

（2）$\boldsymbol{\Lambda}=\begin{bmatrix}3&0&0\\0&2&0\\0&0&1\end{bmatrix}$，$\boldsymbol{P}=\begin{bmatrix}1&-4&-15\\0&1&6\\0&0&2\end{bmatrix}$；

（3）不可对角化.

3. $\boldsymbol{A}^k=\begin{bmatrix}1&0&0\\-1+2^k&2^k&0\\-\dfrac{1}{2}-2^k+\dfrac{1}{2}\cdot 3^{1+k}&3^k-2^k&3^k\end{bmatrix}$.

练习 4.3

1. （1）$\boldsymbol{\Lambda}=\begin{bmatrix}5&&\\&-1&\\&&-1\end{bmatrix}$，$\boldsymbol{Q}=\begin{bmatrix}\dfrac{1}{\sqrt{3}}&-\dfrac{1}{\sqrt{2}}&\dfrac{1}{\sqrt{6}}\\\dfrac{1}{\sqrt{3}}&0&-\dfrac{2}{\sqrt{6}}\\\dfrac{1}{\sqrt{3}}&\dfrac{1}{\sqrt{2}}&\dfrac{1}{\sqrt{6}}\end{bmatrix}$；

(2) $\boldsymbol{\Lambda}=\begin{bmatrix}1 & & \\ & 2 & \\ & & -3\end{bmatrix},\boldsymbol{Q}=\begin{bmatrix}0 & \frac{2}{\sqrt{5}} & -\frac{1}{\sqrt{5}} \\ 0 & \frac{1}{\sqrt{5}} & \frac{2}{\sqrt{5}} \\ 1 & 0 & 0\end{bmatrix}$;

(3) $\boldsymbol{\Lambda}=\begin{bmatrix}1 & & \\ & -2 & \\ & & 4\end{bmatrix},\boldsymbol{Q}=\begin{bmatrix}-\frac{2}{3} & \frac{1}{3} & \frac{2}{3} \\ -\frac{1}{3} & \frac{2}{3} & -\frac{2}{3} \\ \frac{2}{3} & \frac{2}{3} & \frac{1}{3}\end{bmatrix}$.

2. (1) $\boldsymbol{\alpha}_3=\begin{bmatrix}-1 \\ 1 \\ 1\end{bmatrix}$;(2) $\boldsymbol{A}=\begin{bmatrix}\frac{11}{6} & -\frac{1}{3} & -\frac{5}{6} \\ -\frac{1}{3} & \frac{7}{3} & \frac{1}{3} \\ -\frac{5}{6} & \frac{1}{3} & \frac{11}{6}\end{bmatrix}$;(3) $\boldsymbol{Q}=\begin{bmatrix}\frac{1}{\sqrt{2}} & \frac{1}{\sqrt{6}} & -\frac{1}{\sqrt{3}} \\ 0 & \frac{2}{\sqrt{6}} & \frac{1}{\sqrt{3}} \\ \frac{1}{\sqrt{2}} & -\frac{1}{\sqrt{6}} & \frac{1}{\sqrt{3}}\end{bmatrix}$.

3. $\boldsymbol{A}^k=\begin{bmatrix}-(-2)^k+2 & (-2)^{k+1}+2 & 0 \\ (-2)^k-1 & -(-2)^{k+1}-1 & 0 \\ (-2)^k-1 & -(-2)^{k+1}-2 & 1\end{bmatrix}$.

练习 4.4

1. (1) $\begin{bmatrix}1 & \frac{3}{2} & 1 \\ \frac{3}{2} & 2 & -\frac{1}{2} \\ 1 & -\frac{1}{2} & 0\end{bmatrix}$,秩为 3;　(2) $\begin{bmatrix}2 & 2 & 0 & -2 \\ 2 & 2 & 3 & 1 \\ 0 & 3 & 2 & 0 \\ -2 & 1 & 0 & -1\end{bmatrix}$,秩为 4;

(3) $\begin{bmatrix}1 & \frac{5}{2} \\ \frac{5}{2} & 4\end{bmatrix}$,秩为 2;　(4) $\begin{bmatrix}1 & \frac{5}{2} & \frac{5}{2} \\ \frac{5}{2} & 1 & \frac{5}{2} \\ \frac{5}{2} & \frac{5}{2} & 5\end{bmatrix}$,秩为 3.

2. (1) $f=y_1^2+2y_2^2-3y_3^2$, $\begin{bmatrix}x_1\\x_2\\x_3\end{bmatrix}=\begin{bmatrix}1&0&0\\0&\frac{1}{\sqrt{5}}&-\frac{2}{\sqrt{5}}\\0&\frac{2}{\sqrt{5}}&\frac{1}{\sqrt{5}}\end{bmatrix}\begin{bmatrix}y_1\\y_2\\y_3\end{bmatrix}$;

(2) $f=5y_1^2+5y_2^2-4y_3^2$, $\begin{bmatrix}x_1\\x_2\\x_3\end{bmatrix}=\begin{bmatrix}-\frac{1}{\sqrt{2}}&\frac{1}{3\sqrt{2}}&\frac{2}{3}\\0&-\frac{4}{3\sqrt{2}}&\frac{1}{3}\\\frac{1}{\sqrt{2}}&\frac{1}{3\sqrt{2}}&\frac{2}{3}\end{bmatrix}\begin{bmatrix}y_1\\y_2\\y_3\end{bmatrix}$.

3. (1) $f=y_1^2-2y_2^2+3y_3^2$, 其中$\begin{cases}y_1=x_1,\\y_2=x_2-x_3,\\y_3=x_3;\end{cases}$

(2) $f=y_1^2-15y_2^2+\frac{20}{3}y_3^2$,其中$\begin{cases}y_1=x_1-2x_2-4x_3,\\y_2=\frac{2}{3}x_2+x_3,\\y_3=x_2.\end{cases}$

练习 4.5

1. (1) 不定;(2) 负定;(3) 正定.
2. $-\sqrt{2}<t<\sqrt{2}$.
3. 双曲线.

习 题 四

1. $\lambda_1=n,\lambda_i=0(i=2,3,\cdots,n)$,$\lambda_1$ 的特征向量为 $c\begin{bmatrix}1\\1\\\vdots\\1\end{bmatrix}$,其中 c 为不等于零的任意数.

2. (1) $a=2$;(2) $\lambda_1=0,c_1\begin{bmatrix}-2\\0\\1\end{bmatrix}$,$\lambda_2=3,c_2\begin{bmatrix}1\\0\\1\end{bmatrix}$,$\lambda_3=-1,c_3\begin{bmatrix}0\\1\\0\end{bmatrix}$,其中 c_1,c_2,c_3 为不等于零的任意数.

3. (1) $a=1,r=1$;

(2) $\lambda_{1,2}=\pm\sqrt{7}$,$\lambda_3=2$,$c_1\begin{bmatrix}-1\\2+\sqrt{7}\\1\end{bmatrix}$,$c_2\begin{bmatrix}-1\\2-\sqrt{7}\\1\end{bmatrix}$,$c_3\begin{bmatrix}2\\1\\1\end{bmatrix}$,其中 c_1,c_2,c_3 为不等于零的任

意数.

4. 略.

5. $2\sqrt{2}$.

6. (1) 2,4,−6;(2) 0,1,−4;(3) $1,\frac{1}{2},-\frac{1}{3}$;(4) 2,−3,−6;(5) 1,4,9;(6) 0,0,20.

7. $x=0,y=1$.

8. 略.

9. $\boldsymbol{A}=\begin{bmatrix}1&0&1\\1&2&1\\2&2&3\end{bmatrix},\boldsymbol{A}^k=\begin{bmatrix}2^{1+k}-3^k&-1+2^{1+k}-3^k&\frac{1}{2}(1-3^k)\\-2^k+3^k&1-2^k+3^k&\frac{1}{2}(-1+3^k)\\-2(2^k-3^k)&-2(2^k-3^k)&3^k\end{bmatrix}$,其中 $k=2\ 025$.

10. (1) $a=11,b=-1,\lambda=3$;(2) $\boldsymbol{A}$ 与对角矩阵相似,因为 $\boldsymbol{A}$ 有 3 个线性无关的特征向量.

11. 略.

12. $x=2$,$\boldsymbol{A}$ 与对角矩阵相似.

13. 24.

14. (1) $\boldsymbol{A}=\begin{bmatrix}a^2&ab&ac\\ab&b^2&bc\\ac&bc&c^2\end{bmatrix}$;(2) $\boldsymbol{A}=\begin{bmatrix}a_{11}&\frac{a_{12}+a_{21}}{2}&\frac{a_{13}+a_{31}}{2}\\\frac{a_{12}+a_{21}}{2}&a_{22}&\frac{a_{23}+a_{32}}{2}\\\frac{a_{13}+a_{31}}{2}&\frac{a_{23}+a_{32}}{2}&a_{33}\end{bmatrix}$.

15—16. 略.

17. (1) $a=-1$;(2) $\boldsymbol{Q}=\begin{bmatrix}\frac{1}{\sqrt{3}}&\frac{1}{\sqrt{2}}&\frac{1}{\sqrt{6}}\\\frac{1}{\sqrt{3}}&-\frac{1}{\sqrt{2}}&\frac{1}{\sqrt{6}}\\-\frac{1}{\sqrt{3}}&0&\frac{2}{\sqrt{6}}\end{bmatrix}$,标准形为 $f=2y_2^2+6y_3^2$.

18. 略.

19. (1) $-0.8<a<0$;(2) $-\frac{\sqrt{15}}{3}<a<\frac{\sqrt{15}}{3}$.

20. $t=-2$.

21. (1) $\boldsymbol{P}=\begin{bmatrix}1&-1&1\\0&1&0\\0&0&1\end{bmatrix}$;(2) 不存在.

第 五 章

练习 5.1

1. (1) 是;(2) 否.
2. (1) 否;(2) 否.
3. (1) 否;(2) 是.
4. (1) 是;(2) 否.
5. (1) 是;(2) 是.

练习 5.2

1. (1) 是;(2) 否.
2. 是;$\dim V=1$,$1-x$.
3. (1)—(2) 略;(3) $[2,4,-7]^T$.
4. $\boldsymbol{\alpha}_1,\boldsymbol{\alpha}_2$ 为 V 的一个基,$\dim V=2$, $\boldsymbol{\alpha}$ 在 $\boldsymbol{\alpha}_1,\boldsymbol{\alpha}_2,\boldsymbol{\alpha}_3$ 下的坐标为$[2,-1]^T$.

练习 5.3

1. (1) $\begin{bmatrix}2&0&5\\1&3&3\\-1&1&2\end{bmatrix}$,$[1,2,-1]^T$;

(2) $\begin{bmatrix}2&0&-2\\1&1&1\\0&2&1\end{bmatrix}$,$[1,1,1]^T$.

2. $[0,0,0]^T$.
3. (1) 略;(2) $\begin{bmatrix}0&0&1\\0&1&-1\\1&-1&0\end{bmatrix}$;(3) $[2,-1,3]^T$.

练习 5.4

1. (1) 是;(2) 是.
2. (1) 是,$\begin{bmatrix}1&-1&0\\0&1&1\\1&0&0\end{bmatrix}$;(2) 否.
3. (1) 否;(2) 是,$\begin{bmatrix}1&1&1\\0&1&2\\0&0&1\end{bmatrix}$.
4. 略.

5. $T(f)=2x^2+2x$.

6. (1) 略;(2) $\frac{1}{2}\begin{bmatrix}-1&0&1\\1&4&-1\\3&-2&1\end{bmatrix}$;(3) $\frac{1}{2}\begin{bmatrix}3&-1&-1\\-2&2&2\\1&3&-1\end{bmatrix}$;(4) $\begin{bmatrix}3\\-2\\3\end{bmatrix}$.

7. (1) 略;(2) $\begin{bmatrix}0&1&0\\0&0&2\\0&0&0\end{bmatrix}$;(3) $\begin{bmatrix}0&0&2\\0&0&0\\0&0&0\end{bmatrix}$,否,否.

习　题　五

1. $\dim V=n-1$.

2. (1) 是;3;$\begin{bmatrix}1&0\\0&0\end{bmatrix}$,$\begin{bmatrix}0&1\\0&0\end{bmatrix}$,$\begin{bmatrix}0&0\\0&1\end{bmatrix}$;

(2) 否;

(3) 是;2;$\begin{bmatrix}1&0\\0&1\end{bmatrix}$,$\begin{bmatrix}0&1\\0&0\end{bmatrix}$.

3. (1)—(2) 略;(3) $[2,-1,-2,2]^{\mathrm{T}}$.

4. (1) $\frac{1}{3}\begin{bmatrix}2&-1&1&-2\\-1&2&1&1\\2&2&-2&1\\-1&-1&1&1\end{bmatrix}$;

(2) $[1,0,1,0]^{\mathrm{T}}$,$[2,0,1,1]^{\mathrm{T}}$;

(3) $\boldsymbol{\alpha}=c\begin{bmatrix}0\\0\\1\\-1\end{bmatrix}$,$c$ 为任意常数,$\boldsymbol{\alpha}$ 在两个基下的坐标为$[c,-c,0,0]^{\mathrm{T}}$.

5. $\begin{bmatrix}1&2&0\\-5&2&-4\\5&-1&6\end{bmatrix}$.

6. 略.

7. $(\sigma+2\tau)\left(\begin{bmatrix}x_1\\x_2\end{bmatrix}\right)=\begin{bmatrix}x_1+3x_2\\3x_1-x_2\end{bmatrix}$,$(\sigma\tau)\left(\begin{bmatrix}x_1\\x_2\end{bmatrix}\right)=\begin{bmatrix}x_1+x_2\\x_2-x_1\end{bmatrix}$.

第　六　章

习　题　六

1. (1) $71-12x+7x^2-x^4$;(2) -76.

2. $x_1=\frac{1}{2}$,$x_2=0$,$x_3=\frac{1}{2}$,$x_4=0$,$x_5=\frac{1}{2}$.

3. 略.

4. （1）$\begin{cases} x_1 = 6z_1 - 8z_2 - 3z_3, \\ x_2 = 4z_1 - z_2 - 2z_3, \\ x_3 = z_1 - 3z_2 + 11z_3; \end{cases}$ （2）$\begin{cases} z_1 = -\frac{17}{299}x_1 + \frac{97}{299}x_2 + \frac{1}{23}x_3, \\ z_2 = -\frac{2}{13}x_1 + \frac{3}{13}x_2, \\ z_3 = -\frac{11}{299}x_1 + \frac{10}{299}x_2 + \frac{2}{23}x_3. \end{cases}$

5. 秩为 3，$\begin{vmatrix} 1 & 1 & -2 \\ 3 & 1 & 3 \\ 3 & -2 & 2 \end{vmatrix} = 29$ 为一个最高阶非零子式.

6. （1）$x_1 = 3, x_2 = -1, x_3 = -1, x_4 = 1, x_5 = 0$;

（2）$x_1 = -2-3c, x_2 = 5-5c, x_3 = -6c, x_4 = c$（其中 c 为任意常数）；

（3）$x_1 = c, x_2 = 0, x_3 = c, x_4 = c$（其中 c 为任意常数）；

（4）$x_1 = -2c_1 - 4c_2, x_2 = c_1, x_3 = c_1, x_4 = c_2$（其中 c_1, c_2 为任意常数）；

（5）$x_1 = -3-10c, x_2 = 7+18c, x_3 = 6+17c, x_4 = c$（其中 c 为任意常数）.

7. （1）$p \neq 2$；（2）$p = 2$，秩为 3，$\boldsymbol{\alpha}_1, \boldsymbol{\alpha}_2, \boldsymbol{\alpha}_3$ 为一个极大线性无关组.

8. （1）$\lambda_1 = \lambda_2 = \lambda_3 = 2, \boldsymbol{\xi} = k_1 \begin{bmatrix} 1 \\ 0 \\ 1 \end{bmatrix} + k_2 \begin{bmatrix} -1 \\ 1 \\ 0 \end{bmatrix}$（其中 k_1, k_2 是不同时为 0 的常数）；

（2）$\lambda_1 = \lambda_2 = 2, \lambda_3 = -1$，它们对应的特征向量分别为 $k_1 \begin{bmatrix} 1 \\ 0 \\ 4 \end{bmatrix} + k_2 \begin{bmatrix} 1 \\ 4 \\ 0 \end{bmatrix}, k_3 \begin{bmatrix} 1 \\ 0 \\ 1 \end{bmatrix}$（其中 k_1, k_2 是不同时为 0 的常数，k_3 是不为 0 的常数）；

（3）$\lambda_1 = 10.290\ 6, \lambda_2 = -8.682\ 5, \lambda_3 = 8.205\ 8, \lambda_4 = 2.650\ 4, \lambda_5 = 1.535\ 6$，它们对应的特征向量分别为 $k_1 \begin{bmatrix} 0.185\ 8 \\ -0.677\ 5 \\ -0.219\ 9 \\ -0.493\ 7 \\ -0.463\ 0 \end{bmatrix}, k_2 \begin{bmatrix} 0.439\ 4 \\ 0.454\ 3 \\ -0.091\ 5 \\ -0.705\ 5 \\ 0.307\ 3 \end{bmatrix}, k_3 \begin{bmatrix} -0.375\ 3 \\ -0.479\ 9 \\ 0.187\ 8 \\ -0.249\ 8 \\ 0.728\ 8 \end{bmatrix}, k_4 \begin{bmatrix} 0.418\ 5 \\ -0.128\ 5 \\ 0.894\ 1 \\ 0.021\ 8 \\ -0.092\ 0 \end{bmatrix}, k_5 = \begin{bmatrix} 0.675\ 6 \\ -0.296\ 2 \\ -0.329\ 5 \\ 0.442\ 3 \\ 0.389\ 4 \end{bmatrix}$（其中 $k_i (i = 1, 2, \cdots, 5)$ 是不为 0 的常数）.

9. （1）$f = -3y_1^2 + y_2^2 + y_3^2 + y_4^2$，不定二次型；

（2）$f = (-2-\sqrt{5})y_1^2 - 2y_2^2 + (-2+\sqrt{5})y_3^2$，不定二次型；

（3）$f = 9.372\ 28y_1^2 + 3.627\ 72y_2^2 + 2y_3^2$，正定二次型.

10. $\boldsymbol{A} = \begin{bmatrix} 1 & -1 & 1 \\ 0 & 2 & 0 \\ 1 & 2 & -1 \end{bmatrix}$.

11. $[4, -4, -4]^{\mathrm{T}}$.

名词索引

参 考 文 献

[1] 同济大学数学科学学院. 工程数学——线性代数. 7 版. 北京:高等教育出版社,2023.

[2] 刘锡平,曹伟丽,宇振盛. 线性代数. 北京:科学出版社,2013.

[3] 四川大学数学学院. 线性代数. 2 版. 成都:四川大学出版社,2012.

[4] LAY D C,LAY S R,MCDONALD J J.Linear Algebra and Its Applications. 5th ed. London:Pearson,2015.

[5] 李尚志. 线性代数. 北京:高等教育出版社,2011.